Understanding of International Trade and Business

국제통상의 이해

김홍률

도서출판 청람

■ 머리말 ■

우리나라는 WTO 규범에 기반한 다자무역체제와 상호주의에 입각한 양자주의를 이용하여 빠른 경제성장과 생활수준 향상을 이루어 왔다. 그러나 글로벌 경제위기 이후 비관세장벽을 이용한 선진국들의 보호무역주의가 확산되는 등 점점 어려운 국제통상환경에 직면하고 있다. 여기에 지금까지 경험하지 못한 빠른 속도로 다가오는 4차 산업혁명 시대를 맞아 무역에 있어서도 새로운 패러다임의 전환이 요구되어지고 있다. 따라서 우리나라가 과거와 같이 무역을 이용한 혜택을 누리기 위해서는 대학에서도 4차 산업혁명 시대에 글로벌 비즈니스 현장에서 성공적인 업무를 수행할 통상전문인력을 양성하는 것이 무엇보다 중요하다.

그동안 대학에서 강의에 사용되는 많은 국제통상론 교재가 있었지만 체계와 내용이 서로 비슷하고, 또 초보자들이 이해하기 어려운 용어와 내용이 많다는 점이 항상 아쉬움으로 남아있었다. 대개 국제통상론을 처음 만나는 사람들은 대학 1~2학년 학생들인데 통상관련 용어나 설명이 친근하지 않아서 다소 이해하기 어려웠던 모양이다.

따라서 이 책은 가급적 쉽게 이해할 수 있도록 꾸며보았다. 국제통상론을 처음 대면하는 저학년 학생들도 이해하기 쉽도록 이론보다는 사례와 도표 위주로 구성하였다. 그리고 중간 중간에 어려운 통상용어에 대한 설명도 별도로 해보았고, 부산세관의 도움을 받아 통상관련 그림도 최대한 많이 게재해 보려고 노력하였다.

이 책의 구성은 크게 두 부분으로 구분되어 있다. 제1부는 학생들의 국제통상에 대한 도입과 이해를 도모하기 위해 국제통상의 기본원리와 무역이론을 설명하였고, 제2부는 구체적인 국제통상의 주요규범과 원칙을 설명하였다. 제2부의 내용은 일반 통상론에서 언급하는 체계로서 주로 WTO 협정문 체계와 비슷하다. 따라서 대학 2학년부터는 제2부를 바로 시작하여도 무방하다.

이 책은 많은 선행연구들을 참고하였다. 우선 명석하면서 생생한 호소력을 갖춘 장하준 교수의 『사다리 걷어차기』에서는 세계화와 신자유주의를 주장하는 선진국의 행태에 대한 비판을 참고하였고, 『나쁜 사마리아인』에서는 세계화와 선진국의 경제발전에 대한 비판을 참고하였다. 그리고 FTA 권위자인 정인교 교수의 『FTA통상론』에서는 FTA이론과 실제를 체계적으로 이해하는 데 도움이 되었다. 그밖에도 정부조달에서는 김대식 교수와 양준석 교수, 국제통상법에서는 박노형 교수와 최원목 교수, 지역무역협정에서는 이재기 교수와 김진오 전문연구원의 자료가 큰 도움이 되었다.

이 책에서는 독자의 이해를 돕기 위해 많은 그림이 게재되어 있는데, 대부분 부산세관의 이용득 박물관장의 도움을 통해서 가능했다. 이용득 관장은 40년 세관경험에서 비롯된 혜안과 지식을 이 책을 통해서 전달해주려고 노력하였다. 이밖에도 여기서 일일이 언급하지는 않았지만 참고문헌의 많은 연구자들의 선행연구 덕분에 이 책이 만들어졌음을 고백한다.

이 책은 도서출판 청람의 도움이 없이는 아마 출판되기 어려웠을 것이다. 이 책의 편집에 수고를 아끼지 않으신 편집실 여러분께도 진심으로 감사를 드린다. 그리고 이 책이 나오기까지 교정과 편집을 도와준 학생들이 많다. 매주 규칙적으로 연구실을 찾아와 교수님을 도와준 전민규, 김호선, 김나윤, 이수연, 이재박 학생들에게 고마움을 전하고 싶다.

2018년 2월
저자 씀

■ 차례 ■

Part 01 | 국제통상의 기본원리

Chapter 01 | 국제통상이란?

1. 인간과 무역 • 3
2. 국제무역과 국제통상의 차이 • 4
3. 국제통상의 주체와 대상 • 6
4. 국제통상규범의 유형 • 7
5. 학문으로서의 국제통상론 • 8
6. 국제통상의 중요성을 말해주는 사례 • 9

Chapter 02 | 고전무역이론

1. 중상주의 • 12
2. 고전무역이론 • 14
3. 절대우위이론 • 27
4. 비교우위이론 • 31

Chapter 03 | 근대무역이론

1. 개요 • 40
2. 헥셔-올린이론 • 41
3. 헥셔-올린이론에 대한 경험적 검증 • 43
4. 스톨퍼-샤뮤엘슨정리(요소균등화의 원리) • 45
5. 기타 근대무역이론 • 46
6. 기타 • 50

Chapter 04 | 국제통상의 기본원리

1. 최혜국대우 • 52
2. 내국민대우 • 59
3. 상호주의 • 65
4. 시장접근보장 원칙 • 67
5. 투명성 • 67
6. 공정성 • 68

Part 02 | 국제통상에 대한 이해

Chapter 01 | 덤핑

1. 세계적인 반덤핑규제의 추세 • 73
2. 우리나라의 수입규제 현황과 활용 • 75
3. 덤핑의 뜻 • 87
4. 덤핑과 반덤핑조치의 의미와 성격 • 97
5. 덤핑의 연혁 • 101
6. WTO 반덤핑 관련 주요 내용 • 102
7. 반덤핑조치의 절차 • 106

Chapter 02 | 보조금 및 상계관세

1. 서론 • 110
2. 보조금의 목적과 기능 • 111
3. 보조금의 지급수단과 부작용 • 116
4. 보조금 지급에 대한 경제학 이론 • 118
5. 국제규범 형성의 배경과 논의 과정 • 120
6. WTO '보조금 협정문'의 의미 • 121
7. GATT의 보조금 관련 협정문 내용 • 122
8. WTO '보조금 및 상계조치에 관한 협정'의 주요 내용 • 122
9. 우리나라의 상계관세 관련법 • 127

[부록] 반덤핑과 상계관세의 비교 • 129

Chapter 03 | 세이프가드(긴급수입제한조치)

1 세이프가드의 개요 • 131
2. WTO '세이프가드 협정'의 주요 내용 • 135
3. 우리나라의 세이프가드 관련 법조항 • 139

Chapter 04 | 농산물

1. 개요 • 140
2. 국제규범의 형성배경과 과정 • 141
3. UR 농산물협정의 주요 내용 • 144
4. 개도국에 대한 우대조치 • 148

[부록] 우리나라의 쌀관세화 유예내용 • 150

1. 배경 • 150
2. 쌀관세화 유예경과 및 타결내용 • 150
3. 쌀관세화 결정 • 151

Chapter 05 | 위생 및 검역제도(SPS)

1. 도입 • 152
2. WTO 위생검역협정문(SPS)의 제정 • 155
3. 위생검역협정문(SPS 협정문)의 주요 내용 • 157

[부록] 유전자변형상품(GMO)과 위생검역(SPS) • 163

1. GMO란 • 163
2. GMO 관련내용 • 164
3. GMO에 대한 찬반논쟁 • 167
4. GMO에 대한 각국의 입장 • 169
5. 우리나라와 GMO • 169
6. GMO의 표기 • 170

Chapter 06 | 무역에 관한 기술장벽(TBT)

1. 무역기술장벽의 뜻과 의미 • 171
2. 사례: 최근 중국의 TBT 정책 • 175
3. TBT 제정 목적: 중국의 경우 • 179

4. TBT 주요 대상 제품 및 TBT 형태 • 180
5. 그 밖의 무역기술장벽(TBT) 사례들 • 181
6. 무역 관련 기술장벽(TBT)의 연혁과 제정목적 • 186
7. 기술장벽의 내용 및 WTO의 내용 • 188
8. 한국의 표준화, 인증 사례 • 195

Chapter 07 | 원산지규정(ROO)

1. 원산지규정의 뜻과 판단기준 • 200
2. 국제규범 형성의 배경 및 현황 • 204
3. 원산지판정 기준 • 207
4. 원산지규정의 효과 • 220
5. 우리나라의 원산지표시제도 • 222
6. 한-미 FTA의 원산지규정 • 224

Chapter 08 | 서비스무역

Ⅰ. 서비스산업에 대한 이해

1. 서비스의 뜻과 종류 • 226

Ⅱ. 서비스무역에 대한 이해

1. 서비스무역(Trade in Services)의 특징 • 233
2. 서비스무역 협상의 연혁 • 235
3. WTO 서비스협정문(GATS)의 특징 • 236
4. WTO 서비스협정의 주요 내용 • 237
5. 서비스협정의 평가와 효과 • 243
6. 서비스개방의 효과 • 243

Chapter 09 | 지식재산권

1. 지식재산권의 뜻 • 244
2. 지식재산권의 종류 • 245
3. 지식재산권의 특성 • 252
4. 국제적 논의의 배경과 WTO 규범으로의 성립 • 253
5. WTO '무역관련지식재산권협정(TRIPS)' • 257
6. 지식재산권의 보호 • 262

Chapter 10 | 정부조달

1. 정부조달의 정의 • 270
2. 정부조달의 성격 및 정책이용 • 271
3. 정부조달의 규모 • 274
4. 정부조달협정(GPA)의 연혁 • 277
5. 정부조달협정(GPA 1994)의 주요 내용 • 279
6. 미국의 정부조달제도 • 282
7. 우리나라와 WTO 정부조달협정 • 286
8. 한-미 FTA 정부조달협정의 주요 내용 • 286
9. WTO 정부조달협정과 학교급식프로그램 • 289

Chapter 11 | 지역무역주의 현황과 경쟁구조

1. 세계의 지역무역주의 • 294
2. 오늘날 지역무역협정 추세 및 배경 • 295
3. 세계 지역무역협정의 특징 • 303
4. 지역무역협정의 종류 • 308
5. 주요 지역무역협정에 대한 이해 • 312

Chapter 12 | FTA에 대한 이해

1. FTA(자유무역협정)는 무엇인가? • 326
2. FTA의 특성 • 328
3. FTA의 목적: 왜 FTA가 확산되는가? • 330
4. FTA의 적용범위 • 337
5. FTA의 이행기간 • 339
6. FTA의 경제적 효과 • 340
7. FTA는 만능인가, FTA의 부정적 효과와 문제점 • 352
8. FTA 발효 이후 주요 이슈들 • 356

Chapter 13 | WTO와 지역무역협정 간의 관계

1. GATT 제24조 • 360
2. 1994 GATT 제24에 대한 UR의 양해 • 363
3. GATS 제5조 및 제5조 제2항 • 364

4. 권능조항 • 365

Chapter 14 | 통상정책

1. 통상정책이란? • 366
2. 국가의 통상정책 수립과 관리 • 368
3. 통상정책의 양대기조 • 368

Chapter 15 | 분쟁해결제도

1. 분쟁해결절차의 정의 및 의의 • 379
2. WTO 분쟁해결절차의 역사 • 379
3. WTO 분쟁해결절차의 주요 내용 • 380

◆ 참고문헌 • 389

◆ 찾아보기 • 395

Part 01

Understanding of International Trade and Business

국제통상의 기본원리

제1장 | 국제통상이란?

제2장 | 고전무역이론

제3장 | 근대무역이론

제4장 | 국제통상의 기본원리

Understanding of International Trade and Business

■ Chapter 01 ■

국제통상이란?

1 인간과 무역

물건을 생산하고 교환하여 이익을 창출하고자 하는 것은 인간의 본성에 해당된다. 인간이 자급자족의 생산단계를 넘어 남는 물건이나 필요한 물건이 있으면 교환을 통해 이득을 얻거나 필요를 충족하려는 것은 자연스러운 현상이다. 예를 들어 농부는 자신이 수확한 곡물을 어부가 잡은 물고기와 교환하여 식생활의 효용을 높이려 하는 경우이다. 하물며 교환을 통해서 이득을 얻을 수 있다면 이익을 위해서라면 동물적 본능으로 위험을 무릅쓰고 국경을 넘고 바다를 행해해서라도 무역을 하고자 할 것이다. 2000년 전 중국 상인들은 위험을 무릅쓰고 실크로드를 통해서 유럽인들과 거래를 하였고, 중세인들은 해적과 싸워가며 희망봉을 건너 인도인과 거래를 하였다.

오늘날 의미하는 무역다운 무역이 전 세계적으로 이루어지기 시작한 것은 16~18세기의 중상주의시대부터이다. 항해기술의 발달로 인해 거리제약 요인이 극복되고, 무역을 통해서 이익을 형성하는 것이 국가의 부를 축적하는 것이라고 인식되면서부터 대규모 무역이 발생하기 시작하였다.

근대에 들어서면서부터 과학기술과 정보통신, 운송수단의 발달, 그리고 냉전의 종식, 세계화, 규제완화, 개방화를 통해 많은 장벽들이 해소되면서 무역은 더욱더 확대되었다. 특히, 제2차 세계대전 후 출범한 GATT체제는 자유무역을 위한 규범과 규칙이 마련되어 좀 더 자유로운 무역이 확대될 수 있는 토대가 마련되었다.

무역은 영어로 trade인데 trade는 지나간 자국, 항로의 뜻을 가진 'track'과 밟다의 뜻을 가진 'tread'에서 유래하였다고 한다. 그러므로 정해진 항로를 따라서 규칙적으로 이루어진 것이 무역임을 알 수 있다. 그리고 무역을 한자어로 풀이하면 貿와 易인데, 모두 매매, 교환의 의미를 가지고 있다.[01]

무역이라는 용어에 '나라 간', '나라 사이'라는 의미의 국제(國際, international)가 혼합되면 국제무역(international trade)된다. 결국 국제무역이란 매매, 교환행위가 국경을 넘어 국가 간 발생하는 상거래를 말하므로 곧 '수출입'을 의미한다.

또한 국제무역이라는 용어는 매매 또는 교환의 의미가 강하여 국가 간의 관계라기보다는 개인이나 기업 등 사인(私人) 간의 관계를 의미하는 경우가 많다. 예를 들어 무역사절단(trade mission), 무역장벽(trade barrier), 무역적자(trade deficit), 무역정책(trade policy), 미국 무역대표부(US Trade Representative) 등이 있다.

그런데 아직도 국경의 이동을 제한하는 유 · 무형의 장벽들(barriers)이 곳곳에 현존하고 있다. 무역을 어렵게 하는 유 · 무형의 국경, 규제, 관행, 언어, 문화, 이념은 물론이고 상품의 이동을 어렵게 하는 지리적 장벽도 있다. 이 중에서 인위적인 장벽들을 협상이나 협의를 통해 제거하고 무역을 원활하게 수행하려는 노력이 바로 통상이다.

국제통상은 영어로 'commerce'로써 라틴어 'commercium(꼼메르키윰)에서 유래했다고 한다. 또한 통상을 한문으로 풀이하면 상거래(商)를 '통(通)하게 하는 것', '여는 것', '다다르게 하는 것'을 의미한다. 즉, 국제통상이란 국가 간에 상거래가 될 수 있도록 막혀있는 것을 트이게 하거나 자유로운 경제활동이 가능하도록 하는 '노력'을 의미한다.

2 국제무역과 국제통상의 차이

국제무역과 국제통상이라는 용어는 그동안 별 차이 없이 보편적으로 사용되어

01 두산백과사전, '무역의 역사' 참조.

왔다. 그러던중 1995년 WTO 출범 이후 국가 간의 경제활동이 상품거래 중심에서 농산물, 서비스, 지식재산권으로 확대되었다. 무역방식에 있어서도 글로벌시장의 인터넷무역 증가, 서비스무역 비중의 증대, 해외직접투자의 확대, 생산 및 판매의 글로벌화가 진행됨에 따라 종전의 국제무역 개념과 범위를 초월하는 새로운 국제통상의 개념과 범위가 요구되었다. 따라서 기존의 국제무역을 포함하여 국제적 경제활동의 내용 및 환경, 구조상의 변화를 포함하는 포괄적인 개념으로 국제통상이라는 용어가 사용되기 시작하였다.

그리고 국제무역과 국제통상의 범위와 내용에도 조금 차이가 있다. 국제무역이 과거 상품 위주의 교역이었다면 국제통상은 상품뿐만 아니라 서비스, 지식재산권, 기술, 외환, 금융, 투자, 제도, 경제정책, 경제활동, 국가관계 등과 관련이 있다. 실제로 오늘날의 국가 간 상거래 활동과 분쟁은 단순히 상품의 수출입 행위에서만 발생되는 것이 아니라 오히려 기술마찰, 투자마찰, 구조마찰, 무역정책마찰 등 통상문제에 기인하는 경우가 더 많다.

개인 간의 상거래와 달리 국가 간의 상거래는 인위적이든 자연적이든 정치적, 정책적, 안보적, 위생검역, 가치관, 언어, 거리 등 많은 경제외적 간섭이 존재한다. '通'이라는 개념에는 이러한 '商' 거래를 제약하는 주변요소들을 제거하거나 해소하여 상거래가 원활하고 적극적으로 이루어지도록 하는 노력을 포함하기 때문에 국제통상이라는 개념에는 약간의 강제성, 인위성, 적극성이 내포되어 있다.

즉, 국제통상은 상품의 교역뿐만 아니라 서비스, 운송, 투자, 금융거래까지 포함하며, 단순히 교환하는 것뿐만 아니라 교환이 원활하게 이루어지도록 하는 적극적인 행위를 포함하고 있다. 그 주체도 사인(私人) 간의 거래가 아니라 국가 간의 관계를 의미하는 경우가 더 많다. 예를 들어 통상회담, 통상조약, 통상분쟁, 통상협력, 통상협상 등이 그러한 예이다. 이 중에서 '외교통상부'는 거래가 원활히 이루어지도록 여러 나라와 통상교섭, 조약, 기타 국제협정 등을 맺으며 무역촉진 업무 및 활동을 하므로 통상이라는 명칭을 사용한다. 따라서 사전적으로 볼 때 무역보다는 통상이 조금 더 넓은 의미로 쓰인다. 예를 들어 통상사절단(trade delegation), 통상외교관(trade diplomat), 통상조약(commercial treaty), 외교통상부(Ministry of Foreign Affairs and Trade) 등이 있다.

일상생활에서는 무역과 통상을 비슷한 의미로 혼용하여 사용하고 있다. 예를 들어 산업자원부(Ministry of Commerce Industry and Energy), 외교통상부(Ministry of Foreign Affairs and Trade)가 그 예이다. 우리나라의 행정기관에서 협의의 무역은 'Commerce'라는 용어를 사용하였고, 국제통상은 'Trade'라는 용어를 쓰는 것처럼 보인다.[02] 그러나 일반적으로 무역은 trade로 통상은 commerce로 표기되어 왔다.

표 1-1 무역과 통상의 차이

	(국제)무역	(국제)통상
뜻	• 국가 간에 대외적으로 국경을 넘는 상거래 또는 수출입을 하는 행위	• 국가가 국경을 넘는 경제활동에 대해 여러 장애요인을 제거함으로써 대외 경제활동이 원활하게 이루어지도록 하는 여러 가지의 활동 및 과정
주체	• 개인, 기업 등 私人들 간의 거래 • 개인 및 기업이 주체가 되어 재화의 교환 및 거래가 중심	• 국가들 간의 행위 • 국가가 주체가 되어 국가관계, 제도, 정책 등에 대한 활동이 중심
대상	• 상품의 국제적 매매 또는 교환, 즉 상품의 수 · 출입에 중점을 둠 • 상품위주의 유형 재화의 교역	• 상품의 수 · 출입 외에 기술, 서비스, 자본(국제투자) 등의 국제적 거래와 정부차원의 제반 무역지원 활동을 포괄 • 상거래 자체보다는 국가 간 상거래의 제약요인 완화 노력 • 국제무역에다 서비스, 지식재산권, 자본, 노동 등을 포함한 넓은 범위
시기	• 교환이 이루어진 시기부터 사용	• 1980년대 후반 우루과이라운드 통상협상 이후 사람들의 관심사가 되면서 통상이라는 용어가 많이 사용되어짐.

3 국제통상의 주체와 대상

국제통상의 주체는 국가 간의 상거래 및 상거래를 원활하게 하는 국가 간의 활동을 의미하는데, 여기에는 국가나 국제기구, 지역경제통합기구(예, EU) 등이 포

02 김선광(1999), 『국제통상학개론』, p.23.

함된다. 여기서 국제통상의 주체가 국가임은 이제 쉽게 이해할 수 있을 것이며, 여러 국가가 모여 하나의 공동체를 형성한 EU의 경우를 생각해보면 지역경제통합기구도 국제통상의 주체가 될 수 있다는 것을 이해할 수 있을 것이다.

국제기구도 국제통상의 주체가 될 수 있다. 예를 들어 어느 한 국가가 특정이유를 목적으로 국경을 통과하는 경제활동에 대해 복잡한 제약을 가한다면 여타 국가 또는 WTO 같은 국제기구들은 이를 해소할 목적으로 각종 조치 및 협상을 시도할 것이다. 따라서 국제기구의 활동도 국제통상 행위에 포함되는 것이다.

한편, 국제통상의 대상은 국제무역뿐만 아니라 무역에 영향을 미치는 거의 모든 경제활동을 포함한다. 환경, 노동, 부패문제, 정책, 관행 등 비관세장벽을 포함하여 무역 및 투자활동에 영향을 미치는 여타 비경제적 환경, 협상(negotiation)까지 포함하며 공정무역 촉구로 그 내용이 국가의 의무를 더욱 증대시키는 방향으로 변화되고 있다.

그림 1-1 ▮ 국제무역의 대상

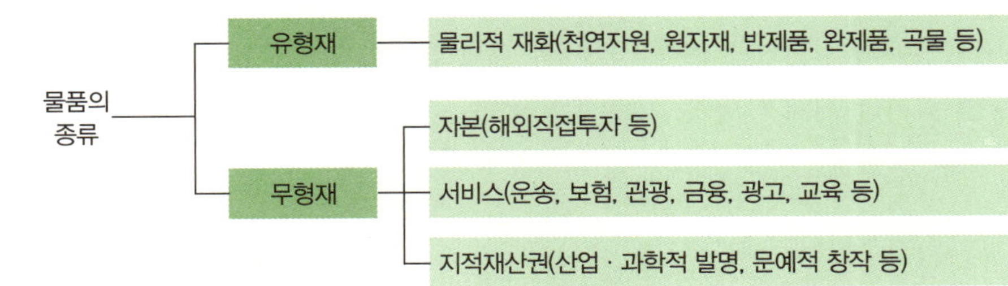

자료: 김선광(1999), 『국제통상학개론』, p.22.

4 국제통상규범의 유형

국제통상규범이란 특정한 사안별로 협상의 결과 얻어진 규범을 지칭하는 경우와 GATT 규범과 같이 무역활동 전반에 관한 포괄적인 규범을 의미하는 경우도 있다. 첫째, 포괄적 규범은 국가 간의 경제적 관계를 전반적으로 규정한 것이므로 APEC, NAFTA, AFTA, 지역 간 협정, GATT/WTO 등 다자무역체제 등이 그 예이다. 둘째, 개별적 규범은 개별적인 경제활동을 뒷받침하기 위한 규범으로서 특정 상품 또는 분야에 대한 규범이며, 반덤핑, 정부조달, 세이프가드, 다자간섬유협정, 다자간 철강협정. 한미간 담배교역에 관한 양해각서 등으로 예를 들 수 있다. 셋째, 시장개방규범은 농산물, 섬유, 서비스 등 특정상품에 관한 규범의 제정 또는 시장개방에 관한 약속규범이다. 예를 들어 다자간 섬유협정, 다자간 철강협정 등이 그 예이다. 넷째, 규율제정규범은 특정산업을 목표로 하기보다는 일반적으로 무역에 영향을 미치는 정책수단을 규율하기 위한 규범이다. 즉, 모든 종류의 상품 및 경제활동에 수평적으로 적용되는 각종 무역 및 투자관련 조치에 대한 가이드라인을 제시하거나 규율하는 것이다. 예를 들어 WTO 반덤핑협정, WTO GATS(서비스협정), WTO 정부조달협정 등이 있다.

5 학문으로서의 국제통상론

국가 간의 통상관계가 급속하게 발전함에 따라 국가 간의 통상관계를 체계적으로 연구하고 분석하는 국제통상론이 학문적 영역으로 태동하기 시작하였다. 국제통상론은 국제통상현안을 분석하고 이에 대한 문제점과 해결방안을 모색하며 이를 통해 국가와 세계가 번영 · 발전해 나아가는 데 필요한 제반 사항을 연구하는 학문이다. 구체적으로는 국가 간에 통상을 하는 이유는 무엇인가, 국가의 경제적 이익을 극대화하기 위해서는 어떠한 정책이 필요한가, 국제통상규범은 어떠해야 하는가, 국제통상관계를 어떻게 형성해 나아가야 하는가 등에 관한 물음과 답을 찾기 위해 연구하는 분야라고 할 수 있다.

국제통상론은 주변 학문과도 관계가 있는데, 무역학의 이론과 지식을 기초로 하고 있으므로 무역학과 공유되고, 국제경제활동의 일부분이라는 측면에서 국제경제학과 공유되고, 국가 간의 통상관계를 규범한다는 측면에서 국제법과 공유되며, 통상관계가 국가 간의 관계라는 측면에서 국제관계학과 공유된다. 그러나 여전히 국제통상학의 학문적 영역이나 체계가 완전히 구축된 것은 아니다. 향후 이 분야의 연구축적이 더 쌓여야 체계화될 것이다.

6 국제통상의 중요성을 말해주는 사례

한 나라가 국경 내가 아닌 국경 밖에서 지속적으로 경제적 부를 축적하는 방법에는 약탈, 전쟁 등 다양한 방법이 있을 수 있으나 이러한 방법들은 지속되기 어렵고 많은 비용을 수반하므로 얻는 것보다는 잃는 것이 더 많을 수 있다. 따라서 지속적으로 경제적 이익을 축적할 수 있는 방법은 교역, 거래밖에 없을 것이다. 왜냐하면 무역이야말로 장기적이고 안정적으로 이윤을 제공하기 때문이다. 이러한 자연적인 흐름인 통상을 억제하는 것은 때로는 대공황을 초래하거나 전쟁을 일으키기도 하였다. 19세기 초 프랑스의 경제학자가 프레데릭 바스티야(Bastiat)는 다음과 같은 말로 무역의 중요성을 인식시키고 있다. “만약 상품이 국경을 건너지 못한다면, 대신 군대가 진격할 것이다.”

1) 나폴레옹의 대륙봉쇄

1806년 10월 27일 나폴레옹은 베를린에 입성(入城)하였다. 프로이센을 포함하여 유럽대륙 대부분을 차지하게 되었다. 그러나 아직 영국이 남아있어 언제든지 영국으로부터 해상을 봉쇄당하거나, 반격을 당할지도 모르는 상황이었다. 따라서 나폴레옹은 대륙을 봉쇄해서 영국을 압박한다면 타격을 받은 영국 스스로 나폴레옹에게 무릎을 꿇고나올 것이라고 생각했다. 그러나 나폴레옹의 대륙봉쇄령은 오히려 영국보다는 프랑스가 물자부족에 시달려 실패하게 된다.

2) 콜럼버스의 아메리카대륙 발견

18세기 당시는 해상무역이 발달해 있던 시절로써 포르투갈, 스페인, 이탈리아 등 유럽국가들은 지중해를 통한 해상무역을 통해 큰 이익을 보고 있었다. 그런데 지중해를 통한 동방무역이 오스만투르크 제국의 이슬람 세력이 1453년에 콘스탄티노플을 함락시켜 동로마제국을 멸망시키고 크리스트교도들의 동방출입을 금지시켜 어렵게 되자 유럽국가들은 대서양을 통해 아프리카를 돌아 인도로 갈 생각을 하고 있었다.

콜럼버스는 배 3척을 지원받아 포르투갈 리스본 항을 떠난지 70일만에 신대륙 아메리카에 첫발을 내디뎠다. 그 결과 지금의 중미지역 바하마제도에 도착하였다.

3) 흥선대원군의 통상거부정책

조선 말기에 이르러 천주교가 유입되고 서구 자본주의 국가들이 본격적으로 문호개방을 요구해오자 더욱 완강하게 쇄국정책을 폈다. 19세기 전반에 이미 산업혁명을 완성하고 근대자본주의 국가로 성장한 영국 · 프랑스 · 미국 · 독일 등 서구열강은 상품시장과 원료공급지를 구하려 군함을 앞세우고 아시아 각국에 문호개방을 강요해 왔다. 당시 정권을 잡은 대원군은 밖으로 쇄국정책을 더욱 철저히 하여 외국과의 교역을 엄금하는 한편, 안으로는 천주교도들을 외세의 앞잡이로 간주하여 가혹한 탄압을 가해 1866년 병인사옥을 일으켰다. 이에 대한 반발로 병인양호와 신미양호가 발생하였으나 대원군은 2차례의 양요를 성공적으로 물리침으로써 외세에 대해 자신감을 갖고 전국에 "서양 오랑캐의 침입에 맞서 싸우지 않는 것은 화평하자는 것이며, 싸우지 않고 화평을 주장하는 자는 매국노이다"라는 척화비를 세워 쇄국의 결의를 더욱 굳게 다졌다.

4) 미국의 남북전쟁

미국에서 일어난 내전으로 1861년 4월 노예제를 지지하던 남부주들이 모여 남부연합을 형성하여 미합중국으로부터의 분리를 선언한 뒤 아메리카 남부 연합군(남군)이 섬터 요새를 포격한 것으로 시작되어 1865년까지 4년 동안 벌어진 전쟁을 말한다. 남부 지도자들은 북부 연합군이 만든 남부 항구들과 도시들을 둘러싼 봉쇄로를 깨기 위해 유럽의 힘을 얻어야만 했고, 링컨의 해군이 만든 봉쇄는 상품무역을 멈추는데 상당한 효과가 발생하여 결과적으로 남부의 수입품들과 수출품들을 급격하게 감소시켰다.

5) 비단길과 대상

비단길(silk road)이라고 일컫는 실크로드는 중앙아시아를 가로질러 고대 중국과 유럽 간에 비단을 비롯한 여러 가지 무역을 하면서 정치 · 경제 · 문화를 이어준 교통을 의미한다. 유럽에서는 중국으로 기린, 사자와 같은 진귀한 동물과 호두, 후추 등이 전해졌고, 중국에서는 유럽으로 비단, 칠기, 도자기 같은 물품과 양잠, 화약기술, 제지기술 등이 건너갔는데, 특히 종이 만드는 기술이 서역으로 건너가서 중세 유럽의 암흑기를 밝혀 인쇄술 발달과 지식 보급에 원동력이 되었다.

6) 장보고의 청해진 해상무역

장보고는 9세기 통일신라가 지금의 전라도 완도에 군대와 항만시설인 해군기지를 세워서 약탈을 일삼는 주변의 해적을 소탕하고 신라와 당나라, 일본, 서역 등과 안전하게 무역할 수 있는 해상무역 루트를 만든 인물이다. 덕분에 신라는 당나라와 일본 간의 중계무역으로 국부를 증대하고 신라와 당나라 간의 인적교류도 활성화하는 데 기여하였다.

■ Chapter 02 ■

고전무역이론

1 중상주의

1) 배경

15~18세기까지 약 300여 년의 기간은 중세 봉건경제 조직이 근대 시민주의 국민경제로 이동하는 과도기였다. 당시에는 절대군주에 의한 통치체제의 확립과 함께 강력한 국가의 건설이 중요한 과제로 여겨졌다. 강력한 국가를 건설하기 위해서는 잘 정비된 중앙정부와 육군과 해군 같은 상비군이 필요했고, 또 이를 유지하기 위해서는 막대한 재원이 필요했다. 따라서 국가가 얼마나 강력하고 큰 규모의 조직을 갖추고 있느냐 하는 것은 국가의 부가 얼마나 많으냐의 문제와 직결되었다. 즉, 국가가 보유한 부의 양은 곧 국가가 가질 군대의 힘을 상징하게 되었다.

이러한 배경하에서 당시 국가의 목적은 富(부)를 축적하는 것이었고, 경쟁적으로 부를 축적하기 위해서 무역을 하나의 수단으로 인식하였다. 당시 무역은 지리상의 발견으로 식민지를 대상으로 국내에서는 경험하지 못한 큰 가격 차이를 이용해 이윤을 확보할 수 있었고, 더 나아가 무역을 이용한 수탈을 목적으로 식민지를 개척하던 시대였다.

2) 중상주의의 개념

17세기 중상주의(mercantilism)는 상업을 통해 부(wealth)를 축적한다는 개념으로 당시의 상업은 국내 상업이 아니고 외국과의 상업, 즉 무역을 통해 부자가 된다는 개념이었다. 따라서 국가도 개인이나 기업과 같이 금·은 등 화폐 재산을 많이 모으면 부자나라(富; wealth)가 될 수 있다고 생각하고 가능하면 무역을 통해 금, 은 등 화폐가치의 국내유입을 촉진하고 대신 보호무역을 통해 수입을 억제하여 화폐가치의 해외 유출을 막는 것이 바람직하다고 보았다. 이러한 생각은 당시 군주와 상인 계층의 경제적 목적을 지탱하는 일종의 신념이었다. 왜냐하면 식민지 건설을 위해 강력한 군대를 유지해야 하는데 이를 위해서는 금·은이 필요했기 때문이다.

당시 중상주의는 수출과 수입에 대해서 기본적으로 제로섬(zero-sum)으로 보았다. 즉, 한 나라가 수출을 하게 되면(금의 유입) 누군가는 수입을 하게(금의 유출) 되어 손해를 본다는 것이다.[01] 따라서 정부가 금·은을 축적하기 위해 정책적으로 무역에 개입하여 수출은 장려하고 수입은 억제해야 하며 이를 위해 해외시장을 개척해야 한다고 생각하였다. 그 정책수단으로는 수입관세와 할당, 수출산업에 대한 보조금 등을 들 수 있다.

당시 가장 유명한 중상주의자는 프랑스 루이 14세의 재무장관이었던 장 바티스트 콜베르(1619~1683)이다. 그는 국가를 최대의 이익을 내기 위해 노력하는 기업이라고 보고 여러 정책을 시도하였다. 세수를 늘리기 위해 인구증가 정책을 펼쳤고, 상품의 운반비용을 줄이기 위해 검문소를 철폐하였다. 또한 수출은 장려하고 수입은 억제하기 위해 수입품에 대해서는 관세를 부과하였고, 공장에서 만드는 상품의 품질관리를 엄격하게 실시하였다. 콜베르는 여기서 생긴 무역흑자를 국가에 비축하여 왕을 부자로 만들려는 정책을 펼친 것이다.

3) 중상주의의 문제점

당시 스페인, 포르투갈 등에서 중상주의적 사고에 따른 금·은의 유입확대와 유출억제는 결국 국내 금·은의 유입이 많아져 당시에는 화폐인 금·은의 가치가 떨어져 물가의 상승만을 초래하는 부작용을 초래하였다. 또한 모든 나라들이 국부

01 애덤 스미스는 “한 사람의 부자가 있기 위해서는 500명의 빈자가 있어야 한다”라고 했다.

증대와 자국산업 보호를 위해 수출장려와 수입억제를 실시함에 따라 외국과의 교류를 어렵게 하고 무역규모를 축소시키는 부작용을 일으켰다. 결국 중상주의는 눈앞의 이익만을 고려하는 편협한 정책이었다. 따라서 국가의 부는 중상주의적 사고에 의한 금 · 은의 양이 아니라, 유입된 금 · 은을 이용하여 다른 나라로부터 원재료, 상품, 기계, 부품 등을 싸게 수입하고 이를 이용하여 제품의 생산을 늘려 상품의 양을 늘리는 것이 국가의 부(wealth)를 증가시킨다는 것인데 중상주의는 이러한 논리를 무시한 처사였다.

2 고전무역이론

1) 애덤 스미스에 대한 이해

(1) 애덤 스미스의 생애

애덤 스미스는 1723년 스코틀랜드(scotland)의 수도인 애든버러(Edinburgh) 근처 커콜디(Kirkcaldy)에서 세관공무원의 유복자로 태어났다. 당시 스코틀랜드는 잉글랜드와 풍속, 언어, 습관, 종교 등이 모두 다른 나라였는데 1724년에 두 나라가 합병하여 영국이 탄생되던 시기이다.

애덤 스미스(Adam Smith, 1723~1790)

- 약 230년 전 인물, 철학자, 고전파 경제학자, 근대경제학을 집대성한 영국의 경제학자, 산업혁명 초기의 경제학자, 국부론의 저자, 후세에 경제학의 아버지로 추앙받고 있다.
- 저서로는 1759년 『도덕감정론』(The Theory of Moral Sentiments), 1776년 『국부론』(The Wealth of Nations) 등이 있다.

애덤 스미스는 어린시절 동안에는 지주의 아들로 자라면서 고대 그리스의 철학과 수학을 많이 공부하였는데, 1737년 14살에 중학교를 졸업하고 영국의 전통 명

문대학인 글래스고대학(University of Glasgow)에 입학하여 윤리와 도덕, 철학 등을 공부하였다. 1749년 17살에 고액의 장학금을 받고 영국 옥스퍼드대학 밸리올 칼리지로 유학을 떠났다. 그러나 고독, 우울, 두통, 무기력증에 시달리며 오직 공부에만 매달려 주변 사람들로부터는 모자란 구세대, 가장 따분한 사람으로 각인되었다. 당시 애덤 스미스는 허약한 몸, 두통에 시달려 머리를 좌우로 흔드는 병, 잠옷을 입고 돌아다니는 몽상가, 길을 걸으며 생각이 몰두하다 길 웅덩이에 빠지는 사람으로 묘사되었고, 평생을 어머니와 이모와 같이 일생을 보낸 독신자였다.

애덤 스미스는 옥스퍼드에서 공부한지 6년 만인 1746년 23살에 고향의 정쟁으로 옥스퍼드를 떠나 고향 커콜디 지방으로 귀국하였다. 귀국 후 에딘버러에서 시민들을 대상으로 수사학 등 공개강좌를 3년 동안 열었다. 그리고 1748년부터 1950년까지는 친구의 도움으로 에딘버러에서 공개 강의를 실시하였다.

그러던 중 1751년 27세의 나이에 강의실력을 인정받아 모교인 글래스고대학에서 논리학, 수사학(설득의 학문)을 가르치는 교수로 임용되었다. 당시는 철학과 상업이 결합되는 시기로서 논리학이나 수사학은 오늘날의 TV광고론 만큼이나 중요한 분야였다. 애덤 스미스는 글래스고대학에서 13년 동안 도덕철학을 강의를 하였다. 주요 내용으로는 자연신학, 윤리학, 도덕, 상업, 재정, 교회, 군대 등 정치철학, 정치경제학적 성격의 도덕철학이었다. 당시에는 목사가 되려는 사람이 많아서 주로 목사지망생들이 청강하였다.

1759년에 애덤 스미스는 『도덕감정론』(The Theory of Moral Sentiments)을 집필하여 일약 유명한 저술가와 대학교수가 되었다. 도덕감정론은 사회 속에서 발현되는 인간의 본성, 개인의 자유와 사회적 질서가 양립할 수 있는 원리, 자본주의가 성립하기 위한 전제, 자본주의 체제가 제대로 작동하기 위한 원칙 등을 설명한 철학서였다. 당시 청강생으로 북새통을 이루고 6판까지 인쇄되었다. 도덕감정론에서 국부론의 중심사상이 되는 이기심의 기초를 이루었다. 즉, 인간은 파토스를 기초로 시민사회의 에토스와 로그스를 연결시킴으로써 신시대의 인간관과 사회관을 구축한다는 것이다. 도덕감정론은 스미스가 자신의 사상과 논리를 발전시키는데 기여한 책이었다.

애덤 스미스는 1764년에 대학교수를 돌연 사직하고 연봉 300파운드와 평생연금을 받는 조건으로 영국 정치인이자 재무장관인 타운센드의 아들인 버클루 공작 2세(Henry Scott)를 가르치기 위해 유럽을 그랜드투어하는 개인교사가 되었다. 이때 프랑스, 스위스 등 유럽지역을 약 3년간 여행하며 당시 유럽지식인 사회를 휩쓸었던 자유주의, 합리주의 사상의 대가 데이비드 흄, 튀르고, 콩디야크, 케네, 볼테르 등을 만났는데, 특히, 중농주의 경제학자 케네의 '경제표'의 영향을 많이 받았다. 케네의 경제표는 국가를 번영하게 만드는 방법을 정교하게 수학적 수법으로 제시한 모델이었다.

그리고 당시 애덤 스미스는 여행 중의 무료함과 지루함을 달래기 위해 집필을 시작했는데 이것이 오늘날 국부론의 초안으로 알려지고 있다. 그는 3년 여행 동안 총연봉 8,000파운드를 받았는데 이는 당시 주택 4채를 살 수 있는 큰 금액이었다. 그러던 중 같이 유럽을 여행하던 버클루 공작의 형이 길거리의 여인에게 병을 얻어 죽는 바람에 애덤 스미스는 3년간의 유럽여행을 마치고 1766년에 고향 스코틀랜드로 돌아와 10년 동안 집필에만 몰두하였다.

결국 애덤 스미스는 1776년에 그 유명한 『국부론』(The Wealth of Nations)을 발간하였다. 국부론은 복잡하게 뒤얽힌 상업과 산업의 현상에 철학과 논리학을 결합시킨 정치경제학 책이다. 국부론에 대해서는 아래에 별도로 설명하였다. 그 뒤 애덤 스미스는 1777년에는 스코틀랜드 에딘버러 세관위원회 위원장(관세청장)이 되었다. 그리고 영국정부는 스미스에게 월급을 주며 죽을 때까지 연구에 몰두할 것을 독려하였다. 애덤 스미스는 1787년에 모교인 글래스고대학에서 총장으로 임명되기도 하였으나 건강이 악화되어 2년 만에 사임하였고, 결국 1790년 67세의 나이로 세상을 떠났다. 당시 마지막까지 집필하던 원고가 있었으나 마지막에 임박하여 평생 자신의 작업을 회고하고는 자신의 걸작들이 보잘 것 없다고 생각하고 원고를 모두 불태워 버렸다. 태워진 원고들은 주로 수사학, 자연종교, 법학과 관련된 에세이로 '천문학사'와 '철학적 주제에 관한 에세이' 등이었는데 일부는 유작으로 출판되기도 하였다.

(2) 애덤 스미스의 시대적 배경

스미스가 살던 시기는 18세기 중반으로 구질서에서 신질서로, 전근대적 봉건질서에서 근대적 자본주의질서로 변동하던 시기였다. 즉, 봉건제가 무너지고 자본주의가 싹트는 시기였다. 당시 영국에서는 한참 산업혁명이 일어나던 시기였다. 주변에는 대장간, 탄광, 광물, 철물, 가죽, 양모, 푸줏간, 맥주공장 등이 있고 아메리카 담배를 수입한 후 가공해서 파는 일 등이 많던 시기였다.

또한 당시는 식민지 개척시대이고 중상주의가 만연했던 시기로써 거대한 방적기계의 발달과 산업혁명 덕분으로 방직산업의 생산성이 향상되어 옷감을 다량으로 짜서 수출하는 산업이 발달했던 시기였다.

애덤 스미스가 유년시절을 보낸 스코틀랜드 커콜티 지역은 아직 산업혁명이 본격적으로 일어나지는 않았고 주로 제염업, 제정(못공장), 탄광업 등이 발달한 도시였다. 따라서 애덤 스미스는 어린시절부터 이러한 것들을 볼 기회가 많았다. 당시 선진국은 네덜란드, 스페인, 잉글랜드, 프랑스 등이었고, 스코틀랜드는 잉글랜드보다 못살았고, 그러나 18세기 후반이 되면서 스코틀랜드도 물질적으로 황금기를 누리게 되었다.

그리고 당시에는 농사를 짓는 일보다 양을 길러 털을 깎아 옷감을 짜는 것이 돈을 더 많이 벌 수 있었기 때문에 지주들이 농사를 짓던 땅에 울타리를 치고 양을 치는 인클로저(Enclosure)운동이 일어났던 시기로서 농민들이 도시로 이농하던 현상과 장시간 노동과 인간의 기계화 등 자본주의의 병폐가 나타나기 시작했던 시대이기도 하다.

(3) 국부론

국부론(The Wealth of Nations)은 본래 원문이 'Inquiry into the Nature and Causes of the Wealth of Nations'으로 '국가의 부의 본성과 원인에 대한 연구'이나, 일본 사람들이 국부론이라고 간결하게 번역한 것을 우리도 그대로 가져다 쓴 듯하다. 쉽게 설명하면 '부자나라'에 관한 연구로서 어떻게 하면 부자나라가 될 수 있을까에 대한 방향제시이다. 한때는 국부론을 '諸국민의 부', 또는 '부국론'으로 번역되기도 하였다. 여기서 부자나라란 생필품과 편의용품을 쉽게 손을 뻗어 얻을 수 있는 나라를 의미하는데, 상품을 획득하는 용이성을 중요시한 느낌이다.[02]

애덤 스미스의 『국부론』은 세금, 무역의 자유, 분업, 공공교육 등을 다루었는데 복잡하게 뒤얽힌 상업과 산업의 현상에 철학과 논리학을 결합한 정치경제학 책이다. 애덤 스미스가 국부론을 쓰게된 계기는 영국정부의 중상주의적 무역정책을 고집한 데 따른 반발로서 중상주의적 생각의 모순을 지적하고 새로운 시각의 경제관을 제시하기 위해서였다. 당시 영국정부는 중상주의 중심의 무역을 통해 부자나라가 될 것을 주장하였으나 애덤 스미스는 자유무역과 자유경쟁을 통해 부자나라가 되는 것을 제시한 것이다.

2) 애덤 스미스의 경제관

(1) 인간은 이기심을 추구한다

"이기심이 너희를 이롭게 하리라." "정부는 경제활동에 간섭하지 말라." "각자 자신의 이기심에 충실하도록 자유방임(laissez-faire)하라 그것이 공익을 실현하는 지름길이다."

"우리가 저녁식사를 제대로 할 수 있는 것은 푸줏간, 양조장 또는 빵집 주인들의 이타심(관대함) 덕택이 아니라 그들의 이기심 때문인 것이다. 거지 외에는 아무도 시민들의 이타심에만 의존하려는 사람은 없다."

출처: 애덤 스미스의 『국부론』 중에서

애덤 스미스는 현실의 삶을 이끄는 만유인력과 같은 동력을 개인의 이기심(self-interest)으로 보았다. 근대적 인간의 생활태도와 행위법칙을 설명한 것이다. 애덤 스미스의 이기심은 "자신의 처지를 개선하고자 하는 욕망인데, 이는 부정적인 의미의 탐욕이 아니다. 이기심은 일종의 개인의 사적 이익추구 본심으로 인간 본연의 모습, 인간 본연의 천성, 즉 인간의 자연모습이다." 인간의 이러한 이기심이 경제활동의 원동력이라는 것이다.

02 이경남 역(2008), 『애덤 스미스 경제학의 탄생』, 청림출판, p.147.

인간의 천성은 개인의 사적 이익을 추구하는 이기심인데 이것이 경제활동에 대한 센스를 갖게 하고 정의롭게 한다는 것이다. 따라서 자신의 처지가 나쁜데도 노력하지 않으면 정의롭지 못하고 이기심이 없다고 볼 수 있다. 그런데 이 이기심은 정의의 한계 내에서 발휘되어야 보이지 않는 손에 의해 공익에 도움이 된다고 보았다. 이것이 오늘날 시장경제 자본주의의 기초이다. 이기심은 여전히 우리 경제를 돌아가게 하는 가장 강력하고 효과적인 동기이므로 우리는 이런 이기심을 최대한 활용해야 한다.[03]

예를 들어, 많은 직장인들이 아침마다 직장으로 달려나가는 것도 자신들의 처지를 개선하려는 의지 때문이며, 마찬가지로 강의실에 모이는 학생들도 미래에 자신들의 처지를 개선하려는 욕구 때문일 것이다. 결과적으로 이러한 이기심은 인간의 삶에도 긍정적인 요인으로 작용한다. 예를 들어 부지런함, 근검절약, 신중함 같은 좋은 성품을 가지게 되고 이것이 결국 사회적으로도 기여를 하게 된다. 결국 애덤 스미스는 사회적으로 유리한 공익이 개인의 이기주의적 행동의 누적된 결과라고 보았다. 공산주의는 이러한 인간의 본성인 이기심이라는 본성을 부정하는 인간의 이타성 내지는 자기희생적, 그리고 강제적 평등성을 전제로 운영되다가 실패한 것이다.

그런데 현실의 삶을 이끄는 것이 인간의 이기심이라는 발견은 이미 2000년 전에 언급되었다. 사상가 한비자는 "의원이 환자의 상처를 빨아 그 고름을 입에 담는 것은 환자에게 혈육의 정을 느껴서가 아니라 이익을 보고하는 일이다. 그렇게 병을 고쳐주면 사례를 받고 많은 사람을 단골로 삼을 수 있기 때문에 싫지만 하는 짓이다. 수레 제조자는 많은 사람이 부자가 되길 바라고, 장의사는 사람이 많이 죽기를 바란다. 이는 수레 제조자가 인자하고 장의사가 잔인하기 때문이 아니다. 사람이 부유하지 않으면 수레가 팔리지 않기 때문이고, 사람이 죽지 않으면 관이 팔리지 않기 때문이다. 장의사는 결코 사람을 미워하는 것이 아니지만 사람이 죽어야만 그에게 이익이 되기 때문에 사람이 죽기를 바라는 것이다"라고 하였다.[04]

인간의 이기심에 대한 반론도 있을 수 있다. 이기심이 인간행동의 가장 중심에

03 장하준(2010), 『그들이 말하지 않은 23가지』, 부키, p.72.
04 황광우(2006), 『철학콘서트』, p.203.

깔린 감정이기는 하지만 이것이 인간행위를 모두 설명할 수 있는 것은 아니라는 것이다. 인간은 오로지 이기심만을 위해서 일하는가? 모든 사람들이 남을 속이는 이기심만 있다면 사회는 속임수, 감시, 처벌 등으로 더욱 혼란스러워 존재하지 않았을 것이다. 따라서 인간의 이기심만이 경제활동의 유일한 동기와 목표라고 보는 것은 무리가 있다. 정직성, 자존심, 이타심, 사랑, 연민, 신앙심, 의무감, 애사심, 신뢰, 의리, 충성심, 도덕심, 애국심 등도 우리의 행동을 결정짓는 중요한 요소들이다.[05] 그러나 아주 반대로 일부 사람들을 제외하면 이들 요소만을 가지고 인간이 오랫동안 지속적으로 일하기는 쉽지 않을 것이다. 만약 누군가가 우리에게 적절한 보상을 해주지 않으면서 도덕성, 사랑만을 강조하며 일하기를 원한다면 누가 지속적으로 일을 하겠는가?

역사적으로 인간의 이기심을 인정하여 번영을 누린 경우와 이기심을 무시하고 정책을 추진하다 실패한 사례는 아주 많다. 아테네의 자유와 스파르타의 국가주의, 제2차 세계대전 후 서독의 융성과 동독의 피폐, 제1차 세계대전 후 미국의 호황과 구소련의 레닌, 스탈린체제, 남한의 윤택함과 북한의 궁핍함 등이 대표적인 사례이다.

(2) 애덤 스미스의 '보이지 않는 손'

위에서 알아본 바와 같이 애덤 스미스는 모든 사람이 '최소비용으로 최대의 효과를 얻으려는 경제인임을 가정하고, 자신의 환경(처지)을 개선하려는 욕구인 이기심'에 따라 사익을 추구하다보면 '보이지 않는 손'(invisible hand)에 이끌려 결과적으로는 사회나 공익에도 기여하게 된다고 주장하였다.

애덤 스미스의 저서를 통틀어 '보이지 않는 손'에 관한 이야기는 단 3번밖에 나오지 않는다. 그의 유작인 『천문학사』와 『도덕감정론』, 『국부론』 등에서이다.

'보이지 않는 손'에 관한 첫 번째 언급은 『천문학사』에서 유령처럼 20세기의 경제인이나 기업인들의 상상력을 자극하는 유명한 구절이 잠깐 나오는데, 실제로 '신의 손'을 우회적으로 표현하였다. 실제로 성경책에도 '보이는 손, 보이지 않는

05 장하준(2010), 『그들이 말하지 않은 23가지』, 부키, p.72.

손'에 대한 언급이 있다고 한다.

"불은 타오르고 물은 신선해진다. 천체는 내려앉고 가벼운 물질은 위로 날아간다. 이것은 그들 자신의 성격의 필연성에 기인한 것이다. 우리는 주피터신의 '보이지 않는 손'이 그런 일에 종사하고 있다는 것을 이제까지 깨닫지 못했다."[06] 따라서 당시 보이지 않는 손은 애덤 스미스가 처음 사용한 단어가 아니고 진보적인 교회에서 많이 사용되던 용어였던 것이다.

'보이지 않는 손'에 관한 두 번째 언급은 자유상거래, 상업적 메커니즘을 의미하거나 또는 위대한 우주의 감독관, 자애로운 대자연, 신의 섭리 등을 의미한다. 개인이 자신의 이익을 추구하기 위해 노력하지만 돈의 작용 또는 자유 상거래(교환)로 인해 결국은 가난한 사람 등 모든 사람에게 도움을 주게 되는데, 이러한 메커니즘을 '보이지 않는 손'이라고 표현하였다. 따라서 보이지 않는 손은 경제활동에 참여하고 있는 모든 사람들을 의미하는 것이다. 물론 경제에 더 큰 영향을 미치는 자본가, 금융권력가 등 지배엘리트들이 더 영향을 미치는 것은 당연하다.

"지주의 밥통(위장)은 그의 거대한 욕망과 비례하여 커지는 것이 아니며, 오직 가난한 농민의 밥통(위장)의 크기밖에 되지 않는다… 지주들은 가난한 사람보다 더 많이 소비하지도 못한다… 지주들은 이기심과 탐욕에도 불구하고 자신들이 거둔 모든 성과를 가난한 사람과 나누어 가진다. 그들은 보이지 않는 손에 이끌려 모든 주민에게 같은 몫으로 토지를 나누었을 때처럼 생필품을 거의 같은 비율로 배분하게 된다."[07]

세 번째 의미는 '개인의 이해관계와 사회의 공익을 연결하는 메커니즘'을 의미하는 것으로 '생산성 향상'이나 경제주체들의 '합리성'을 의미한다. 즉, 개인들이 본성에 의해 사적인 이익을 추구하면 자신이 꼭 의도하거나 염두에 두지는 않았지만 자신도 모르는 사이에 저절로 보이지 않는 손에 의한 것처럼 사회적 이익에도 기여하게 된다는 것이다.

06 박세일 · 민경국 역(2009), 『도덕감정론』, 비봉출판사, p.346.
07 이경남 역(2007), 『애덤스미스 경제학의 탄생』, 청림출판, p.166.

He generally, indeed, neither intends to promote the public interest, nor knows how much he is promoting it. By preferring the support of domestic to that of foreign industry, he intends only his own security and by directing that industry in such a manner as its produce may be of the greatest value, he intends only his own gain, and he is in this, as in many other cases, led by an invisible hand to promote an end which was no part of his intention.

그는 공공의 이익을 추구하려 하지 않으며, 그가 어느 정도 공공의 이익을 추구하고 있는지도 모른다. 그가 외국산업보다 국내산업을 선호하는 것은 오로지 자신의 안전을 위한 것이다. 그가 국내산업의 생산물의 가치를 극대화하려는 방법으로 국내산업을 조정하는 것도 오직 자신의 이익을 위한 것이다. 이때 그는 다른 많은 경우처럼 '보이지 않는 손'에 이끌려 그가 전혀 의도하지 않았던 공익을 추구하게 되는 것이다.[08]

두 번째와 세 번째 경우와 같이 당시 애덤 스미스가 지적한 보이지 않는 손이란 자유로운 경제활동의 결과로 자연스럽게 균형이 되는 자연가격(시장가격)의 형성을 일컫는 것이다. 그리고 사회의 자연적인 질서를 설명한 것이다. 만유인력이 우주의 자연질서를 설명하는 원리라면 보이지 않는 손은 사회의 자연질서를 의미한 것인데, 당시 애덤 스미스는 마땅한 용어가 없기 때문에 과거에 교회에서 사용되는 신의 손, 보이지 않는 손이라고 은유적으로 표현한 것이다.

(3) 애덤 스미스의 '분업'

애덤 스미스는 국부를 증진시키는 방법 중의 하나로 분업(division of labor)을 언급하였다. "나는 작은 핀 공장에 가본 일이 있다. 겨우 열 사람이 일을 하고 있었다. 그들은 매우 가난했고 기계류도 충분하지 않았다. 한 사람은 철사를 자르고, 한 사람은 철사를 뾰족하게 만들고, 한 사람은 철사의 끝을 간다. 핀 머리를 만드는 일에도 두세 가지의 별개 작업이 필요하다. 한 사람은 머리를 붙이고, 한

08 황광우(2006), 『철학콘서트』, pp.204~205.

사람은 핀을 희게 간다. 또 한 사람은 핀을 종이에 포장한다. 이러한 핀 제조과정이 총 18가지 세부공정으로 나눠져 있었다. 그렇게하여 한 사람이 하루에 4,000개 이상을 만들고, 열 사람이 4만 8,000개의 핀을 제조할 수 있었다. 만일 이러한 작업을 혼자서 했다면 하루에 20개도 만들지 못했을 것이다."09 이때의 분업은 한 상품을 만드는 과정에도 적용할 수 있고 산업 내 상품을 특화하는 것에도 적용할 수 있다. 스미스의 분업은 공정 간 분업, 직업 간 분업, 도시와 농촌 간 분업, 정신노동과 육체노동 간 분업, 국가와 국가 간의 분업을 모두 포함한다.

본래 분업의 개념은 애덤 스미스가 처음 언급한 것은 아니다. 17세기 윌리엄 페티경 같은 사상가들은 전문화가 작업의 생산력을 높인다는 사실을 일찍부터 인정하였다. 페티(William Petty)는 천을 만들 때 한 사람이 보풀을 세우고 다른 한 사람이 뽑아내고, 또 다른 한 사람이 짠다면 혼자서 엉거주춤하고 작업을 하는 경우보다 가격을 내릴 수 있다고 주장한 바 있다. 맨더빌(Bernard Mandeville)도 일급 전함에 장비를 갖추고 병력을 채울 때 그 많은 종류의 일을 나누고 또 나누어 세분화시키지 않는다면 일을 제대로 처리할 수 없다고 말한 바 있다.[10]

그렇다면 분업을 하면 왜 생산성이 향상되는가. 첫째, 분업을 하게 되면 직공의 기술(skill)이 향상된다. 한 가지 일을 오랫동안 반복함으로써 얻어지는 숙련도이다. 위의 핀 만드는 일을 나누어서 했을 때의 생산성향상을 생각하면 쉽게 이해가 갈 것이다. 이밖에도 음식점에의 분업, 공장 조립장에서의 분업 등이 대표적인 사례이다.

둘째, 분업을 하게 되면 작업공정 간의 이동시간이 절약되기 때문이다. 사례로 애덤 스미스는 다음과 같이 지적하고 있다. "한 작업에서 다른 작업으로 옮길 때 시간이 걸리는데 이를 절약해서 얻는 이익은 우리가 얼핏 생각하는 것보다 훨씬 크다.… 중략… 농부는 거의 반시간마다 일과 도구를 바꾸고 대개 매일 20여 종류나 되는 작업을 하면서 한평생을 살게 된다. 그래서 자연히 게으르고 여유자적하게 행동하는 것이 몸에 배어 긴급한 상황에서도 활발하게 일할 수 없게 된다."[11]

---

09 황광우(2006), 『철학콘서트』, p.209.
10 이경남 역(2007), 『애덤 스미스 경제학의 탄생』, 청림출판, p.150.
11 조영정(2003), 『국제통상론』, p.90; 최호진 역(1992), 『국부론』, 범우사출판, p.25.

또다른 예도 있다. 옷을 만드는 양복점의 테일러는 혼자서 치수를 재고 옷감을 자르고 옷을 깁는 작업을 한다. 10일에 양복 1벌을 만들기 어려울 것이다. 신발을 만드는 직공의 경우에도 마찬가지일 것이다.

셋째, 분업과정에서 새로운 도구를 개발하여 사용하기 때문이다. "노동이 극히 세분화되어 있는 제조업에서 사용되는 기계의 대부분은 원래 보통 직공들이 일하는 과정에서 창안해 낸 것이다. … 중략 … 화력기관이 처음 만들어졌을 때 피스톤의 아래 위로 움직임에 맞추어 사람이 보일러와 실린더 사이의 통로를 개폐해 주어야 했었고, 이 작업을 대개 소년들이 했었다. 매일 이 일을 하는 소년들 가운데 친구들과 아울려 놀고 싶은 한 소년이 있었다. 이 소년은 궁리 끝에 통로를 여는 밸브의 손잡이를 기계의 다른 부분에 끈으로 매어두면 밸브는 저절로 여닫겨 자신은 이 시간 동안 친구들과 놀 수 있다는 것을 알게 되었다. 이것은 화력기관이 만들어진 이래 최대의 개선이다."[12]

(4) 애덤 스미스의 교환

물건을 만든 후 그것을 바꾸려는 성향은 인간의 본능이다. 남의 떡이 커 보여서 그럴 수도 있고 수급이 불일치하여 그럴 수도 있을 것이다. 그러나 교환은 이익을 추구하는 인간의 행위에서 비롯된 것이다. 인간의 욕망은 대부분 자기의 노동생산물 가운데 소비하고 남은 잉여부분을 다른 사람의 잉여부분과 교환함으로써 더 많이 충족될 수 있기 때문이다. 예를 들어 나에게는 충분하고 상대방에게는 부족한 어떤 물건이 있다면 서로에게 느껴지는 '가치'가 다르기 때문에 교환이 발생하고, 심지어는 절대적인 가치가 같다고 해도 그것을 소비하면서 느끼는 효용이 다르면 교환은 이루어질 것이다. 그런데 만약 서로 가치가 동일할 때 교환을 하는 것만으로도 이익이 되는가? 예를 들어 어떤 사람은 활을 잘 만들고 어떤 사람은 벌판에서 사슴을 잘 잡는다고 하자. 활과 사슴의 교환가치가 똑같다고 해도 효용(utility) 가치가 다르기 때문에 서로는 교환을 하여 만족을 높인다.

또한 상대방이 개방을 하든 하지 않든 자국 스스로 무역장벽을 제거하고 교환하

12 조영정(2003), 『국제통상론』, p.90; 최호진 역(1992), 『국부론』, 범우사출판, pp.26~27.

는 것만으로도 이익이 발생한다. 팔아서 이익을 보는 것이 아니라 소비하면서 효용을 높이기 때문이다. 과거에 관세를 부과하는 등 무역을 왜곡하는 요소가 많았는데, 이러한 장벽을 제거하여 더 싸게 구입할 수만 있어도 생활수준이 향상되고 자국 내 경제상황이 개선되는 경우가 많았다.

그런데 교환과 분업은 불가분의 관계에 있다. 왜냐하면 교환이 이루어지지 않으면 분업을 할 필요가 없다. 자급자족 상태이기 때문이다. 분업은 교환이 전제되어야 하고, 교환이 활발해질수록 분업이 가속화될 것이다. 언제든지 교환이 이루어질 수 있다면 개인은 자신들이 잘 만들 수 있는 분야에 특화하고 잉여분으로 부족한 것을 교환하여 보충하는 것이 가능하게 된다. 그런데 이때 분업을 통해 생산성이 향상되므로 교환하고도 남게 되는 잉여분이 발생할 수 있다. 이것이 고전경제학이론의 핵심이다.

이러한 교환의 성향은 인간에게는 당연하지만 동물에게는 없다. 개들이 뼈다귀를 놓고 다른 개와 이익을 따져가며 거래를 하는 경우는 없다. 희망봉을 여행하는 사람들이 목격한 바로는 비비원숭이들이 과수원을 습격할 때 서로 협력하는 경우는 있지만 결국에는 전리품을 놓고 죽을 때까지 싸운다는 것이다.[13]

애덤 스미스는 분업의 부작용을 언급하고 있다. 분업이 발달하면 국민들 대부분이 몇 가지 단순한 작업에만 얽매이기 때문에 지적 · 사회적 · 군사적 재능을 잃게 되어 바보가 된다는 사실을 인정하였다. 예를 들어, 분업에만 종사하는 사람은 어려움을 극복하기 위해 그의 이해력을 발휘하거나 창조력을 발휘하지 못하는 것이다. 분업의 습관이 몸에 배면 자연히 인간이 둔해지고 무지해지기 때문이다.

(5) 애덤 스미스의 평가와 한계

스미스의 가치관은 인간의 심성을 가장 중요시하고 자유와 자율을 강조한 자유주의자이다. 또한 중상주의에 대한 대항으로 자유무역을 주장하였으므로 저항가이기도 하다.

애덤 스미스는 자유방임을 주장하며 국가의 개입을 극도로 경계하였다. 따라서

13 이경남 역(2007), 『애덤 스미스 경제학의 탄생』, 청림출판, p.152.

애덤 스미스는 국가가 해야 할 일이 단 세 가지라고 보았다. 즉, 국방의 의무, 국내에서의 사법적 정의구현, 공공 토목사업 및 공공시설의 건설 등이다. 또한 그는 국가에 의해 수행되는 중상주의적 및 중농주의적 특권 및 제약 부여 등을 비판하면서 이런 국가의 개입이 철폐되면 '자연적 자유의 자명하고도 단순한 체계'가 저절로 확립된다고 주장하였다.

그러나 애덤 스미스는 시장실패와 같은 시장기능의 한계를 직시하지는 못하였다. 시장기능에만 의존할 경우 독점 및 외부성과 같은 다양한 부작용이 발생할 수 있으며, 공황 등과 같은 파국을 맞이하거나 지나친 경쟁으로 시장이 제역할을 수행하지 못하는 경우도 많다.

또한 애덤 스미스는 공정한 분배, 공정한 거래에 대해서는 언급을 하지 않았다. 분업과 교환을 통해 대중들이 혜택을 얻는 것이 사실이지만 공정한 거래와 혜택의 공정한 분배에 관해서는 언급하지 않았다.

그림 2-1 ▌국부론 체계도

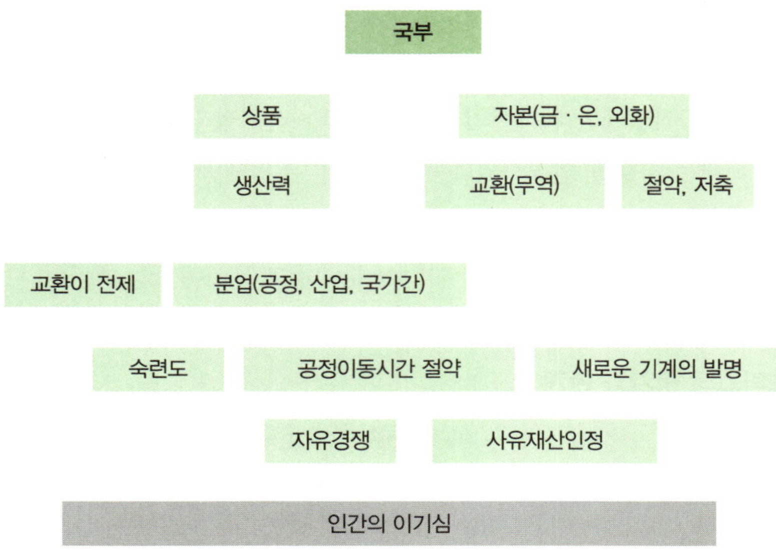

3 절대우위이론

무역은 왜 발생하는가?

무역이 발생하는 원인은 다양하다.

첫째, 자원의 부존정도, 지리적 환경, 인구분포, 기술력의 차이에 따라 발생하는 수요와 공급의 차이를 극복하는 과정에서 발생한다. 즉, 생산요소의 차이로 인해 발생하는 부족분이나 잉여분이 무역을 통해서 해소되는 것이다. 예를 들면 한국이 석유화학공업단지에서 원유를 수입하여 가공한 후 판매한다고 할 때, 한국은 부족한 원유를 산유국으로부터 수입하는 것이고, 높은 기술력을 바탕으로 원유를 정제해 다른 나라에 판매하는 것이다.

둘째, 생산요소들의 차이로 인해 값싸게 만들거나 비싸게 만드는 차이로 인한 특화이다.

셋째, 가격차이를 이용한 재정거래를 통해 경제적 이익을 추구하는 경우이다. 즉, 동일한 상품의 가격이 국가 간에 차이가 있을 때 가격이 싼 국가에서 상품을 구입하여 가격이 비싼 국가에 그 상품을 팔아 이익을 얻는 행위이다. 예를 들어 중세 식민지국가 개척시대에 식민지국가로부터 향신료, 담배 등을 싸게 구입하여 본국에서 비싸게 판매한 경우이다.

결국 무역이란 단순히 제품을 수입하고 수출하는 행위가 아니고 모든 경제적 관점과 그 시기의 특성, 사회적 · 외교적 문제까지 관여되는 하나의 복합적 유기체라고 할 수 있다.

1) 절대우위의 뜻

무역의 발생과 이익에 관해 최초로 체계적인 설명을 제공한 사람은 애덤 스미스(Adam Smith)이다. 애덤 스미스는 1776년『국부론』에서 '절대우위이론(absolute advantage theory)'을 주장하였는데, 그는 어떤 재화를 생산함에 있어 한 나라가 다른 나라보다 더 싸게 생산하여 우위에 있을 때 그 나라는 그 상품을 생산하여 수출하고, 반대로 더 비싸게 생산하여 열위에 있을 때에는 그 상품을 상대국으로부터 수입하게 되면 수출국이나 수입국 모두 이익을 얻게 된다는 이론을 전개하였다. 이때 절대우위란 한 재화의 생산에 있어 한 국가가 상대국에 비해 낮은 생산비로 생산할 수 있어 가격비교상의 우위에 있는 것을 말한다.

결국 나라마다 상대방 국가보다 낮은 생산비로 생산하는 재화가 있으므로 각국은 낮은 생산비로 생산하는 재화에 생산을 특화하여 분업생산을 하고, 또 이를 교환하게 되면 서로는 모두 이익을 얻게 된다는 것이다. 단, 애덤 스미스는 당시에 노동가치설에 입각하여 노동만을 생산요소로 하여 각국의 생산비를 노동투입량을 기준으로 설명하였다.

절대우위론은 노동가치설에 근거한 한 가지 명제를 가정하고 있다. 무인도에서 로빈슨 크루소와 그의 동료 프라이데이는 서로 자신이 잘 만들 수 있는 물건을 분업하여 만들고 이를 교환하기로 결정하였다. 이들은 교환가치를 정하기를 탁자 1개=양 5마리=거북이알 100개로 결정하였는데, 로빈슨 크루소와 프라이데이가 이렇게 교환비율을 결정한 근거는 무엇일까? 해답은 간단하다. 탁자 1개를 만드는 노동력은 양 5마리를 잡는 노동력과 같기 때문이다. 예를 들어 양 1마리를 잡는데 하루가 소요된다면 탁자 1개를 만드는 데는 5일이 걸린다는 의미인 것이다.

애덤 스미스의 절대우위이론은 그가 주장해온 분업의 원리의 일부이다. 즉, 애덤 스미스는 자유무역이론을 주장함에 있어서도 자신이 그동안 주장해온 '국제분업의 이익'에서 이론적 근거를 찾았다. 애덤 스미스는 분업과 교환에 대한 개념을 설명하였다. 분업을 하면 분업의 이익으로 인해 생산량이 크게 증가하는데 그 이유를, 첫째 노하우와 같은 시간에 따른 노동자 시간당 생산량의 증가, 둘째 한 작업에서 다른 작업으로 옮기는 경우 들게 되는 시간의 절약, 셋째 일을 빨리 할 수 있는 기계를 만들기 때문이다.[14]

또한 애덤 스미스의 보이지 않는 손(invisible hand)은 개인의 이기적 행위가 결국 사회의 공익을 실현한다. 모든 개인은 이기심(self interest)을 실현하고자 하는 의지에 있다. 한 나라의 경제발전과 국부증대는 개인의 경제적 자유를 보장하는 곳에서부터 시작하는 것이며, 국부증대는 분업→생산성증대→생산량증대로 연결되는 것이다. 분업은 효율적인 생산공정을 위해 태어나는 생산의 다양한 분할과 결합이다.

즉, 각국은 생산에 있어 자국이 우위를 갖는 상품에 특화생산하여 교역을 하게 되면 세계 전체의 생산이 증대하고, 또 이것을 각국에 배분함으로써 이익을 얻게 된다는 것이다.

그런데 특화 이전에 교환만으로도 이익이 되는가? 교환에 따른 이익은 순수하

14 조영정(2003), 『국제통상론』, p.90.

게 교환 자체에서 발생하는 이익과 교환을 위한 분업을 실시하는 과정에서 발생하는 분업의 이익으로 구성된다.

순수교환의 이익은 다음과 같다. 예를 들어 생산업이 각각 호빵 1개, 아이스크림 1개가 존재하는 경우, 평가가치도 같고 선호도 똑같다면 교환은 발생하지 않는다. 만약 평가가치가 같더라도 선호가치가 다르면 교환이 발생하고 이익이 실현된다. 에스키모인의 호빵에 대한 선호도와 아마존 나비족의 아이스크림에 대한 선호도의 차이가 있을 수 있다.

만약 평가가치마저 다르면 당연히 교환의 이익이 발생한다. 예를 들어 호빵 1개에 대해 에스키모는 아이스크림 2개와 같게 여기고, 아마존의 나비족은 아이스크림 1/2개와 같게 여긴다고 하자. 이때 시장에서의 교환비율이 호빵 1/2= 아이스크림 1/2이라면 에스키모는 아이스크림 1/2을 주고 호빵 1/2을 가져가려 할 것이다, 마찬가지로 나비족은 호빵 1/2을 주고 아이스크림 1/2을 가져가려고 할 것이다. 이때 교환이 이루어지면 에스키모는 호빵 1/4을 이득을 본다.[15] 나비족 입장에서도 마찬가지이다. 자신이 내놓은 호빵 1/2은 아이스크림 1/4과 같은데, 교환을 통해 아이스크림 1/2을 얻었으니 아이스크림을 1/4 더 얻은 셈이 된다. 결국 에스키모와 아마존 나비족은 교환을 통해 각각 1/4씩 이익을 보게 되는 것이다.

에스키모	아마존 나비족
호빵 1개 = 아이스크림 2개 (호빵이 비싸고 아이스크림이 싸다)	호빵 1개 = 아이스크림 1/2개 (아이스크림이 비싸고 호빵이 싸다)
호빵 1/2개 = 아이스크림 1개	호빵 2개 = 아이스크림 1개
호빵 1/4개 = 아이스크림 1/2개	호빵 1/2개 = 아이스크림 1/4개
교환비율: 호빵 1/2 = 아이스크림 1/2	

2) 절대우위에 바탕을 둔 교역의 발생

1단위의 상품을 만드는 데 필요한 생산비를 기준으로 작성되었다. 아래 [표

15 왜냐하면 본래 에스키모는 호빵이 비싸서 아이스크림 1/2=호빵 1/4로 여기는데, 교환을 통해 호빵 1/2을 가져오니 교환 전에 비해 호빵 1/4을 더 얻게 되는 것이다. 즉, 교환 후 아이스크림(1/2)-교환전 호빵(1/4)=교환후 호빵 1/2을 얻었으므로 호빵 1/4이 추가되었다.

2-1]에서 영국은 의류생산에 절대우위가 있고 포르투갈은 포도주생산에 절대우위가 있다. 다시 말하면 의류는 영국이 생산하는 것이 유리하고 포도주는 포르투갈이 생산하는 것이 유리하다. 이 경우 A국은 의류와 포도주를 생산하던 모든 인력 220명을 의류생산에만 투입하여 의류생산에 특화하고, 포루투갈은 모든 인력 190명을 포도주생산에만 투입하여 포도주생산에 특화하여 서로 소비하고 남는 상품을 교환하면 모두 이익을 얻을 수 있다는 것이다. 결국 절대우위에 입각하여 교역을 하게 되면 무역에 참여하는 당사자뿐만 아니라 전 세계적으로도 무역의 이익이 발생한다.

표 2-1 절대우위의 결정 (단위: 의류 1단위는 1마, 포도주 1단위는 1병)

	국가 및 품목	A국(영국)	B국(포르투갈)
국제분업 전 (무역 전)	의류	100명 필요	110명 필요
	포도주	120명 필요	80명 필요
절대우위 비교	의류	의류는 영국이 포르투갈보다 싸게 만들어 우위에 있다	
	포도주		포도주는 포르투갈이 싸게 만들어 우위에 있다
절대우위 상품에 특화	의류	220명으로 2.2단위(220명)[16]	0
	포도주	0	190명으로 2.375단위(190명)[17]
무역 후 이익	의류	1.2단위(0.2단위 이익)	1단위
	포도주	1단위	1.3(0.37단위)

주: 1. 의류 1단위와 포도주 1단위가 1:1로 교환되고, 직업 간 노동이동에 비용이 들지 않음이 전제이다.
2. 1단위를 생산하는데 더 많은 인력이 필요하다는 것은 생산비가 높다는 것을 의미한다.
3. 의류 1단위(unit)는 1마, 포도주 1단위(unit)는 1병이다.
4. 엄밀하게 말하면 무역(교환)에 따른 이익이라기보다는 특화에 따른 이익이다. 교환에서는 이익이 직접적으로 창출되지는 않는다. 그러나 무역으로 이익이 실현된 것이다.

3) 절대우위론의 평가

절대우위론은 두 국가가 서로 한 상품씩 나누어서 절대우위에 있을 경우에만 무

16 영국의 경우 100 : 1 = 220 : X1. X1는 2.2이다.
17 포르투갈의 경우 8 : 1 = 19 : X2. X2는 2.375이다.

역이 발생한다는 한계를 가지고 있다. 즉, 절대우위론에 따르면 한 나라가 다른 나라보다 두 상품 모두에서 열위가 있는 경우에는 무역을 설명하기 어렵다. 그러나 현실적으로 이러한 경우에도 교역이 일어나고 양자는 모두 이익을 얻고 있다. 예를 들어 선진국은 후진국보다 모든 상품의 생산에 있어 우위를 가지고 있는 경우도 많다. 따라서 절대우위는 현실세계에서 일어나는 많은 무역을 전부 설명하지 못하며 노동가치설에만 의존하여 설명하고 있다.

애덤 스미스의 절대우위론은 아주 중요한 조건을 전제로 논리를 전개하고 있다. 즉, 생산요소의 완벽한 이동성이다. 그것은 노동, 자본, 생산요소 등의 전환이 자유롭고 거의 전환비용이 들지 않는 것을 전제로 하고 있다. 특수하고 비현실적인 가정이다. 예를 들어 포도주를 생산하거나 의류를 생산하는 노동자의 자유롭고 저비용의 이동이 가능하고, 또 그것에 투입되는 생산요소의 자유로운 이동을 전제로 하고 있다. 만약 양 산업 또는 양 제품 간의 생산요소 이동이 자유롭지 못하거나 큰 조정비용이 들면 무역의 이익을 상쇄되어 버릴 것이다.

문제는 우리의 현실이 그렇지 못하다는 것이다. 산업 간의 이동을 자유롭게 하는 보편적 기술, 보편적 노동, 보편적 생산요소가 존재하지 않는다는 것이다. 이러한 경향은 후진국일수록, 저급기술 노동자일수록 더 심하다. 선진국의 경우 다양한 재교육, 훈련, 복지 프로그램이 있지만 후진국은 그렇지 못하기 때문이다. 이러한 조정비용이 크면 클수록 자유무역의 효과는 상당부분 상쇄되어 버릴 것이다.

4 비교우위이론

한 나라가 두 상품 모두에 대해 우위 또는 열위를 가지고 있는 경우에도 무역이 발생하는데, 이는 비교우위이론에서 그 근거를 찾을 수 있다. 비교우위라는 개념은 1815년에 로버트 토런(Robert Torrens)에 의해 처음으로 도입되었는데, 1891년에 경제학자이자 주식투자가였던 데이비드 리카도(David Ricardo)가 비교우위이론(comparative advantage theory)을 이용하여 무역의 발생을 설명하였다.

비교우위이론이란 두 재화 모두 한 나라에서 우위를 가지고 있다고 하더라도 두 재화의 우위수준을 비교하여 차이가 있다면 무역이 발생하고, 또 무역에 따른 이익도 실현할 수 있다는 것이다. 즉, 한 나라가 어떤 상품을 다른 상품에 비하여 상대적으로 싸게 생산할 수 있다면 그 나라는 그 상품에 비교우위가 있어 이를 특화하여 생산하고 교환하면 이익을 얻게 된다는 것이다. 비교우위에 입각한 자유무역은 수출국, 수입국 양국 모두에게 이익이 된다는 것이다.

비교우위에서 '비교'(comparative)의 의미

살바토레(Salvatore)는 『국제경제학』에서 두 나라 간의 비교라고 보았다. 그러나 좀 더 정확하게 말하면 특정국가와 비교해볼 때 자국 내 상품 간의 생산비 비교를 의미한다. 만약 나라 간의 비교라면 가난한 나라는 어느 것에도 비교우위가 없기 때문이다. 그러나 비교우위이론은 A국이 B국에 비해 a, b상품 모두에 대해 절대열위에 있다 해도 자국 내 상품을 비교해보면 더 잘 만드는 상품이 있다라고 보았다. 따라서 어떤 나라 어떤 사람도 자신만의 비교우위가 있는 것이다. 자신이 할 수 있는 것 중에서 가장 잘 하는 것 또는 가장 싸게 생산하는 것을 특화하면 되는 것이다.

1) 비교우위에 입각한 교역의 발생 설명

아래 [표 2-2]에서 보는 바와 같이 포르투갈은 의류와 포도주생산 모두에서 절대우위를 가지고 있고, 영국은 포르투갈에 비해 두 상품에서 모두에서 절대열위에 있다. 따라서 절대우위이론에 따르면 양국 간에는 교역이 일어나지 않는다. 그러나 포르투갈이 비록 절대우위에 있더라도 더 유리한 비교우위(comparative advantage)의 상품(포도주)을 선택하여 특화하고, 영국은 두 상품이 모두 비교열위에 있을지라도 덜 불리한 비교우위상품(의류)을 선택하여 특화하게 되면 두 나라 사이에 생산량이 증가하고 교역을 통해 이익을 얻게 된다는 것이다.

[표 2-2]를 들어 설명하면 영국과 포르투갈을 모두 의류 1단위의 가치를 포도주로 비교해보자. 먼저 영국의 경우 의류 1단위는 포도주 0.83단위와 동일하므로 의류가 포도주보다 싸서(반대로 포도주는 의류보다 비싸서) 영국은 의류를 저렴하게 만든다. 따라서 영국은 옷감에 비교우위가 있다. 그 다음으로 포르투갈의 경우

의류 1단위는 포도주 1.1단위와 동일하므로 포도주가 의류보다 싸서(반대로 의류가 포도주보다 비싸서) 포르투갈은 포도주를 저렴하게 만든다. 따라서 포르투갈은 포도주에 비교우위가 있다. 따라서 영국은 220명의 노동자를 모두 의류생산에 투입하여 의류 2.2단위를 얻고, 포르투갈은 170명의 노동자를 모두 포도주생산에 투입하여 포도주 2.1단위를 생산한다.

표 2-2 비교우위에 입각한 무역의 이익 (단위: 의류 1단위는 1마, 포도주 1단위는 1병)

	국가 및 품목	A국(영국)	B국(포르투갈)
국제분업 전 (무역 전)	의류	100명 필요(비교우위상품)	90명 필요
	포도주	120명 필요	80명 필요(비교우위상품)
비교우위 비교	의류를 포도주와 비교	의류 1단위 = 포도주 0.83단위와 동일(100명/120명) 이는 영국의 경우 의류에 비교우위가 있음을 의미함	의류 1단위= 포도주 1.1단위와 동일(90명/80명) 이는 포르투갈의 경우 포도주에 비교우위가 있음을 의미함.
비교우위 상품에 특화	의류	2.2단위 의류(220명 투입)[18]	0
	포도주	0	2.1단위 포도주(170명 투입)[19]
무역 후 이익	의류	1.2단위(0.2단위 이익)	1단위
	포도주	1단위	1.1단위(0.1단위 이익)

이제 각자 비교우위를 바탕으로 생산한 제품을 의류 1단위와 포도주 1단위로 교환한다 가정해보자. 영국은 의류 1단위는 자신이 소비하고 나머지 의류 1단위를 포르투갈이 생산한 포도주 1단위와 교환해서 영국이 소비하면 필요로 하는 의류와 포도주를 모두 소비하고도 0.2단위의 이익을 얻는다. 반대로 포르투갈의 경우에도 포도주 1단위는 자신이 소비하고 나머지 1단위는 영국이 생산한 의류 1단위와 교환하여 포르투갈이 필요로 하는 포도주와 의류를 모두 소비하고도 0.1단위가 남는다. 결국 영국과 포르투갈은 자신이 비교우위가 있는 상품을 특화생산하여 교환하면 모두에게 이득이 된다는 것을 알 수 있다. 따라서 리카도는 절대우위가 아

18 영국의 경우 100 : 1 = 220 : X11. X1(의류)는 2.2이다.
19 포르투갈의 경우 80 : 1 = 170 : X2. X2(포도주)는 2.125이다.

닌 경우에도 이와 같이 각 나라마다 비교우위가 있는 상품을 특화하여 생산하고 교역을 하면 이익을 얻게 된다는 것이다. 이러한 특화 및 교환은 발생한다는 것을 보여주는 것이다.

또 다른 예를 들어보자. 이 세상에 A국과 B국이 있다고 하자, 그리고 A국과 B국은 모두 자국 내에서 TV와 의류를 생산한다고 하자. 그런데 A국은 TV와 의류에 있어서 B국보다 생산능력이 더 우수하다. 이때 우리는 A국이 TV와 의류생산에 있어서 모두 절대우위를 갖는다고 말한다. 그런데 A국의 우위 정도는 TV를 생산할 때와 의류를 생산할 때 차이가 난다. TV를 생산할 때는 A국이 B국에 비해 3배 더 잘 만들지만 의류를 생산할 때는 A국이 B국보다 2배를 더 잘 만든다. 따라서 A국은 B국에 비해 TV에 더 비교우위가 있다. 반대로 B국은 A국에 비해 TV나 의류 모두 절대열위를 보이지만 그 열위의 정도는 차이가 난다. 즉, B국은 A국에 비해 TV를 생산할 때보다 의류를 생산할 때 열위의 정도가 더 약하다. 이때 우리는 B국이 의류를 A국에 비해 더 적은 기회비용으로 생산할 수 있으므로 의류생산에 비교우위가 있다고 말한다.[20]

- 사례 1: 한국은 철강생산에 비교우위가 있고, 싱가포르는 낙농제품생산에 비교우위가 있는 경우 양국이 서로 무역협정을 체결하여 관세를 낮추기로 합의한다면 싱가포르는 자국에서 철강을 직접 생산하는 것보다 낙농제품을 특화하고 수출해서 번 돈으로 한국으로부터 철강을 수입하는 것이 싸게 먹혀 경제적이며, 한국은 낙농제품을 직접 생산하기보다는 철강을 특화해서 수출하여 번 돈으로 싱가포르에서 낙농제품을 수입하는 것이 싸게 먹힐 것이다.
- 사례 2: 미국은 전통적으로 자동차, 철강, 반도체 등에 절대우위를 가지고 있었다. 그러나 최근 신흥개도국들의 진입이 확대되자 더 부가가치가 높은 항공기, 지재권, 의약품부문에 더 많은 투자를 하며 특화시키고 있다. 이는 미국이 상대적으로 더 비교우위에 있는 부문을 특화시키고 있는 하나의 사례이다. 미국의 산업은 2가지로 크게 구분된다. 하나는 전통산업군으로서 섬유, 의류, 신발, 철강 등 소위 사양산업군이고, 다른 하나는 하이테크산업군으로서 정

20 이경희(2014), 『함께하는 FTA』, 산업통상자원부.

보통신, 항공, 자동차 등 미국이 세계적으로 가장 강한 경쟁력을 확보하고 있는 산업군이다.

독일이 자동차와 봉제인형을 모두 과테말라보다 훨씬 더 싸게 생산할 수 있다고 하더라도 노동보다는 자본이 더 풍부하므로 독일은 자본을 더 필요로 하는 자동차를 생산하여 수출하는 것이 유리하고, 과테말라는 자동차와 봉제인형의 생산능력이 모두 독일에 비해서 뒤떨어지지만 노동력이 많은 국가로서 노동력을 더 필요로 하는 봉제인형을 만들어 수출하는 것이 더 유리하다.[21]

- 사례 3: 중국과 독일 모두 자동차와 장난감을 생산한다. 이때 독일이 모두 중국보다 효율성이 높다고 가정하자. 이때 장난감산업에서 두 국가 간 효율성 차이가 상대적으로 작다면, 다시 말해 중국이 독일에 비해 효율성이 떨어지는 정도가 자동차산업보다 장난감산업에서 덜하다면, 우리는 독일은 자동차산업에 비교우위가 있고, 중국은 장난감산업에 비교우위가 있다라고 말할 수 있다.[22]

결국 비교우위이론이 제시하는 시사점은 결국 모든 국가는 비교우위에 있는 산업이 있고 또 이를 특화할 수 있다는 논리이고, 특화생산을 하여 교역을 통해 교환을 하면 두 제품을 모두 국내에서 생산할 때보다 더 이익이 발생한다는 사실이다.

현시비교우위지수(RCA: Revealed Comparative Advantage)란?

RCA는 한국 총수출의 세계시장점유율에 대한 한국 특정 상품의 세계시장점유율의 상대적 비율로서 세계 전체수출시장에서 특정상품의 수출이 차지하는 비중과 특정국의 수출에서 동 상품 수출이 차지하는 비중 사이의 비율이다. 일반적으로 현시비교우위지수가 1 이상이면 총수출에서 그 산업의 수출의 비중이 높은 것을 의미하므로 비교우위가 있다고 말하고, 반대로 1 이하이면 다른 산업에 비해 상대적으로 경쟁력이 약해 비교열위 산업이라고 말한다.

만약 한국의 미국시장에 대한 반도체 수출의 현시비교우위지수를 계산하면 아래 식에 따르면 된다.

21 장하준(2007), 『나쁜 사마리아인들』, 부키, p.115.
22 장하준(2008), 『다시 발전을 요구한다』, 부키, p.80.

$$RCA = \frac{\dfrac{\text{미국시장에 대한 한국의 특정품목의 수출}}{\text{미국시장에 대한 한국의 총수출}}}{\dfrac{\text{세계시장에 대한 한국의 특정품목의 수출}}{\text{세계시장에 대한 한국의 총수출}}}$$

이밖에도 현시비교우위지수(RCA)를 통해 EU 국가들의 세계 수출경쟁력을 살펴보면 EU 국가들은 주로 축산물, 농산물, 가공식품, 기계, 자동차, 정밀기계, 통신기기, 철도 · 항공기 · 선박, 화학공업 등에서 경쟁력을 가지고 있다.

우리나라의 경우 철도 · 항공기 · 선박(3.32), 통신기기(3.08)와 반도체(2.18) 등 전기전자(1.87), 그리고 섬유(1.58), 플라스틱(1.40), 철강(1.39), 자동차(1.14)에서 높은 비교우위를 보이고 있으나, 축산(0.03), 농산물(0.13), 가공식품(0.26), 정밀기기(0.43)에서는 낮은 경쟁력을 보이고 있다(2001~2003년 기준).

그러나 현시비교우위지수의 한계도 있다. 수출국의 실현된 경쟁력을 보여주고 있지만 수입국의 시장상황 등 수입흡수력은 전혀 고려하지 있지 않다는 문제점이 있다. 왜냐하면 교역이라는 것이 수입국의 수입수요와 수출국의 공급력이 만나는 점에서 결정되지만 RCA지수는 수출국의 상대적인 수출비중만을 고려하기 때문이다.

무역특화지수(TSI: Trade Specialization Index)

한 나라가 특정품목의 국제무역에 있어 상대적으로 수출지향적인지 또는 수입지향적인지를 파악할 수 있는 지표로서 한 상품의 총수출액과 총수입액, 그리고 그 상품의 전체 무역액을 이용해 상품의 우위의 정도를 나타내는 지표이다. 예를 들어 Xkij, Mkij를 각각 i국(미국)의 j국(한국)에 대한 k품목의 수출액과 수입액을 나타낸다고 할 때 다음과 같은 수식이 성립된다.

$$TSI = \frac{(\text{i국의 j국에 대한 상품의 총수출} - \text{i국의 j국에 대한 상품의 총수입})}{(\text{i국의 j국에 대한 상품의 총수출} + \text{i국의 j국에 대한 상품의 총수입})}$$

이 지수가 0 인 경우 비교우위는 중간 정도이며, 1이면 완전수출특화상태로서 수입은 전혀 하지 않고 수출만 한다는 뜻이다. 또 –1이면 완전수입특화로서 수출물량은 전혀 없고 수입만 있다는 뜻이다. 한편, 이 지수는 국제경쟁력지수로 사용되기도 한다. 이럴 경우 0 이상 1 이하이면 그 제품이나 산업이 무역흑자를 기록해 국제경쟁력이 강한 것을 뜻하고 –1에 가까울수록 국제시장에서 경쟁력이 약하거나 수출을 하지 못하는 것으로 볼 수 있다.

그런데 국가적으로 이익을 봄에도 불구하고 내부적으로 소득재분배가 발생하는 것은 또 다른 문제이다. 즉 자유무역을 통해 가격이 하락하면 소비자는 혜택을 보지만 생산자는 손해를 보게 된다. 이때 소비자나 생산자는 모두 자국 내 국민들이므로 적절한 소득분배 문제가 발생한다. 아쉽게도 애덤 스미스는 특화되지 않은 분야의 노동자의 피해에 관해서는 언급하고 있지 않다.

문제는 어느 집단의 이익이 더 크거나 중요하고, 또 정부가 어느 집단의 이익을 더 많이 고려하는가에 달려있다. 이처럼 자유무역이 국부를 증가시킬 수 있는 확실한 방법임에도 불구하고 역사적으로 오랫동안 많은 나라에서 환영받지 못하고 있는 것은 바로 소득재분배를 둘러싼 이해집단의 대립 때문이다.

2) 비교우위의 근거

자원의 보유 정도 또는 기후 등으로 인해 상품을 생산하는 비용의 차이가 존재한다. 사우디아라비아–원유, 캐나다–목재, 미국–곡물, 스페인–올리브유, 멕시코–토마토, 자메이카–알루미늄, 이탈리아–포도주, 이스라엘–오렌지 등이다. 또는 과거부터 계속 생산해온 제품일 경우이다. 예를 들어 일본–자동차 및 가전제품, 미국– S/W, 영화, 음악, 비행기, 스위스–시계, 한국–철강, 조선, 홍콩–섬유, 영국–금융서비스, 파키스탄–섬유 등이다. 이밖에도 소비자기호, 생산기술의 차이 등에 근거한다.

3) 비교우위이론에 대한 평가

비교우위이론은 무역현상을 폭넓게 설명하는 데 효과적인 이론이며, 절대우위이론의 한계를 극복함으로써 자유무역의 우월성을 입증하고 근대무역이론의 토대를 구축하였다. 그러나 이 이론은 노동가치설에 입각하여 노동의 투입량만을 기준으로 설명하고 있고, 또 생산량에 관계없이 고정된 노동비용이 소요되고 있는 것으로 가정되고 있는데, 사실상 무역을 결정하는 것 중에서 노동의 투입량이 유일한 요소는 아니며 또 노동이 모두 동질적인 것도 아니고 생산량에 따라 비용도 달라질 수 있다.

그리고 생산요소에는 노동 이외에도 자본이나 자연자원 등이 사용되고 상품에 투입되는 생산요소 간의 결합비율도 다르므로 재화의 생산비가 투입노동량에 의해서만 결정된다고 할 수는 없다. 현실적으로 노동에도 질적인 차이가 존재하며 생산부문 간 노동의 이동도 그렇게 자유롭지는 못하다. 어쨌든 비교우위이론은 위에서 언급되고 있는 몇 가지 문제점에도 불구하고 이후 많은 이론들에 의해 보완되어 발전되었다.

비교우위와 무관하게 성공한 사례는 얼마든지 있다. 한국 같이 자원이 부족한 나라가 1965년에 철강산업에 투자하여 성공한 사례도 있다. 당시 한국은 철강원자재를 호주, 캐나다, 미국 등으로부터 수입하였는데 엄청난 운송비를 부담하고 있었다.

[그림 2-2]는 무역의 효과를 설명한 그림이다. 한국은 쌀생산에 비교열위가 있고, 자동차생산에 비교우위가 있어 가격비 MM1의 기울기를 가지고 있다고 가정한다. 즉, 쌀생산의 기울기가 더 크다. 모든 생산요소를 이용해 쌀과 자동차를 생산할 경우 가능한 생산곡선은 PP곡선이다. PP곡선이 원점에 대해 오목한 것은 한계전환율(MRT)이 체감하기 때문이다. 무역을 하지 않는 폐쇄경제하에서 한국이 생산하고 소비하는 균형점은 C1점으로써 한국은 A1만큼의 자동차를 생산하고, R1만큼의 쌀을 생산하여 수출도 수입도 없이 자급자족하며 IC1의 수준에서 만족하며 생활해야 한다.

이때 비교우위에 입각하여 교역을 통해 자동차생산은 A1→A2로 늘리고, 쌀생산은 R1→R2로 줄여 자동차는 A1A2만큼 수출하고, 쌀은 R1R2만큼 수입하면 상대적 가격곡선의 기울기는 MM2로 변동하며 새로운 균형점 C2가 형성된다. C2점은 수입과 수출을 할 경우 우리나라가 자동차와 쌀을 생산하는 점이다.

그런데 자동차 수출과 쌀 수입을 통해 가격곡선의 기울기가 달라지므로 한국이 실제로 소비하는 균형점은 C3가 된다. 여기서 한국은 쌀은 R2만큼 생산하면서 실제 소비는 R3만큼 소비하고, 자동차는 실제는 A2만큼 생산하나 실제 소비는 A3만큼 소비하여 그 차이만큼 수입(R2R3)과 수출(A2A3)을 하며, 또 새로운 균형점 C3에서 IC2에 해당하는 높은 효용을 누릴 수 있다. 이 그림은 교역을 통해 더욱 효율적인 생산을 하는 동시에 더욱 효과적인 소비를 통해 소비자가 누리는 효용이 증가함을 보여주는 것이다.

그림 2-2 ▮ 무역의 효과

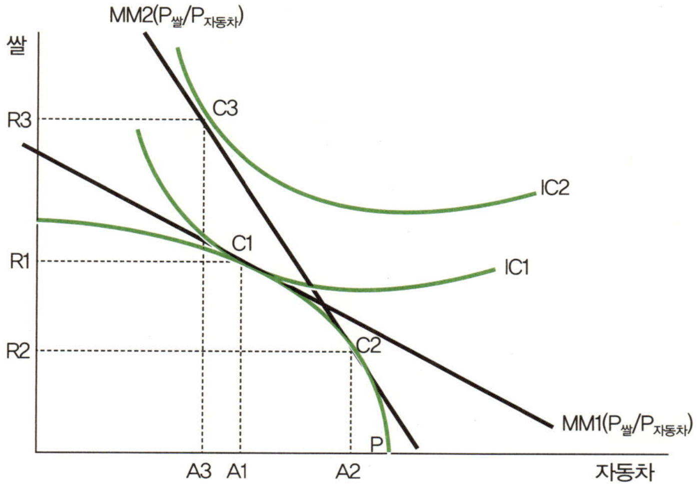

■ Chapter 03 ■

근대무역이론

1 개요

우리는 앞에서 리카도의 비교우위이론에 대해서 공부하였다. 비교우위에 따르면 각국의 무역은 상품을 만드는 데 드는 비용의 차이, 즉 노동생산비의 차이에 의해 발생되는 것으로 설명되었다. 그렇다면 왜 나라마다 상품의 생산비가 서로 다른가? 이에 대한 대답이 바로 헥셔-올린이론이다. 헥셔-올린이론도 리카도의 비교우위이론을 근간으로 하고 있다.[01]

그리고 절대우위이론대로라면 선진국과 후진국 사이에서만 무역이 일어나고 선진국 간 또는 후진국 간에는 무역이 발생할 수 없는데 현실에서는 선진국 간의 무역도 활발하게 이루어지고 있다. 이러한 다양한 무역패턴을 설명하고 있는 것이 바로 근대무역이론이다.

이밖에도 오늘날의 무역이 단순히 노동 · 자본의 가격이나 생산비차이 이외에도 기술이나 요소생산성 등 다양한 요인들에 의해 발생되고 있는데, 이에 대한 설명이 바로 근대무역이론이다.

01 새로운 사회를 여는 연구원 참조(www.saesayon.org).

2 헥셔-올린이론

애덤 스미스의 고전학파 무역이론이 제시된 지 약 100년이 지난 후 스웨덴의 경제학자 엘리 헥셔(E. Heckscher, 1872~1952)와 베르틸 올린(Ohlin, 1899~1979)은 리카도가 주장한 비교우위의 근원, 즉 각국의 생산비차이의 원인이 무엇인가에 대해서 고민하였는데, 그들은 각국이 보유한 생산요소의 부존량(賦存量)과 그 비율의 차이에서 찾았다. 이때 부존량(endowment)의 사전적 의미는 원래 존재하는 것의 양, 천부의 재능, 자원, 기술, 지식 등을 모두 포함한 것이다.

실제로 선진국은 개도국에 비해 높은 1인당 자본을 가지고 있고 노동력의 구성에 있어서도 높은 전문가 비율을 가지고 있다. 대표적으로 캐나다, 프랑스, 독일은 전체 노동력 대비 전문가 비율이 12~15% 수준이나 인도와 멕시코 등은 겨우 3~4% 수준에 불과하다. 따라서 노동이 풍부한 나라는 노동이 저렴하므로 노동을 많이 필요로 하는 노동집약적 상품에 특화하여 생산하여 그 상품을 수출하고(대신 자본집약적 상품을 수입하고), 반대로 자본이 풍부한 나라는 자본이 저렴하므로 자본을 많이 필요로 하는 자본집약적 상품에 특화하여 생산하여 그 상품을 수출(대신 노동집약적 상품을 수입)하게 된다는 이론이다.

헥셔-올린이론(H-O Theory)은 리카도의 비교우위이론의 연장이라고 볼 수 있다. 헥셔-올린 이론의 핵심은 요소자원의 부존량에 따라 생산요소의 가격(생산비)이 다르고, 상품에 따라 이들 요소의 투입 또는 결합비율(요소집약도)이 서로 다른 점을 고려하여 각자 자신들이 소유한 요소자원의 부존도와 상품에 따른 요소집약도를 고려하여 적절하게 투입한 상품, 즉 비교우위가 있는 상품을 만든다는 것이므로 비교우위이론의 연장으로 볼 수 있다. 예를 들면 노동력이 풍부한 중국은 많은 노동력이 요구되는 인형을 만드는 데 비교우위를 가지며, 기술이 풍부한 미국은 많은 기술이 요구되는 컴퓨터를 만드는 데 비교우위가 있다는 것이다.

요소부존도, 요소집약도, 자본 · 노동집약산업

- 요소부존도: 한 국가에서 생산에 필요한 토지(광석 · 석유 · 산림), 노동, 자본 등 생산요소를 얼마나 가지고 있느냐의 정도이다.
- 요소집약도: 생산에 투입되는 자본량 및 노동량의 비율(K/L)을 의미하며, 생산에 투입되는 절대적 양이 아니라 자본과 노동의 투입비율에 의한 상대적 개념을 뜻한다. 예를 들어 생산과정에서 다른 요소의 투입은 일정한데 1제품의 노동투입량이 2제품의 노동투입량보다 많다면 1제품은 2제품보다 노동집약적이다 라고 말할 수 있다. $K1/L1 < K2/L2$, 반대로 $L1/K2 > L2/K2$
- 자본집약적 산업에는 컴퓨터, 정밀기기, 석유화학제품, 의약품 등이 대표적이고, 노동집약적 산업에는 섬유제품, 신발제품, 수공품 등이 대표적이다.
- 아래는 요소집약도(K/L)를 기준으로 자본집약산업과 노동집약산업으로 구분해본 것이다. 따라서 Kp/Lp가 큰 국가의 경우, 즉 노동집약국가에는 K/L이 작은 상품, 즉 노동집약상품에 특화할 것이다.

상품	A제품	B제품	C제품	D제품	E제품	F제품	G제품	I제품
요소집약도 (K/L)	5	4	3	2	1	1/2	1/3	1/4
	←자본집약적							노동집약적 →

결국, 어떤 나라가 한 상품을 특화하여 수출하는 것은 그 상품과 관련된 자원이 풍부하여(부존자원이 많아) 상품을 싸게(낮은 생산비로) 생산할 수 있기 때문이다. 예를 들어 에스키모는 얼음이 많으므로 아이스크림을 싸게 생산하여 수출하기 쉽고, 아마존의 나비족은 강이 많으므로 물고기를 쉽게 잡아 수출하기 쉬운 것과 마찬가지이다. 또 다른 예를 들면 호주와 영국을 기준으로 볼 때 호주는 광활한 토지를 가지고 있어 토지를 많이 필요로 하는 농산물을 특화하여 영국에 수출하고, 영국은 호주보다 국토가 적어 상대적으로 농경지를 덜 이용하여 만드는 상품(예, 공산물)을 특화하여 호주에 수출하게 될 것이다.

1960년대 한국이 노동력이 풍부했을 때 노동력을 많이 필요로 하는 섬유, 신발, 가발 등을 만들어 수출하는 것이 유리하였고, 아르헨티나, 호주 등은 토지가 넓어 토지를 많이 필요로 하는 농산물을 생산하여 수출하는 것이 유리하였다.

따라서 어떤 나라든지 그 나라에서 풍부한 생산요소를 많이 사용하는 상품에 특화하여 수출하고 희소한 생산요소를 많이 사용하는 상품은 수입을 하게 되면 서로 무역에 따른 이익을 보게 된다.

H-O이론은 대개 개발도상국의 경우에 적합한 이론이며 이는 개도국들이 초기에 발달시킬 수 있는 산업은 자국의 부존자원과 관련 있는 산업이지만 산업이 발달함에 따라 꼭 이론이 적용되는 것은 아니다. 예를 들어 한국의 경우 철광석을 거의 생산하지 않는 나라임에도 불구하고 포스코 같이 철강산업이 가장 경쟁력 있는 산업 중의 하나인 경우도 있다.[02]

3 헥셔-올린이론에 대한 경험적 검증

1) 레온티에프의 역설

헥셔-올린이론이 실제 국제무역 현상을 제대로 설명하는지에 대한 실증적 검증을 위해 바실리 레온티에프(Wassily Leontief)는 1954년에 미국 데이터를 이용하여 실증분석을 시도하였다.[03] 레온티에프는 미국 자료의 수출재와 수입재 생산에 사용된 자본/노동비율을 계산하여 미국의 수출 및 수입이 헥셔-올린이론과 상품과 일치하는지를 연구하였다. 일반적으로 예상할 때 미국은 자본풍부국이므로 H-O이론에 따라 자본집약제품을 수출하고 노동집약제품을 수입할 것으로 예상되었지만 결과는 정반대였다.

1만 달러의 수출품과 1만 달러의 수입품을 비교해보니 수출재는 노동량이 182명인 데 비해, 수입재는 노동량이 170명으로서 예상과 다르게 미국은 노동집약재 상품을 수출하고 있었다. 또한 미국이 수출하는 상품에 투입되는 1인당 자본액은 1만 3,991달러인 데 비해, 미국이 수입하는 상품에 투입되는 1인당 자본액은 1만 8,184달러로서 미국은 자본집약재 상품을 수입하고 있었다. 즉, 미국이 수입하는 상품의 자본집약도가 수출하는 상품의 자본집약도보다 1.3배 높게 나타났다.

이러한 결과는 미국이 자본이 풍부한 나라임을 고려할 때 헥셔-올린이론과 정면으로 반대되는 결과였다. 즉, 미국은 상대적으로 자본이 풍부한 나라로서 자본

02 장하준(2008), 『다시 발전을 요구한다』, 부키.
03 레온티에프는 러시아 출신의 하버드대학 교수임.

을 더 많이 투입하는 자본집약적인 상품을 수출하고, 노동집약적인 상품을 수입해야 하는데 실제로는 노동집약적인 상품을 수출하고 자본집약적인 상품을 수입하고 있었다. 이와 같이 이론과 실증분석의 결과가 서로 다른 것을 '레온티에프의 역설'(Leontief paradox)이라고 한다.

그 뒤에도 볼드윈, 스턴-마스커스, 바라드와즈(Bharadwaj), 스톨퍼-레스트램프(Stolper and Restramp) 등 많은 연구자들이 헥셔-오린이론을 대상으로 실증분석을 실시해보았는데 일부는 역설로 나타나고 일부는 H-O이론과 일치하게도 나타났다. 그러나 1960년대에서 1970년대로 갈수록 레온티에프의 역설은 사라지는 것으로 분석되었다. 이에 따라 일부 학자들은 미국 노동자 1인당 생산성이 외국노동자 1인당 생산성보다 몇 배나 더 높기 때문에 노동집약적인 상품을 수출하고 자본집약적인 상품을 수입하는 것이라고 달리 해석하기도 하였으나 여전히 논란을 야기하였다.

한편, 한국의 홍원탁 교수는 한국을 대상으로 H-O이론을 적용해보았는데 한국이 노동풍부국으로서 노동집약제품을 수출하는 것으로 나타나 H-O이론과 일치하는 것으로 분석하기도 하였다.[04]

2) 레온티에프 주장의 문제점

대체로 레온티에프의 역설이 나오게 된 원인은 현실을 지나치게 단순화 또는 동질화하였기 때문으로 평가되고 있다. 예를 들어 생산요소를 노동과 자본만으로 설명하려 하였던 점, 미국은 다른 나라에 비해 노동의 질이 우수했음에도 불구하고 모든 노동요소를 동질하다고 가정한 점, 미국은 자본집약재에 대한 수입에서 다양한 규제가 존재하였던 점, 미국의 기술집약산업에의 우위성, 그리고 수요와 기술측면이 무시된 점 등 다양한 것에서 원인을 찾고 있다.

04 홍원탁(1987), "수출주도형 성장과 개방," 『한국경제의 이론과 현실』, 서울대학교출판부.

4 스톨퍼-샤뮤엘슨정리(요소균등화의 원리)

한편, 헥셔-올린이론은 2개의 명제로 구성된다. 제1명제는 한 나라가 다른 나라에 비해 상대적으로 풍부한 자원을 바탕으로 집약적으로 생산할 수 있는 상품이 있다면 그 상품에 비교우위가 있다는 것이고, 제2명제는 완전한 자유무역은 당사국의 생산요소의 가격을 상대적으로나 절대적으로 균등화시키는 경향이 있다는 것이다. 이를 스톨퍼-샤뮤엘슨 정리라고 하는데, 특화생산에 따른 요소가격상승효과가 발생한다는 것을 의미한다.

헥셔-올린이론의 제2명제인 요소균등화의 원리는 스톨퍼(W.F. Stolper)와 샤뮤엘슨(Samuelson)에 의해 더 정리되었다. 무역은 부존자원과 요소가격의 차이, 즉 비교생산비의 차이로 인해 발생하는데 무역이 계속 확대되면 비록 국가 간에 생산요소가 이동하지 않더라도 생산을 특화하고 수출함에 따라 해당 요소수요가 증가하고, 또 요소수요가 증가하게 되면 해당 요소의 가격도 상승되어 결국에는 교역국가 간의 요소가격비율의 차이가 균등하게 된다는 것이다.

예를 들어 만약 한국이 노동풍부국이고 미국이 자본풍부국이고, 또 의류는 노동집약재이고, 자동차는 자본집약재 품목이라고 가정하면 한국은 노동집약재인 의류에 특화를 하게 되고 미국은 자본집약재인 자동차에 특화를 하게 된다. 그런데 한국에서 의류에 특화를 하게 되면 노동에 대한 수요가 증가해 노동에 대한 가격, 즉 임금이 점점 상승하고, 미국에서는 자동차에 특화를 하게 되면 자본에 대한 수요가 증가하여 자본의 가격, 즉 이자율상승을 초래하게 되며 무역이 확대되면 결국 두 나라 간에 노동 및 자본의 가격비율은 같아지게 된다는 것이다.

K를 자본요소, L을 노동요소라고 하고, P_K를 자본요소의 가격, P_L를 노동요소의 가격이라고 하면 $X(K/L) < Y(K/L)$이면 X재는 노동집약제품이고 Y재는 자본집약제품이라고 말할 수 있다. 이는 국가에서도 X재, Y재 같이 A국, B국으로 똑같이 적용할 수 있다. 이때 자본집약제품, 자본집약국 등은 절대적 부존량이 아니라 상대적 부존비율을 의미한다.

위의 원리는 요소가격을 기준으로도 단지 부등호만 다르게 하여 똑같이 적용할 수 있다. 예를 들어 P_K/P_L은 요소가격비율이므로 미국(P_L/P_K) < 한국(P_L/P_K)이면 미

국은 자본집약국, 한국은 노동집약국임을 의미한다. 따라서 무역의 비교우위라는 것도 결국은 시간이 지남으로써 환경의 변화에 따라 변경된다는 것을 의미한다. 원유와 같이 요소자원이 곧 바닥이 날 정도의 부존량이면 제2명제는 더 잘 적용될 것이고 기술, 특허, 디자인 같이 지식재산권의 경우에는 스톨퍼-샤뮤엘슨의 요소균등화의 원리가 가장 적용되지 않을 것이다.

그림 3-1 ▮ 스톨퍼-샤뮤엘슨의 정리에 따른 요소가격의 균등화

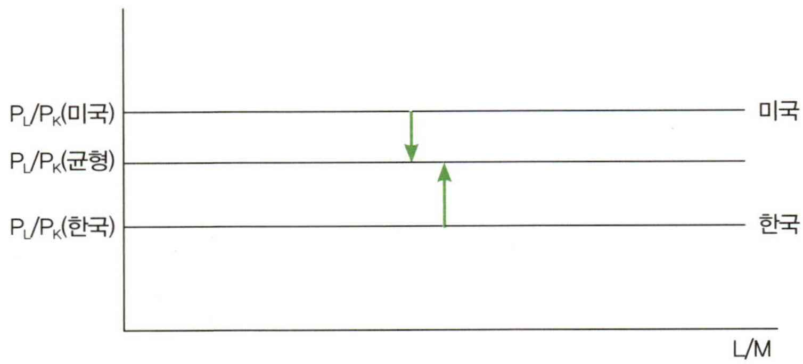

5 기타 근대무역이론

1) 숙련노동설

키싱(D.B. Keesing)은 숙련노동의 상대적 이용가능성이 각국의 제품의 생산입지와 무역패턴을 결정한다고 보았다. 즉, 상대적으로 숙련노동력이 풍부한 나라가 숙련노동집약재에 비교우위를 갖는다는 것이다. 노동자의 '숙련'은 쉽게 변화하는 것이 아니고, 또 쉽게 이동할 수 있는 것도 아니다. 따라서 숙련노동자의 많고 적음이 비교우위를 결정한다는 것이다. 결국 숙련노동자가 많고, 또 이를 많이 요구하는 제품을 수출하고, 반대로 미숙련노동자가 적고, 또 이를 많이 요구하는 제품을 수입하게 된다는 것이다.

2) 기술격차론

포스너(M.V. Posner)는 국가를 기준으로 볼 때 기술격차로 인해 교역이 발생한다고 보았다. 반도체, 자동차, 철강, 조선과 같이 어떤 제품이 기술격차로 인해 처음에는 선진국에서 후진국으로 수출되다가 나중에는 기술모방국들이 선진기술을 모방하게 됨에 따라 후진국에서 선진국으로 무역거래가 역전된다는 이론이다. 과거 미국은 자동차, 반도체에 경쟁력을 가지고 있었으나 현재는 이들 제품에 대한 경쟁력이 신흥국들에게 있다. 현재 미국이 기술격차로 인해 경쟁력을 가지고 있는 제품은 항공산업, 의약품, 생명공학, 지식재산권 등이다.

3) 연구개발론

그루버(W. Gruber)와 메타(D. Metha)는 기술격차 때문에 무역이 발생한다고 보았다. 즉, 연구개발(R&D)에 종사하고 있는 우수한 과학자나 기술자를 많이 고용하여 연구개발 활동이 활발한 산업일수록 제품이 기술혁신적이고 생산비가 절감되고 기술경쟁력이 있어 수출도 많이 한다는 것이다.

각 산업에 있어서 R&D에 지출된 비용과 R&D 인력은 수출실적과 밀접한 관계에 있다는 것이다. 즉, R&D 인력이 풍부한 산업일수록 비교우위를 확보하게 되어 수출비율도 높고 국가경쟁력도 높다는 것을 의미한다.

4) 대표적 수요이론

대표적 수요(representative demand)이론은 린더(S.B. Linder)가 주장하였다. 대중적 수요가 국내에서 상당한 정도로 이미 존재하여야 '규모의 생산'이 가능하며 그 상품이 싸게 생산되고 비교우위가 발생하여 수출을 하게 된다는 것이다. 즉, 각국에서 소비되는 제품과 수출되는 제품이 중복된다는 것이다. 따라서 수출은 국내시장의 연장선으로 파악한다. 이는 공산품의 산업 내 무역을 설명하는데 효과적인데, 대표적인 사례는 한국의 모자, 낚시대, 중국의 자전거 수출 등을 들 수 있다.

5) 입수가능성론

입수가능성이론(availability)은 크래이비스(I.B. Kravis)가 주장하였다. 자연조건 또는 기술조건으로 인해 어떤 요소가 그 국가에 존재하거나 생산이 가능하여 생산물(상품)의 입수용이성 혹은 공급의 가격탄력성 차이에서 교역이 발생한다는 것이다. 국내에서 입수하기 어렵거나 비용이 많이 들면 어쩔 수 없이 수입할 수밖에 없다는 것이다. 한국의 곡물수입이나 원유수입을 예로 들 수 있다.

6) 제품생명주기론

제품생명주기론(product life cycle theory)은 1966년 하바드대학교의 버논(R. Vernon)과 1968년 웰스(L.T. Wells)가 제시한 것으로 상품도 도입→성장→성숙→쇠퇴 등 일련의 생명주기(life cycle)를 갖는 데, 이러한 순환과정에서 발생하는 특성에 따라 무역패턴이 결정된다는 것이다. 이는 어떤 제품의 수명주기를 신생기, 성장기, 표준화기로 나누고 특정 단계마다 수출입국이 구분되어진다는 것을 의미한다.

신제품 초기단계에서는 미국과 같이 고소득국가에서 연구와 기술개발투자로 신제품을 만들어 수출을 하고, 성장기에는 기타 선진국들이 생산하고 수출을 하게 되며, 마지막 단계인 성숙기에서는 제품이 표준화되어 미숙련노동을 소유한 후진국들이 수출을 하게 된다는 것이다. 이는 제품 자체가 순환되는 수명을 가지고 있다는 것을 전제로 하고 있다.

7) 환경격차설

환경격차설은 맘그렌(H.B. Malmgren), 월터(I. Walter)가 주장하였다. 맘그렌은 공해를 엄격하게 규제하고 있는 나라와 그렇지 못한 나라 사이에는 상품의 비교우위에도 영향을 미치게 된다고 보았다. 이 가설은 그 후 월터(I. Welter)에 의해서도 제기된 바 있는데, 그는 환경오염을 방지하고 이를 복원하기 위하여 어느 나라에서 공해규제가 실시되면 공해방지시설에 대한 자본비용 이외에도 경상의 R&D 비용, 감가상각비, 경상의 제비용 등이 추가적으로 지불되어 해당 산업의 생산비를 상승시키게 된다고 보았다. 즉, 생산자 입장에서는 공해방지를 위한 비용도 비교생산비차이를 일으키는 원인이므로 공해규제가 무역패턴 결정에 영향을 미칠 수 있다고 보았다.

8) 특수요소이론

해로드(R.F. Harrod)는 생산비차이를 일으키는 여러 요인들 중에서 기후(천연자원), 인구분포, 인구능력(노동의 질), 과거의 유산(지적자본) 등 생산요소의 특수성이 교역의 패턴에 영향을 미친다고 보았다. 즉, 비교생산비의 결정요인은 요소부존량 같은 일반요소뿐만 아니라 기후, 인구분포, 자본축적 등 특수요소에도 크게 의존한다는 것이다.

9) 산업내 무역(Intra-industry)

H-O이론은 양 국가가 동일한 제품을 교역하지는 않는다는 것을 전제로 하고 있으나 현대의 무역은 동종상품 간의 교역도 활발하게 이루어지고 있다. 이러한 동일상품은 실제로는 대체가 어려운 거의 다른 상품으로 인식되고 있고, 또 수요탄력성도 약한 제품들이다. 예를 들어 국경지역에서의 동일제품 수출입, 비싼 옷과 싼 옷의 교역, 메모리 반도체와 비메모리 반도체의 교역, 소형자동차와 대형자동차 간의 교역 등이 대표적인 사례이다.

6 기타

그림 3-2 ▎ 무역이론 발달과정

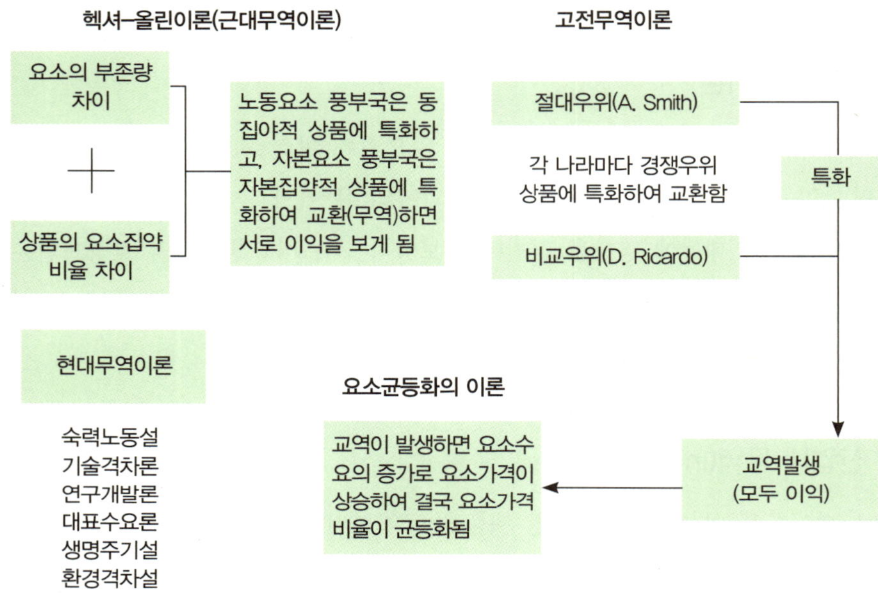

무역의존도

$$무역의존도 = \frac{수입 + 수출}{GDP}$$

한국의 무역의존도는 지난 2000년 62.4%를 기록한 이래 2001년 57.8%, 2008년 금융위기에 내수는 주춤하고 수출은 증가하면서 무역의존도가 104%까지 증가한 이후 2012년에 112.8%, 2013년에 106%, 2014년에 98.6%, 2015년에 88.1%까지 하락했다.

무역의존도가 가장 높은 국가(지역)는 싱가포르와 홍콩으로 각각 361.7%와 348.4%이며 벨기에(188.3%), 말레이시아(168.5%), 슬로바키아(152.7%), 헝가리(138.2%), 체코(133.0%), 태국(128.7%), 대만(126.8%), 네덜란드(118.4%), 한국(92.3%)이다.

반면 무역의존도가 낮은 주요 국가는 일본(2009년 20.8%, 2010년 25%), 인도(37.7%), 호주(39.1%), 영국(41.2%), 스페인(43.3%), 프랑스(46.0%), 러시아(47.0%), 브라질(2009년 17.6%, 2010년 18.6%) 등 대체로 인구가 많고 내수시장이 발달한 나라들이다.

스위스가 시계에 경쟁력을 갖은 이유

스위스 시계산업은 18세기 캐러밴을 중심으로 제네바에서 시작된 종교혁명과 깊은 연관이 있다. 프랑스에서 루이 16세의 박해를 받던 프랑스 프로테스탄트, 유그노(캐러밴파의 신교도)라 18세기에 스위스의 유라산맥의 작은 마을들로 피난을 왔는데, 그들은 긴 겨울 동안 할 일이 없었으므로 시계에 관심을 가졌다. 실제로 프랑스 프로테스탄트 사람들 중에는 뛰어난 시계제조기술을 가진 장인이 많았는데, 마침 당시 제네바에서 성행하던 보석제조기술과 엮여 새로운 시계산업이 꽃피게 된 것이다.

제네바의 시계는 그 아름다움과 높은 기술로 인해 세계적으로 화제가 되었으며, 18세기에는 유라산맥 일대로 시계산업이 퍼져 나갔다. 19세기에는 자동식과 영구 달력 등의 메커니즘이 차례로 개발되어 스위스는 오늘날 시계왕국으로 발전하게 되었다. 현재 로렉스, 오메가, 론진, 오디마피게, 피아제, 파텍필립, 프랭크뮐러, 쇼파르 등의 유명 브랜드 시계의 대부분이 스위스에서 만들어지고 있다.

우리나라 수출품에서 해외원자재, 중간재가 차지하는 비중

우리나라 수출에서 해외원자재, 해외부품, 해외중간재가 차지하는 비중은 약 40% 정도이다. 이는 해외로부터 자원, 핵심부품, 소재를 수입하여 가공하고 이를 다시 수출하는 가공무역을 의미하는데, 전체 수출금액의 40%는 해외로 나간다는 뜻이기도 하다. 이러한 수치는 OECD 회원국 중에서 상당히 높은 편이다.

■ Chapter 04 ■

국제통상의 기본원리

1 최혜국대우

1) 정의

무차별주의(non-discrimination principle)는 국제통상을 지탱하는 가장 근원적이고 중요한 원리로서 GATT 출범 이전부터 국제통상관계의 기본 축으로 발달해 왔다. 그리고 무차별주의 원칙은 WTO에서 최혜국대우와 내국민대우, 시장접근, 투명성 등의 4가지 형태로 나타났다. 무차별주의는 수출자 간의 동등성을 보장하고, 국제무역의 경제적 효율성을 증진시키며, 국제통상체제의 안정성과 투명성을 제고시킴으로써 국제관계를 평화적으로 유지시키는 역할을 해왔다.

먼저 최혜국대우(MFN: Most Favoured Nation Treatment)란 한 국가가(A국) 다른 국가(C국)에 부여한 '최상의 혜택'을 상대국가인 (B국)에게도 차별없이 동등하게 부여한다는 뜻이다. 이때 A국은 혜택을 제공하는 양혜국(granting state)이고, C국은 혜택의 기준이 되는 최혜국(most favoured nation)이며, B국은 혜택을 부여받는 수혜국(beneficiary state)이다. 따라서 A국이 B국에 최혜국대우를 한다는 것은 A국이 최고로 혜택을 부여하고 있는 C국의 혜택만큼 B국에도 똑같이 무조건적으로 부여한다는 뜻이다. 이는 A국과 B국 등 두 체결국 간의 관계를 다른 국가와의 관계보다 불리하게 하지 않겠다는 약속이다. 그리고 두 나라 간 최혜국대우를 부여하기로 했다면 어느 한 나라가 제3국과 보다 유리한 무역협정을 맺어도 그 효력(혜택)은 별도의 합의가 없더라도 다른 최혜국대우 국가에게 똑같이 적용된다.

즉, 최혜국대우는 국가 간의 차별을 배제하고 평등한 지위를 보장하도록 함인데, 이러한 원칙으로 인해 그동안 최혜국대우는 국제무역의 발전 및 국제관계의 안정화에 기여해 왔다.

최혜국대우(MFN)

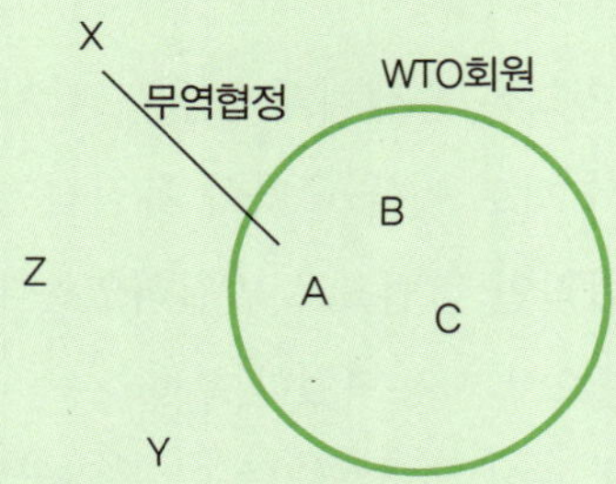

예를 들어 위 그림에서 A국이 B국에게 관세인하 혜택을 부여하면 그 혜택은 B국뿐만 아니라 C, X국에도 미친다. 또한, X국이 Y국에 관세인하 혜택을 제공하면 그 혜택은 X국과 무역협정을 맺은 A국에도 미친다. 마찬가지로 A국이 Y국에게 관세인하 혜택을 제공하면 그 혜택은 B, C, X국에도 미친다.

자료: 법무부, 『WTO 비차별원칙의 이해와 적용 연구』, 2003, p.17.

2) MFN의 기원

국가 간의 MFN이 출현한 것은 12세기경이었지만 동 조항을 담고 있는 최초의 사료로는 1417년 8월 영국의 Henry 5세와 플랑더즈의 부르군디(Burgundy) 공작 간의 조약에서부터 비롯되었다. 이후 오늘날과 비슷한 형태의 MFN은 17~18세기경에 형성되었는데, 19세기 들어서 1860년 영국-프랑스 간의 자유무역협정인 콥덴-슈발리에조약(Cobden-Chevalier Treaties)을 시작으로 유럽국가들 간에 최혜국대우가 교역행위에 있어 공통의 법규로 인식되었으며 이후 프랑크푸르트조약(1870~1871)에서 최혜국대우를 명문화한 것으로 알려지고 있다.[01]

01 법무부(2003), 『WTO 비차별원칙의 이해와 적용 연구』, pp.4~5.

교통수단의 발달로 교역이 가능했던 시절부터 각국은 자국상품이 상대국 시장에 수출될 때 여타 경쟁국들의 수출상품보다 더 높지 않은 관세를 부과받으려고 노력해 왔다. 따라서 무역상대국들은 더 높지 않은 관세를 부과받지 않으려고 상호 간에 최혜국 관세대우를 부과하는 것을 내용으로 하는 무역협정을 체결하는 것이 관행이 되었다. 특히, 수출에서 가급적 차별받지 않으려고 최고로 낮은 관세율을 협정당사국 간에 부과하기로 약속하는 경우가 많았는데 이러한 약속을 총칭하여 최혜국대우라고 부르게 된 것이다.[02]

그러나 실질적으로 MFN 원칙은 중세시대에 유럽 각지의 상인들이 북부아프리카 및 중동지역과 거래하면서 서로 이들 국가와 독점적인 거래관례를 유지하려는 경쟁의 과정에서 하나의 타협적인 방법으로 발달하였는데, 이들 국가로부터 모두 똑같은 조건을 요구하는 수단으로 사용되었다.

한편, MFN 원칙은 19세기 들어 유럽 열강들이 동양국가들에 대한 강압적인 문호개방 요구에 이용되기도 하였다. 그후 제2차 세계대전 이전에 많은 나라들이 보호무역을 추진하며 MFN 원칙이 실현되지 못하다가, 다시 제2차 세계대전 이후 GATT를 수립하면서 MFN이 GATT의 기본원칙으로 채택되었다. 오늘날 WTO에서도 최혜국대우는 가장 중요한 기본원칙으로 계승되고 있다.

3) 의미와 역할

최혜국대우는 무차별대우이며 여러 나라로부터 수입되는 같은 상품에 대해서는 같은 대우를 해야 한다는 '횡적 균형'(horizontal balance)이라고 볼 수 있다. 반면 내국민대우는 '종적 균형'(vertical balance)으로 볼 수 있다.[03]

본래 최혜국대우의 목적은 수출할 때 혹시라도 발생할지 모르는 자국상품에 대한 차별위험성을 방지하고자 하는 하나의 예방수단(precaution)이었다. 따라서 어감에서 느끼는 것과 달리 어떤 특혜(privilege)를 창출하는 것을 목적으로 하는 것은 아니고 동등성 요구에 더 가깝다.

---

02 법무부(2003), 『WTO 비차별원칙의 이해와 적용 연구』, pp.4~5.

03 법무부(2003), 『WTO 비차별원칙의 이해와 적용 연구』, pp.8~9.

이러한 무차별 또는 동등성 요구는 무역장벽을 제거하고 관세인하를 요구하는 과정에서 다자무역 체제를 안정화하고 국제관계를 투명하게 향상시키는 데 기여하였다. 이를 세부적으로 살펴보면, 첫째 최혜국대우는 무역장벽을 제거하고 자유무역이 확산되는 데 매우 효과적인 수단이 되었다. 왜냐하면 한 국가의 타국에 대한 최상의 혜택이 다른 국가에게도 확산되게 하는 효과가 있는데, 이러한 원칙이 무역에 대한 혜택에도 적용되었기 때문이다. 거시적으로 보았을 때 가장 효율적인 제품이 경쟁력을 인정받게 됨으로써 국제무역체제의 효율성이 증대된 것이라고 할 수 있다.

둘째, 최혜국대우는 다자간 협상을 용이하게 함으로써 다자간 국제통상관계가 설정되기 쉽고, 또 통상체제가 안정적으로 설정되는 데 기여하였다. 또한 무역관련 세부내용에 대해서 모든 개발국가들이 참여하여 합의하지 않아도 양국 간 또는 복수국가 간의 협상결과는 모든 회원국에 그대로 적용되므로 협상력이 약한 약소국에도 도움이 되는 제도였다. 하지만 이로 인해 '무임승차'(free-rider) 문제가 발생할 수 있다. 무임승차는 협상력이 약한 개도국, 소국에게는 유리한 측면도 있다. 그래서 협상에서 포지션이 중요한 전략으로 등장하고 우호그룹 형성이 발달하였다.

셋째, 국가 간의 국제관계에 있어 단순성과 투명성이 향상되었다. MFN 원칙하에서는 양 당사국의 관계는 다른 제3국의 이해관계에도 영향을 미치므로 국가 간의 관계가 투명해질 수밖에 없다. 이는 통상문제가 정치적 흥정으로부터 멀어지는 국제교역관계의 '탈정치화'(de-politicization)를 의미한다. 또, 오로지 경제적 효율성에 기초하여 무역관계가 형성되므로 국제적 평화에 기여하였다.[04]

4) MFN의 유형

MFN의 유형에는 조건부 MFN과 무조건부 MFN 등 두 가지가 있다. 조건부 MFN은 양허국(A국)이 제3국(C국)에 특혜를 부여할 때 조건(대가)을 부여한 경우 수혜국(B국)도 제3국과 같이 상응하는 대가를 제공하는 것을 조건으로 MFN을 부

04 법무부(2003), 『WTO 비차별원칙의 이해와 적용 연구』, pp.14~15.

여하는 경우이다. 오늘날에는 거의 사용되지 않고 있다. 무조건부 MFN은 양허국이 제3국에 대우를 부여할 때 받은 조건(대가)에 관계없이 동일한 혜택을 무조건적으로 MFN을 부여하는 것이다. 일반적으로 MFN이라 하면 무조건부 MFN을 의미한다.

5) MFN의 적용범위

최혜국대우가 국제관습법으로 확립되어 있기는 하지만 조약상에 명문화되지 않으면 효력이 없다. 따라서 MFN 조항이 삽입되어야만 효력이 발생하고 적용대상도 당사국의 의사에 의해 결정된다. 그러나 대체로 MFN은 관세를 비롯한 수출입과 관련된 영역, 항해, 해상운송, 어업 등의 영역, 외국인의 개인적인 권리의 영역, 외교사절 지위의 영역과 지식재산권의 영역 등에 적용되고 있다.

6) WTO에서의 MFN

GATT 제1조는 체약국들의 MFN 원칙을 명시하고 있으며 개별 협정문에서도 수시로 언급하고 있다. GATT 제1조 제1항에서는 체약국은 상품을 타국에 수출 또는 수입하는 과정에서 주어지는 편의(advantage), 호의(favor), 특권(privilege), 면제(immunity) 등의 혜택을 동종상품(like product)의 다른 체약국 영역에 수출 또는 수입하는 경우에도 동일하게, 즉시, 무조건적으로 부여하여야 한다고 규정하고 있다. 이러한 혜택과 관련된 범위는 산품(product) 또는 상품(goods)을 대상으로 하며 이들의 수출 및 수입뿐만 아니라 그와 더불어 발생하는 수출입대금의 송금, 어떠한 형태로의 관세 및 과징금, 관세 및 과징금의 송금방법, 수출입에 관한 제반규칙 및 절차, 내국세 및 여타 국내 규제 등을 포함한다.

예를 들어 한 회원국이 수입과정에서 다른 회원국에게 관세인하 또는 산업정책을 위한 부과금 면제 또는 검사수수료 감면, 통관서류 생략, 통관시간 축소 등의 혜택을 부여하면 그러한 혜택은 다른 WTO 회원국에게도 즉시 무조건적으로 부여해야 한다는 것이다.

GATT 제1조의 최혜국대우 규정

With respect to customs duties and charges of any kind imposed on or in connection with importation or exportation or imposed on the international transfer of payments for imports or exports, /and with respect to the method of levying such duties and charges, / and with respect to all rules and formalities in connection with importation and exportation, / and with respect to all matters referred to in paragraphs 2 and 4 of Article III,* /any advantage, favour, privilege or immunity granted by any contracting party to any product originating in or destined for any other country shall be accorded immediately and unconditionally to the like product originating in or destined for the territories of all other contracting parties.

수출입과 관련하여 부과되는 관세 또는 부과금, 또는 수출입을 위한 지불의 국제적 이전에 부과되는 관세 및 부과금과 관련하여, /그리고 그러한 관세 및 부과금의 징수방법과 관련하여, /그리고 수출입과 관련된 모든 규범 및 절차와 관련하여, /그리고 제III조 제2항 및 제4항에 언급된 모든 사안과 관련하여 /어떤 체약국이 다른 국가를 원산지로 하거나 그 국가로 운송되는 물품에 대하여 부여하는 이익, 혜택, 특권 또는 면제는 다른 모든 체약국을 원산지로 하거나 또는 이로 운송되는 동종물품에 대하여 즉시 그리고 무조건적으로 부여되어야 한다.

GATT에서는 이밖에도 수량이나 수량비율을 국가별로 할당하거나(제3조 제7항), 외국영화의 상영시간을 국가별로 할당할 수 없고(제4조 제b항), 통과운송에 관한 규정에서 국적, 원산지 선박소유권 등에 의해 차별금지(제5조 제2,5,6항) 등을 명시하고 있다. 그리고 심지어 무역을 제한하는 경우라 하더라도 차별적 제한을 금지하고 있다. 예를 들면, 수량제한 시 차별적 수량제한금지(제13조), 개도국의 특정산업 촉진을 위한 무역제한의 경우에도 MFN 준수(제17조 제1항) 등이다.

GATT 협정문 내 최혜국대우 관련 조항들

[GATS 제2조 제1항] 각 회원국은 그밖의 회원국의 서비스와 서비스공급자에게, 그밖의 국가의 동종 서비스와 서비스공급자에게 부여한 대우보다 불리하지 않은 대우를 즉시 그리고 무조건적으로 부여해야 한다.

[TRIPS(지식재산권협정) 제4조] "지식재산권보호와 관련하여 일방회원국에 의해 다른 회원국의 국민에게 부여되는 이익, 혜택, 특권 또는 면제는 즉시, 무조건적으로 다른 모든 회원국의 국민에게 부여된다.

최혜국대우 위반사례

- 사례: 스페인은 주로 브라질, 콜롬비아 등으로부터 커피를 수입하고 있었는데, 1979년에 콜롬비아산 '순한'(mild) 커피에는 무관세 혜택을 제공하면서 브라질산 '볶지 않아 카페인이 제거되지 않은 아라비카 커피'(unwashed Arabica), 로부스타(Robusta) 등에는 7%의 관세를 부관하였다. 이에 1981년 WTO는 스페인이 최혜국대우를 위반하였다고 판정하였다.
  ※ 아라비카 커피는 브라질, 아프리카의 에티오피아 등에서 생산되는 최상의 원두품종으로 해발 1,000m 이상의 고산지대에서 수확되는 커피로서 과일향 등의 특유의 향을 지니고 있다.
- 사례: 인도네시아는 국민차 분쟁에서 한국자동차 부품과 일본자동차 부품에 대한 차등관세를 부과하여 최혜국대우를 위반하였다.
- 사례: 2008년 미국이 자국 해양포유동물보호법을 이유로 멕시코산 참치를 대상으로 '돌고래 안전' 표시가 없다는 이유로 수입을 금지한 것은 최혜국대우 및 내국민대우 위반이다.
- 사례: 1990년 태국이 미국산 담배가 인체에 더 해로운 성분이 있다는 이유로 담배수입금지조치를 한 것은 최혜국대우 위반이다.
- 사례: 우리나라는 헌법에 따라 북한도 우리 영토로 보고, 또 남북 교역확대를 통한 한반도 평화를 도모하려는 정책의 일환으로 북한산 수입에 대해 무관세 혜택을 제공하고 있는데, 주변국들로부터 최혜국대우 위반이라는 문제 제기를 받고 있다.

7) WTO에서 MFN의 예외

WTO 협정문에서는 MFN을 적용하지 않는 예외적인 상황에 대해 언급하고 있다. 첫째, 지역경제통합이다. GATT에서는 국경무역 그리고 관세동맹이나 자유무역지대 등의 지역경제통합에 대해 특별한 예외를 인정하고 있다. 지역경제통합은 회원국과 비회원국 간의 특혜나 무역전환효과 발생 등 부정적인 측면도 있지만 무역자유화나 무역창출효과 등 자유무역에 대한 긍정적인 측면도 있으므로 GATT 제24조에서는 MFN 예외를 허용하고 있다. 현재 전 세계 국가의 2/3가 지역경제통합과 관련되어 있고 그로 인해 특혜관계에서 이루어지는 무역의 비중이 50% 이상을 차지하고 있어 MFN 원칙이 크게 잠식당하고 있다고 할 수 있다.

둘째, 체약국단의 승인으로 적용을 예외로 할 수 있다. 어느 체약국이든 GATT 체약국단의 3/4의 동의를 얻으면 체약국의 의무를 면제(waiver)받을 수 있다.[05] 선진국의 개도국에 대한 일반특혜관세(GSP), 개발도상국 상호 간의 특혜(GSTP), 미

05 GATT 제25조 제5항, WTO 설립협정 제9.3조 등이다.

국-캐나다 간 자동차협정, 미국의 카리브해연안국에 대한 특혜(CBTPA), EU의 ACP(아프리카, 카리브해, 태평양 등) 국가에 대한 특혜 등이 대표적인 사례들이다. 이밖에도 WTO가 설립될 당시 잠정적용의정서(protocol of provisional application)에 의해 의무면제를 인정받은 경우도 약 115건에 이른다.

셋째, GATT에서 인정하고 있는 일반적 예외이다. 먼저 GATT 제20조에서는 공중도덕, 인간 · 동식물의 생명 또는 건강보호, 금 또는 은의 수출입, 미술적 · 고고학적 가치가 있는 국보물, 천연자원보존 등을 이유로 무역을 제한할 수 있다. GATT 제21조는 국가안보상의 이유로, GATT 제23조는 이익의 무효화 또는 침해받은 경우의 대응에서 예외를 인정하고 있다.

넷째, 개도국 특혜이다. 1979년 권능조항(Enabling Clause)[06]에 의한 개도국 특혜허용, GATT 제14조, 제12조, 제13조에 따른 국제수지 어려움 해소를 위해 의무면제가 가능하다.

2. 내국민대우

1) 정의

내국민대우(national treatment)란 어떤 상품이 일단 국경을 통과하여 한 국가의 시장에 수입이 되면, 그 상품은 당해 수입국 내에서 생산되는 동종상품과 동등한 조건으로 취급되어야 한다는 것이다.[07] 구체적으로 말하면 수입된 상품에 대해서는 국내의 조세나 규제 등에 있어서 수입물품이나 외국기업을 국내물품이나 국내기업보다 불리하게 대우를 해서는 안 된다는 뜻이다. 만약 국내 조세나 규제에 의해 관세율을 높이거나 수입장벽을 높이면 수입을 제한하는 효과가 발생하기 때문이다. 예를 들어, 관세를 10% 인하해 주는 대신 내국세를 20% 인상시켜 차별하게 되면 관세인하 효과는 없어지고 더 수입을 규제하는 효과가 발생되기 때문

06 권능(허용)조항은 "Differential and More Favourable Treatment, Reciprocity and Fuller Participation of Developing Countries," L/4903, 28 Nov. 1979이다.

07 Non-discrimination between domestic and foreign goods.

이다.

2) 의미

내국민대우는 MFN보다 조금 늦게 설정된 개념으로 그동안 관세인하 등 국경조치가 많이 완화되자 그 다음으로 조세 등 국내조치로 관심이 옮아가게 된 것이다. 내국민대우는 자국의 상품을 대하는 것같이 다른 나라 상품도 똑같이 대우할 것을 요구하는 것인데, 이는 궁극적으로 외국기업이 자신의 나라에서 영업하는 것 같이 다른 나라에서도 똑같은 환경에서 자유롭게 영업할 수 있도록 보장하라는 뜻이다. 따라서 내국민대우를 국제통상의 기본원칙으로 삼은 것은 수입품과 국산품의 제한 없는 공급과 자유로운 거래가 이루어지는 것을 보장하기 위한 것이다. 즉, 공정한 경쟁, 평등한 경쟁조건을 보장하기 위한 것이다. 또한 내국민대우는 외국물품에 대해 관세 등 무역장벽이 제거된다하여도 국내적으로 비관세장벽 등에 의해 차별된 대우를 받게 되면 실질적인 개방과 자유로운 무역은 이루어질 수 없기 때문에 실질적 평등을 보장하려는 것이다.

따라서 MFN이 횡적 균형이라고 한다면 내국민대우는 '종적 균형'(vertical balance)이라고 말할 수 있다. 결국 내국민대우도 최혜국대우와 마찬가지로 무역장벽을 제거하고 시장접근을 증진시켜 자유무역을 촉진하는 역할을 하였다.

한편, 내국민대우는 최혜국대우(MFN)보다 넓은 개념이고 실질적인 개념이다. 왜냐하면 MFN이 단순히 외국상품들 간의 동등한 대우라서 외국상품과 국내상품 간의 차별이 가능한 데 비해, 내국민대우는 외국상품과 국내상품과의 차별 없는 동등대우를 요구하기 때문이다. 따라서 내국민대우는 MFN에 이어 2단계 무차별주의라고 말할 수 있다.

그런데 국제통상관계에서의 내국민대우는 모든 측면에서 완전한 동등대우를 의미하는 것이라기보다는 자유로운 무역관계에 장애가 되는 불필요한 차별요인을 제거한다는 의미가 더 강하다. 적어도 경제활동과 관련하여서는 외국인의 상품, 서비스, 재산 등에 대한 취급은 동등할 것을 요구하는 것이다. 그러나 내국민대우 요구가 사회 전반적인 분야에까지 적용하는 것을 요구하는 것은 아니다.

3) 내국민대우의 연혁

내국인대우(national treatment)는 12~13세기 중세 유럽에서 북유럽 상인들의 조합인 한자동맹에서 외국인에 대한 권리를 보장하기 위해 내국민 조항을 사용한 것으로 알려지고 있다. 본래 내국민대우 원칙은 국가 간의 기본권 중의 하나인 국가간 평등권에 기초하고 있다. 즉, 국가 간의 선린관계와 평등관계를 유지시키기 위한 수단으로 사용되었다. 그러던중 20세기에 들어와서는 대부분의 통상협정에서 내국민대우를 포함하게 되었으며 결국 1947년 GATT에서도 포함되었다.

4) 기능

내국민대우는 외국에서도 본국과 같이 경제활동을 할 수 있게 한다는 측면에서 개인의 경제활동의 자유를 확장시키는 데 기여하였다. 특히 무역 및 투자관계에서 자유로운 교역 및 투자자유화에 기여하고 국가 간의 선린과 평등관계를 도모하는 데 기여하였다.

그러나 내국민대우는 국내 경제정책과 상충하는 경우가 많았다. 국가는 자국의 경제환경과 사정에 따라 제반 경제정책이 필요한데, 예를 들어 전략산업육성, 국내산업보호, 소득재분배, 지역 간 균형을 위해 개입할 경우가 있는데, 이러한 정책은 대개 자국민만을 위한 국내 경제정책인 경우가 많았다. 이때 내·외국인 간의 차별을 없애게 된다면 그러한 국내정책을 실현하기 어려운 경우도 많아졌다. 따라서 내국민대우 원칙이 확대되면 확대될수록 국내정책 수행을 위한 주권행사는 그 만큼 제한을 받게 된다.

5) 내국민대우의 적용범위

내국민대우는 관습법에 이르지 못했기 때문에 원칙적으로 적용범위는 해당 조약에 따라 다르다. 그러나 대개의 경우 물적 범위는 물품 및 서비스의 거래, 투자 및 회사의 설립조건, 지식재산권, 항해, 해상 및 항공운송의 경우, 외국인의 재산 및 개인적인 권리 등에 적용되었다.

6) WTO에서의 내국민대우

GATT에서 내국민대우 조항은 제3조 제1항~10항에서 명시하고 있다. WTO에서 언급하고 있는 적용범위는 주로 ① 통관세, 판매세, 사치세, 거래세, 교육세 등 내국의 세금(internal tax), ② 벌금, 산업보호부과금, 예치금 등 과징금(internal charges), ③ 상품의 국내판매, 국내판매를 위한 제의, 구매, 수송, 분배, 사용 등에 영향을 미치는 법률(laws), ④ 수입품 판매시간, 장소제한 규정(regulation), ⑤ 요건(requirement), 그리고 ⑥ 국내산 수량 또는 가공비율 등을 요구하는 수량규제(quantitative regulations) 등이다.

좀 더 세부적으로 살펴보면 제3조 제1항은 기본원칙을 천명한 것이고, 제3조 제2항은 내국세, 과징금이 내국산보다 높으면 안 된다고 규정하고 있고, 제3조 제4항은 수입품의 판매, 제의, 구입, 수송 등에 영향을 미치는 법률, 규정, 요건이 국내상품보다 불리한 대우를 해서는 안 된다고 규정하고 있고, 제3조 제5항은 자국산 원료에 대한 수량이나 비율을 규정한 수량제한을 유지해서는 안 된다고 규정하고 있다.

GATT 제3조의 내국민대우 조항들

[제3조 제1항] The contracting parties recognize that internal taxes1) and other internal charges2), and laws3), regulations4) and requirements5) affecting the internal sale, offering for sale, purchase, transportation, distribution or use of products, and internal quantitative regulations6) requiring the mixture, processing or use of products in specified amounts or proportions, should not be applied to imported or domestic products so as to afford protection to domestic production.

체약국들은 물품의 국내판매, 판매공여, 구매, 운송, 유통 또는 사용에 영향을 미치는 내국세 및 기타 국내부과금, 그리고 법률, 규정 및 요건, 그리고 특정 수량 또는 비율로 물품의 혼합, 가공 또는 사용을 요구하는 국내 수량규제는 국내생산에 보호를 부여하는 방식으로 수입 또는 국내물품에 적용되지 않아야 한다.

[제3조 제2항] The products of the territory of any contracting party imported into the territory of any other contracting party shall not be subject, directly or indirectly, to internal taxes or other internal charges of any kind in excess of those applied, directly or indirectly, to like domestic products. Moreover, no contracting party shall otherwise apply internal taxes or other internal charges to imported or domestic products in a manner contrary to the principles set forth in paragraph 1.

어떤 체약국 영토의 물품으로서 다른 체약국 영토로 수입되는 물품은 동종의 국내물품에 직접 또는 간접적으로 적용되는 것을 초과하는 내국세 또는 기타 모든 종류의 국내 부과금이 직접 또는 간접적으로 적용되지 아니한다. 또한 어떠한 체약국도 제1항에 정해진 원칙을 위배하여 수입 또는 국내물품에 내국세 또는 기타 국내부과금을 달리 적용할 수 없다.

GATT 제3조 제4항 내국민대우

[제3조 제4항] The products of the territory of any contracting party imported into the territory of any other contracting party shall be accorded treatment no less favourable than that accorded to like products of national origin in respect of all laws, regulations and requirements affecting their internal sale, offering for sale, purchase, transportation, distribution or use. The provisions of this paragraph shall not prevent the application of differential internal transportation charges which are based exclusively on the economic operation of the means of transport and not on the nationality of the product.

어떤 체약국 영토의 물품이 다른 체약국 영토로 수입될 때에는 그 국내판매, 판매공여, 구매, 운송, 유통 또는 사용에 영향을 미치는 모든 법률, 규정 및 요건과 관련하여 국산의 동종물품에 부여되는 것보다 불리하지 않은 대우가 부여되어야 한다. 본항의 규정은 순수하게 운송수단의 경제적 운영에 기초하고, 물품의 국적과 무관한 차별적인 국내 운송요금의 적용을 금지하지 아니한다.

이러한 내국민대우의 적용대상은 동종상품 간에만 해당된다. WTO 조항에서 동종상품을 판단하는 기준은 물리적 특성, 최종용도, 관세분류상 동일상품을 기준으로 판단한다. 일반적으로 상품의 성질에 따라 판단하자는 상품성질설 이론과 조치의 목적에 따라 판단하자는 조치목적설 이론이 있다. 그러나 여우와 독수리는 제토끼에게는 같은 동물이지만 모피장수에게는 다른 동물로 인식된다는 한계가 있다.[08]

08 최원목(2003), 『WTO 비차별원칙의 이해와 적용 연구』, 법무부.

GATT 제3조의 동종상품에 대한 내국민대우

[GATT 제3조 제2항의 주석] A tax conforming to the requirements of the first sentence of paragraph 2 would be considered to be inconsistent with the provisions of the second sentence only in cases where competition was involved between, on the one hand, the taxed product and, on the other hand, a directly competitive or substitutable product which was not similarly taxed.

첫 번째 문장에 합치되는 조세부과라도 직접적인 경쟁관계 또는 대체관계에 있는 상품 간에 비슷하게 과세되지 않을 경우에는 두 번째 문장에 합치하지 않는 것으로 간주된다. 이때 경쟁 및 대체관계 여부는 주로 상품의 물리적 특성, 최종용도, 관세분류, 유통경로, 대체탄력성 등으로 판단한다.

GATT 협정문 내 내국민대우 조항들

[GATS 제17조] 각 회원국은 그밖의 회원국의 서비스 및 서비스공급자에게 서비스의 공급에 영향을 미치는 모든 조치와 관련하여 자기 나라의 동종 서비스와 서비스공급자들에게 부여하는 대우보다 불리하지 아니한 대우를 부여한다.

[TRIPS 제3조] 지식재산권보호에 관하여 자기국민보다 불리한 대우를 다른 회원국의 국민에게 부여하여서는 아니된다.

[정부조달협정문 제3조 제1항] 이 협정의 적용을 받는 정부조달에 관한 모든 법률, 규정, 절차 및 관행과 관련, 각 당사자는 다른 당사자의 상품, 서비스 및 동 당사자 상품 또는 서비스의 공급자에게 즉시 그리고 무조건적으로 다음보다 불리하지 않은 대우를 부여한다.

[무역관련투자협정 제2조] GATT 제3조 제4항에서 규정한 내국민대우 의무와 합치되지 아니하는 무역관련투자조치의 목록은 이 협정의 부속서에 포함되어 있다.

[무역기술장벽(TBT) 제2조 제1항] 회원국은 기술규정과 관련하여 어떤 회원국의 영토로부터 수입되는 상품이 자기 나라 원산지의 동종상품 및 그밖의 국가를 원산지로 하는 동종상품보다 불리한 취급을 받지 아니하도록 보장한다.

7) 내국민대우의 예외

GATT는 내국민대우 예외를 여러 곳에서 인정하고 있다. 우선 1947년 4월 10일 당시 발효되고 있는 협정문에 의해 내국세를 부과하고 있는 경우에는 제3조 제3항에 따라 제3조 제2항의 내국민대우 의무적용을 연기하고 잠정적으로 적용된다. GATT 제3조 제8항은 정부조달 예외로서 정부기관이 판매목적이 아니고 정부 고유의 업무를 수행하기 위해 국산품에 대해 우대조치를 하는 것은 내국민대우의 예외로 허용한다. 기타 지역개발, 중소기업육성, 기술개발에는 예외를 허용하고 있다.

그리고 GATT 제3조 제10항과 GATT 제4조에 의거하여 자국 영화산업 및 문화보호를 위해 영화필름 상영에서는 내국민대우를 인정하는 스크린쿼터를 허용한다. 영화는 산업이면서 동시에 예술영역이다. 또한 영화는 한 나라의 문화유산과 정체성을 포괄적인 방식으로 반영하고, 한 나라의 언어, 전통, 미술, 음악, 시나리오, 의상디자인, 촬영, 안무 등의 다양한 문화적 특성들이 반영되므로 보호의 필요성이 인정되고 있다.[09] 기타 의무면제(wavier) 인정조치, GATT 제20조 공중도덕, 위생/검역을 이유로 예외를 허용하고, GATT 제21조 안보상의 이유로 예외를 허용하고 있다.

8) WTO 분쟁에서 내국민대우 위반 사례

1999년 한국이 수입쇠고기에 대해 국산 쇠고기로의 둔갑을 방지한다는 이유로 쇠고기판매점을 국산판매점과 수입판매점으로 구분한 것은 내국민대우를 위반한 것이다. 1999년 한국이 소주와 위스키를 다른 상품으로 보고 주세를 소주에게는 35%를 위스키에게는 100%를 부과한 것은 내국민대우 위반이라고 판정받았다. 이밖에도 미국은 2010년에 박하향 담배는 수입을 허용하면서 인도네시아 클로브향 담배(정향나무 냄새가 가미된 담배)에 대해서는 공중보건에 더 해롭다는 이유로 수입을 금지한 바 있는데, 이는 내국민대우에 위배된다고 판정한 바 있다.

3 상호주의

1) 상호주의의 정의와 성격

상호주의(reciprocity)란 권리나 편의 등에 있어서 타국이 자국에 인정해 주는

09 인터넷자료(http://cafe.naver.com/opulence.cafe?iframe_url=/ArticleRead.nhn%3Farticleid=12).

만큼 자국도 타국에 대하여 인정해 준다는 원칙이다. 개인 또는 집단의 일반적인 상거래 원칙의 기본이다. 국가 간의 동등한 이해관계의 교환으로 형평하게 호혜적인 발전을 기하고자 하는 것이다.

그런데 국제무역에서 상호주의의 개념은 상당히 불명확하고 혼란스럽게 사용되는 경우가 많다. 때문에 국제무역체제 질서를 혼란스럽게 하는 경향도 있다. 즉, 국제무역에서 상호주의는 교환가치의 동등성을 의미하므로 다자관계보다 양자관계를 규율하는 성격이 더 강하다. 따라서 국제무역관계를 양자적 관계에 머물게 함으로써 다자간 무역관계 발전에 부정적인 영향을 미치는 한계도 있다. 결국 상호주의는 국가관계가 협조적일 때에는 균형된 국가관계를 설정한다는 점에서 긍정적이나 국가관계가 경쟁적일 때에는 상호연쇄적인 보복조치에 대한 기초를 제공한다는 점에서 부정적인 측면도 있어 양면성을 가지고 있다.

2) 상호주의의 기능

상호주의는 국가 상호 간에 혜택을 주는 방향으로 나아간다는 점에서 국제통상관계의 호혜적인 발전에 기여하였다. 예를 들어 한미 FTA 협상에서의 개방조치적 양허협상이 대표적이다. 그러나 상호주의에 따라, 특히 개도국을 대상으로 대가의 동등성에 집착하게 되면 오히려 다자간 국제관계의 확립을 어렵게 하는 단점도 있다. 또한 국가들이 상대국과 교환되는 이익과 손실에 대한 계산에만 집착하게 되면 국제통상관계가 보호무역주의로 흐르기 쉬운 단점이 있다. 이는 최혜국대우와 무역자유화의 가치를 훼손하기 쉽다.

상호주의도 국가 간의 관계에 있어 가장 기본적인 원칙이며 최혜국대우를 적용한다고 하여 상호주의가 무시되는 것도 아니다. 따라서 현재의 국제통상관계는 상호주의 원칙과 MFN 원칙이 함께 공존하고 있다. 나라마다 경제수준의 차이가 존재하므로 혜택의 제공에 있어 형식적인 의미의 동등성뿐만 아니라 경제여건을 감안해 실질적인 측면에서의 동등성이 요구된다. 따라서 실제로는 불완전상호주의라고 할 수 있다. 불완전상호주의란 선진국과 개도국은 의무의 차별이 있어야 한다는 것이다.

3) WTO에서의 상호주의

GATT 전문에서는 GATT 체약국 사이에 호혜적인 협정을 체결할 것을 규정하고 있다. 그리고 GATT 제2조 제5항은 양허교섭은 어떠한 국가도 상응하는 양허의 제공 없이는 양허를 받지 못한다. 응당 받아야 될 이익을 받지 못하면 이의를 제기할 수 있다. 그리고 GATT 제23조에서는 다른 체약국이 자국의 이익을 침해하거나 무효화하는 경우에는 피해국도 이에 상응하는 대응조치를 하는 것을 허용하고 있다.

4 시장접근보장 원칙

시장접근보장(market access) 원칙은 외국의 상품이나 기업이 국내시장에서 아무런 장벽 없이 상품을 판매하거나 영업활동을 할 수 있도록 해야 한다는 원칙이다. 따라서 시장접근 원칙은 관세 및 비관세장벽의 요소 제거에 국한하지 않고, 자유경쟁을 제한하고 물품에 대한 소비자의 접근에 방해가 되는 국내정책은 물론, 사회 · 문화적인 장벽의 제거까지를 포함한다. 예를 들어, '신토불이', '국산품을 애용합시다.' '외국산 담배를 피우지 맙시다' 등의 캠페인, 수입자동차를 타는 것은 사치, 과소비, 비애국적 행위라고 규정하는 것은 모두 시장접근 원칙에 위배될 수 있다.

5 투명성

투명성(transparency)은 무역에 관련되는 각국의 제도가 투명하게 운영되어야 한다는 원칙이다. 즉, 무역관련 법령, 규칙, 행정상의 지침과 정책결정이 일관되고 자의적이지 않으며, 이들 관련 정보가 공개적이고 자유로울 것을 의미한다. 따라서 투명성은 무역관련 제도의 공개성(openness), 명료성(clearness), 공정성(fairness), 검증가능성(verifiabilities)을 보장하는 것을 요구한다. 투명성이 요구되는 이유는 무역제도에 대한 정보의 제약으로 집행에 대한 예측이 어렵거나 관련 제도가 투명하지 않으면 공정무역이 성립되기 어렵고 시장접근도 힘들기 때문이다. 투명하지 않거나 자의적인 무역정책은 비관세장벽과 같은 효과가 발생한다.

이에 따라 각국은 자국의 무역과 관련된 국제협정, 법률, 규정, 행정지침 등을 공개하여야 하며, 무역관리상의 결정에 있어서는 그 이유를 고지해야 하며, 또 그러한 결정의 근거가 되는 모든 법령과 자료를 공개해야 한다. WTO는 국별 무역정책검토제도(TPRM)를 통해 회원국에 따라 2년, 4년, 6년 등의 주기로 회원국들의 무역정책을 검토해 왔다.

6 공정성

시장가격 이하의 덤핑수출이나 수출업자가 다른 업자를 파산시킬 정도로 낮은 가격으로 판매를 하는 행위는 불공정한 거래로 인식하고 반덤핑관세를 부과할 수 있다. 그리고 공정한 경쟁을 보장할 수 있도록 수출보조금이나 수입대체보조금의 지급을 금지시키고 있다.

우리나라 최초의 MFN

[조미수호통상조약(1882) 제14조] 조약을 체결한 뒤에 통상무역 상호교류 등에서 본 조약에 부여되지 않은 어떠한 권리나 특혜를 다른 나라에 허가할 때에는 자동적으로 미국 관민에게도 똑같이 주어진다.

[조영수호통상조약(1883) 제10관] 영국은 본 조약 실시일 이후 어떠한 혜택이나 이권이든지 타국 및 타국 신민에게 부여하는 일체의 권한을 균점한다.

[조일통상장정 제42관] "현재나 앞으로 조선 정부에서 어떠한 권리와 특전 및 혜택과 우대를 다른 나라 관리와 백성에게 베풀 때에는 일본국 관리와 백성도 마찬가지로 일체 그 혜택을 받는다.

미국의 카리브연안국가에 대한 특혜부여

미국은 1983년부터 중남미지역의 저개발국인 중미와 카리브지역을 지원하기 위해 중미 · 카리브지역 무역특혜법(CBI)을 제정해 시행해 왔다. CBI는 중미 · 카리브지역의 경제적 빈곤이 지속되면서 정치적인 불안정이 심화되자 이들 지역에 대한 관세를 철폐함으로써 수출을 증대시키고, 이를 통해 경제발전을 도모하고자 한 미국 정부의 새로운 지원책이었다. CBI 제정으로 미국에 무관세 수출이 가능하게 되면서 중미지역은 미국 수출의 우회기지로서 주목받게 되었다. 특히 2000년 들어서는 NAFTA 발효 이후 상대적으로 불이익을 받아온 중미 · 카리브지역 국가들의 계속적인 요청을 수용해 미국은 NAFTA 회원국에 준하는 특혜대우를 부여한 중미 · 카리브지역무역협력법(CBTPA)을 제정했다. CBTPA에 따라 중미 봉제업체들은 미국산 원사와 원단을 사용해 역내에서 재단 또는 봉제된 의류를 미국에 수출할 때 무관세 · 무쿼터 특혜를 누리게 되었다. 이 같은 미국 정부의 중미지역에 대한 파격적인 일련의 특혜무역제도는 미국시장 근접성, 값싼 노동력 등 중미지역의 비교우위와 결합되어 이 지역의 섬유, 의류산업 발전에 커다란 공헌을 했다.[10]

EU의 ACP 국가들에 대한 특혜부여

ACP란 African, Caribbean and Pacific countries(ACP) 국가를 이르는 말로써 대부분 과거 유럽제국의 식민지였던 나라들로 EU는 이들 국가의 경제개발을 지원하기 위해 1975년 제1차 로메 협정을 체결하여 특혜관세, 쿼터보장 등 무역상의 혜택을 제공하므로 부유국의 빈곤국 지원 모델로 여겨지고 있다. 수혜국은 2002년 현재 78국가(48 African states, 16 Caribbean states, 14 Pacific states)에 이른다.[11]

10 자료: http://interlatin.co.kr/zeroboard/zboard.php?id=board11&page=4&sn1=&divpage=1&sn=off&ss=on&sc=on&select_arrange=headnum&desc=asc&no=84).

11 자료: http://blog.naver.com/tcasuk?redirect=log&logno=40002682356, http://blog.naver.com/himammo?redirect=log&logno.

Part 02

Understanding of International Trade and Business

국제통상의 주요 규범 및 원칙

제1장 | 덤핑
제2장 | 보조금 및 상계관세
제3장 | 세이프가드
제4장 | 농산물
제5장 | 위생 및 검역제도
제6장 | 무역에 관한 기술장벽
제7장 | 원산지규정
제8장 | 서비스무역
제9장 | 지식재산권
제10장 | 정부조달
제11장 | 지역무역주의 현황과 경쟁구조
제12장 | FTA에 대한 이해
제13장 | WTO와 지역무역협정 간의 관계
제14장 | 통상정책
제15장 | 분쟁해결제도

Understanding of International Trade and Business

■ Chapter **01** ■

덤핑

1 세계적인 반덤핑규제의 추세

최근 전통적 비관세장벽인 반덤핑, 상계관세 등 수입규제가 다시 발현되고 있고, 또 그 규제의 정도가 더욱 심해지고 있다. WTO에 따르면 2015년 12월 말 현재 31개국에서 총 1,545건의 반덤핑규제를 실시하고 있는데, 이는 2014년 말 1,439건에 비해 106건이나 증가한 수치이다.

[표 1-1]에서와 같이 반덤핑 조사건수는 2000년대 이후 감소추세를 보였는데, 2008년 금융위기 이후 다시 증가하고 있다. 반덤핑관세를 이용한 무역구제건수가 가장 많은 나라는 미국, 인도, 브라질, 터키, EU 등 5개국으로 이들은 각각 100개 이상의 품목에 대해 반덤핑관세를 부과하고 있다. 특히 중국, 미국 등 거대경제국들의 반덤핑보호조치가 심한데, 중국은 한국, 일본, 유럽 등으로부터 수입되는 철강제품에 대해 고율의 반덤핑관세를 부과하였고, 미국은 한국산 철강, 세탁기 등에 대해 반덤핑 및 상계관세를 부과하고 있다.

반덤핑규제를 가장 많이 받고 있는 나라는 중국, 한국, 대만, 미국, 인도 순으로 우리나라는 중국 1,123건 다음으로 가장 많은 반덤핑규제를 받고 있다. 우리나라 다음으로는 대만 275건, 미국 271건, 인도 205건 등이 있다.[01]

그런데 반덤핑 부과 국가를 선진국과 개도국으로 구분해보면 선진국의 조치가

01 무역협회(2017), 『외국의 對韓 수입규제 총람』.

48%를 차지하고 있는데, 이는 과거보다 선진국의 활용이 높다는 의미이다. 과거 무역구제조치가 신흥국 및 개도국 중심이었다면 최근 보호무역주의는 주요 거대 경제국이거나 선진국 중심이라는 점에서 더 우려가 되고 있다.

그림 1-1 ▌ 연도별 반덤핑조사 개시건수(전 세계 vs 한국)

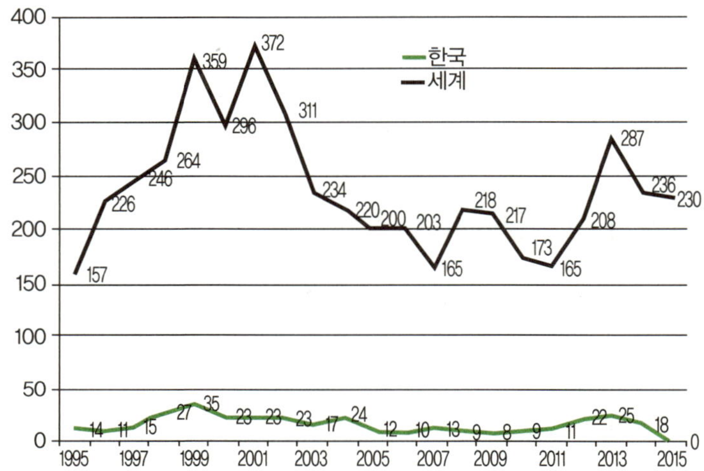

자료: WTO

▌표 1-1 ▌ 전 세계 무역구제현황(WTO 통계)

(단위: 건)

구분		'96~'99	'00	'01	'02	'03	'04	'05	'06	'07	'08	'09	'10	'11	'12	'13	'14	'15	계
반덤핑		1,252	296	372	311	234	220	200	203	165	218	217	173	165	208	287	236	230	4,987
상계관세		99	18	27	9	15	8	6	8	11	16	28	9	25	23	33	45	30	410
세이프가드	조사개시	35	25	12	34	15	14	7	13	8	10	25	20	12	24	18	23	17	312
	발동	14	7	9	14	15	6	6	7	5	6	10	4	11	6	8	14	14	156

주: 2015. 12. 31 기준

자료: 무역위원회(2016), 『무역구제통계』

| 표 1-2 | 우리나라의 무역구제 건수(WTO 통계)

	구분	1위	2위	3위	4위	5위	비고
반덤핑	제소건수	인도(770)	미국(569)	EU(480)	브라질(392)	아르헨티나(322)	한국(131) 12위
	피소건수	중국(1,123)	한국(366)	대만(275)	미국(271)	인도(205)	–

	구분	1위	2위	3위	4위	5위	비고
상계관세	제소건수	미국(178)	EU(76)	캐나다(52)	호주(20)	남아프리카공화국(13)	한국(0)
	피소건수	중국(99)	인도(70)	한국(27)	인도네시아(20)	미국(15)	–

	구 분	1위	2위	2위	4위	5위	비 고
세이프가드	제소건수	인도(41)	인도네시아(27)	터키(21)	칠레(19)	요르(17)	한국(4)

주: 2015. 12. 31 기준
자료: 무역위원회(2016), 『무역구제통계』

2 우리나라의 수입규제 현황과 활용

1) 우리나라의 덤핑제소 현황

과거 우리나라가 덤핑과 관련하여 1987년 이후 2014년까지 제소한 건수는 국가기준으로는 총 261건 중에서 157건이 실제로 반덤핑을 부과하였고, 품목기준으로는 총 141건 중에서 90건에 대해 실제로 반덤핑관세를 부과하였다. 그리고 현재까지 반덤핑관세가 부과되고 있는 품목은 33건으로서 반덤핑조치가 우리나라 무역구제조치의 중요한 수단임을 알 수 있다. 국가별로는 중국 11건, 일본 4건, 미국 2건, 대만 2건이고, 품목별로는 화학제품 6건, 금속 3건, 섬유 1건, 제지류 2건 등이 있다.

표 1-3 우리나라의 무역구제현황(2016년 11월 기준)

(단위: 건)

구분		'97~'99	'00	'01	'02	'03	'04	'05	'06	'07	'08	'09	'10	'11	'12	'13	'14	'15	'16	계
반덤핑	국가	84	17	6	18	15	5	7	15	18	4	14	7	15	14	8	16	5	9	277 (184)
	품목	47	8	6	11	7	5	4	6	8	3	6	6	6	5	5	10	4	5	152 (106)
세이프가드		31	–	1	1	–	–	–	–	–	–	–	–	–	–	1	–	–	–	34 (110)
불공정 무역행위		210	9	13	9	5	5	6	5	4	6	9	12	8	9	8	10	9	12	349 (110)
FTA무역 피해지원			–	–	–	–	–	–	–	–	3	3	2	–	13	31	28	22	5	107 (85)

주: 신청건수 중 ( )안은 구제조치 건수

자료: 무역위원회(2016), 『무역구제통계』

표 1-4 국가별 반덤핑 무역구제 신청현황(2016년 11월 기준)

(단위: 건)

구분	중국	일본	미국	EU	대만	인도네시아	인도	말레이시아	러시아	싱가포르	태국	캐나다	기타	계
조사신청	73	47	28	28	14	11	16	14	8	9	10	6	13	277
규제중	2	2	1	2	–	–	1	1	–	–	–	–	–	9

자료: 무역위원회(2016), 『무역구제통계』

표 1-5 품목별 반덤핑 무역구제 신청현황(2016년 11월 기준)

(단위: 건)

구분	화학	기계/전자	종이/목재	섬유	제철/금속	유리/도자	기타	계
조사신청	51	20	26	12	18	9	16	152
규제중	7	1	6(3)	1	3	2	–	20(3)

표 1-6 우리나라가 반덤핑관세 부과 중인 품목(2015년 6월 현재)

	품목	대상국	조치내용	
			관세율(%)	부과기간
1	스테인리스스틸 후판	일본	13.17	'11.4.21~'16.4.20.(5년)
2	플로트 판유리	중국	12.04~36.08	'15.1.7~'18.1.6.(3년)
3	초산에틸 (재심 진행 중)	중국, 일본, 싱가포르	3.14~14.17	'12.3.27~'15.3.26.(3년)
4	PET필름 (재심 진행 중)	중국, 인도	5.87~25.32	'12.5.25~'15.5.24(3년)
5	알루미늄보틀캔	일본	4.59	'13.1.3~'16.1.2.(3년)
6	염화콜린	미국, 인도, 중국, 캐나다	22.19~27.32	'13.8.22~'16.8.21.(3년)
7	스테인레스스틸바	일본, 인도, 스페인	2.76~15.39	'13.10.1~'16.9.30.(3년)
8	합판	중국	2.42~27.21	'13.10.18~'16.10.17.(3년)
9	폴리에스터 장섬유 연신가공사(DTY)	대만, 중국, 말레이시아	2.22~8.69	'13.12.20~'16.12.19.(3년)
10	OPP필름	중국, 인도네시아, 태국	3.48~25.04	'13.12.20~'18.12.19.(5년)
11	합판	말레이시아	3.08~38.10	'14.9.5~'16.9.4(2년)
12	합판(신규공급자, 3건 병합)	중국	4.46~17.48	'14.2.28~'16.10.17
13	두꺼운 PET필름	일본	5.95	'14.12.30~'17.12.29(3년)
14	에탄올아민	미국, 말레이시아, 태국, 일본	4.36~21.79	'14.12.30~'17.12.29(3년)
15	도자기질 타일	중국	9.07~29.41	'15.2.25~'18.2.24(3년)

자료: 무역위원회(2016), 『무역구제통계』

2) 우리나라의 덤핑 피소 현황

무역협회 자료에 따르면 2015년 현재 한국은 총 29개국(EU를 1개국으로 간주)으로부터 약 165건(34건)에 대해 수입규제를 당하고 있다. 주요 규제형태별로는 반덤핑이 102건으로 압도적으로 많으며, 세이프가드가 55건, 반덤핑/상계관세가 8건을 차지하고 있다.

또한 주요 규제국가로는 인도 28건, 중국 11건, 미국 16건, 러시아 3건, EU 4건 등으로 주로 개도국으로부터 수입규제를 당하고 있다. 품목별로는 화학공업 · 철강/금속이 총규제의 67.3%(111건)를 차지하고 있다.

개별국가별로 살펴보면 미국에게 받는 수입규제는 대부분 철강제품으로 PC강선, 스테인리스, 철강판, 폴리에스터단섬유, 스텐다드강관 등이며, 중국으로부터는 대부분 화공품과 일부 철강, 섬유, 종이제품들인데 아세톤, 페놀, 폴리우레탄, 광섬유, 무수프탈산, 인쇄용아트지, 스테인리스강판 등을 규제받고 있다. EU로부터는 회원국수를 고려해볼 때 수입규제를 당하는 건수는 그리 많은 편은 아니나 양문형 냉장고, 페트칩, 철강제관연결구류 등 전자제품과 철강, 화공품 등에 부과를 받고 있다.[02]

❙ 표 1-7 ❙ 우리나라에 대한 세계 각국의 수입규제 현황

국가		반덤핑 (AD)	반덤핑/상계조치 (AD/CVD)	상계조치 (CVD)	세이프가드 (SG)	총계
총계		102 (12)	8 (3)	0 (0)	55 (19)	165 (34)
북미 (2개국)	캐나다	6 (0)	2 (1)	0 (0)	0 (0)	8 (1)
	미국	10 (0)	6 (2)	0 (0)	0 (0)	16 (2)
	소계	16 (0)	8 (3)	0 (0)	0 (0)	24 (3)
중남미 (6개국)	아르헨티나	2 (0)	0 (0)	0 (0)	0 (0)	2 (0)
	브라질	11 (1)	0 (0)	0 (0)	0 (0)	11 (1)
	콜롬비아	1 (0)	0 (0)	0 (0)	2 (2)	3 (2)
	코스타리카	0 (0)	0 (0)	0 (0)	1 (1)	1 (1)
	에콰도르	0 (0)	0 (0)	0 (0)	1 (1)	1 (1)
	멕시코	1 (0)	0 (0)	0 (0)	0 (0)	1 (0)
	소계	15 (1)	0 (0)	0 (0)	4 (4)	19 (5)

02 한국이 자동차를 국내보다 해외에 더 싸게 수출하고 있어 덤핑의혹을 받을 수 있으나 현재까지 자동차에 대해 반덤핑조치를 받은 적은 없다. 1979년 캐나다 정부가 현대자동차를 반덤핑으로 제소한 적이 있으나 얼마 안가 철회하였다. 자동차산업은 긴밀한 가치사슬로 인해 자동차규제가 자국산업에도 부정적인 영향을 끼칠 수 있기 때문에 반덤핑제소가 잘 이루어지지 않고 있다(인하대 산학협력단, 2016년).

아시아 (11개국)	중국	11 (0)	0 (0)	0 (0)	0 (0)	11 (0)
	인도네시아	4 (1)	0 (0)	0 (0)	8 (2)	12 (3)
	인도	22 (3)	0 (0)	0 (0)	6 (2)	28 (5)
	일본	1 (1)	0 (0)	0 (0)	0 (0)	1 (1)
	키르기스스탄	0 (0)	0 (0)	0 (0)	1 (0)	1 (0)
	말레이시아	4 (1)	0 (0)	0 (0)	1 (1)	5 (2)
	필리핀	0 (0)	0 (0)	0 (0)	2 (0)	2 (0)
	파키스탄	4 (0)	0 (0)	0 (0)	0 (0)	4 (0)
	태국	4 (0)	0 (0)	0 (0)	3 (0)	7 (0)
	대만	1 (0)	0 (0)	0 (0)	0 (0)	1 (0)
	베트남	0 (0)	0 (0)	0 (0)	1 (0)	1 (0)
	소계	51 (6)	0 (0)	0 (0)	22 (5)	73 (11)
아프리카 (3개국)	이집트	0 (0)	0 (0)	0 (0)	4 (2)	4 (2)
	튀니지	0 (0)	0 (0)	0 (0)	2 (2)	2 (2)
	남아프리카공화국	1 (0)	0 (0)	0 (0)	1 (0)	2 (0)
	소계	1 (0)	0 (0)	0 (0)	7 (4)	8 (4)
유럽 (3개국)	EU	4 (1)	0 (0)	0 (0)	0 (0)	4 (1)
	러시아	0 (0)	0 (0)	0 (0)	3 (1)	3 (1)
	우크라이나	0 (0)	0 (0)	0 (0)	3 (0)	3 (0)
	소계	4 (1)	0 (0)	0 (0)	6 (1)	10 (2)
대양주 (1개국)	오스트레일리아	11 (4)	0 (0)	0 (0)	0 (0)	11 (4)
	소계	11 (4)	0 (0)	0 (0)	0 (0)	11 (4)
중동 (3개국)	이스라엘	0 (0)	0 (0)	0 (0)	1 (0)	1 (0)
	요르단	0 (0)	0 (0)	0 (0)	3 (1)	3 (1)
	터키	4 (0)	0 (0)	0 (0)	12 (4)	16 (4)
	소계	4 (0)	0 (0)	0 (0)	16 (5)	20 (5)

주: (　)내 수치는 조사 중인 건수이며, 전체 건수에서 이를 제외한 수치가 규제 중 건수임.
자료: http://antidumping.kita.net, 2015년 6월 우리나라의 피소현황

| 표 1-8 | 품목별 수입규제 현황(피소 현황)(반덤핑, 상계관세, 세이프가드 포함)

국가		철강/금속	전기전자	화학공업	섬유류	기타	총계
전체		88 (22)	7 (0)	50 (13)	15 (3)	23 (8)	183 (46)
북미 (2개국)	캐나다	8 (1)	1 (0)	0 (0)	0 (0)	0 (0)	9 (1)
	미국	18 (3)	2 (0)	2 (2)	1 (0)	0 (0)	23 (5)
	소계	26 (4)	3 (0)	2 (2)	1 (0)	0 (0)	32 (6)
중남미 (7개국)	아르헨티나	0 (0)	1 (0)	1 (0)	0 (0)	0 (0)	2 (0)
	브라질	3 (0)	1 (0)	2 (0)	2 (0)	2 (0)	1 (0)
	칠레	1 (0)	0 (0)	0 (0)	0 (0)	0 (0)	1 (0)
	콜롬비아	0 (0)	0 (0)	1 (0)	0 (0)	1 (0)	2 (0)
	코스타리카	0 (0)	0 (0)	0 (0)	0 (0)	1 (0)	1 (0)
	에콰도르	0 (0)	0 (0)	0 (0)	0 (0)	1 (0)	1 (0)
	멕시코	2 (1)	0 (0)	0 (0)	1 (0)	0 (0)	3 (1)
	소계	6 (1)	2 (0)	4 (0)	3 (0)	5 (0)	20 (1)
아시아 (10개국)	중국	1 (0)	1 (0)	7 (0)	2 (0)	2 (2)	13 (2)
	인도네시아	5 (0)	0 (0)	2 (1)	1 (0)	1 (0)	9 (1)
	인도	9 (3)	0 (0)	18 (3)	5 (3)	2 (1)	34 (10)
	일본	0 (0)	0 (0)	1 (0)	0 (0)	0 (0)	1 (0)
	말레이시아	6 (2)	0 (0)	1 (0)	0 (0)	0 (0)	7 (2)
	필리핀	1 (0)	0 (0)	0 (0)	0 (0)	2 (0)	3 (0)
	파키스탄	0 (0)	0 (0)	6 (3)	0 (0)	1 (1)	7 (4)
	태국	11 (4)	0 (0)	0 (0)	0 (0)	1 (0)	12 (4)
	대만	3 (0)	0 (0)	0 (0)	0 (0)	0 (0)	3 (0)
	베트남	3 (2)	0 (0)	1 (0)	0 (0)	1 (0)	5 (2)
	소계	39 (11)	1 (0)	36 (7)	8 (3)	10 (4)	94 (25)
아프리카 (4개국)	이집트	1 (0)	0 (0)	1 (0)	0 (0)	0 (0)	2 (0)
	튀니지	0 (0)	0 (0)	0 (0)	0 (0)	2 (2)	2 (2)
	남아프리카공화국	2 (2)	0 (0)	1 (0)	0 (0)	0 (0)	3 (2)
	잠비아	1 (1)	0 (0)	0 (0)	0 (0)	0 (0)	1 (1)
	소계	4 (3)	0 (0)	2 (0)	0 (0)	2 (2)	8 (5)
유럽 (2개국)	EU	3 (0)	0 (0)	2 (1)	0 (0)	1 (1)	6 (2)
	우크라이나	0 (0)	0 (0)	0 (0)	0 (0)	2 (0)	2 (0)
	소계	3 (0)	0 (0)	2 (1)	0 (0)	3 (1)	8 (2)

대양주 (1개국)	호주	6 (0)	0 (0)	0 (0)	0 (0)	1 (0)	7 (0)
	소계	6 (0)	0 (0)	0 (0)	0 (0)	1 (0)	7 (0)
중동 (3개국)	요르단	1 (1)	0 (0)	0 (0)	0 (0)	0 (0)	1 (1)
	사우디아라비아	2 (2)	1 (0)	0 (0)	0 (0)	0 (0)	3 (2)
	터키	1 (0)	0 (0)	4 (3)	3 (0)	2 (1)	10 (4)
	소계	4 (3)	1 (0)	4 (3)	3 (0)	2 (1)	14 (7)

자료: 한국무역협회(http://antidumping.kita.net), 2015년 6월 현재

최근 선진국들의 신흥개도국 대상 덤핑마진율이 크게 증가했다는 점도 특색이다. 예를 들어 미국의 對한국 수입규제를 볼 때 근래 들어 반덤핑관세율이 크게 인상되었는데, 세계경제 경기둔화로 어려움에 빠진 미국이 한계기업을 보호하기 위한 조치로 보인다. 지난 2016년 6월 미국국제무역위원회(ITC)는 중국, 대만, 인도, 한국산 도금 판재류 등 철강제품에 대한 반덤핑관세를 부과하였는데, 중국산 제품에 대해서는 무려 209.9%에 달하는 고율의 반덤핑관세를 부과하였다.

한국에 대해서도 예외는 아니다. 2016년 8월 미국 상무부는 한국, 호주, 브라질, 일본 등 열연강판 제품에 대해 반덤핑 및 상계관세를 부과하였는데, 한국 포스코, 대우에 대해서는 상계관세를 57.04%까지 부과한 바 있다. 이번 상계관세로 인해 포스코는 연간 7억 달러(약 8,000억 원)에 달하는 미국 수출물량을 전면 중단해야 했다. 앞서 미국은 지난 2015년 9월에 한국산 세탁기에 대한 반덤핑 및 상계관세 연례재심에서 삼성전자 82.35%, 대우전자 79.11%에 이르는 고율의 반덤핑 관세를 부과한 바 있다.

[표 1-9]는 1992년부터 2016년 8월까지 미국이 한국을 대상으로 부과한 덤핑마진율의 크기 변화를 살펴본 것이다. 덤핑마진율 계산 기준은 원심 최종판정 당시 덤핑마진율을 기준으로 하였다. 미국은 원심 최종판정 이후에도 여러 번의 연례재심 판정을 하였지만 비교의 통일성을 위해 모두 원심 최종판정 당시의 덤핑마진율을 기준으로 계산하였다. 그리고 반덤핑 부과는 개별기업을 대상으로 부과하므로 기업마다 덤핑마진율이 다를 수 있는데, 이 경우에는 단순평균으로 계산하였다.

[표 1-9]의 그림에서 보여지는 바와 같이 미국의 對한국 제품에 대한 반덤핑 부과는 2014년부터 증가하기 시작하여 2016년에 가장 절정에 이르고 있다. 예를 들

어, 부식방지 표면처리강판의 경우 2016년 원심 최종판정에서 28.28%를 부과하는 등 덤핑마진율이 크게 증가하고 있다. 2016년 8월 현재 한국은 이미 미국으로부터 7건의 반덤핑/상계관세 예비판정 또는 최종판정을 받은 상태로 그 숫자는 더 증가될 것으로 보인다.

표 1-9 미국의 對한국 덤핑마진율 추이(1992~2016)

품목	최종판정연도	평균덤핑마진(%)	원심 최종판정 여부
스테인리스 선재	1998.9	12.94	최종판정
스테인리스 냉연강판 코일	1999.7	27.83	최종판정
철강후판	1999.12	2.98	최종판정
폴리에스터 단섬유사	2000.3	8.47	최종판정
PC강선	2003.12	44.92	최종판정
연벽사각파이프	2008.6	10.83	최종판정
유입식 변압기	2012.7	22.00	최종판정
세탁기	2012.12	29.19	최종판정
유정용 강관	2014.7	12.82	최종판정
무방향성 전기강판	2014.10	6.88	최종판정
강철 못	2015.6	11.8	최종판정
송유관	2015.12	4.38	최종판정
방향성 전기강판(변압기)	2017.3	31.99	최종판정
강벽사각파이프	2016.8	3.13	최종판정
냉간압연강판	2016.8	20.33	최종판정
열연강판	2016.8	6.31	최종판정
인동	2017.2	8.43	최종판정
페로바나듐	2016.10	29.6	예비판정
철강후판	2016.9	29.43	예비판정
가소제(DOTP)	2017.1	4.86	예비판정
ESBR 고무	2017.2	27.97	예비판정

자료: 무역협회(2016), 『외국의 對韓 수입규제 총람』 참고하여 저자 계산

3) 사례연구: 미국, 한국산 세탁기에 대한 반덤핑/상계관세 부과

세계 금융위기 이후 신보호무역주의가 확산되면서 한국산 제품 역시 무역규제 조치의 표적이 되고 있다. 선진국의 보호무역장벽에 가로막혀 한국산 제품의 수출이 차질을 빚고 있는 대표적인 사례는 지난 2013년 12월 삼성, LG, 대우 등 한국산 세탁기를 대상으로 한 미국의 반덤핑/상계관세를 들 수 있다.

지난 2011년 12월 미국 월풀(Whirlpool)사는 한국산, 멕시코산 가정용 세탁기(Large Residential Washers)의 덤핑수출로 인해 자국산업이 피해를 입었다고 주장하며 미국 상무부에 한국산 세탁기에 대한 반덤핑/상계관세를 제소하였다.[03] 2012년 1월 미국 상무부가 이를 받아들이면서 한-미 간에 세탁기 분쟁이 시작되었다. 미국의 반덤핑/상계관세 대상품목은 가정용 대용량 세탁기인데, 구체적으로는 8450.20(1회 세탁능력이 건조한 섬유제품 중량으로 10kg 이상 것), 8450.11(완전자동세탁기), 8450.90(세탁기부분품) 등이다.

그 후 미국 상무부는 한국산 세탁기의 수출가격이 한국 내 정상가격보다 낮아 월풀사를 비롯한 자국 세탁기 생산업체가 보조금을 받은 것으로 밝혀진 한국산 및 멕시코산 세탁기에 의해 실질적 피해(materially injury)를 보았다고 판단하고, 2012년 12월에 한국산 세탁기에 대해 반덤핑/상계관세를 확정 부과하였다. 당시 미국 상무부는 반덤핑관세는 삼성전자 9.29%, 대우 82.41%, LG전자 13.2%, 기타 11.86%를 부과하였고, 상계관세는 삼성 1.85%, 대우 72.3%, LG 0.01%(미소마진), 기타 1.85%를 부과하였다. 이는 과거 미국이 한국산 제품에 대해 반덤핑/상계관세를 부과했던 경우에서 찾아볼 수 없는 고율의 관세였고, DRAM 반도체 이후 소비제품을 수입규제조치한 드문 사례였다. 그동안 미국의 對한국 반덤핑/상계관세 제품은 주로 철강제품에 집중되어 있었다.

03 미국에서 대용량 세탁기를 생산하는 회사는 모두 7개사이다. 즉, Alliance, BSH, Electrolux, Fisher & Paykel, GE, Staber, Whirlpool.

표 1-10 미국, 한국산 냉장고 반덤핑/상계관세 부과 경과

날짜	주요 내용
2011.12	월풀사는 한국산 가정용 대형 세탁기에 대해 반덤핑 및 상계관세 제소
2012. 1	ITC 조사 개시, DOC 조사 개시
2	ITC 반덤핑/상계관세 예비긍정판정
5	DOC 상계관세 예비판정 – 삼성 1.20%, LG 0.22%, 대우 70.58%
8	DOC 반덤핑 예비판정 – (한국산) 삼성 9.62%, 대우 82.41%, LG 12.15%, 기타 11.36% – (멕시코산) 삼성 72.41%
12	DOC 반덤핑/상계관세 최종판정 – AD(반덤핑): 삼성전자 9.29%, 대우 82.41%, LG전자 13.2%, 기타 11.86% – CVD(상계관세): 삼성 1.85%, 대우 72.3%, LG 0.01%(미소마진), 기타 1.85%
2015. 3	DOC 2012~2014 반덤핑 연례재심 예비판정 – 덤핑마진율: 삼성전자 82.41%, 대우전자 82.41%, LG전자 1.57%
9	DOC 반덤핑 연례재심 판정 – AD(반덤핑): 삼성전자 82.35%, 대우전자 79.11%, LG전자 1.52% – CVD(상계관세): 삼성전자 34.77%, 대우전자 81.91%, LG전자 0.00%
11	DOC 2012~2014 반덤핑 연례재심 최종판정 결과 수정 – 관세율(반덤핑): LG전자 1.38%
2016. 3	DOC 2014~2015 반덤핑 연례재심 예비판정 – 관세율(반덤핑): LG전자 1.64%

미국 상무부는 원심판정 후 3년이나 지난 2015년 9월 한국산 세탁기에 대한 반덤핑/상계관세 연례재심을 실시하였는데, 당시 반덤핑관세율은 원심 때보다 훨씬 인상되어 반덤핑을 규제로 실시되었다. 즉, 2012~2014년을 대상으로 한 연례재심에서는 반덤핑관세는 삼성전자 82.35%, 대우전자 79.11%로 인상시켰고, 상계관세는 삼성전자 34.77%, 대우전자 81.91%까지 인상시켰다. 특히, 삼성전자를 대상으로 한 연례재심 관세율이 원심 때보다 많이 높아진 점이 특징이다.

| 표 1-11 | 한국 세탁기의 미국 수출 평균가격 변화

	2009년	2010년	2011년
수량	1,068,486	1,641,587	1,427,186
금액(천 달러)	443,498	611,182	600,784
대당평균가격(달러)	415.07	372.31	420.96

자료: USITC(www.usitc.gov)(2013)

이러한 한국산 세탁기에 대한 미국 정부의 반덤핑/상계관세 부과는 한국 세탁기의 대미 수출에 큰 타격을 주었다. 그 중에서도 한국의 대미 수출 주력 세탁기인 대용량 세탁기(8450.20: 1회 세탁능력이 건조한 섬유제품 중량으로 10kg 이상의 것)의 수출금액은 아래 [표 1-12]에서 보여지는 바와 같이 2012년 미국 월풀사의 소송제기 이후 급격하게 감소하였다. 또한, 자동세탁기와 세탁기부품까지 포함한 대미 수출금액은 지난 2010년의 경우 7억 2,100달러에 이르렀으나 2012년 12월 원심 최종판정 이후부터 급격하게 감소하여 2015년의 경우 1억 3,700만 달러까지 하락하였다. 전통적인 보호무역조치의 하나인 반덤핑/상계관세는 여전히 수입을 억제하는데 효과적이라는 것을 보여주는 사례이다.

한편, 2012년 12월 미국 상무부가 한국산 세탁기에 대해 반덤핑관세를 부과하자 한국 정부는 이듬해인 2013년 8월에 미국의 반덤핑/상계관세조치를 WTO에 제소하였다. 3년 후 2016년 3월에 WTO 패널보고서가 회람되었는데, 반덤핑에서는 한국이 승소하였으나 상계관세에 관해서는 부분승소를 하였다. 이에 대해 미국은 WTO 패널 판정에 대해 2016년 4월에 WTO 상소기구(Appellate Body)에 상소하고, 마침내 지난 2016년 9월 WTO 상소기구는 한국의 승소를 인정하는 상소보고서를 발표하였다.

WTO 상소기구는 미국 상무부가 삼성, LG의 블랙프라이데이 세일 판매를 표적덤핑으로 판단한 것과 이미 WTO에서 위반으로 판정된 제로잉(zeroing) 덤핑마진을 적용해 고율의 반덤핑관세를 부과한 것, 그리고 보조금 계산방식 등이 WTO 협정에 위반된다고 판단하였다.

패널판정에 이어 2016년 9월 상소기구 판정에서도 한국이 승소함에 따라 그동안 4년 가까이 끌어온 한-미 간 세탁기 반덤핑 분쟁은 우리 측의 승소로 매듭지어

표 1-12 한국의 대미 세탁기 수출금액 추이

(단위: 천달러, %)

연도	합계	용량 10kg 이상 세탁기		완전자동 세탁기		세탁기부품	
		금액	증감률	금 액	증감률	금액	증감률
2006	334,271	214,805	48.5	80,220	−32.5	39,246	106.8
2007	482,241	329,466	53.4	89,400	11.4	63,375	61.5
2008	512,766	402,636	22.2	52,626	−41.1	57,504	−9.3
2009	606,345	443,498	10.1	93,572	77.8	69,275	20.5
2010	721,136	611,182	37.8	27,172	−71	82,782	19.5
2011	677,300	600,784	−1.7	12,568	−53.7	63,948	−22.8
2012	584,115	511,839	−14.8	13,426	6.8	58,850	−8
2013	349,267	278,880	−45.5	12,594	−6.2	57,793	−1.8
2014	193,595	142,153	−49	5,250	−58.3	46,192	−20.1
2015	137,882	83,785	−41.1	5,789	10.3	48,308	4.6

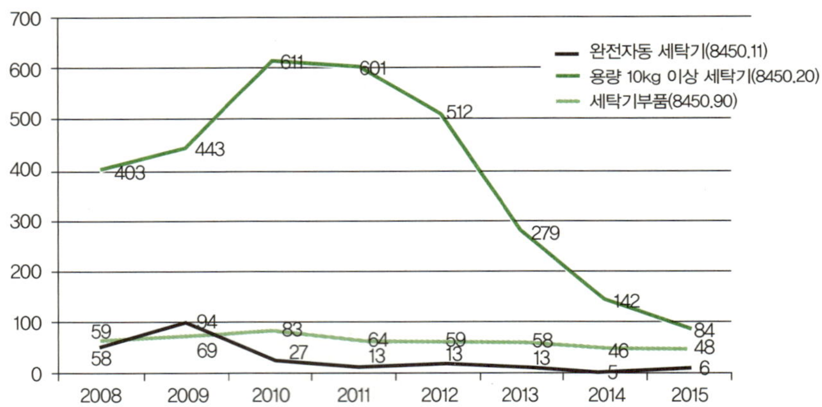

주: 용량 10kg 이상 세탁기(8450.20), 완전자동세탁기(8450.11), 세탁기부분품(8450.90)
자료: K-STAT(http://stat.kita.net)

질 전망이다. WTO 판정에 대해서는 패소국은 15개월 안에 그 판정 결과를 이행해야 하므로 그동안 한국 세탁기의 대미수출에 큰 장벽이 되었던 반덤핑/상계관세는 철회될 예정이고, 한국산 세탁기의 대미 수출여건은 어느 정도 개선될 것으로 보인다.

3 덤핑의 뜻

1) 덤핑이란

덤핑(dumping)이라는 용어는 우리 사회에서 다양한 의미로 사용되고 있는데, 대체로 '쓰레기를 버리다'와 같이 불필요한 것을 버리는 행위를 일컫는다. 예를 들어 개도국이 저임금과 높은 노동생산성을 기초로 해외시장에 상품을 저렴하게 판매하는 것인 Social Dumping, 쓰레기를 해양 깊은 곳에 버리는 것인 Ocean Dumping, 비행기가 비상착륙을 위해 연료를 버리는 것인 Fuel Dumping 등은 모두 불필요한 것을 버리는 행위를 의미한다. 결국 통상에서 말하는 덤핑은 dump에 기원을 두고 있지만 비공식 단어이다.

덤핑(dumping)의 사전적 의미

'Dump'의 사전적 의미는 'Dump generally refers to a place for disposal of domestic waste'이다. Dump truck에서 물건을 쏟아 붓는것을 상상해보면 이해하기 쉽다. Dump의 기본의미는 '버리다'이다. 국제통상에서의 덤핑이란 물건을 버리듯이 국내 정상가격보다 낮은 가격으로 수출하는 경우를 말한다.

오늘날 덤핑이라고 하면 외국시장에서 국내시장 가격보다 싸게 팔거나 생산비 이하의 낮은 가격으로 상품을 파는 행위를 말한다. 경영학에서의 덤핑이란 기업이 재고를 처분하거나 시장점유율을 높이기 위해 정상가격보다 낮은 가격인 염가로 판매하는 것을 말하나,[04] 국제통상에서의 덤핑이란 국내 정상가격보다 낮은 가격으로 수출될 때를 말한다.

WTO 협정문에서는 덤핑을 다음과 같이 규정하고 있다. 즉, "한 국가로부터 다른 국가로 수출되는 어떤 상품의 수출가격(export price)이 수출국 내에서 소비되는 동종상품(like product)에 대한 정상적인 거래가격(ordinary course of trade)

04 미국 1974년 통상법에서는 덤핑에 '생산비 이하'의 판매라는 개념도 포함하고 있다. 『최근 신보호무역주의 현황분석 및 대응전략 연구』, 인하대 산학협력단, 2016, p.18.

보다 낮을 경우 덤핑(dumping)이라고 한다."[05]

이를 하나하나 단어별로 살펴보면 다음과 같다. 첫째, 수출가격(export price)은 수출국의 수출출고가격을 의미하는데 주로 CIF가격에서 내륙운송료, 하역료, 보험료 등을 제외한다. 둘째, 수출국 기준으로 판정한다. 따라서 수입국의 국내가격이 얼마인지는 상관없다. 다시 말하면 수출가격이 수출국의 정상적인 가격보다 낮게 수출되어야 덤핑이 성립되는 것이지 수입국의 가격보다 싸다고 해서 덤핑이 성립되는 것은 아니다. 예를 들어 미국시장에서 1기가(G) DRAM 반도체가 20달러에 거래되고 있는데, 한국의 'S'전자가 동일제품을 미국에서 18달러에 팔았다고 해서 덤핑이 성립되는 것은 아니다.[06] 덤핑은 수출국인 한국시장에서의 가격과 한국의 다른 나라로의 수출가격을 비교하여 평가하기 때문이다. 셋째, 동종상품(like product)은 고려대상 상품과 모든 면에서 '같은'(alike) 상품이거나, 만약 그러한 상품이 없을 경우에는 비록 모든 면에서 같지는 않으나 매우 유사한 특성을 지닌 물품을 의미한다.[07] 그런데 GATT 부속서 I 제2조 제3항에서는 동종상품의 범위를 직접적 경쟁상품 또는 대체가능한(directly competitive or substitutable product) 상품까지를 포함하고 있어 동종상품에 대한 규정의 범위를 대체가능상품과 경쟁상품으로 확대시키고 있다. 넷째, 정상가격(normal value)은 수출국시장에서의 동종상품의 판매가격을 의미하는데 다수의 소비자와 생산자가 사이에서 형성된 시장가격에서 포장비, 운송비, 창고비용 등 일반관리비를 제외한 가격이다.

05 WTO 반덤핑협정문 제2.1조.

06 세계 반도체 DRAM 시장점유율은 삼성전자 42.4%, 하이닉스 23%, 엘피다(일본) 13.1%, 마이크론(미국) 11.6%, 난야(대만) 4%, 기타 6%이다.

07 WTO 반덤핑협정문 제2.6조.

동종상품(like products)

'동종상품'이란 고려 중에 있는 상품과 모든 면에서 동일한(identical) 상품을 의미하며, 그러한 상품이 없는 경우에는 모든 면에서 같지는 않으나 고려 중에 있는 상품과 '밀접하게 유사한(very closely similar) 특성'을 갖고 있는 다른 상품을 의미한다. 따라서 소주와 양주, 오렌지와 귤, 연필과 샤프, 랩탑 컴퓨터와 데스크탑 컴퓨터, 테이프와 CD 등은 넓은 의미로 동종상품이다.

WTO 협정문에서는 대체로 GATT 제3.2항, 제3.4항, 제6.7항, 제7.2항, 제9.1항, 반덤핑협정문 제2조 제6항 등에서 'like product', 'like commodity', 'like merchandise'라는 용어로 언급되고 있다.

① 다른 체약국의 영역 내에서 수입된 체약국 영역의 상품에 대하여는 동종의 국내상품에(domestic like products) 직접 또는 간접으로 부과되는 내국세 또는 기타의 모든 종류의 내국부과금을 초과하는 내국세 또는 기타 모든 종류의 내국부과금을 직접 또는 간접으로 부과하여서는 안 된다.(GATT 제3조 제2항)

② 제2항의 최초의 문장의 요건에 합치하는 조세는 과세된 상품을 일방으로, 유사한 방법으로 과세되지 아니한 직접적 경쟁상품 또는 대체상품을 타방으로 하여 양자간에 경쟁이 있는 경우에 한하여 제2의 문장의 규정에 모순되는 것으로 간주한다.(GATT 부속서 I 제3조 제2항)

③ "한 당사국의 영토에서 다른 당사국으로 수입된 상품은 상품의 국내판매, 판매청약, 구매, 운송, 유통 및 사용에 영향을 주는 법, 규정, 기타 준수사항 등에 관하여 수입국가의 동종물품에 대한 대우보다도 불리한 대우를 받아서는 안 된다.(GATT 제3조 제4항)

④ 종종 국내시장의 구매자에게 판매되는 동종산품(like commodity)의 비교가능한 가격보다 낮은 가격으로 수출되기도 하는 수출가격의 변동과 관계없이….'(GATT 제6조 제7항)

⑤ 수입산품의 관세상 평가는 관세가 부과되는 당해 수입물품 또는 동종물품(like merchandise)의 실질가격에 기초하여야 하며…'(GATT 제7조 제2항)

⑥ 이 협정 전체를 통해 '동종상품'이라는 용어는 동일한 상품, 즉 고려 중에 있는 상품과 모든 면에서 같은(alike) 상품을 의미하며, 그러한 상품이 없는 경우 비록 모든 면에서 같지는 않으나 고려 중에 있는 상품과 매우 유사한 특성을 갖고 있는 다른 상품을 의미하는 것으로 해석된다.(반덤핑협정문 제2조 제6항)

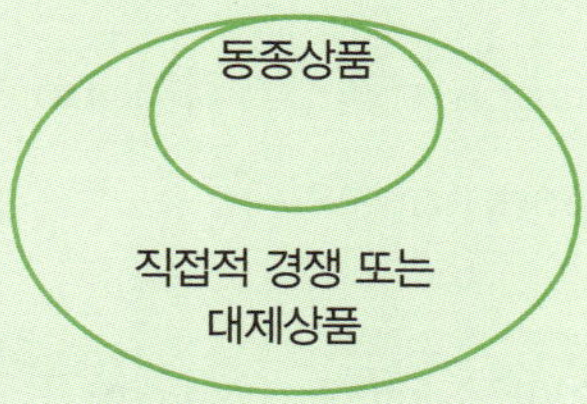

동종상품 관련 WTO 분쟁: 한-미 · EC 간 주세분쟁(DS75)

1997년 한-미 · EC 간에 있었던 주세분쟁은 한국이 소주와 위스키에 대해 각각 38.5%와 130%의 주세를 부과하는 것에 대해 미국과 EC가 동종상품에 대해 다른 주세를 부과하는 것은 GATT 제3조 제2항에서 요구하고 있는 내국민대우를 위반한 것이라고 제소한 사건이다. 동 사건은 본래 내국민대우에 관한 것인데, 내국민대우의 전제조건이 동종상품이므로 사실은 소주와 위스키가 동종상품인가에 대한 논쟁에 집중되었다.

당시 WTO 패널은 동종상품 여부를 판단하는 기준 역시 모든 면에서 동일상품인지 여부는 물론 직접적인 경쟁관계 또는 대체상품인지 여부까지 판단하였다. 구체적으로는 소주와 위스키간의 상품의 본질적 특성 및 품질, 최종용도, 소비자의 기호 및 습관, 그리고 대체정도, 유통경로, 경쟁관계(교차탄력성) 등을 살펴보았다. 결국 WTO 패널은 소주와 위스키가 동종상품이라는 취지의 판정을 내렸다.

2) 덤핑을 하는 이유

덤핑을 하는 이유는 크게 과잉공급 해소 및 이윤극대화, 경영전략, 외화확보 등 다양하다. 첫째, 과잉공급 측면은 생산비보다 낮게 재고를 처분하여 현금을 확보하는 경우와 가격차별화를 통해 수익극대화하는 경우이고, 둘째 경영전략 측면에서는 신규시장에 진입하거나 경쟁자를 제거하기 위해 덤핑을 하는 경우이다. 그리고, 셋째 외화확보 측면에서는 무역불균형에 따른 국제수지를 개선하기 위해서 덤핑을 하는 경우이다.

3) 덤핑마진

덤핑마진(dumping margin)은 국내가격과 수출가격의 차액을 말한다. 계산식으로는 덤핑마진(dumping margin) = 정상가격(normal value, 동종상품의 수출국내 판매가격) − 수출가격(export price)이다.

덤핑마진(dumping margin) 뜻

- 덤핑마진 = 덤핑수출국의 국내정상가격 − 덤핑수출가격
- 덤핑마진 > 0은 (+)마진, Positive margin, 즉, 덤핑되는 경우이고,
- 덤핑마진 < 0은 (−)마진, Negative margin, 역마진, 즉 덤핑되지 않고 오히려 국내가격보다 수출가격이 비싼 경우이다.

덤핑마진 산정방법에 관해서는 반덤핑협정 제2.1조와 제2.2조에서 언급되고 있다. 우선 국내 '정상가격'(normal value)을 결정하는 방법에는 아래 3가지 중에서 하나를 사용하도록 제시하고 있다.

정상가격이란, 첫째 수출국 내에서 소비되는 동종상품의 정상적 거래에서(in the ordinary course of trade) 비교가능한(comparable) 가격, 둘째 예외적으로 수출국에서 정상적 거래에 의한 동종상품의 판매가 존재하지 않는 경우, 또는 수출국의 특별한 국내시장 상황 또는 소규모의 판매 때문에 적절한 비교를 할 수 없는 경우 비교가능한 제3국 수출가격이다. 예를 들어 2016년 말 현재 중국은 시장경제국지위(MES: Market Economy Status)를 인정받고 있지 못하여 제3국 수출가격을 정상가격으로 사용하고 있다. 셋째, 구성가격(constructed price), 즉 원산지국에서의 생산비용에 합리적인 금액의 관리비, 판매비, 일반비용과 이윤을 합산한 가격으로 적용할 수 있다.[08] 즉, 수출국 내 정상가격이 존재하지 않거나 비교가능한 제3국의 수출가격이 존재하지 않을 경우 구성가격을 이용하여 계산한다.

▌표 1-13 ▌ 덤핑마진 산정 시 국내가격으로서의 구성가격

<table>
<tr><th colspan="5">총원가</th><th rowspan="2">이익</th><th rowspan="2">운송비</th><th rowspan="2">FOB</th></tr>
<tr><th colspan="3">제조원가</th><th>판매비</th><th>일반관리비</th></tr>
<tr><td>재료비
(국산+외국산)</td><td>노무비
(인건비)</td><td>제조경비</td><td>접대비,
광고비,
마케팅비 등</td><td>통신비, 공과금, 법인세 등</td><td>영업
이익</td><td>국내
운송비</td><td>FOB
(본선인도가격)</td></tr>
</table>

한편, WTO 반덤핑협정문에서는 '수출가격'에 대해서 특별히 정의하고 있지 않다. 그러나 일반적으로 수입자가 수출상품에 대하여 지불하였거나(paid), 지불할 수 있는(payable) 가격을 말하는데, 수출업자가 신고한 실제가격에 기초하여 결정된다.[09]

08 WTO 반덤핑협정문 제2.2조.

09 박노형 외(2006) 16명 공저, 『국제경제법』, p.170.

4) 덤핑마진 계산방법

WTO는 덤핑마진을 계산하는 방법으로 아래 3가지를 제시하고 있다. 즉, 첫째 가중평균 정상가격과 모든 비교가능한 수출거래가격의 가중평균과의 비교방식(A-A방식), 둘째 개별거래에 기초한 정상가격과 수출가격을 비교하는 방식(T-T 방식), 셋째 가중평균 정상가격과 개별 수출거래가격을 비교하는 방식(A-T방식) 등이다.

덤핑마진을 산정함에 있어 정상가격과 수출가격을 비교할 경우 동일한 시기, 동일한 거래단계에서 비교되어야 하는데 이때 환율도 고려한다. 환율은 단기간의 변동은 고려하지 않고 적어도 60일 이상의 환율변동을 반영한다.

표 1-14 ▎덤핑마진 계산방법

① 국내 평균판매가격(수출국 내에서의 시장가격)	차감항목
	(−) ② 포장비
	(−) ③ 운송비용
	(−) ④ 창고비용
	(−) ⑤ 신용비용
⑥ 수출 대상국가에 대한 평균수출 가격(예 CIF가격)	차감항목
	(−) ⑦ 해상운반비
	(−) ⑧ 보험료
	(−) ⑨ 포장비
	(−) ⑩ 내륙운송비
	(−) ⑪ 출하하역비
	(−) ⑫ 신용비용
⑬ 덤핑마진	⑬=①−(②+③+④+⑤)−⑥−(⑦+⑧+⑨+⑩+⑪+⑫) 즉, 덤핑마진=국내정상가격−수출가격인데, 국내정상가격은 ①국내시장가격에서 ②③④⑤를 차감하고, 수출가격은 ⑥평균수출가격에서 ⑦⑧⑨⑩⑪⑫를 차감한 순수출가격으로 계산함

자료: http://antidumping.kita.net 정리

덤핑마진율(dumping margin rate)

덤핑마진율은 덤핑마진을 수출가격으로 나눈 백분율이다. 즉,

$$\frac{(\text{정상가격}-\text{수출가격})}{\text{수출가격}} \times 100$$

예를 들어 정상가격이 40달러, 수출가격이 30달러이면 덤핑마진율은 33.3%이다. 즉, (40$−30$)/30$]×100=33.3%. 그리고 이러한 덤핑을 상쇄하기 위한 관세부과조치를 '반덤핑'(anti-dumping)이라고 하는데, 반덤핑은 덤핑마진만큼 부과하거나 그보다 적은 마진만큼 부과한다.

5) 제로잉(zeroing)

(1) 제로잉의 뜻과 논리

본래 덤핑마진을 계산하는 방법은 수출가격이 국내 정상가격보다 낮은 경우('+' 마진, positive margin)이든, 수출가격이 국내 정상가격보다 높은 경우('−' 마진, negative margin, 역마진)든 모두 합산하여 가중평균으로 계산한다. 예를 들어 아래 [표 1−15]와 같이 플러스(+) 마진 10$인 경우와 마이너스(−) 마진 10$인 경우를 모두 고려하여 평균으로 계산한다.

그런데 미국은 그동안 덤핑마진을 계산할 때 플러스 마진은 그대로 반영하면서 마이너스(−) 마진을 마이너스로 계산하지 않고 '0'(zero)로 계산하는 독특한 계산방법을 사용해 왔는데, 이를 'Zeroing' 계산방법이라고 한다. 이러한 Zeroing 방법은 마이너스 마진을 고려하지 않기 때문에 결과적으로는 덤핑마진을 실제보다 부풀리는 효과가 있다.

제로잉 계산방법을 사용하는 국가의 덤핑에 대한 인식은 덤핑이 일부라도 있다면 엄연히 덤핑이라는 사실이 존재하는 것이므로 일부 마이너스 마진(역마진)을 초래하는 품목으로 인해 전체 덤핑마진이 축소되는 것을 방지하기 위한 것이라는 주장이다. 따라서 덤핑되지 아니한 상품이 일부 수입되었다는 사실 때문에 덤핑된 상품에 대한 덤핑마진이 상쇄(offset)되어 반덤핑관세를 부과할 수 없게 되어서는 안 된다는 논리이다. 결국 제로잉을 사용하는 이유는 보다 정확하게 덤핑행위를 찾아내기 위해서이다.

주변의 예를 들어 설명하면 다음과 같다. 한 학급에 60명의 학생이 있는데 60명의 학생이 오전에는 좋은 일을 하고 오후에는 나쁜 일을 저질렀을 경우 서로 상쇄시켜서 없었던 일로 할 수 있느냐에 관한 문제와 같다. 또는 30명의 학생은 좋은 일은 하고 나머지 30명의 학생은 나쁜 일을 하였다면 나쁜 일을 한 30명을 착한 일을 한 30명 때문에 없던 일로 해야 되는 것이냐와 같다. 제로잉의 논리는 나쁜 일을 한 학생은 착한 일을 한 학생과 상관없이 처벌해야 된다는 것이다.

또 다른 예로서는 어떤 운전자가 고속도로에서 규정된 속도를 지키지 않아 속도위반 스티커를 발부받게 되었는데, 방금 전까지는 속도를 잘 준수했으니 현재의 속도위반을 이전의 속도준수와 상쇄시켜 달라고 하는 것과 같은 논리이다. 사고는 과속을 할 때 발생하므로 속도준수와 상관없이 과속에 대해서는 처벌을 해야 된다는 논리가 제로잉의 논리이다.

제로잉(zeroing)과 센서링(censoring)

통계분석방법 중에서도 제로잉과 유사한 개념이 있다. 생존분석(survival analysis)에서 사용되는 센서링(censoring, 중도절단)이라는 기법이 바로 그것이다. 생존분석이란 질병의 발생, 암환자의 사망 등과 같이 어떤 특정 사건(event)의 발생에 대해서 일정기간을 두고 관찰하는 특수한 통계분석방법의 일종인데, 이때 일정한 관찰기간 동안에 사건(예를 들어 질병의 발생, 암환자의 사망)이 발생하지 않는 경우 이를 분석대상에서 제외시키는 기법이다. 예를 들어 100명의 암환자를 5년 동안 관찰하면서 그들의 '사망'에 대해 치료방법에 따른 생존기간을 분석하려 하는데, 5년이 지나도 사망하지 않는 환자가 40명 있었다면 이때 사망하지 않은 40명을 분석의 대상에서 제외시키고 실제로 사망한 60명 만을 대상으로 분석해야 한다는 것이다.

생존분석에서 센서링을 하는 이유는 통계적 편의(bias)를 발생시키지 않기 위해서이다. 아직 사망하지 않은 40명을 분석대상에 포함시키게 되면 암환자의 '사망' 행태를 탐지하는 데 왜곡된 결과가 초래되기 때문이다. 마찬가지 논리로 덤핑행위를 탐지하는데, 덤핑된 것과 덤핑되지 않은 것을 모두 포함하게 되면 덤핑행위를 정확하게 측정할 수 없다는 것이다.

(2) 제로잉의 효과

[표 1-15]는 덤핑마진을 계산하는 3가지 방식에 제로잉을 각각 적용하면 어떤 효과가 발생하는지를 설명한 것이다. 거래날짜를 기준으로 수출기업의 국내가격

과 수출가격을 정리한 것이다. 여기서 하나하나의 가격은 개별거래가격인데 순가격(net price)이라고 가정한다. 또한 본래는 거래량을 기준으로 가중평균방식으로 덤핑마진을 계산해야 하나 우리는 계산의 편리를 위해서 개별 거래량을 모두 1단위이라고 가정하였다. [표 1-15]에서 보이는 바와 같이 수출가격은 거래마다 다른데, 어떤 경우에는 수출가격이 국내가격보다 낮기도 하고(플러스 마진), 어떤 경우에는 수출가격이 국내가격보다 높기도(마이너스 마진) 하다.

| 표 1-15 | 제로잉의 계산사례

판매일(1)	모델명 (2)	국내가격 (3)	수출가격 (4)	제로잉 미적용			제로잉 적용		
				A-A방식(5)	T-T(6)	A-T(7)	A-A(모델)(8)	T-T(9)	A-T(10)
9월 2일	A	90	75	10	15	25	10	15	25
9월 4일	A	95	75	10	20	25	10	20	25
9월 8일	B	95	95	−2	0	5	0	0	5
9월 10일	B	95	100	−2	−5	0	0	0	0
9월 12일	C	95	105	−8	−10	−5	0	0	0
9월 16일	B	105	105	−2	0	−5	0	0	0
9월 18일	A	105	110	10	−5	−10	10	0	0
9월 20일	C	110	115	−8	−5	−15	0	0	0
9월 24일	C	110	120	−8	−10	−20	0	0	0
가중평균		100	100						
덤핑마진				**0**	**0**	**0**	**30**	**35**	**55**
덤핑마진율				0%	0%	0%	3.3%	3.9%	6.1%

자료: Bown & Prusa(2010) p.17, Prusa and Vermulst(2009) p.220을 응용

[표 1-15]에서 컬럼 5, 6, 7은 비교가능한 개별거래의 차이를 계산한 것이다. 어떤 것은 플러스 마진이고 어떤 것은 마이너스 마진이어서 마진 금액은 다르지만 비교된 가격의 차이를 모두 합하면 누계는 '0'이 되어 덤핑마진이 발생하지 않는다. 예를 들어 컬럼 5(A-A방식: 모델별 평균 국내가격과 수출가격의 비교)의 경우 9월 2일, 4일, 18일의 거래는 A형모델, 9월 8일, 10일 16일의 거래는 B형모

델, 그리고 나머지는 C형모델 등 모델별로 덤핑마진을 구하면 '0'이 된다.[10] 왜냐하면, 플러스 덤핑마진이 30, 마이너스 덤핑마진이 30으로 서로 상쇄시켜 버리면 합이 '0'이 되기 때문이다.

컬럼 6(T−T방식: 거래별 국내가격과 수출가격의 비교)도 마찬가지이다. 플러스 마진 35, 마이너스 마진 35를 서로 상쇄시키면 덤핑마진의 합이 '0'이 된다. 컬럼 7(A−T방식: 평균 국내가격과 개별가격의 비교)도 마찬가지 방법으로 합이 '0'이다. 위의 경우 덤핑마진을 산정하는 3가지 방식 중 어느 것을 사용해도 제로잉을 적용하지 않으면 덤핑마진은 발생하지 않는다.

그러나 제로잉을 적용하면 덤핑마진은 급격하게 달라진다. 예를 들어 컬럼 8의 경우 −2(실제 계산값은 −1.7)와 −8(실제 계산값은 −8.3)을 모두 Zero(0)으로 만들고 마진의 합을 구하면 덤핑마진은 30이 되고, 덤핑마진율도 3.3%로 상승한다. 컬럼 9도 마찬가지이다. 표에서 보여지는 바와 같이 5개의 마이너스(−) 마진을 계산에서 제외시키거나 '0'(zero)이라고 대체한다면 총덤핑마진은 0에서 35로 증가하고 덤핑마진율도 0%에서 (35/900)×100으로 3.9%로 확대된다. 컬럼 10도 비슷한 방법으로 계산하면 덤핑마진은 55, 덤핑마진율은 6.1%로 상승한다.

3가지 방식 모두 제로잉을 적용하면 없었던 덤핑마진이 새로 생기게 되는데, 그 중에서도 A−A방식<T−T방식<A−T방식 순으로 덤핑마진 확대효과가 크게 나타난다. 결국, Zeroing을 적용하면 어느 정도의 덤핑만 존재해도 덤핑마진이 있는 것으로 계산되므로 덤핑은 항상 존재하는 것으로 계산되기 쉽다.

한편 지난 2011년 1월에 WTO는 미국의 덤핑마진 산정방식의 하나인 제로잉에 대해 WTO 협정에 위배된다는 판결을 내린 바 있다. 그럼에도 불구하고 미국은 지난 2012년 한국세탁기 반덤핑 판결에서도 여전히 제로잉을 적용하여 덤핑마진을 계산하여 WTO로부터 패소판정을 받은 바 있다. 과거 EU도 제로잉을 사용한 적이 있으나 현재에는 WTO의 권고를 받아들여 사용하고 있지 않다.

10 반올림한 구체적인 계산식은 다음과 같다.
A모델: [(90+95+105)/3−(75+75+110)/3]=10
B모델: [(95+95+105)/3−(95+100+105)/3]=−1.7
C모델: [(95+110+110)/3−(105+115+120)/3]= −8.3

4 덤핑과 반덤핑조치의 의미와 성격

1) 불공정한 거래행위를 바로잡다

국제경제학에서는 덤핑(dumping)을 불공정한 거래행위로 인식하고 있다. 즉, 나쁜 의도를 가지고 싸게 수출하는 약탈적 가격파괴행위이고 국제무역을 왜곡하고 수입국 내 시장질서를 문란하게 하며 수입국 내 효율적인 자원배분을 저해한다는 것이다. 실제로 어떤 상품을 국내 정상가격보다 싸게 파는 덤핑은 여러 가지 목적으로 이용될 수 있는데, 예를 들면 수요보다 공급이 많아 재고를 처분할 경우, 약탈적 가격파괴를 이용하여 해외시장을 개척하는 경우, 국내시장을 보호하고 경쟁자를 배척하려는 목적, 그리고 독점가격을 보존하기 위한 목적 등 매우 다양하다.

그러나 덤핑행위가 정말로 불공정한 행위이고 비난받아야 되는지에 대해서는 학자마다 의견이 다르다. 사실 시장경제에서 상품을 싸게 팔면 환영할 만한 일 아닌가? 규모의 경제로 인해서 대량생산을 하는 기업은 가격을 낮게 책정하는 것이 가능하고, 생산능력 또는 생산성의 향상으로 인해 보다 저렴한 비용으로 생산이 가능하면 판매가격도 낮출 수 있는 것이다.[11] 또한 경쟁의 정도에 따라 가격이 다르게 나타날 수 있고, 동네 편의점과 백화점 상품의 가격차이 같이 제품을 제공하는 서비스 수준에 따라 가격차이가 발생할 수 있다. 그러나 자선사업자가 아닌 이상 국내시장에서 결정되는 정상가격보다 해외시장에서 싼 가격으로 상품을 판매한다면 그것은 이상한 것이며 나쁜 의도로 가격을 파괴하여 다른 경쟁기업에 손해를 입히고 이는 궁극적으로 소비자에게도 손해가 된다는 인식이 더 지배적이다.

2) 반덤핑은 무역구제조치

반덤핑(anti-dumping)은 무역구제조치의 일종으로 불공정무역행위로 인한 피해를 회복시키기 위한 임시적인 무역제한조치이다. 따라서 피해의 회복일 뿐 처벌을 의미하는 것은 아니다. 이러한 무역구제조치는 자유무역의 예외적인 조치이기

11 박양균(2009), "동일 제품이 다른 가격에 팔리는 것은 부당한가?", KERI 칼럼.

는 하나 WTO는 상계관세, 세이프가드와 같이 불공정한 무역으로 인해 국내산업이 피해를 입을 경우 이를 구제하기 위한 조치(Trade Remedies Measures)로 공정무역을 실현하기 위한 임시적 무역제한조치로 인정하고 있다.

3) 산업보호 수단으로 활용

반덤핑조치는 임시적인 무역제한조치로서 그동안 비관세장벽처럼 사용된 경향이 있다. 특히 선진국들은 저임금에 바탕을 둔 후진국들의 덤핑수출로부터 자국산업을 보호하기 위해 자의적으로 사용하거나 남용한 경향이 있었다. 선진국들이 반덤핑규제를 이용한 자국산업을 보호한 품목으로는 철강, 섬유, 반도체, 전자, 화공품 등으로서 신흥공업국으로부터 자국산업이 경쟁력이 뒤지는 산업들이다. 미국 등 선진국에서 이들 산업은 지속적으로 무역규제조치에 의존하는 경향이 있으며 이러한 경향이 고착화되어 그동안 반덤핑 등 무역규제를 일종의 렌트(rent)와 같이 이용해 왔다. 이는 흡사 우리나라의 농업과도 성격이 비슷한데, 미국 등 선진국은 반덤핑 규정을 우리나라의 농업만큼이나 절대 양보할 수 없는 산업보호조치로 인식하고 있다.

반덤핑조치를 효과적인 무역규제 수단으로 인식하는 이유는 반덤핑조치의 속성에 기인하는 것인데, 일단 반덤핑조치는 제소만으로도 수출억제효과가 있기 때문이다. 즉, 반덤핑피소를 당한 기업은 이에 대응하기 위해 행정력이 동원되고, 소송에 대응하기 위한 비용이 들어가며, 예비판정만으로도 반덤핑부과금을 미국 관세청에 예치해야 한다. 만약 판결이 확정되면 부과금을 납부해야 되므로 피소기업에게 추가적인 비용이 발생한다. 이러한 이유로 WTO 체제 이후에는 선진국뿐만 아니라 후진국들도 반덤핑을 자국산업을 보호하기 위한 수단으로 적극적으로 이용하게 됨에 따라 최근에는 인도, 중국, 브라질 등 후진국들의 반덤핑 부과건수도 많아졌다.

4) 가격차별화정책

덤핑은 이윤을 극대화하기 위한 국제적인 가격차별화(price discrimination)정책이다. 본래 가격차별화정책은 같은 제품을 가지고 수요탄력성이 다른 시장에 각각 다른 가격으로 판매하여 이윤극대화를 추구하는 것인데, 국제무역에서 덤핑행위도 국내시장과 국제시장의 수요탄력성이 다른 점을 이용하여 국제시장에 싼 가격으로 수출한다는 점에서 경제학에서 설명하고 있는 일종의 가격차별화정책이라고 볼 수 있다. 국제적 가격차별이 가능하기 위한 조건은 시장이 구분되어 있어야 하며, 시장마다 가격탄력성이 달라야 하고, 수출된 상품이 다시 수입되지 않아야 한다.

우선 먼저 국내시장에서의 가격차별화정책을 생각해보자. 출판서적의 고가판매 이후 저가판매전략을 생각할 수 있다. 즉, 유명작가의 소설책이 새로 발간되었을 경우에는 마니아층을 겨냥하여 처음에는 가격을 30달러로 책정하여 10만 권을 판매하여 300만 달러의 매출을 올리고, 이후에 어느 정도 새 책이 보급되면 일반인들을 대상으로 가격을 5달러로 책정하여 40만 권을 판매하여 200만 달러의 매출을 추가로 올려 전체적으로 매출금액을 증가시키는 정책을 사용하는 경우이다. 둘째, 종합병원에서 돈이 많은 암환자에게는 비싸게 수술비를 받고 가난한 암환자에게는 저렴하게 할인해주는 경우이다. 셋째, 은행이 신용대출을 할 때 개인의 신용도와 상환능력을 고려하여 한국은행 금리기준에 개인별 가산금리를 더하며 개인별로 차별화된 금리를 제시하여 수익을 극대화하는 경우 등이다.

이밖에도 지역차별화전략으로서 미국 내 하드커버 서적과 아시아 국가와의 소프트커버 서적의 차별화, 가정용 전기료와 산업용 전기료의 가격차별화가 있다. 시간차별화전략으로는 극장의 조조할인, 맥도날드 런치메뉴, 비즈니스석과 이코노미석 비행기 좌석차별 등을 들 수 있다. 그리고 연령차별화전략으로서 놀이기구의 청소년 할인과 음식점에서의 청소년 할인 등을 들 수 있다.

따라서 가격차별화정책도 결국은 이윤극대화전략이다. 이를 위해 수요탄력성이 높은 시장에서는 낮은 가격을 책정하고, 수요탄력성이 낮은 시장에서는 높은 가격을 책정하여 전체적으로 총수입의 극대화를 추구하게 된다. 이때 독점기업의 이윤극대화조건은 한 시장에서의 한계수입(추가적으로 생산을 1단위 증가시킴으로써 얻어지는 추가적인 수입의 비율, MR: Marginal Revenue)과 다른 시장에서의 한계수입(MR)이 같도록 판매가격과 판매량을 결정하는 경우이다. MR1=MR2=MC

(Marginal Cost, 한계비용), 그 이유는 간단하다. 만약 생산을 1단위 증가시킴에 따라 MR>MC이면 기업은 생산량을 늘릴 것이고 MR<MC는 생산량을 줄일 것이므로 결국 MR=MC일 때 생산량이 이윤을 극대화할 수 있는 생산량이다. 한편 가격은 MR1=MC가 같은 점에서 가격 P1을 결정하고, 생산량 Q를 결정한다.

독점기업의 이윤극대화조건

π(이윤)=TR(총수입)−TC(총비용)

여기서 TR(Total Revenue, 총수입)=P(Price, 가격)×Q(Quantity, 판매량), TC(Total Cost, 총비용)=C(cost, 단위당 비용)×Q(quantity, 생산량)

이를 미분하면 $\frac{\Delta\pi}{\Delta Q}$(Marginal Profit, 한계이윤) = $\frac{\Delta TR}{\Delta Q}$ = (MR, Marginal Revenue) − $\frac{\Delta TC}{\Delta Q}$ (MC, Marginal Cost), 즉 $\frac{\Delta\pi}{\Delta Q}$ = MR − MC임.

이때 기업은 1단위 추가판매로 얻게 되는 이윤의 증가분(Δπ/ΔQ, 한계이윤)이 '0'보다 크면(즉, MR > MC) 기업은 판매량을 늘릴 것이고, 만약 1단위 추가판매로 얻게 되는 이윤의 증가분(Δπ/ΔQ: 한계이윤)이 '0'보다 적게 되면(즉, MR < MC) 더 이상 판매(또는 생산)를 늘리지 않을 것이다. 따라서 기업의 이윤극대화조건은 Δπ/ΔQ(한계이윤)=0일 때이므로 이 조건하에서 MR=MC는 같게 된다.

그런데 덤핑과 같이 시장이 D1, D2로 분리되어 있는 경우에는 각각의 시장에서의 MR1과 MR2와, MC가 같은 점에서 가격과 생산이 결정된다. 결국 덤핑과 같이 가격차별화정책하에서의 이윤극대화조건은 MR1=MR2=MC이고 이때 균형가격 P1, P2가 결정되고, 생산량(판매량) Q가 결정된다.

가격차별화를 통한 이윤극대화 전략

한국의 S전자가 DDR2 8G를 한국에서는 120달러에 팔고, 미국에서는 100달러에 덤핑하는 경우를 가정하고 이윤극대화조건과 총수입(total revenue)을 계산해보자. 이때 전제조건은 한국과 미국 시장은 분리되어 있고, 양국시장의 가격에 대한 수요탄력성이 다르며, S전자는 가격을 결정할 수 있을 정도의 독점력을 가졌다고 가정한다.

기업의 이윤은 총수입(TR)에서 총비용(TC)으로 결정되는데, 이윤극대화조건은 한계수입(MR)과 한계비용(MC)이 같은 지점에서 가격과 수량을 결정한다. 이 경우 한국시장과 미국시장이 분리되어 있으므로 MR1=MR2=MC조건에서 가격과 판매수량을 결정한다.

따라서 S전자는 DDR2 8기가를 한국에서는 120달러에 팔고, 미국에서는 100달러에 팔기로 결정하여 이윤극대화를 추구할 것이다. 이 경우 S전자의 총수입은 한국시장에서의 판매수입과 미국시장에서의 판매수입을 합한 금액이다. 즉, 한국시장에서 1,200만 달러를 판매하고(120달러×

10만 개=1,200만 달러), 미국시장에서 2,000만 달러를 판매하여(100달러×20만 개=2,000만 달러) 총판매수입은 3,200만 달러가 된다. 이렇게 가격을 차별화하여 탄력성이 큰 미국시장에서 싸게 팔게 되면 탄력성이 작은 한국시장에서 비싸게 팔 때보다 훨씬 더 판매수입이 늘어나게 된다.

질문: 1. 아래 그래프에서 미국시장과 한국 중에서 어느 시장의 탄력성이 큰 시장인가요?
2. Q2 탄력성이 큰 시장과 작은 시장 중에서 어느 곳에서 비싸게 팔고 어느 곳에서 싸게 팔아야 이윤이 극대화되나요?

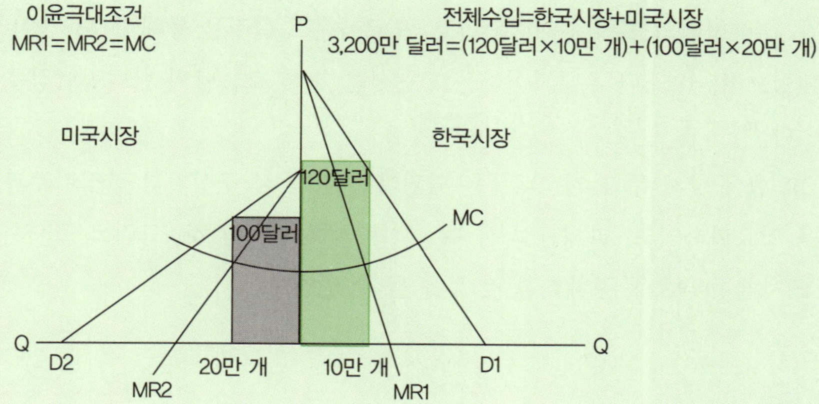

5 덤핑의 연혁

덤핑은 18세기 말경부터 영국의 제조업자들이 미국의 신생기업들에게 피해를 주면서부터 국가적 관심의 대상이 되었다.[12] 이후 19세기 말부터 덤핑으로 인한 국가 간의 논란이 심화되자 각국들은 덤핑을 규제하기 위한 수단으로 반덤핑법을 제정하기 시작하였다.

미국의 경우에는 일찍부터 1916년 재정징수법에서 반덤핑 관련 내용을 가지고 있었으나 반덤핑 부과라기보다는 덤핑행위를 처벌하기 위한 것이었고, 실제로 반덤핑관세 부과를 직접적으로 규정한 것은 1921년 관세법 제201조(Tariff Act of

12 강인수 외(2006), 『국제통상론』, 박영사, pp.189~190.

1921 §201)가 그 시초이다.[13] 제1차 세계대전 이후에는 1930년 관세법(일명 Smoot-Hawley법) US Code, Title19, Chapter4, 1673조에 기록되어 있다.

반덤핑법에 대한 국제적 관심은 1920년 국제연맹(League of Nations)으로부터 고조되어, 이에 대한 논의가 구체화된 것은 1933년의 세계경제회담(World Economic Conference)이다. 이후 1947년 GATT의 제정과정에서 미국의 반덤핑법이 근간이 되어 GATT 제6조에 덤핑의 개념이 반영되었다.

그 후 반덤핑은 케네디라운드 협상을 통해 덤핑과 관련된 조항이 구체화된 '규약'(code) 형태의 협정이 채택되었고, 도쿄라운드 협정을 통해(1973~79) 더욱 발전되었으며, 1986년 우루과이라운드 협상을 통해 오늘날의 반덤핑협정문이 탄생되었다.[14]

UR 협상 당시 주요 개정내용은 덤핑마진 산정 시 구성가격 산정기준과 비교기준을 명료화하였고, 피해판정 시 누적적 평가를 인정한 것, 그리고 조사신청 요건과 조사개시 절차를 구체화한 것 등을 들 수 있다.

6 WTO 반덤핑 관련 주요 내용

1) 덤핑의 존재 판정

덤핑이 존재한다고 하여 모두 반덤핑조치를 취할 수 있는 것도 아니고 덤핑행위가 일시적으로 발생하였다고 모두 덤핑이라고 판정하는 것은 더더욱 아니다. 덤핑을 상쇄시키기 위한 반덤핑조치는 다음 3가지 조건이 충족되어야 한다. 첫째, 덤핑이 존재하고, 둘째 덤핑으로 인해 피해가 발생되어야 하고, 셋째 덤핑과 피해간의 인과관계가 있을 때만이 반덤핑을 부과할 수 있다. 하나씩 살펴보면 다음과 같다.

우선 어떤 상품이 덤핑으로 판정받기 위해서는 정상가격 이하의 판매가 1년 이

13 김우(2009), "덤핑판정 과정 중 제로잉의 위법성에 관한 연구: 반덤핑협정 제2.4.2조를 중심으로".

14 반덤핑과 관련된 WTO법의 종류: ① 1947년 GATT 제6조(반덤핑 및 상계관세 조항), ② 1947년 GATT 부속서, ③ 1947년 GATT 제6조의 이행에 관한 협정(1967년 반덤핑규약, 1979년 반덤핑규약), ④ 1994년 GATT 제6조의 이행에 관한 협정(WTO 반덤핑협정)

상 상당기간 지속되어야 하고, 그 결과로 수입이 상대적으로나 절대적으로 증가해야 하며, 덤핑된 상품이 전체 수출액의 20% 이상을 차지할 정도로 상당량이 되어야 한다. 또한 합리적인 기간 내에 총비용을 회수하지 못할 정도의 낮은 가격으로 판매되어야 한다.

한편, 덤핑판정의 기준이 되는 수출국 정상가격은 수출국 시장이 충분히 활성화되어 대표성을 갖는 경우에는 문제가 없지만 경우에 따라서는 수출국 내에서 판매가 되고 있지 않거나 수출국에서 수출물량의 5% 수준도 되지 않을 만큼 미량이 판매되고 있어 정상가격으로서의 대표성이 없을 경우도 있다. 2016년 현재 중국은 주변국들로부터 시장경제국(MES) 지위를 인정받지 못하고 있다. 이러한 경우에는 우선 동종상품의 적절한 제3국 수출시의 수출가격을 활용하여 덤핑판정에 사용하기도 하고, 그것도 여의치 않을 경우에는 구성가격(constructed value)을 이용하여 계산한다. 구성가격이란 특정 상품을 생산하기 위한 원산지의 생산비용에다 관리비, 일반비용 등 합리적인 판매비용을 더하고 또 적절한 이윤을 합산한 가격을 말한다.

덤핑을 판정함에 있어 실질적인 계산은 정상적인 거래에서의 생산과 판매자료에 기초하여 계산한다. 이때 수입국의 덤핑판정 당국은 수출국 시장가격 및 기업의 정보가 필요하기 때문에 수출국 기업에게 질문지를 보내서 통계자료를 요구하기도 한다. 이런 경우 일정에 맞게 정확하게 전달해야지 그렇지 않을 경우에는 제소기업이 제출한 자료를 토대로 '불리한 이용가능한 정보'(AFA: Adverse Fact Available)를 이용하여 관세부과 당국이 마음대로 덤핑마진을 결정해서 부과하는 경향이 있어 수출국(덤핑피소국)이 피해를 볼 수 있다.

2) 피해의 판정

반덤핑관세가 부과되기 위해서는 덤핑으로 인해 피해가 발생해야 하는데, WTO는 확립된 산업에 '실질적 피해(material injury)'가 존재하거나, '피해가 발생할 위협'이 있거나, 또는 '산업의 확립을 실질적으로 지연'하는 경우에 피해가 발생한 것으로 평가한다.[15]

15 WTO 협정문은 덤핑에 대해 다음과 같이 언급하고 있다. 즉, "덤핑이 수입국의 이미 설립된 국내산

실질적(material)의 사전적 의미

"물질적(physical) 또는 실질적(substance)'이라는 뜻이다. 다시 말하면 감정적(emotional)이 아닌 물질적(physical)인, 명목적(guess, imagined)'이 아닌 실제적(actual, substantial)인, 형식적이 아닌 구체적(practical)인 등의 뜻을 가지고 있다.

첫째, '실질적 피해'가 존재한다고 판단함에 있어 고려되는 요인으로는 다음 3가지를 들 수 있다. ① 덤핑수입물량이 수입국의 생산 또는 소비량에 비해 상대적으로 덤핑수입이 상당히 증가하였는가. 이때 절대적 증가보다는 교역량의 변화를 고려한 상대적 증가를 고려한다. 그리고 덤핑 수입량 비중이 3% 미만인 경우는 실질적인 피해가 없는 미소물량(de-minimis)으로 간주하고 피해판정 대상에서 제외된다. ② 덤핑수입이 동종상품의 수입국 시장가격에 영향을 미쳤는지를 살펴본다. 예를 들어 수입국의 동종상품의 가격과 비교하여 덤핑수입품에 의하여 상당한 가격인하가 있었는지 또는 그러한 수입품의 영향이 달리 상당한 정도로 가격하락을 초래하는지 또는 그러하지 아니한 경우 발생하였을 가격상승을 상당한 정도로 억제하는지 여부를 고려한다. ③ 수입국 산업에 영향을 미쳤는지를 살펴본다. 구체적으로는 판매액, 이윤, 생산량, 시장점유율, 생산성, 투자수익률, 설비가동률의 실제적이고 잠재적인 피해가 있었는지를 살펴본다. 피해의 정도를 평가함에 있어 누적평가(cumulation)가 허용된다. 본래 3% 미만은 미소물량으로 덤핑조사가 중지되는데, 만약 여러 국가로부터 수입되어 각각의 경우에는 3% 미만이지만 누적적으로 합해서 7%가 넘으면 미소마진으로 보지 않고 피해판정의 대상이 된다.

둘째, '피해가 발생할 위협'이란 덤핑으로 인해 향후 피해가 발생할 가능성이 명백하게 예측되고 급박한 경우로서 피해위협의 판단은 사실에 근거해야 하고, 단순히 주장이나 추측, 혹은 막연한 가능성에 근거해서는 안 된다.[16] 피해가 발생할 위협이 있는 경우에도 피해가 있는 것으로 여기는 것은 반덤핑조치가 무역구제조치라는 성격을 고려하면 어느 정도 정당성이 인정된다. 덤핑행위에 대한 피해억제라

업에 실질적 피해를 야기하거나, 피해를 줄 우려가 있는 경우, 또는 국내산업의 설립을 실질적으로 지연시키는 경우에 덤핑은 비난받아 마땅하다."(GATT 제6.1조).

16 WTO 반덤핑협정문 제3.7조.

는 측면에서 볼 때 실질적인 피해가 발생했을 때는 물론이고 피해가 임박했을 경우에도 피해방지 차원에서 반덤핑조치를 취할 수 있다는 것을 의미한다.

셋째, '산업의 확립을 실질적으로 지연'시키는 경우이다. WTO 협정문은 무엇이 국내산업의 설립의 지연을 의미하는지 언급하고 있지는 않는데, 일반적으로 덤핑으로 인해 국내산업이 생산설비를 설치 중일 때 경쟁기업의 덤핑으로 인해 국내산업으로 설립되지 못하는 경우로 해석되고 있다.

지난 2012년 한국 무역위원회는 일본산 알루미늄 보틀캔의 수입으로 국내산업이 16.6%의 낮은 가동률, 손익분기점 미달, 영업손실 등이 발생한 것을 고려해볼 때 국내산업의 발전이 지연됐다고 판단하고 향후 3년간 4.59%의 덤핑방지관세를 부과하였다.

결국 WTO 협정문은 덤핑의 피해판정 요소들을 위와 같이 3가지로 나열하고 있는데, 위 요소들의 경중이나 우선순위, 그리고 이것 이외의 요소들도 반영할 수 있는지에 대해 특별히 언급하고 있지는 않다. 그러나 그동안의 WTO 판정을 고려하면 이들 요소들은 단지 예시에 불과하며 그 반영 정도와 이외 요소의 반영은 사안별로 다르다고 언급하고 있다.

미소마진(de-minimis margin)

덤핑을 판단함에 있어 덤핑마진율은 2%를 넘어야 하고, 수입시장 내 덤핑품목의 점유율이 3%를 넘어야 반덤핑관세의 부과대상이 된다. 만약 이를 넘지 못할 경우에는 미소마진이라고 하여 부과대상에서 제외된다는 뜻이다. 즉, 마진율이나 수출물량이 상기 기준치를 넘지 못하면 덤핑이 무시할 만한(negligible) 수준이라고 여기고 덤핑조사를 중지하게 된다.

3) 덤핑과 피해 간의 인과관계

덤핑이 존재한다고 모두 반덤핑관세를 부과하는 것은 아니고 또 덤핑으로 인해 피해가 발생하고 그 이유가 명확하게 덤핑에 기인해야 한다. WTO 협정문에서는 구체적으로 국내산업에 피해가 있어야 하고, 또 덤핑과 국내산업의 피해 간에 인과관계가 있어야만 반덤핑관세가 허용된다고 규정하고 있다. 즉, 덤핑판정 당국은 덤핑으로 인해 피해판정 요소들에 대해 의미 있는 피해를 초래하고 있다는 사실을 입증해야 된다. 이때 덤핑수입이 피해에 대해 중요하거나 유일한 원인일 것은 요구하지는 않는다. 덤핑수입이 피해의 원인 중 하나(one of them)이면 충분하다.

그런데 WTO는 산업의 피해를 함부로 덤핑의 이유로 전가시키지 못하도록 덤핑과 산업피해 간의 인과관계를 평가함에 있어 덤핑 이외의 요인들을 나열하도록 하여 혹시라도 모를 덤핑 이외의 요인을 산업피해의 원인으로 여기지 않도록 유의하고 있다. 즉, 협정문은 인과관계를 판정함에 있어 "모든 관련증거에 근거해야 하며 조사당국은 덤핑수입 이외의 모든 알려진 요인들을 검토하여 이러한 요소로 인해 발생한 피해를 덤핑수입에 의한 것으로 전가해서는 아니 된다"라고 규정하고 있다.[17] 예를 들어 소비자의 소비성향이나 수요패턴의 변화, 기술변화, 경기둔화, 수출입국 간 무역제한 관행이나 경쟁 등으로 인해 국내생산이 감소하거나 가격이 하락하는 경우에는 덤핑과 산업피해 간의 인과관계가 성립되지 않는 것이다.

반덤핑제도를 운영함에 있어 인과관계 입증방법이 가장 복잡하고 난해한 부분이다. 이는 WTO 협정문이 아직 인과관계 증명에 대한 명확한 개념, 방법, 절차가 정립되어 있지 않기 때문에 반덤핑 운용 당국의 주관적 · 재량적 판단이 상당히 작용하는 경향이 있다. 그럼에도 불구하고 일률적인 수학적 · 통계적 규정은 없으므로 사안별로(case by case) 검토될 사항이다.

7 반덤핑조치의 절차

1) 조사 및 개시

반덤핑조사의 신청은 덤핑수입품과 동종상품을 생산하는 국내산업이나 국내산업을 대표하는 자가 한다. 그러나 특별한 경우에는 업계의 신청 없이 정부당국이 독자적으로 개시할 수 있고 제3국의 요청으로도 개시될 수 있다. 이때 국내산업이란 "동종상품을 생산하는 국내생산자 전체 또는 당해물품의 국내 총생산량의 상당

17 WTO 반덤핑협정문 제3.5조.

부분(major proportions)을 점하는 국내생산자 집단"을 의미한다. 단, 덤핑물품의 수출자 또는 수입자와 특수관계에 있는 국내생산자는 제외된다.[18] 그리고 국내생산자의 대표성 인정 때문에 생산이 전체 생산액의 50% 이상, 총국내생산의 최소 25% 이상을 차지해야 된다.

2) 현장조사 및 의견수렴

조사개시는 즉시 공고되고 상대국이 의견을 제시할 수 있는 기회를 허용해야 한다. 그리고 비밀자료를 제외한 모든 이해관계인의 열람을 허용해야 한다. 반덤핑 당국은 기업 및 해당국 회원국의 동의를 얻어 다른 나라에서 현장조사 또는 검증을 실시한다. 이때 이해관계인이 합리적인 기간 내에 정보를 제출하지 않으면 '불리한 이용가능한 사실(AFA: Adverse Fact Available)에 입각하여 결정을 내릴 수 있다. 그리고 반덤핑관세는 국내소비자에게도 영향을 미치기 때문에 산업용 사용자와 소비자단체, 생산자협회, 수출국정부 등 이해관계자들로부터 의견을 수렴해야 한다.

3) 잠정판정 및 확정판정

사안이 급하고 곧바로 조치를 취하지 않으면 피해가 클 것으로 예상되는 경우에는 수입국은 조사가 진행되는 기간에도 잠정판정을 내릴 수 있다. 잠정판정이 내려지면 수출자는 덤핑마진에 해당되는 금액만큼 현금이나 유가증권을 수입국 세관에 예치해야 된다. 따라서 덤핑은 잠정판정만으로도 수출국에 큰 영향을 미칠 수 있다. 만약 확정판정일 때는 관세금액에 해당되는 유가증권을 수입국에 예치해야 된다. 일종의 사전벌금의 성격이다. 그 후 매년 행정재심을 통해 더 이상 덤핑을 하지 않는 것으로 드러나면 예치한 금액을 전액 돌려주고, 행정재심을 통해 계속해서 덤핑하는 것으로 판정되면 예치금은 몰수되거나 추가적으로 부과될 수도 있다.[19] 잠정판정은 조사개시일로부터 60일 이내에는 적용할 수 없고, 잠정조치는

---

18 WTO 반덤핑협정문 제4.1조.

19 William W. Nye(2009), "The implications of zeroing for enforcement of US antidumping

4개월(예외적으로 6개월)을 초과할 수 없다.

경우에 따라서는 '자발적 가격약속'(price undertaking)으로 해결되기도 한다. 잠정판정 후 수출자가 '가격을 인상하여 수출하기로 약속하거나 문제의 지역에 대해 덤핑수출을 하지 않겠다는 만족스럽고 자발적인 합의'가 있는 경우에는 잠정조치나 반덤핑관세의 부과없이 분쟁이 정지되거나 종결된다. EU의 경우에는 전체 사건의 약 50% 가량을 이 방법을 통해 해결하고 있으나 미국의 경우에는 별로 사용하지 않고 있다. 그리고 덤핑조사기간은 개시 후 1년 내 종결되어야 하고 특별한 경우에도 18개월을 초과하지 못한다.

4) 구제조치

관세부과, 잠정조치 및 가격수락(price undertaking, 가격약속) 등이 있다. 이때 반덤핑관세의 수준은 덤핑마진을 상쇄하는 수준과 동일할 수 있으나 그보다 높을 수는 없다. 덤핑마진 미만의 반덤핑관세라도 국내산업에 대한 피해를 제거하기에 적절한 경우에는 덤핑마진보다 적게 부과되는 것이 바람직하다. 이를 '최소부과원칙'(lesser duty principle)이라고 한다.

5) 종결

반덤핑조치는 5년 기간의 한시적 조치이다. 이를 일몰조항(sunset clause)이라고 한다. 즉, 반덤핑 관세를 부과한지 5년이 되면 수입당국은 스스로의 판단에 의해서 혹은 합리적인 기간이 경과한 후에 제소자 같은 이해관계자의 요청이나 이의신청에 의해서 지속적인 반덤핑조치가 덤핑의 효과를 상쇄하기에 반드시 필요한지 여부를 검토하게 된다.

이때 반덤핑조치가 철회되거나 수정되었을 경우 '덤핑의 피해가 계속 또는 재발될 것'이라고 결정되지 않는 한 5년 이내에 종료되어야 한다. 그러나 동 조항은 반덤핑조치가 그것의 철회로 인해 재발가능성이 있다면 얼마든지 연장할 수 있는 길을 열어준 셈이다. 그동안 조사당국의 직권 또는 이해관계자의 신청에 의한 일몰

laws", *Journal of Economic Policy Reform*, Volume 12(4), pp.266~267.

재심(sunset review)을 통하여 조사당국이 덤핑 및 이로 인한 피해가 지속 또는 재발될 가능성이 있다고 인정할 경우 동 조치를 연장하는 것도 허용해왔다. 따라서 실제로 동 조항의 적용 관행을 보면 한 번 부과된 반덤핑관세가 5년 내에 완전히 종결되는 예는 드물고, 많은 나라들이 재심조항을 활용하여 관세부과기간을 연장한 경우도 많다.

이를 개정하려는 움직임이 DDA(도하개발의제)에서도 있어 왔다. 5년이 지나면 예외 없이 종료해야 된다는 주장도 있었고, 5년 뒤 1년간의 유예기간을 설정하자는 주장도 있었으며, 총반덤핑 부과기간을 10년으로 제한하자는 주장, 그리고 5년 이후 연장되는 경우 총 10년이 지나면 자동적으로 종료되어야 한다는 주장 등 많은 주장들이 있었으나 아직 합의되지 않고 있다.

이는 흡사 의사가 고열로 고생하고 있는 환자에게 5일 동안 해열제 복용을 처방하였는데, 5일 동안 해열제를 복용한 후 어떻게 해야 되는지와 비슷한 논리이다. 일단 해열제 복용을 끊고 다시 열이 나는지를 체크하고 다시 복용 여부를 결정해야 되는지, 아니면 복용을 끊었을 경우 다시 열이 발생할 가능성이 있다면 얼마든지 추가적으로 5일분을 복용해야 되는지와 같은 논리이다. 어떤 것이 더 합리적인가에 대한 판단이다.

자동소멸조항(sunset clause)이란?

일반적으로는 법률이나 법규가 원래의 취지와 목표를 달성하거나, 일정기간이 지나면 자동적으로 효력이 없어지도록 하는 제도이다. 일몰시간이 지나면 해가 지듯이 일정기간이 지나면 자동적으로 법률이나 각종 규제의 효력이 없어지도록 하는 것이며 일단 시작된 모든 행정활동을 일정기간 후에 재검토하여 수명이 다한 활동은 중지하고 계속할 필요가 있는 활동은 제재하지 않는 것이다.

반덤핑협정과 보조금 상계관세협정에서는 조사당국이 재심을 통해 덤핑 혹은 보조금 수입에 의한 피해의 지속이나 재발을 방지하기 위하여 반덤핑관세 또는 상계관세의 계속적인 부과가 필요하다고 결정하지 않는 한 관세부과일로부터 5년 이내에 관세부과가 종결된다는 조항이다.

■ Chapter **02** ■

보조금 및 상계관세

1 서론

우리는 일상생활에서 보조금이란 용어를 상당히 많이 사용하고 있다. 정부보조금, 산업보조금, 중소기업보조금, 수출보조금, 유류보조금, 낙후지역보조금, 심지어는 육아보조금, 장애인보조금, 노인복지보조금 등 이루 셀 수 없을 만큼 보조금이라는 용어를 많이 사용하고 있다.

그러나 일반적으로 말하는 보조금이란 정부가 특정한 정책목표를 달성하기 위하여 국고를 동원하여 산업이나 기업, 개인 등에 재정적 · 조세상의 지원을 하는 것을 말한다. 이러한 개념으로 보면 위에서 부모가 어린 자식을 부양하는 것은 정부가 지원하는 것이 아니기 때문에 보조금이라고 보기는 어렵고, 기타 다른 것들은 넓은 의미에서는 어느 정도 보조금이라고 볼 수 있겠다.

이러한 보조금의 수혜대상을 살펴보면 대개는 아직 자립할 능력이 부족한 청소년이거나, 나이가 많아 더 이상 경제적 능력이 없는 노인 또는 장애인이거나, 경제적으로 어려움을 겪고 있는 실업자나 빈곤가정이라는 것을 알 수 있다.

이러한 사람들에게 보조금을 지급하는 논리는 좋은 능력을 키우는 데에는 시간과 지원이 필요하다는 것과, 사회적으로 능력이 부족한 약자에게는 사회공평성 차원에서 경제적 지원을 해야 된다는 논리이다. 그런데 경우에 따라서는 너무 오랜 기간 동안 보조금을 지급하여 스스로 자립할 수 있는 능력을 잃고 지속적으로 보조금에만 의존하여 생존하는 사람이나 기업이 발생하기도 한다. 사람으로 비유하자면 7살 어린아이를 부모의 지원 없이 경쟁으로 내 모는 것도 옳은 것은 아니지만 장성한 어른이 되어서까지 보조금을 주는 것도 옳지 않은 것과 같은 이치이다. 보조금 지급은 좋은 점도 있지만 필요 이상으로 오랫동안 지급하면 개인의 자립능력을 떨어뜨리는 부작용도 있다.

2 보조금의 목적과 기능

기업이나 산업도 인간과 같은 유기적 생명체라고 본다면 인간의 수명사이클 같이 산업에도 도입기→성장기→성숙기→쇠퇴기를 경험한다. 이때 정부는 기업 또는 산업의 육성과 보호를 위해 보조금을 지급하기도 하는데, 이렇게 정부가 보조금을 지급하는 것은 그 나름대로는 정당성과 합리성이 있다.

보조금을 지급하는 배경은 매우 다양하다. 주로 개도국들은 수출주도형 성장전략과정에서 보조금을 지급하였고, 선진국들은 개도국과의 경쟁에서 자국의 사양산업을 보호하는 명목으로 지급하기도 하였다.[01]

보조금을 지급하는 주요 목적은 크게 다음 네 가지로 구분된다.

첫째, 보조금은 자원배분 왜곡, 시장실패(외부효과)를 치유하기 위해 사용되어 왔다. 본래 고전주의 경제학에서는 외부의 간섭이 없이 시장원리에 입각하여 자유롭게 경제행위가 이루어져야 최적의 자원배분과 이득이 확보된다고 생각하였다. 그러나 시장원리에 의해 해결되지 않는 것들이 있다. 우리는 이것을 시장실패라고 부른다. 예를 들어 경쟁원리 또는 시장원리에만 입각하여 경제행위가 이루어지다 보면 독점, 외부효과 등 시장실패가 발생하여 경제 전체에 나쁜 결과를 초래하기도 한다. 따라서 이러한 시장실패가 나타나는 경우에 보조금지급을 통해 이를 개선하려고 한다. 예를 들어 독점산업 발생, 기간산업이나 첨단산업의 초기지원, 농

01 한국의 경우에도 근대화과정에서 지난 40여 년간 보조금지원을 산업 및 무역정책의 중요한 수단으로 사용하며 경제개발 및 성장, 그리고 수출증진을 이루어왔다. 이러한 경험으로 인해 현재에도 우리나라는 경제전반에서 보조금정책의 잔재를 가지고 있고, 가장 최근에는 IMF 금융위기 때 산업 및 금융구조조정과정에서 보조금지급이 통상분쟁이 된 경우도 있었다. 미국의 경우에도 최근 수십년 동안 경쟁력이 상실되고 수입증가로 인해 산업피해를 보고 있는 철강, 면직산업 등에 대해 보조금을 지급했었다.

업 등 사양산업을 지원하기 위한 보조금 등이다.

둘째, 생산보조금의 일종으로 국내산업 육성을 위한 보조금이다. 이런 종류의 보조금은 정당성 측면에서 상당히 인정받고 있는 보조금인데, 자국산업 육성정책으로 유치산업을 대상으로 보조금을 지급하여 독자적인 산업으로 경쟁력을 갖출 수 있도록 지원하는 경우이다. 예를 들어 IT, 전자, 전기, 소재기술, 정보통신, 항공우주 등 장래에는 독자적인 생존능력을 갖출 수 있고 성장이 기대되는 유치산업을 대상으로 보조금을 지급하는 사례이다. 유치산업에 대해서는 아래 설명을 참조하기 바란다.

셋째, 수출촉진보조금이다. 국내 생산물의 수출을 증가시키기 위해 수출산업이나 수출업자에게 세금을 감면하거나 낮은 금리로 시설자금을 빌려주는 등 금전적으로 지원하여 국제경쟁력을 향상시키려는 정책이다. 수출보조금의 논리는 정부가 수출기업에게 수출보조금을 지급하면 수출기업은 생산비용을 감소시켜 국제시장에서 가격경쟁력을 향상시켜 해외에서 시장점유율을 향상시킬 수 있다는 것이다. 예를 들어 과거 한국정부가 조선산업, 반도체산업, 해외시장개척보조금을 지급한 사례가 있다.[02]

넷째, 수입대체보조금이다. 국내산업육성 및 수입대체정책은 서로 비슷한 개념으로서 유치산업보호정책의 일종이다. 즉, 외국상품이 국내시장을 잠식하는 것을 막기 위해 자국 내 동종산업을 보호하여 수입이 대체되도록 지원하는 정책이다. 예를 들어 대개 초기 투자자본이 많이 요구되는 중공업, 자동차산업 등 비교열위산업이 비교우위산업으로 전환되도록 지원하는 보조금이거나, 수입산보다는 국산부품이나 국산제품을 사용하도록 보조금을 지원하는 사례이다. WTO에서는 이들을 금지보조금으로 규정하고 있다.

다섯째, 유치산업보호론이다. '유치'(幼稚, infant)란 아직 어리거나 수준이 낮아 미숙하다의 뜻이다. 따라서 유치산업(infant industry)보호란 '현재에는 수준이 낮고 어린 산업이라서 경쟁력이 없고 자립하기 어렵지만, 장래에는 독자적인 생존능력을 갖출 수 있고 성장이 기대되는 산업이므로 국가가 나서서 관세 등 수입억제

02 장하준(2007), 『나쁜 사마리아인들』, 부키, pp.120~125.

정책이나 보조금지급 등을 경쟁으로부터 보호하면 나중에는 보호기간 동안의 비용을 상쇄하고도 남을 만큼의 기대수익이 발생하여 국가적으로 유리하다는 논리이다. 일종의 미래산업에 대한 투자라고 볼 수 있다.

유치산업보호는 1721년 영국 최초의 수상인 로버트 월폴(Robert Walpole)이 처음으로 영국에 적용하여 성공을 거두었는데, 이러한 유치산업이라는 용어와 논리를 발전시킨 사람은 1791년 미국의 초대 재무장관이었던 알렉산더 해밀턴(Alexander Hamilton)이다.

해밀턴은 미국 건국초기인 1789년 32살의 나이에 미국 재무부장관에 임명되고, 2년 후 미국 제조업 경제발전의 전략을 담은 '제조업보고서'(The Report on the Subject of Manufacture)를 의회에 제출하였는데, 주요 내용은 미국의 유치산업들이 제 힘을 기를 때까지 정부가 보호하고 육성해야 한다는 것이다. 또한 공공투자, 금융시스템 육성, 국제시장의 형성 등을 주장하는 등 주로 보호무역과 정부지원이 주요 내용이다.[03] 실제로 미국은 한 세기를 넘는 동안(1816~1945년) 유치산업보호정책을 전개하였다.

그 후 1820년 독일의 프리드리히 리스트(Friedrich List)가 유치산업을 보호하는 가장 설득력 있는 이론을 고안하였다. 19세기 초 독일의 산업화수준은 영국이나 프랑스에 비해 낮았고 식민지 개척도 늦었었다. 영국이 자유무역을 통해 성장하다가 1870년대에 쇠퇴하기 시작하자 리스트는 영국의 자유무역론을 비판하면서 1841년에 『정치경제학의 국민적 체계』라는 저서에서 경제발전 5단계설을 내세우며 자국의 공업발전을 위한 유치산업보호론을 주장하였다.[04]

당시 리스트는 후진국은 자본이 부족하고 기술수준이 낮기 때문에 산업화를 먼저 이룬 선진국의 상품이 유입되면 후진국에서 새로운 산업의 생성과 발전이 불가능한 것으로 보았다. '후진국 독일이 선진국 영국과 자유무역을 통해서 경쟁하는 것은 어린이와 어른의 씨름과 같이 결과는 불 보듯 뻔하다'고 주장하였다. 따라서 리스트는 관세인상을 통해 외국상품의 수입을 억제하여 국내의 유치산업을 보호해야 한다는 보호무역주의를 주장하였다. 리스트는 보호관세를 부과하게 되면 초

03 장하준(2007), 『나쁜 사마리아인들』, 부키, p.83.
04 장하준(2007), 『나쁜 사마리아인들』, 부키, p.34.

기에는 공업제품의 가격이 상승하게 되지만, 일정기간 이후 국내산업이 완전한 생산력을 발휘하게 되어 수입상품보다 더 저렴하게 국내에서 생산할 수 있다고 보았다.[05] 이러한 리스트의 보호무역정책은 1871년 비스마르크 재상의 강력한 산업육성정책으로 이어져 철강, 섬유, 유리, 화학산업이 발전하는 기회가 되었다.

오늘날 자유무역을 주장하는 대부분의 선진국들은 유치산업보호와 비슷한 정책을 통해서 부자나라가 되었다. 예를 들어 영국은 1720~1850년 동안 가장 보호적인 나라였으며, 18세기 중엽 영국의 모직산업도 월폴 수상의 보조금정책으로 성장하였고, 1860년이 되어서야 영국도 비로소 자유무역을 실시하였다. 미국도 1830~1940년 사이의 도약기에 전 세계에서 가장 보호주의적인 정책을 실시하였다.[06]

그러면 얼마나 오랫동안 보호하고 어느 정도의 보조금을 주어야 하나? 나무회사 노키아는 전자분야에 투자를 하여 수익을 내는 데 17년이 걸렸다. 일본 도요타는 본래 자동직조기(옷감짜는 기계)를 만드는 회사였는데, 자동차 개발에 40년 넘게 보호와 보조금을 지급받은 뒤 국제자동차시장에서 다소 경쟁이 가능하게 되었다. 영국이 모직물 제조부문에서 저지대국을 따라잡는 데는 100년이나 걸렸다. 미국도 관세를 폐지할 정도로 경제발전에 자신감을 갖기에는 130년이 걸렸다.[07]

일반적으로 유치산업보호정책은 5~8년을 넘지 않는 범위 내에서, 관세부과는 5~10%의 범위에 머물러야 하고, 어떠한 상황에서도 20%를 넘어서는 안 된다. 산업보호를 위한 보호관세는 일시적이어야 하며, 해당산업이 성공할 가능성이 높은 경우에만 실시해야 한다. 최빈국은 20%까지 허용되지만 대개 15~25% 정도의 저율관세를 부과하는 것이 좋다는 연구결과가 있다.[08] 결국 유치산업은 초기에만 기간을 정해서 한시적으로 보호되어야지 지나치게 오랜기간 보호된다면 오히려 경쟁력을 약화시킬 수 있다. 대체로 전자, 전기, 정보통신(IT), 의료, 바이오, 에너지, 신소재기술, 항공우주, 문화, 영화 등이 유치산업보호를 통해 발전된 산업들이다.

---

05 장하준(2007), 『나쁜 사마리아인들』, 부키, pp.107~110; 장하준(2010), 『그들이 말하지 않은 23가지』, 부키, p.105.
06 장하준(2010), 『그들이 말하지 않은 23가지』, 부키, p.104.
07 장하준(2007), 『나쁜 사마리아인들』, 부키, p.107.
08 장하준(2008), 『다시발전을 요구한다』, 부키, p.84.

표 2-1 과거 우리나라의 보조금지급 사례

종류	제목	내용
금지보조금	수출손실보조금	수출사업에서 발생하는 손실금액의 1%를 세액감면함
	해외시장개척준비금	해외시장개척을 위한 준비금 중 수출금액의 1%를 감면함
	중소기업기반조성자금	중소기업의 수출생산을 위해 국산설비구입자금 연 8.5% 저리융자
	설비투자세액공제	기술 · 인력개발투자설비 중 국산기자재 사용 시 5~15% 세액공제
	국산컴퓨터구입지원	국산 미니컴퓨터를 구입하는 업체에게 연 6.5% 저리융자
상계조치 가능보조금	양곡관리사업 (1997~1998)	식량안보 및 적정재고유지 위해 쌀, 보리 등 양곡을 정부가 정한 수매가격으로 수매
	축산산업지원	강화도 교잡한우 농가 사료값 일부 무상지원
	쇠고기수매사업 (1997~1998)	쇠고기 소비수준의 급격한 감소 및 사료값 인상에 따른 경영여건 악화현상에 대응하여 급격한 소값 하락을 방지하고 농가소득지지 차원에서 소 수매 실시
	돼지고기생산지원 (1997~1998)	돼지고기 품질개선을 통한 고품질의 돼지고기 생산 · 공급. 예) 돼지사육농가에게 규격기준에 적합한 돼지를 생산 · 출하하는 농가에 대하여 무상지원 연리 5%로 1년간 융자
	유채수매지원	제주도 유채농가생산 유채를 정부가 일정가격으로 수매
	과실, 화훼판매촉진	수출용 과실, 화훼의 포장비 및 운송비지원
	원양어업개발지원	원양업자의 출어자금, 해외어업기술협력비 8% 저리융자
	수산물가공지원	냉동 · 냉장 · 통조림 등 수산물 처리, 저장 · 가공업체의 시설자금 또는 운영자금을 연 8%로 저리융자
	임산물이용가공시설 지원(1997~1998)	임산물 이용시설의 현대화로 국내목재산업 육성과 국산원자재 구입지원으로 국산목재 이용촉진목적. 예) 금리 5~8%, 소요액의 70% 이내 지원
	영어자금	연근해, 내수면, 원양어업경영자를 대상으로 어업경영자금을 적기에 저리로 지원함으로써 안정된 어업경영 유지, 연 6.5~7.0% 지원
	원양어업개발지원 (1997~1998)	원양어업자에 어업경영자금을 지원, 외국과의 기술지원 등을 위한 어업협정 사업비 지원 등. 예) 해외수역에 출어하여 어업활동하는 데 필요한 경비를 금리 8~10.5%로 지원
	원양어업개발지원 (1997~1998)	원양어업자에 어업경영자금을 지원, 외국과의 기술지원 등을 위한 어업협정 사업비 지원 등. 예) 해외수역에 출어하여 어업활동하는 데 필요한 경비를 금리 8~10.5%로 지원

	양식어장개발지원 (1997~1998)	어촌계 연안의 생산잠재력이 높은 마을어장을 양식장으로 조성하여 어업인 소득증대 위해 어류 및 패류양식시설의 자금을 연리 5%로 지원
	화물자동차유가지원	일반 · 개별 · 용달화물운송사업자를 대상으로 화물유가보조금 지급
	외국인투자기업지원	외국인투자의 활성화 위해 조세감면, 임대료감면
	항공기부분품 관세감면	국내공급이 되지 않는 부분품에 대한 관세감면을 통해 기업의 원가절감 및 원활한 수입촉진
허용보조금	디젤차량폐차지원	6년 이상된 디젤자동차의 폐차를 지원
	강원낙후지역 신발전 지구로 지정	정부는 강원도 영월, 양양, 삼척, 고성 등 8개 시군을 신발전지구로 지정하고 입주기업에 세제감면 실시
	폐광지역(정선) 카지노 육성	1999년에 정부는 강원도 정선지역의 석탄합리화사업의 일환으로 인구 및 소득이 감소하자 카지노 관광단지조성을 지원
	그린에너지 제조업체 고용보조금 지급	경상남도는 태양광, 풍력, 바이오, 발광다이오드(LED) 조명을 비롯한 그린에너지 제조업체와 연구기관에 직원 채용 고용보조금을 지원
	저공해기술개발지원	경유자동차의 저공해기술 연구개발사업비의 50%를 지원
	하이브리드, 전기차	하이브리드 · 전기차 구입 시 100만원 보조금 지급, 취득세 · 개별소비세 감면
직접지불제	밭농업 직불보조금	양파, 감자, 고구마 등 26개 품목을 재배하는 농가에 직불보조금 지급
	친환경안전축산 직불금	친환경, 유기인증, 무항생제로 길러진 한우, 육우, 젖소, 돼지, 산란계, 육계, 오리 등에 축산직불금 지급

주: WTO 보조금 상계조치협정 제25조에 의한 보조금 통보
자료: 재정경제원 WTO 통보자료(1996. 4. 25), 기획재정부 WTO 통보자료(1999. 6) 발췌, 기타 일반자료 취합

3 보조금의 지급수단과 부작용

보조금을 지급하는 수단으로는 직접지급, 간접지급 그리고 묵시적 지급 등 3가지가 있다. 직접지급이란 정부가 생산자에게 직접적으로 보조금을 주는 것이며, 간접지급이란 환율의 특혜적 적용, 조세혜택(감면, 유예, 환급), 금융지원, 차관, 투자지원, 운임할인, 사회간접자본시설 제공, 원자재지원, 정부구매, 민간주체에

게 지시 또는 위임 등을 말한다. 마지막으로 묵시적 지급이란 환경, 공정경쟁 등 국내법 규범을 철저하게는 지키지 않도록 묵인하는 경우이다.

보조금에 대한 시각도 미국(영미주의)과 유럽(대륙주의)의 시각이 좀 다르다. 유럽국가들은 보조금을 많이 지급해와서 보조금에 대해 관대한 반면, 미국은 보조금지급에 대해 유럽보다 훨씬 더 부정적이다. 이러한 시각차이로 인해 보조금 지급에 부정적인 미국과 캐나다 등은 WTO 전체 상계관세부과의 약 88% 정도를 차지하고 있다.

보조금은 정당성도 있지만 국제경쟁에서 다른 국가의 이익에 부정적인 영향을 미칠 수 있으므로 부작용 또한 심각하다. 보조금은 어떤 악영향을 끼치는가? 보조금을 지원받은 기업이나 산업이 보조금을 통해 생산한 상품이 국경을 넘어 다른 나라에 부정적인 영향을 주거나, 세계시장에서 다른 나라의 정당한 시장점유율을 갖지 못하도록 방해하여 다른 나라의 이익을 침해하는 경우가 있다. 예를 들어 정부의 보조금지원을 받은 외국기업이 유리해진 가격경쟁력을 바탕으로 수입국의 시장을 공략하여 산업피해를 유발한다면 이는 시장을 왜곡하는 것이다. 또한 보조금을 지나치게 오래 지급하면 오히려 부정적 효과만 발생하기 쉽다. 경험상 보조금은 일단 한 번 지급하면 철회하기가 쉽지 않아 지속적으로 지원되는 경향이 있는데, 장기간의 보조금지급은 오히려 경쟁력을 하락시키는 부작용도 있다.

국제무역에서 보조금의 부정적 영향

특정성 있는 보조금을 비난하는 이유는 보조금을 받은 기업이 물품을 보다 저렴하게 생산하게 되어 국제무역을 왜곡하기 쉽기 때문이다. 특히 수입체약국, 제3의 수출체약국에 부정적인 영향을 미치기 쉬운데, 보조금이 국제무역관계에서 다른 국가의 이익에 부정적 영향을 미치는 경우는 다음 몇 가지를 생각해볼 수 있다.

첫째, 수입국 국내산업에 부정적 영향을 미치는 경우이다. 이는 덤핑에 의해 초래되는 국내산업 피해와 유사한데, 즉 보조금으로 생산된 제품으로 인해 수입국 산업이 피해를 보고 수입국 시장이 부정적 영향을 받는 경우이다.[09] 둘째, GATT 1994에 의해 발생하는 이익의 무효화 또는 침해로서 다른 회원국의 관세양허로 인하여 기대하던 시장접근 이익이 보조금으로 인해 축소되

09 WTO 보조금협정문 제5조 (a)호.

는 경우이다.[10] 셋째, 다른 회원국의 이익에 '심각한 손상'이 발생할 수 있는 경우로서 구체적인 상황은 다음과 같다.[11] 즉, 보조금으로 인해 공여국 또는 제3국의 시장에 대한 다른 회원국의 수출이 대체되거나 제대로 이루어지지 않는 경우, 보조금 공여국가의 시장에서 보조금으로 생산된 제품의 가격이 다른 회원국의 제품과 비교해볼 때 가격이 인하되거나, 가격인상이 현저하게 억제되거나, 판매감소를 초래하는 경우, 그리고 보조금 혜택을 받은 상품의 세계시장점유율이 과거 3년간의 평균보다 증가한 경우 등이다. 위의 세 가지 '심각한 손상'은 덤핑에 따른 피해보다 훨씬 광범위한 개념으로서, WTO 회원국들의 수출이익에 초점이 두어진 개념이다. 덤핑이 단순히 수입국산업에 피해를 끼치는 조치라면 보조금은 수입국산업의 피해뿐만 아니라 수출국 및 다른 회원국의 수출이익까지 영향을 미칠 수 있다.

자료: 보조금협정문 제6.3조 (a)~(d)호

4 보조금 지급에 대한 경제학 이론

보조금이란 정부가 특정한 정책목표를 달성하기 위하여 국고를 이용하여 소비자, 기업, 산업 등에 재정적 · 조세상의 지원을 하는 것을 의미한다. 예를 들어 소비를 촉진하기 위해 소비자에게 주는 소비보조금, 상품 및 서비스의 생산을 장려하기 위해 기업에게 주는 기업보조금, 수출을 촉진하기 위한 수출보조금 등이다. 수출보조금이란 국내 생산물의 수출을 증가시키기 위해 수출업자 또는 수출산업에게 수출 단위당 얼마씩 일정한 형태의 보조금을 지급하는 것을 말한다.

경제학적 분석에서는 정부의 보호주의적인 정책, 예를 들어 관세, 보조금, 쿼터 설정, 수출자율규제 등은 반드시 자국 내 생산과 소비의 왜곡을 초래하기 때문에 국가 전체적으로는 경제적 후생에 손실을 초래하는 것으로 평가되고 있다. 구체적인 설명은 아래와 같다.

10 WTO 보조금협정문 제5조 (b)호.
11 WTO 보조금협정문 제5조 (c)호.

그림 2-1 ❙ 수출보조금의 효과

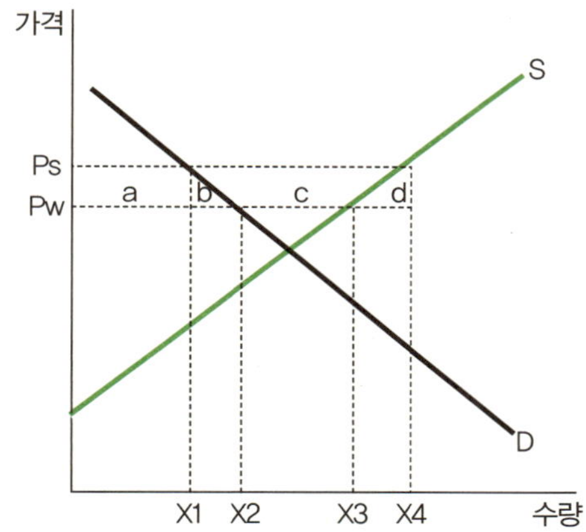

여기서 Pw: 세계가격, Ps: 보조금 지급 후 수출국 시장가격.
S: 공급곡선, D: 수요곡선, PwPs: 수출단위당 보조금

예를 들어 보조금지급 이전에 위의 국가는 세계가격(Pw)일 때 공급은 OX3, 수요는 OX2이므로 X2X3만큼 수출을 하고 있다고 가정하자. 이때 정부가 수출기업에게 단위당 보조금을 PwPs만큼 지급하면, 수출기업이 직면하는 가격은 Pw→ Ps로 옮겨간다. 따라서 수출업자는 국내가격이 Ps수준에 이를 때까지 국내공급을 줄이며 계속 수출을 늘려 국내가격을 Pw→Ps로 인상시킨다. 예를 들어 과거 한국이 시멘트 수출을 늘리면서 국내 시멘트가격이 인상되었던 적이 있다. 다시 말하면 보조금을 지급받은 수출기업은 생산을 늘리지만 그것의 대부분을 수출하므로 수출국 내 시장의 해당상품 가격도 Ps만큼(보조금지급만큼) 상승하게 된다. 해당상품의 수출국 내 가격이 상승하므로 소비는 감소하고 생산은 증가하는데, 국내가격이 인상됨에 따라 국내수요는 X2→X1으로 감소하고, 공급은 X3→X4로 늘려 결국 수출량이 X2X3→X1X4로 늘어나게 된다.

정부가 수출기업에게 수출보조금을 지급한 경우, 소비자, 기업, 정부가 받게 되는 영향을 분석하면 아래와 같다. 보조금을 지급받은 상품의 국내가격이 보조금으로 인해 Pw→Ps로 인상되면, 과거 소비자가 누리던 소비자잉여의 손실은 (a+b)이지만, 생산자는 (a+b+c)만큼 잉여가 증가하고, 정부는 보조금지급으로 인해

(b+c+d)만큼의 재정의 손실을 경험한다. 결국 소비자와 정부의 손실, 그리고 생산자의 잉여를 모두 합하면 (b+d)만큼의 순손실(deadweight loss, 사중손실)이 발생한다. 따라서 수출보조금 지급은 자유무역의 경우보다 부정적 영향을 미치는데, 국가 전체적으로는 (b+d)만큼의 손실이 발생하여 국가경제의 후생을 감소시킨다.

수출보조금 지급이 국내가격을 상승시키는가?

기업은 보조금만큼 가격이 비싸게 느껴지므로 이익이 발생하는 한 계속해서 수출을 증대시킨다. 결국 국내공급 감소로 국내가격을 상승시키고 국내소비도 감소시키게 된다.

한편, 보조금과 관세는 다음과 같은 몇 가지 차이점이 있다. 첫째, 보조금은 가격을 변동시켜 생산왜곡을 초래하지만 수입관세부과는 생산 및 소비 모두를 왜곡시킨다. 둘째, 보조금은 생산의 증가로 수입이 억제되지만 관세는 생산증가 소비억제로 수입이 억제된다. 따라서 관세의 수입억제효과가 더 크다. 셋째, 보조금은 국고재정을 생산자로 이동시키고(지정손실 초래), 관세는 소비자 예산을 국고로 이동시킨다. 넷째, 보조금은 소비자후생에는 영향이 없으나 관세는 소비자후생을 저하시킨다. 다섯째, 보조금으로 국민에게 부담을 증가시키나(재정손실) 관세는 소비자에게 부담을 증가시킨다.

5 국제규범 형성의 배경과 논의 과정

GATT 1947 제6조에서는 덤핑과 보조금을 같이 언급하고 있다. 덤핑과 보조금은 서로 성격이 비슷하기도 하지만 조금 다르기도 하다. 덤핑과 보조금은 불공정행위이고 무역왜곡을 초래하여 비난받아 마땅하다. 반면에 수입가격 인하로 인해 수입국 소비자에게는 유리하다. 따라서 피해가 발생하지 않으면 굳이 금지시킬 필요는 없다.

본래 1947 GATT 제6조와 제16조에서는 보조금지급을 통보하도록 요구하고 있고, 수입대체보조금의 지급을 금지해왔다. 그러나 보조금지급 금지와 상계관세를 언급하고 있을 뿐 보조금에 대한 일반적인 규정은 언급하고 있지 않다. 1955년 GATT 개정 회의 때 제16조 제2~5항을 이용해 무역왜곡을 초래하는 일체의 수출보조금은 무역에 있어 직접적인 피해를 일으킨다고 보고 지급을 금지시켰다. 그러나 당시까지만 해도 국내생산보조금에 대한 제재는 논의하지 않았다. 그동안 GATT는 농산물을 제외하고는 모든 분야에서 수출보조금을 사용할 수 없다는 입장을 오랫동안 견지해왔다. 그러나 무역에 간접적인 영향을 미치는 국내생산보조금에 대한 국제적 합의를 도출하기는 훨씬 어려운 과제였다.

1970년대 들어 선진국들이 개도국으로부터의 수입증가로 인해 자국산업이 피해를 보게 되면서 다시 통상이슈화되었다. 즉, 1970년대 개도국들이 선진국에 대한 수출이 급증하자 주요 선진국들은 개도국의 보조금지급을 불공정무역으로 간주하고 수입규제 및 상계관세를 부과하기 시작하였다. 미국의 정부 1974년 무역법, 1979년 무역법 등이다. 이에 개도국들도 대응하면서 무역분쟁이 급증하고 무역왜곡효과가 큰 보조금지급에 대해 규범을 만들기 시작하였다.

이후 1979년 도쿄라운드에서 수출보조금과 일반보조금이 포함되는 포괄적인 내용의 '보조금 및 상계관세규약(Subsidies Code)'이 만들어졌다. 과거 보조금 관련 GATT 조문이 2개에 불과하였으나 보조금 관련 조항을 19개로 늘리고 부속서를 포함시켜 별도의 무역협정으로 발전시켰다. 그 후 1986년 UR 협상이 시작되자 도쿄라운드에서 제정된 보조금협정문을 개정하여 오늘에 이르렀다. 주로 보조금 협정문의 제정은 주로 미국에 의해 진행되었고 실제로 보조금의 정의 및 구분 등에 있어 미국의 1930년 관세법이 많이 반영되었다.

6 WTO '보조금 협정문'의 의미

보조금정책에 대한 규제를 강화하여 공정무역(fair trade)의 틀을 마련하였다는 점에서 의미가 있다. 즉, 정부간섭을 배제하고 더 공정한 경쟁을 지향하게 되었다. 오늘날 보조금 및 상계조치가 논의되며 규범화되었다는 것은 보조금을 불공정 무역행위의 일종으로 인식하고 있다는 것을 의미한다.

이는 한국과 같이 정부주도의 산업정책을 해왔던 나라에게는 큰 부담이 되고 분쟁의 소지가 많아짐을 의미한다. 예를 들어 외환위기 때 하이닉스 반도체에 대한 금융세제상의 혜택이 보조금으로 간주되어 논쟁이 발생하기도 하였다. 이제 정부개입을 통한 산업정책은 점점 실행하기 되었다.

정부개입이나 간섭을 배제하고 있으므로 국가의 국내정책 수단이 점점 더 제약을 받게 되어 국가주권에 관한 논란이 있을 수 있다. WTO 체제는 GATT 체제와 비교하여 보조금에 대해 규제를 강화하고 투명성과 명료성을 높인 것으로 평가되고 있다.

7 GATT의 보조금 관련 협정문 내용

반덤핑 및 상계관세에 관한 GATT 제6조는 본래 반덤핑조치를 규정한 것이지만 제6조 제3항, 제5항, 제6항은 보조금 상계조치에 관해서도 나란히 언급하고 있다. 즉, GATT 제16조(보조금)에서는 각국 정부는 수출증가 또는 수입감소를 초래하는 모든 보조금을 통보해야 한다고 규정하고 있다. 그리고 다른 국가의 이익에 심각한 손상을 초래하는 보조금을 제한하기 위한 논의에 응하여야 한다(Section A). 또한 1차산품에 보조금을 지불함으로써 '당해 물품의 세계 수출시장에서 공평한 점유율 이상'을 보조금 지급국가가 차지하게 되는 경우가 발생하여서는 안 된다. 즉, 다른 회원국이 직접 · 간접으로 누릴 수 있는 혜택을 침해하면 안 되고, 기타 다른 회원국의 이익에 대한 심각한 손상을 초래해서는 안 된다(Section B).

8 WTO '보조금 및 상계조치에 관한 협정'의 주요 내용[12]

WTO '보조금 및 상계조치에 관한 협정'(SCM)은 보조금 사용에 대한 규율을 강

12 Agreement on Subsidies and Countervailing Measures; SCM.

화하고 보조금 효과를 상쇄시키기 위한 조치를 규제하는 데 목적이 있다. 그리고 WTO SCM에서의 보조금이란 "상품의 교역과 관련하여, 정부나 공공기관의, 재정적 기여로, 혜택이, 특정성 있는 대상에게만 수여되는 것"이다. 자세하게 설명하면 다음과 같다.

첫째, '상품교역과 관련하여'라고 언급되고 있어 서비스는 규제의 대상에서 제외된다.

둘째, 정부나 공공기관이 주체이다. 이때 중앙정부는 물론 지방정부, 공공기업, 정부투자기관 등 모두 포함한다.

셋째, 재정적 기여(financial contribution)이다. 재정적 기여에는 무상지원, 정부대출(시장에서의 차입가격보다 더 싸게 대출받을 때), 지분참여(주식을 시장가격보다 싸게 구입할 경우), 대출보증(신용보증기금, 수출보험공사의 보증으로 대출 시 보증의 혜택을 받아 이자율을 싸게 적용받을 때와 같이 정부가 직 · 간접적으로 자금을 이전하는 경우이고, 세액감면(소득공제, 특별감가상각, 직접세의 면제, 환급, 유예 등과 같이 정부가 받아야 될 세입의 포기 또는 미징수하는 경우)이다. 그리고 재화와 용역의 제공 및 구매우대 행위와 같이 정부가 상품 또는 서비스를 제공하거나 상품을 구매해주는 경우이다. 그러나 항만, 부두건설 등 사회간접자본시설에 대한 투자는 정부의 기본적인 기능으로 보아 재정적 기여로 보지 않는다.

넷째, 정부가 민간기관으로 하여금 위의 재정적 기여를 하도록 위임하거나 지시하는 경우도 포함된다.

다섯째, 특정성(specificity)이란 보조금지급이 객관적 기준이나 조건을 명시함이 없이 어떤 특정기업에게만 명백히 한정하여 보조금을 지급하는 경우이다. 예를 들어 소수 특정기업에의 제한된 수의 기업, 일부기업의 접근을 명확하게 제한하고, 특정기업에 대한 지배적인 사용, 불균형적으로 많은 금액, 공여기관이 재량권을 행사하는 경우이다. 한편, WTO는 보조금의 종류에 대해서 이해하기 쉽도록 교통신호등 색깔로 표시하여 아래 4가지로 구분하였다.

표 2-2 WTO의 보조금 구분

보조금의 종류	내용
금지보조금 (prohibited subsidies: red box)	분명하게 무역에 왜곡적인 영향을 주는 보조금이다. 수출보조금의 예로는 수출과 연계하여 조세 및 사회보장부과금 감면, 수출신용보증 등이 있다. 금지보조금의 경우에는 국내산업의 피해 여부를 입증하지 않고 존재사실만으로도 수입국은 바로 수출국과 협의 또는 WTO 분쟁해결기구를 통해 대응을 할 수 있다.
상계조치가능보조금 (actionable subsidies: amber box)	보조금지급이 상대국에게 심각한 손상을 입힌 경우 상계조치가 가능한 보조금이다.
허용보조금 (non-actionable subsidies: green box)	특정성이 없거나 특정성이 있더라도 연구개발지원이나 지역개발지원(낙후지역지원) 및 환경보존을 목적으로 지급되는 보조금이다. 주로 방위산업 육성, 낙후지역 개발, 인적자원개발, 환경보존, 연구개발 등이다. 사실 이러한 보조금도 생산 및 소비에 영향을 미치기 때문에 간접적으로 무역에 영향을 미칠 것이다. 그러나 그 영향이 크지 않기 때문에 허용하고 있다.
직접지불제(blue box)	생산감축을 전제로 지급되는 보조금이다.

그런데 GATT 보조금 협상에서 R&D를 허용보조금으로 분류한 것은 다분히 미국, 유럽 등 선진국들의 입장이 반영된 것이다. 이미 선진국들은 컴퓨터, 반도체, 항공기, 정보통신, 제약, 생명공학 등에 R&D 보조금을 지급해왔는데, 당시 협상에서 자신들의 보조금을 허용받았기 때문이다. 그동안 미국의 경우 1950~1980년 동안 R&D에 대한 정부지원 비중이 약 47~65%를 차지했고, 벨기에, 핀란드, 독일, 스웨덴 같은 유럽국가들의 경우에도 40%를 차지하고 있었다. 한국의 경우 20% 수준이었다. 반면 개도국들의 경우 R&D 보조금은 거의 해당사항이 없었다.[13]

지역불균형 해소를 위한 낙후보조금의 경우에도 EU에서 많이 사용하던 정책이었는데, 낙후보조금 또한 협상에서 허용보조금으로 인정받았다. 따라서 GATT 협상에서 보조금을 분류한 것은 중립적으로 보이지만 다분히 부자들의 이익에 부합하게 만들어졌음을 알 수 있다.[14]

보조금에 대한 피해판정은 다음과 같다. WTO 보조금 및 상계관세협정문(WTO

13 장하준(2010), 『그들이 말하지 않은 23가지』, 부키, p.271.
14 장하준(2009), 『나쁜 사마리아인들』, 부키, p.124; 장하준(2008), 『다시 발전을 요구한다』 부키, p.98.

표 2-3 낙후지역개발사업 사례

(단위: 억 원)

소관부처	사업명	총사업비
농림수산식품부	농어촌생활환경정비(2005~2013년)	29,609
	신활력지역지원(2005~2010년)	11,381
	농촌마을종합개발(2004~2021년)	8,008
	어촌종합개발(1995~2013년)	5,404
	산촌생태마을조성(1995~2012년)	3,470
	전원마을조성(2004~2013년)	3,998
행정안전부	도서종합개발(1988~2017년)	26,626
	소도읍육성(2003~2012년)	10,000
	접경지역지원(2003~2012년)	6,726
국토해양부	개발촉진지구지원(1996~2014년)	22,409
환경부	도서지역식수원개발(1997~2013년)	6,110
합계		133,741

자료: 농림수산식품부 등 4개 부처 자료 재구성
감사원(2009), 낙후지역개발사업 추진실태 감사결과

SCM) 제15조는 보조금의 피해판정(determination of injury)에 관해 언급하고 있는데, 보조금 사용으로 타국의 이익에 '부정적 효과'(adverse effect)를 일으킨 경우 피해를 입은 것으로 판정한다. 구체적으로는 ① 타국의 국내산업에 피해를 주거나(injury to the domestic industry), ② GATT 1994년에 의해 회원국이 누릴 수 있는 혜택의 무효화(nullification) 또는 침해(impairment), ③ 다른 회원국의 이익에 대한 심각한 손상(serious prejudice)을 줄 경우에 상계조치가 발동가능하다고 언급하고 있다. 하나하나 구체적으로 설명하면 아래와 같다.

첫째, '국내산업에의 피해(injury to the domestic industry) 판정'의 기준은 무시할 수 없을 정도의 상당한 실질적 피해로 반덤핑 때와 마찬가지인데 보조금을 받은 수입품의 수입물량의 절대적 · 상대적 증가, 보조금을 받은 상품이 국내시장의 동종상품의 가격에 미치는 효과, 즉 국내상품 가격하락 또는 가격상승 억제 정도, 국내산업에 미치는 영향은 생산량, 판매, 시장점유율, 이윤, 생산성, 투자수익, 설비가동률, 자금순환, 재고, 고용, 임금, 성장, 자본조달능력, 투자 등 주로 수입국의 피해를 평가한다.

둘째, GATT 1994년에 의해 회원국이 누릴 수 있는 혜택(benefit)의 무효화(nullification) 또는 침해(impairment)의 의미는 다른 회원국의 관세양허로 인해 기대되던 이익이 보조금의 지급으로 인해 축소되는 것을 의미한다.

셋째, '심각한 손상(serious prejudice)이란' 회원국의 수출이익이 보조금으로 인해 피해를 보는 것을 의미하는데, 다음의 경우에는 아예 심각한 손상이 존재하는 것으로 간주된다. 즉, 보조금이 상품가액의 5%를 초과하는 경우, 영업손실을 보존하기 위한 보조금(이때 1회적 조치는 제외), 직접적 채무감면 등이다. 그러나 이들 내용은 보조금협정문 제31조 잠정적용규정에 의해 2000년에 만료되었다.

그리고 보조금협정문 제6조 제3항에 따라 다음의 경우에는 심각한 손상이 존재할 가능성이 있다라고 본다. 즉, 보조금으로 인해 보조금을 받은 시장으로의 다른 회원국의 수입을 배제 또는 방해효과가 발생하는 경우(수입대체효과), 보조금으로 인하여 제3국시장으로부터 다른 회원국의 수출을 배제 또는 방해하는 효과가 발생할 경우, 보조금으로 인해 동일시장에서 다른 회원국의 상품의 가격에 비해 보조금을 받은 상품의 가격인하, 가격인상 억제가 발생할 때, 보조금을 받은 상품으로 인해 다른 회원국이 현저한 판매손실을 입었을 경우, 보조금을 받은 상품의 시장점유율이 3년간의 평균점유율에 비해 증가한 경우 등 주로 다른 회원국들의 피해를 평가하는 기준으로 삼는다.

피해판정 측면에서 본 보조금협정과 반덤핑협정의 차이

GATT는 덤핑과 보조금을 매우 유사한 개념으로 보고 있다. 기본적으로 덤핑이나 보조금은 모두 공정무역과 수입국의 국내산업에 피해를 일으키는 것으로 보고 비난받아 마땅하다고 밝히고 있다(GATT 제6조). 이러한 불공정행위를 바로 잡는 행위도 반덤핑, 상계조치 등 상쇄조치를 통해서 바로 잡고 있다. 또한 피해를 판정하는 경우에도 덤핑과 보조금은 매우 유사하다.

그러나 협정문을 자세히 보면 약간 차이가 있다. 덤핑보다 보조금이 더 다양한 피해를 일으키는 것으로 보았다. 예를 들어 덤핑에 대한 피해판정은 산업에 대한 '실질적 피해', '피해의 우려', '국내산업의 설립을 지연' 하는 것으로 판단하는 데 비해, 보조금에 대한 피해판정은 '국내산업에 대한 피해', '이익의 무효화 또는 침해', '심각한 손상' 등 다양한 피해를 고려하고 있다. 특히 심각한 손상에서는 제3국 시장에서의 다른 수출국 이익의 침해를 고려하는 등 덤핑의 경우보다 훨씬 많은 요인들을 고려하여 판단한다. 결론적으로 WTO 협정문은 덤핑보다 보조금을 더 무역을 왜곡시키는 요인으로 본 것으로 판단된다.

보조금의 규모가 상품가액 대비 1% 미만인 경우 피해가 무시할 만한 미소금액으로 보고 즉각 조사를 종결한다. 경과조치 및 우대조치로서 협약과 어긋나는 보조금은 3년 이내 조정 또는 철폐되어야 한다. 단, 개도국이나 소득수준 1,000달러 미만의 개도국의 경우 미적용 또는 유예한다. 상대국가의 보조금지급으로 인해 자국이 피해를 보았을 경우 이를 최소화하거나 상쇄시키기 위한 조치가 상계조치(countervailing measures)이다. 대표적인 경우가 관세부과 형태를 띠고 있는 상계관세(countervailing duties)이다.

상계관세란 상대국의 생산, 제조 또는 수출과정에서 보조금이 지급되어 생산된 제품이 국내로 수입되어 국내산업에 피해가 발생하였을 경우 이를 상쇄할 목적으로 해당품목에 부과하는 관세이다. 이러한 상계관세의 부과로 인해 국내가격이 적정하게 유지되고, 국내생산이 증가, 국내소비 감소, 수입억제효과를 얻을 수 있다. 다만 이러한 상계조치가 함부로 사용되지 않도록 WTO 등에서는 피해가 발생하였거나 발생할 우려가 있는 경우에만 적용하도록 엄격한 기준을 마련해 놓고 있다.

WTO 보조금 협정이 우리에게 주는 의미

과거 한국이 정부와 기업 간의 결탁과 보조금지급을 통한 압축성장이 가능했다면 앞으로는 많은 제약을 받을 것이다. 그동안 비합리적이거나 비효율적인 경제행위가 한국이라고 하는 폐쇄된 울타리 안에서는 존재할 수 있을지 몰라도, WTO의 출범으로 그 울타리가 낮아지거나 없어짐에 따라 더 이상 보조금정책을 유지하기가 어렵게 되었다. 이제 가장 합리적이고 효율적인 경제행위를 하는 경제주체만이 새 무역환경에서 살아남을 수 있을 것이다.

자료: 최명주, WTO 보조금 협정의 경제정책적 함의, 한국정책학회보, 제7권 제1호, 1998년, pp.207~235.

9 우리나라의 상계관세 관련법

우리나라의 경우 상계관세와 관련하여 관세법 제57~62조, 관세법시행령 제72~85조, 관세법시행규칙 제21~31조, 불공정행위 무역피해구제법 제24조 등이 있다. 예를 들어 관세법 제57조에서는 "외국에서 제조, 생산 또는 수출에 관하여 직접 또는 간접으로 보조금 또는 장려금을 받은 물품의 수입으로 인하여 국내산업이 실질적인 피해를 받거나 받을 우려가 있는 경우 또는 국내산업의 발전이 실질적으로 지연된 경우라고 조사를 통해 확인되고, 당해 국내산업을 보호할 필요가 있다고 인정되는 때에는 재정경제부령으로 그 물품과 수출자 또는 수출국을 지정하여 당해 물품에 대하여 보조금 등의 금액 이하의 관세를 추가하여 부과할 수 있다"라고 되어 있다.

표 2-4 덤핑, 상계관세 관련 WTO법과 국내법 비교

구분	내용	GATT 1994	WTO 반덤핑협정	관세법	불공정행위 무역피해 구제법
반덤핑제도	덤핑의 정의	6조 1항	2조 1항	51조	23조
	실질적 피해		2조	52조	
	덤핑마진 이하로 반덤핑관세 부과	6조 2항	9조1항, 9조3항	51조, 52호	
	잠정조치		7조, 10조	53조	
	가격약속		8조	54조	
	재심사, 5년 일몰조항		11조 2항	56조	
구분	**내용**	**GATT 1994**	**WTO 보조금 및 상계조치에 관한 협정**	**관세법**	**불공정행위 무역피해 구제법**
상계관세	상계관세부과	6조 3항, 16조		57조, 58조, 59–62조	24조

부록 | 반덤핑과 상계관세의 비교

	반덤핑	상계관세	세이프가드
성격(1)	불공정행위에 대한 대응(덤핑에 의한 불공정교역행위를 사후에 바로잡으려는 노력), 임시조치, 목적이 달성되면 즉시 종료되어야 함	불공정행위에 대한 대응(보조금지급을 통한 불공정교역행위를 사후에 바로잡으려는 노력)	공정한 무역에 대한 일시적 수입규제조치임. 수입규제를 통해 국내산업이 경쟁력을 강화하고 구조조정을 촉진하도록 함이 목적임
성격(2)	무역구제조치, 발동용이, 피해영향 협소	모두 무역구제조치임. 발동 용이, 피해영향이 광범위	무역구제조치. 피해영향이 깊음. 발동이 까다로움
행위의 주체	수출기업에 의해 수출국기업 vs 수입국정부	수출국정부에 의해 수출국정부 vs 수입국정부	
부과기간	5년, 철회 시 재발가능성이 있을 때 연장가능	5년	4년. 지속적인 조치가 필요하다고 인정될 때 연장가능. 그러나 총 8년(개도국 10년)을 초과할 수 없음
상쇄조치 조건	덤핑+국내산업피해+인과관계	보조금+국내산업피해+인과관계	급격한 수입증가(절대적 · 상대적)+동종산업의 심각한 피해+수입증가와 피해 간의 인과관계 존재. 따라서 요구조건이 높음
피해판정	① 이미 설립된 국내산업에 대한 실질적 피해(material injury) 또는 피해의 우려 ② 아직 설립되지 않은 산업의 설립의 지연	①과 ②는 좌동, 여기에 아래 내용이 추가됨 ③ 이익의 무효화 또는 침해 ④ 다른 회원국의 이익에 심각한 손상(serious prejudice): ④-1) 아래 하나의 효과가 발생하면 심각한 손상으로 봄 • 수출국, 제3국시장에서 다른 회원국의 수출이 침해, 대체 • 동일시장에서 다른 회원국 동종상품과 비교할 때 현저한 가격인하, 가격압박, 가격억제 초래 • 동일시장에서 현저한 판매손실 초래 • 수출국가의 세계시장점유율을 인상 ④-2) 심각한 손상이 존재하는 것으로 간주되는 것 4가지 경우: 제품가액 5% 초과, 영업손실보존, 시간확보, 채무변제	• 심각한 피해(serious injury): 중대하고 전반적인 손실(significant overall), 구체적인 판단은 주무부서가 심각한 피해에 영향을 미치는 요인을 객관적이고 계량적으로 판단. 예) 수입증가율, 판매, 생산, 가동률 지표 등 • 반덤핑, 상계관세에서의 피해판정보다는 더 깊은 피해수준을 요구함 • 심각한 피해의 우려(threaten): 피해우려가 명백히 임박해야 함

피해판정 조사대상	수입국의 국내시장(동종상품): 수입국의 수입시장 피해에 중점	• 수입국의 국내시장 • 수출국시장에서의 다른 회원국의 피해(대체, 침해) • 제3국에서의 침해 • 보조금 공여국에서의 회원국 이익 침해 (회원국의 보조금지급으로 인해 다른 회원국이 피해를 입는 것에 중점을 둠)	수입국의 국내시장(동종 또는 경쟁관계에 있는 물품)
예비조치	있음, 조치지연 시 회복하기 어려운 손상을 초래할 경우 발동	있음. 덤핑과 동일	있음, 덤핑과 동일(최대 200일)
미소마진	마진 2%,점유율 3%, 누적 7% 미만일 경우 무시	보조금이 생산가액의 1% 미만이면 무시	수입국 시장점유율 3%, 누적 9% 미만일 경우 무시
MFN	개별조치가능	개별조치가능	MFN 원칙에 따라 모든 수입국에 동일하게 조치
상쇄조치	반덤핑관세, 쿼터(수입수량제한), 가격규제(관세인상, 그러나 최소부과원칙(lesser duty), 행정규제, 쿼터	상계관세부과, 최소부과원칙(lesser duty)	덤핑과 동일, 단 최혜국원칙이 적용되는 방법으로 수입제한(무차별원칙), 구조조정조치가 추가적으로 요구됨
피해보상	불공정교역이므로 보상이 필요 없음	불공정교역이므로 보상이 필요 없음	정당한 수출행위이므로 수출국이 입는 피해를 보상. 보상에 합의 못하면 보복조치가능. 단 규정에 따라 합법적으로 취해진 세이프가드조치는 3년간 보상 필요 없음
부과절차	신청–공청회–예비판정–예비부과–본판정–부과	반덤핑과 동일, 단 금지보조금의 경우 협의→WTO 패널→판정→수락→대응조치	

■ Chapter **03** ■

세이프가드(긴급수입제한조치)

1 세이프가드의 개요

세이프가드(safe guard)도 반덤핑과 같이 WTO에서 인정하고 있는 일종의 예외조치이다. 본래 WTO는 최혜국대우와 내국민대우에 기초한 무차별주의를 중심원칙으로 여기고, 국가 간의 무역자유화를 촉진하기 위해 '예외 없는 관세화'를 통해 관세 이외의 무역제한조치를 금지하고 있다. 그러면서도 다른 한편으로는 무역자유화에 따른 폐해, 예를 들면 국제수지불균형, 공중도덕, 위생검역, 국가안보위협 같은 폐해를 줄이고, 특별한 경우에는 무역을 구제하고 국내산업을 보호할 수 있도록 덤핑, 상계관세 같은 다양한 예외조항을 두고 있는데, 세이프가드도 그 중의 하나이다.

1) 세이프가드 조치 추이

1995년 WTO 출범 이후 2016년까지 총 154건의 세이프가드 조치가 발동되었는데, 매년 6~7건에 불과하던 조치가 2008년 금융위기 이후 증가하기 시작하다가 2014년과 2015년에는 14건씩 발동되어 왔다.

WTO 출범 후 2016년까지의 누적기준 세이프가드조치의 주요 품목별은 화공품이 30건, 금속이 30건으로 대부분을 차지하고 음료, 주류, 담배 등 기호품이 13건, 시멘트, 세라믹, 유리제품이 13건으로 그 다음을 차지하고 있다.

한편, 세이프가드조치는 모두 개도국에 의한 것으로 조사되어 세이프가드조치가 여전히 개도국의 주요한 무역구제수단인 것으로 파악되었다. 1994년 이전 GATT 체제하에서는 미국, EU 등 선진국이 세이프가드조치의 주요 발동국이었으나, WTO 출범 이후에는 터키, 요르단 등 개도국의 활용이 두드러져 1995년 이후 전체 89건 중 개도국의 조치가 78건(88%)을 차지한다.

표 3-1 WTO 연도별 세이프가드조치 건수

1996~2007	2008	2009	2010	2011	2012	2013	2014	2015	2016	합계
82	6	10	4	11	6	8	11	13	3	154

자료: WTO(2017)

2) 세이프가드의 배경

GATT 체제는 수 차례 진행된 다자간 관세인하 협상을 통해 관세인하 등 무역장벽 제거를 통해 자유무역을 실현하고 또 경제성장을 이루고자 하였다. 그런데 급격한 시장개방에 미처 대처하지 못한 국내산업 및 노동자들이 피해를 보는 경우가 많아졌다. 따라서 시장개방 등 정부의 정책변화로 인해 발생할 수 있는 산업피해를 정부가 개입하여 관심을 가지고 적절하게 대응하는 것은 당연한 조치라고 인정하였다. 그리고 이러한 피해는 누구의 불공정한 거래나 나쁜 의도 때문이라고 볼 수 없으며 단지 정책의 변화 때문이므로 기업이나 산업은 끊임없이 정책에 적응하고 구조조정을 단행하여 스스로 피해를 극복해나갈 의무가 있다고 생각하였다. 따라서 세이프가드조치는 공정한 무역이라도 너무 빠르게 변화하거나 또는 갑자기 무역규모가 너무 커져서 국내 생산자들이 이러한 변화에 적응하지 못해 피해가 발생하는 경우 이를 구제하기 위한 일종의 안전장치나 보완장치라고 할 수 있다. 다시 말하면 갑작스런 정책변화에 대응할 수 있도록 정부가 개입해서 임시적으로 수입을 억제해주는 조치라고 할 수 있다.

이러한 세이프가드조치는 1947년에 GATT가 창설되기 이전부터 국가 간에 자유무역을 추진하는 협정을 체결하는 과정에서 항상 고려되고 발전되어 왔다. 예를 들어 1942년 미-멕시코 양자간 무역협정에서도 이러한 면책조항(escape clause,

도피조항)이 포함된 적이 있었다.

3) 세이프가드의 국제규범 연혁

세이프가드는 1947년 GATT가 출범할 때에도 도피조항(escape clause)의 하나로서 미국이 요구하였는데 당시에는 명문화되지 못했다가 1960년 11월 제17차 GATT 총회에서 오늘날과 같은 형태의 특정상품 수입에 대한 긴급조치가 GATT 제19조를 통해서 만들어졌다. 당시 GATT 제19조는 본래 미국-멕시코 간 무역협정에 규정되었던 면책조항이 모델이 되어 반영되었다.

GATT 제19조는 "예기치 못한 사태의 진전과 관세양허 등 GATT 협정을 이행한 결과 수입증가로 인해 국내 생산업자에게 심각한 피해를 주거나 줄 우려가 있을 경우에는 일시적으로 의무를 정지하거나 양허를 철회할 수 있다"라고 규정하고 있다.

그 후 1973년 도쿄선언에서 세이프가드의 타당성을 검토하기로 합의하고, 1975년 도쿄라운드 무역협상위원회 산하에 세이프가드 협상위원회가 설치되었다. 세이프가드에 관한 본격적인 논의는 도쿄라운드가 끝날 무렵인 1978년에 가서 시작되었으나 계속되는 협상에도 불구하고 선진국, 개도국 간의 쟁점에 대한 불일치로 1979년 도쿄라운드 최종협상에서는 제외되었다.

이후 1986년 UR 협상에서 GATT 제19조를 명료화하고 세이프가드의 발동기준을 완화하는 것을 내용으로 하는 오늘날의 'WTO 세이프가드협정문'(Agreement on Safeguard, 긴급수입제한조치에 관한 협정)이 만들어졌다. 결국 WTO 체제하에서 세이프가드의 법원은 GATT 1994의 제19조 및 WTO 세이프가드협정으로 구성된다. 다만 부속서 1A에 따르면 GATT 제19조의 조항과 세이프가드협정에서의 조항이 충돌하는 경우에는 세이프가드협정에서의 조항이 제19조보다 우선하여 적용된다.[01] 그런데 GATT 제19조와 세이프가드협정문은 상호 보완적인 것이 일

01 Annex 1A – General interpretative note to Annex 1A : In the event of conflict between a provision of the General Agreement on Tariffs and Trade 1994 and a provision of another agreement in Annex 1A to the Agreement Establishing the World Trade Organization (referred to in the agreements in Annex 1A as the "WTO Agreement"), the provision of the

반적이다.

4) 세이프가드의 의의 및 성격

세이프가드의 의의와 성격은 다음과 같다. 첫째, 피해구제조치이다. 각국이 시장개방을 통해 자유무역을 확대함에 따라 경제가 성장하고 고용이 증가하는 등 긍정적인 효과가 발생하기도 하였으나 다른 한편으로는 시장개방으로 인한 충격으로 국내산업에 피해가 발생하고, 국내산업의 구조조정이 요구되며, 때로는 정치적인 긴장관계가 조성되었다. 따라서 급격한 시장개방으로 인한 충격을 완화하고 이에 대응할 수 있는 기회를 주기 위해 세이프가드가 마련된 것이다. 따라서 세이프가드는 자유무역이 확대됨에 따라 누적될 수 있는 경제적 · 정치적 · 사회적 긴장 등을 풀어줄 수 있는 일종의 '안전장치'라고 할 수 있다.

둘째, 임시적 긴급조치(emergency action)이다. 4년간의 임시조치이고 심각한 피해를 빨리 방지하려는 긴급조치이다. 따라서 잠정판정만으로도 수입제한조치가 가능하다. 세이프가드와 유사한 긴급조치로는 반덤핑 및 상계관세 등이 있다.

셋째, 예외적 수입제한조치이다. 본래 WTO 체제에서는 관세를 정책적으로 함부로 인상하거나 무역을 제한하지 못하도록 '양허'(concession)제도를 통해 수입을 제한하지 못하도록 하고 있다. 그러나 세이프가드는 WTO에서 인정하고 있는 예외적인 무역제한조치로서 WTO 자유무역원칙의 예외적용에 해당된다.

예외적 수입제한조치이기 때문에 정책적으로 함부로 사용되지 못하도록 WTO는 세이프가드의 이용에 있어 엄격한 요건과 절차를 요구하고 있다. 즉, 세이프가드 발동을 위한 조건은 반덤핑이나 상계관세를 부과할 때 요구되는 조건보다 훨씬 수준이 높고 까다롭다. 이는 개념상으로 볼 때 덤핑 및 상계관세는 기본적으로 불공정한 행위를 교정하는 개념이나, 세이프가드는 수입이 크게 증가했을 뿐 수출국의 불공정한 행위로 인해 피해를 본 것은 아니라는 점에서 차이가 있다.

넷째, 산업구조조정조치이다. 세이프가드는 국제시장에서 경쟁을 제한하기 위한 것이 목적이 아니라, 기본적으로 구조조정의 진전과 경쟁의 촉진이라는 기본전

---

other agreement shall prevail to the extent of the conflict.

제를 바탕으로 하고 있다. 따라서 수입을 제한하도록 하여 무역에 따른 피해를 구제하고 동시에 구조조정 등을 통해 스스로 자유무역 경쟁에 적응할 수 있는 기회를 얻도록 하는 것이다. 따라서 세이프가드조치를 발동하기 위해서는 이용기간 동안에 피해산업의 경쟁력을 향상시키고 자원의 효율성을 촉진시킬 수 있는 구조조정조치가 병행되어야 한다. 즉, 세이프가드협정문 제5조는 "세이프가드는 피해산업의 구조조정 및 경쟁력 제고를 촉진하는 데 필요한 범위 내에서만 활용해야 한다"라고 규정되어 있다.

그런데 구조조정조치는 대개 정부에 의해서 이루어지는 것이므로 정부개입을 어느 정도 허용하는 조치이다. 왜냐하면 피해산업의 경쟁력을 강화시키고 구조조정 등을 진전시키기 위해서는 일시적으로 정부가 산업에 개입해야만 가능하기 때문이다. 따라서 세이프가드는 WTO가 정부개입을 허용하는 셈이 된다.

다섯째, 피해보상이다. 세이프가드를 실시하는 회원국은 동 조치로 인해 부정적 효과를 보는 회원국을 대상으로 적절한 피해보상에 대해 협의할 수 있다. 이때 합의에 도달하지 못하면 보복이 가능하다. 다만 세이프가드조치가 규정에 의해 합법적으로 취해진 경우에는 조치발동 후 3년 이내에는 보복조치가 불가능하다.

2 WTO '세이프가드 협정'의 주요 내용

1) 세이프가드 발동 여건 및 기준

세이프가드란 예기치 못한 상황변화로 인해 수입이 급격하게 증가하여 동종상품을 생산하는 국내산업이 심각한 피해를 보았거나 볼 우려가 있을 때 국내산업의 피해를 방지하기 위해 일시적으로 수입을 제한하거나 양허를 철회하는 것이다. 그리고 WTO 회원국이 세이프가드를 발동하기 위해서는 급격한 수입증가로 인해 동종상품을 생산하는 국내산업에 심각한 피해가 발생해야 되고 수입증가와 국내산업 피해 간에 인과관계가 있어야 된다.

여기서, 첫째 '예기치 못한 상황변화'(unforseen development)란 예견하지 못한 사태로 인해 수입이 증가하는가에 관한 것인데, 예들 들어 아시아 금융위기 때

달러화 강세로 인해 갑자기 미국의 철강수입이 증가한 경우 등이 이에 해당된다.

둘째, '수입의 증가'(increased imports)란 세이프가드협정문 제2조에 따르면 국내생산에 비해 수입이 절대적 · 상대적으로 증가한 경우를 의미하는데, 패널판정을 통해 언급된 바에 따르면 수입이 최근에(recent), 갑자기(sudden), 급격히(sharp), 그리고 상당히(significant) 증가한 경우이다.

셋째, '동종상품(like product)'이란 사용용도뿐만 아니라 물품의 고유성질상 재료, 모양 및 품질에 이르기까지 수입품과 동일한 물품을 의미한다. 만약 그러한 상품이 없으면 GATT 주석 3에서 명시하고 있는 바와 같이 넓은 의미로는 대체가능상품이거나 직접적으로 경쟁관계에 있는 상품까지를 포함한다.[02]

넷째, '국내산업(domestic industry)'이란 수입국 내에서 영업을 하는 동종 또는 직접적인 경쟁물품을 생산하는 생산자 전체 또는 그의 총산출량이 동 상품의 국내총생산에서 상당한 비중을 차지하는 생산자집단을 의미한다.

다섯째, '심각한 손상(serious injury)'란 국내산업의 상황이 중대하게(significant) 그리고 전반적(overall)으로 손상을 입었을 경우를 의미한다. 이때 심각한 피해 여부를 판정하는 기준은 객관적이고 계량가능한 요소들이어야 한다. 일반적으로 관련 상품의 절대적 · 상대적 수입증가율 및 증가량, 증가된 물품이 국내시장에서 차지하는 점유율, 판매량, 생산량, 생산성, 가동률, 이윤 및 손실, 고용수준 등을 고려하여 평가한다.

여섯째, '양허의 철회'란 관세인하 같은 국제적 약속을 철회하는 것으로 관세를 다시 인상할 수 있다는 것을 의미한다.

마지막으로 수입증가와 산업피해 간의 인과관계 증명은 주무당국이 수입증가와 산업피해 간의 동시성 및 추세를 고려하여 직접적인 인과관계를 증명해낸다. 현재의 협정문에서는 인과관계의 증명에 관한 명확한 규정이 없다. 그러나 일반적으로 수입추세선과 피해지표 추세선 간의 동시성 여부, 국내시장에서 수입품과 국산품 간의 경쟁상태의 객관적인 증거에 기초하여 판단한다. 수입과 어떤 피해 간에 인

02 '직접적인 경쟁관계에 있는' 이란 고유성질상 동일하지는 않지만 상업적 목적으로 볼 때 같은 상품을 의미하는 것으로, 대체로 주로 상품의 물리적 특성, 최종용도, 관세분류, 유통경로, 교차탄력성 등으로 판단한다.

과관계가 입증되는지의 여부, 그리고 수입 이외의 다른 요소들에 의하여 야기된 피해를 수입 탓으로 돌렸는지를 파악한다. 특히, 현행 협정문은 수입증가 이외의 다른 요소가 국내산업에 피해를 끼친 경우에 이러한 피해가 수입증가의 탓으로 전가되어서는 안 된다는 점을 강조하고 있다.

한편 협정문은 세이프가드 조사의 개시에 관해서는 별도의 언급이 없다. 많은 나라들은 자국법에 따라 조사를 개시하고 있다. 미국의 경우 관계당사자의 청원이나 대통령, 국제무역위원회(ITC)의 발의로 시작되고, EU의 경우에는 생산자의 제소는 인정하지 않고, 정부 또는 EU집행위원회의 직권으로 조사를 개시한다. 한국의 경우에는 국내산업에 이해관계가 있는 자의 청원 또는 당해 국내산업을 관장하는 관계행정기관의 장 그리고 산업통상자원부 산하 무역위원회의 직권 등으로 조사를 개시할 수 있다.

2) 발동절차 및 기간

세이프가드조치를 발동하고자 하는 국가는 그와 같은 의도를 WTO 세이프가드 위원회 및 관련 회원국에 통보해야 한다. 그리고 이때 실행가능한 세이프가드조치로는 수입수량제한과 같은 쿼터설정, 관세인상과 같은 가격규제, 행정규제 등 모두 가능하다. 그러나 심각한 피해를 방지하거나 구조조정을 용이하게 하는 데 필요한 정도로만 취해야 하며(최소부과), 쿼터를 설정할 경우에도 최근 3개년 평균 수입량보다 낮게 설정할 수 없다. 관련 회원국들은 30일 이내에 발동국과 세이프가드조치로 인해 발생하는 부정적 영향에 대한 적절한 보상을 협의할 수 있다.

그리고 세이프가드조치를 지연하면 회복하기 어려운 손실이 초래될 우려가 있다는 명백한 증거가 있을 경우에는 예비조사와 판정에 근거하여 200일이 초과하지 않는 범위 내에서 우선 잠정적으로 세이프가드를 발동할 수 있다.

특별한 경우를 제외하고는 그 적용기간은 4년을 초과할 수 없다. 여기서 특별한 경우란 심각한 피해를 방지하거나 치유하기 위해 지속적인 조치가 필요하다고 인정되는 동시에 피해를 입은 산업이 구조조정 과정에 있다는 명백한 증거가 제시된 경우를 의미한다. 위와 같이 특별한 경우로 인정된 경우에는 세이프가드조치를 연장할 수 있는데 모두 최초발동기간을 포함하여 총 8년을 초과할 수 없다.

한국의 마늘 세이프가드 발동 사례

1998~99년 동안 한국의 신선마늘, 냉동 및 초산조제마늘의 수입이 급증하여 한국시장 내 수입마늘의 시장점유율이 1996년 3.3%에서 1999년 12.2%로 높아지고, 국내 마늘가격이 1998년 12월 이후 과거 5년간의 평균가격보다 크게 하락하여 마늘 농가의 피해가 확산됨에 따라 1999년 9월에 농협이 산업피해구제조치 조사를 신청하였다. 이에 무역위원회는 냉동마늘과 초산조제마늘에 대해 200일 동안 285%의 긴급관세를 부과하는 잠정조치를 재정경제부에 건의하였으며, 재정경제부는 세이프가드 잠정조치를 시행하였다

이에 무역위원회는 산업피해조사와 공청회를 거쳐 2000년 3월 15일 재정경제부에 세이프가드조치를 건의하였고, 재정경제부는 이를 받아들여 2000년 6월 1일부터 2003년 5월 31일(3년) 동안 마늘에 대해 세이프가드를 발동하였다.

주요 대상품목은 깐마늘(0703.20.1000), 냉동마늘(0710.80.2000), 초산조제마늘(2001.90.9060)이고, 관세율은 깐마늘은 기본관세 376%에 긴급관세 60%(또는 300원/kg) 부과, 냉동 및 초산조제마늘에는 기본관세 30%에 긴급관세 285%(또는 1,707원/kg)를 부과하였다.

그러나 중국은 한국의 마늘 세이프가드 발동에 대한 보복으로 한국산 폴리에테르와 핸드폰에 대한 보복으로 맞서자 한국은 2000년에 세이프가드 조치내용을 변경하면서 마무리되었다.

표 3-2 마늘 산업피해 구제조치 발동경과

일자	주체	내용
1999.9.30	농업중앙회	무역위원회에 마늘수입의 산업피해조사 신청
1999.10.11	무역위원회	중국산 마늘에 대한 산업피해조사 개시 결정
1999.10.27	무역위원회	재정경제부에 중국산 마늘에 대한 잠정관세 부과 건의
1999.11.18	재정경제부	중국산 마늘에 대한 세이프가드 잠정조치 시행 냉동마늘, 초산조제마늘 임시긴급관세 285% 부과
2000.1.12	무역위원회	농민 대표 등 일반 상대 공청회 개최
2000.3.15	무역위원회	마늘산업피해 구제조치 건의 결정
2000.6.1	재정경제부	중국산 마늘에 대한 세이프가드 본조치 시행 깐마늘, 냉동 및 초산조제마늘에 긴급관세 부과

표 3-3 세이프가드 부과내용

	2000. 6. 1~12. 31		2001		2002	
	기본관세	긴급관세	기본관세	긴급관세	기본관세	긴급관세
깐마늘	376% 1,880원	60% 300원	372% 1,860원	58% 288원	368% 1,840원	56% 276원
냉동 및 초산조 제마늘	30%	285% 1,707원	30%	274% 1,639원	30%	263% 1,573원

자료: 한국농촌경제연구원

3 우리나라의 세이프가드 관련 법조항

한국의 경우 세이프가드조치의 법적 근거에는 '대외무역법상의 수입수량제한조치'와 '관세법상의 긴급관세제도', 그리고 '불공정 무역행위 조사 및 산업피해구제에 관한 법률의 세이프가드조치' 등이 있다. 구체적으로 해당 조항은 「대외무역법」의 경우에는 제4장 수입수량제한조치로서 제39조~제41조이고, 「관세법」은 제4관 긴급관세부과 제65조~제67조이다. 그리고 「불공정 무역행위 조사 및 산업피해구제에 관한 법률」에서는 제3장 수입증가로 인한 산업피해조사, 제15조는 특정한 물품의 수입증가로 같은 종류의 물품 또는 직접적인 경쟁관계에 있는 물품을 생산하는 국내산업이 심각한 피해를 입고 있거나 입을 우려가 있으면 해당 국내산업에 이해관계가 있는 자 또는 그 국내산업을 관장하는 관계 중앙행정기관의 장은 무역위원회에 해당 특정물품의 수입이 국내산업에 미치는 피해를 조사하여 줄 것을 신청할 수 있다고 규정하고 있다. 그리고 「불공정 무역행위 조사 및 산업피해구제에 관한 법률 시행령」 제12조~제17조를 들 수 있다.

WTO 세이프가드협정문과 회색지대조치

회색지대조치(grey area measures)는 '수출자율규제'(VERs), '시장질서협정'(OMA) 등으로 불리는데 WTO 세이프가드협정에서는 금지되고 있다. 즉, 반덤핑이나 세이프가드가 조사되는 과정에서 반덤핑이나 세이프가드조치를 유보하겠다는 조건하에서 선별적으로 수출가격 인상 또는 수입축소를 약속하는 것인데, 반덤핑에서는 아직도 가격수락(price undertaking) 형태로 인정되나 세이프가드에서는 모든 회색지대조치를 금지시키고 있다. 회색지대가 금지된 이유는 선진국들이 자신들의 우월적 지위를 이용하며 회색지대조치를 보호무역의 수단으로 활용해왔기 때문이다.

일반적으로 다자무역체제에 적용되는 원칙과는 모순되는 정부 간 합의에 의한 차별적 수출이나 수입제한을 의미한다. 그러나 이러한 조치가 명백한 다자규범 위반이라고는 할 수 없다. 회색조치의 주요한 예로는 시장질서유지협정, 자율수출협정 등이 있고 WTO 세이프가드협정은 현존하는 불법적 회색조치들이 1999년까지 철폐되어야 한다고 규정하고 있다.

■ Chapter **04** ■

농산물

1 개요

농산물은 곡물, 육류(낙농제품 포함), 과일, 채소, 채종유, 식품가공품 등을 일컫는데, 일반 제조업 상품과 비교하면 다음 몇 가지 점에서 차이가 있다.

첫째, 농산물을 생산하기 위해서는 경작지가 필요하고 경작하는 데 시간이 오래 걸리며, 노동집약적인 특성으로 인해 갑자기 생산을 늘리기도 어렵고 급격한 생산성 향상도 어렵다.

둘째, 기후, 토양, 생물학적 조건 등 자연환경에 크게 영향을 받기 때문에 생산이 불안정하다. 때문에 기후변화 등의 문제로 곡물 수확의 불확실성이 증대되어 시장개방에 농산물에 대한 완전한 우려가 있다.

셋째, 농산물은 먹거리로서 식품안전이 중요하고 부패, 신선도 등의 문제로 인해 이동 · 보관이 어려워 멀리 이동시키기 어렵고 교역하기도 까다롭다. 그러나 최근에는 기술 · 운송수단의 발달로 인해 이러한 제약요인들이 많이 극복되었다.

넷째, 식량안보로서 국민의 양식인 식량을 시장에 맡겨도 되는가에 대한 우려가 있다. 실제로 식량이 부족해진다면 WTO 협정이고 무역이고 무슨 생각을 할 겨를이 없을 것이다.[01] 또한 '쌀은 생명이다'라고 말할 정도로 농업에 대한 특별한 감정도 이입되어 있다.

01 김의기(2012), 『WTO를 답하다』, p.73.

다섯째, 일반 제조품과 달리 교역하는 과정에서 유해독소, 충해의 유입가능성이 있어, 위생 · 검역이 다른 상품보다 중요시된다.

농업의 다원적 기능(multi-functionality of agriculture)

WTO 농업위원회 '분석 및 정보교환(AIE)' 회의에서 농산물 수출국과 수입국 간에 가장 치열하게 논쟁했던 이슈 중 하나가 바로 농업의 다원적 기능이다. 이는 과거 UR 협상에서 우리나라를 비롯하여 주요 농산물 수입국들이 주장했던 비교역적 관심사항(NTC)보다 더 발전된 개념으로 1998년 3월에 개최된 OECD 각료회의에서 채택한 선언문에 잘 설명되어 있다. 즉, 농업은 식량공급, 수자원보호, 농촌환경의 보존, 국민정서의 순화, 농촌교육, 대기정화기능, 생태계유지, 토양유실 및 홍수방지, 생물종의 다양성 유지, 고유 전통의 보존 등 다양한 외부성을 가지고 있기 때문에 일정수준의 농업이 유지되기 위해서는 정부의 개입과 보조금지급이 불가피하다는 주장이다.

2 국제규범의 형성배경과 과정

농산물은 중요한 교역대상 상품임에도 불구하고 그동안 여러 사회적 · 정치적 요인과 식량안보 등을 이유로 특수하게 취급되어 왔다. 따라서 대부분의 국가들은 높은 수준의 수입장벽을 유지하고 있거나 광범위한 보조금을 지급해왔다. GATT에서도 농산물은 여타 상품과 다르게 취급함으로써 자유무역원칙을 제대로 적용하지 않았다. 실제로 아직도 농산물은 교역에서 수량제한 등 많은 무역제한 요인과 왜곡(distortion) 요인들이 남아있다. 구체적으로 살펴보면 GATT 규범, 가입조건, 유예 등에서 농산물 교역은 더 큰 보호조치와 광범위한 수출보조금 지급을 허용해왔다. 그 결과 농산물 시장개방은 거의 이루어지지 않았고 양허의 정도도 공산품과 비교해 훨씬 낮았다.

현재 우리나라 수입농산물 품목은 세번(HS코드)기준 1,452개이며 이는 전체 품목의 약 10%이다. 이 가운데 관세율이 100%를 넘는 고관세 품목은 분유, 감귤, 양파, 고추, 마늘, 감자, 전분, 대두, 콩, 참깨, 맥주보리 등 126개 품목으로 약 8.7%에 해당된다. 현재 우리 농산물의 평균관세율은 52.2%로서 EU의 16.5%보다

훨씬 높다.[02]

| 표 4-1 | 주요 농수산물 수입관세[03]

(단위: %)

품목	매니옥	참깨	녹두	대두	팥	마늘	쌀보리	고추	명태
관세율	887.5	630	607.5	487	420.8	360	300	270	20
품목	수삼	밤	감귤	감자	쇠고기	돼지고기	오징어	민어	닭고기
관세율	223	72	144	27	40	25	20	10	18

주: 1) 매니옥(manioc)은 카사바라고 하는 열대작물로서 옥수수, 바나나, 밀, 콩 등과 함께 대표적인 주식 식량이다. 우리가 흔히 먹는 '버블티' 등에 사용되는 타피오카가 바로 매니옥 전분가루를 이용하여 만든 것이다.
2) 2017년 현재 관세율임.

1980년대 들어 시장제한과 보조금지급에 기인하는 농산물의 과잉공급이 나타나고 경쟁력 없는 농산물이 효율적인 생산자를 몰아내어 결과적으로 농산물 경쟁력이 약해지기 시작하였다. 또한 대외적으로는 수입수량제한, 수출보조금허용, 수입부과금부과 등 교역을 왜곡시키는 많은 조치들이 존재하고 있어, 이로 인해 과잉생산의 주요 원인인 농업보조금 문제가 국내 정치문제로 비화되고 국제 문제가 되기도 하였다.

결국 농업부문의 구조적인 문제를 해결하고 농산물 교역에 있어서도 자유화를 확대하기 위해 새로운 국제규범이 필요하다는 공감대가 형성되어 농산물에 대한 수입장벽 완화와 보조금 철폐 필요성 등이 대두되어 왔는데, 마침 1986년 UR 협상이 시작되면서 농산물도 다자간 무역협상의 의제로 포함되게 되었다.

1986년부터 시작된 UR에서 농산물 협상이 가장 어려웠지만 오랜 논쟁 끝에 결국 UR 협상은 타결되었고, 'WTO 농업협정문'(Agreement on Agriculture)이 탄생되었다.

협상과정에서 미국 및 주요 농업물 수출국인 케언즈그룹(Cairns Group), 즉 캐나다, 호주, 뉴질랜드, 아르헨티나, 브라질, 태국, 인도네시아 등 15개국들과 EC

02 우리나라의 공산품(수산물 포함)의 자급률은 27%이고, 평균관세율은 6.7%로서 상당히 낮은 편이다.

03 이와 같이 높은 세율은 이들 물품에 대해 관세회피를 시도하고자 하는 강력한 경제적 유인이 되고 있다. 예) 보따리장수

등 농산물 수입국 간의 대립이 심했었다. 미국은 모든 형태의 농업지원 및 보호조치를 즉시 철폐할 것을 주장한 반면, EC는 점진적으로 철폐할 것을 주장하였다.

한편 한국, 일본 등 일부 국가들은 국제 농산물시장의 불안정성을 감안하고, 자국민의 기본식량에 대한 최소한의 자급률을 보장할 필요성이 있음을 주장하였는데, 이를 농업에 대한 '비교역적 관심사항'(Non-Trade Concerns)이라고 한다. 즉, 농업에 대한 특별한 예외조치의 일종이다.

결국 UR 농업협상은 EC의 입장이 더 반영되어 타결되었다. UR 협상의 결과 WTO '농업협정문'(Agreement on Agriculture)과 마라케시의정서에 첨부된 국별 양허표에 포함된 각국의 농업에 대한 약속이 협상 결과물로 제출되었다.

농업의 비교역적 관심사항(NTC: Non-Trade Concerns)

농업은 다른 상품과 달리 식량안보, 환경보호, 농촌사회의 유지 등 특수성이 있어 비교역적 기능을 고려해야 한다는 것이다. 실제 WTO 농업협정문 서문과 제20조에서는 농산물 협상에서 고려해야 될 사항으로서 비교역적 관심사항을 지적하고 있다. 주로 농업경쟁력이 약한 농산물 수입국들이 시장개방 압력에 대한 반대 논리로서 비교역적 관심사항을 많이 제시하고 있다. 주요 지지국가로는 한국, 일본, EU, 스위스, 노르웨이, 모리셔스 등이다.

케언즈그룹(The Cairns Group)

농산물 수출국 중에서 농산물 수출보조금을 지급하지 않는 나라들의 모임으로서 주로 WTO 등에서 농산물에 대한 관세나 보조금지급을 반대하며 농산물의 무역자유화를 추구하는 그룹이다. 회원국은 총 17개 국가로서 아르헨티나, 호주, 볼리비아, 브라질, 캐나다, 칠레, 콜롬비아, 코스타리카, 과테말라, 인도네시아, 말레이시아, 뉴질랜드, 파라과이, 필리핀, 남아프리카공화국 태국, 우루과이 등이나 호주가 중심국가로서의 역할을 하고 있다. 우루과이라운드(UR)가 시작되기 한 달 전인 1986년 호주 북동부의 케언즈(Cairns)시에서 결성되어 케언즈그룹으로 불린다. 케언즈그룹은 전 세계 농산물 수출량의 23% 이상을 차지하는 17개국의 연합으로서 자유롭고 공정한 농산물 무역을 위해 조직되었는데, 농산물 무역의 자유화가 개발도상국들을 지탱하는 힘이라고 주장하였다. 따라서 케언즈그룹은 농산물의 생산과 판매에서 보조금과 관세 등 인위적인 조절작용을 완전히 배제한 농산물 가격의 완전자유화를 목표로 하고 있다.

농업협상에서의 다양한 동맹세력(Friends Group)

대개 WTO 협상은 150여 개 이상의 국가들이 정치적 · 경제적 이해관계가 서로 얽혀 입장을 달리하므로 상당히 복잡하고 협상의 진전이 매우 느리다. 특히 선진국과 개도국의 대립, 농산물 수출국과 수입국의 대립이 가장 대표적이다. 따라서 회원국들은 자국의 협상 이해관계에 따라 뜻을 같이하는 국가들로 Friends Group(동맹그룹)을 형성하여 공동의 협상이익을 추구하게 된다. 아래 표는 DDA 협상 당시의 Friends Group의 예이다.

표 4-2 DDA 협상에서 형성된 Friends Group

Friends Group	주요 국가	공조내용
G-4	미국, EU, 인도, 브라질	DDA 협상에서 선진국과 개도국의 이익을 대변하며 협상을 이끌어가는 4개국
G-10	한국, 일본, 스위스 등 농산물 수입국	농산물 관세를 인하하는 것에 대해 반대하는 그룹
G-20	아르헨티나, 브라질, 중국, 칠레, 인도 등 개도국	선진국의 농산물에 대한 국내보조 감축, 수출보조 철폐요구
G-33	한국, 중국, 인도, 필리핀 등 개도국	농산물 개방 예외품목의 수와 범위 확대를 주장
케언즈그룹	호주, 뉴질랜드, 캐나다 등 농산물수출국	G-10그룹에 맞서 최대한 농산물 관세 감축을 요구
NAMA-11	인도, 브라질, 아르헨티나, 남아공 등 개도국그룹	비농산물 협상에서 개도국 우대를 강조

3 UR 농산물협정의 주요 내용

1) 시장접근

첫째, UR 농산물협정문은 '예외없는 관세화'(tariffs only)를 기본원칙으로 하고 있다. 따라서 농업부문에 있어 모든 비관세장벽, 예를 들어 수량규제, 수입부과금, 수입금지 및 허가 등은 모두 폐지되고 일반관세 부과조치로 전환하였다. 다만 국제수지조항(제12조), 경제개발을 위한 정부지원(제18조), 특정품목의 수입에 대한 비상조치(제19조) 등은 예외로 허용하였다.

협상결과 전체적으로 40여 개국이 농산물 보호형태를 비관세에서 관세형태로 전환하였고, 과세번호를 기준으로 보면 전체 3/4 품목을 관세화하였고 나머지 1/4 품목은 비관세화 조치를 그대로 유지하였다.

관세화(tariffication)

관세화란 수량제한, 수입허가 등 각종 비관세 수입제한조치를 모두 관세형태의 무역제한조치로 전환한다는 것을 의미한다. 즉, 수량제한, 과징금, 수입금지 등 비수량적 관세조치를 수량적 관세조치로 대체하는 것이다. 이때 새로운 관세는 종가세일 수도 있는데 종가세의 경우 관세율의 정도는 '관세상당치(tariff equivalent)'라고 하여 수입가격과 국내가격의 차이만큼 부과된다. 관세상당치 계산방법은 아래와 같다.

$$\text{관세상당치(TE)} = \frac{\text{국내가격} - \text{국제가격}}{\text{국제가격}} \times 100$$

그런데, 일반적으로 비관세 수입제한조치는 관세조치보다 훨씬 교역에 있어 제한적이고 경우에 따라서는 근본적으로 수입을 차단할 수 있으나, 관세화는 일정관세만 지불하면 수입을 제한할 수 없기 때문에 실질적으로 수입을 자유롭게 허용(양허)한 수입자유화조치라고 볼 수 있다.

대신에 UR 협상에서는 관세화에 따른 수입급증 또는 가격하락이 발생할 경우를 대비하여 특별세이프가드조치를 허용하였다. 한국의 경우 최근까지 관세화되지 않은 대표적인 품목이 바로 '쌀'이었다.

둘째, 최소시장접근이다. 수입이 국내소비의 5% 미만으로 미미한 품목에 대해서는 과거 3년간의 소비량을 기준으로 최소 국내 소비량의 3%를 허용하고 이를 관세할당(tariff quota) 제도를 이용하여 단계적으로 선진국은 2000년까지, 개도국은 2004년까지 5%수준으로 확대하도록 하였다. 이를 최소시장접근이라고 한다.[04]

셋째, 관세인하에 관하여 협상결과와 관세화를 통해 얻어진 관세를 포함한 일반 농산물 수입관세는 선진국은 향후 6년 동안 평균 36%를(개별품목별로는 최소 15% 이상 인하), 개도국은 10년간 선진국 약속의 2/3 수준인 24%를 감축하기로 합의하였다.

04 WTO 농업협정문 부속서(Annex) 3, Section A.

기타 예외적 허용조치로는 다음 두 가지가 있다. 하나는 농산물 관세화의 보완 장치로서 일반관세로 전환한 농산물에 대해서는 '특별세이프가드'(SSG: Special Safeguards)가 허용되었다. '특별세이프가드'란 농산물 수입이 급증하거나 수입가격이 크게 하락하는 경우에 추가적인 임시관세 부과를 허용하는 제도이다.[05] 기본적으로는 일반세이프가드와 같은 개념이나 일반세이프가드와 같이 국내산업의 피해 여부 및 수입증가와 피해 간의 인과관계 증명 없이 수입량이나 가격이 일정수준 이상으로 변동하면 조치가 가능하여 이용하기가 좀 더 쉽도록 하였다. 그러나 특별세이프가드는 이미 관세에 의해서만 보호되던 품목에 대해서는 적용할 수 없고, 관세화(tariffication) 대상이었던 품목에만 적용할 수 있다.

다른 또 하나는 특별대우품목(special treatment)을 인정하였다는 점이다. 당장 관세화하기 어렵거나 '전통적인 식생활에서 주식(staple)으로 사용되는 주된 농산물'에 대해서는 선진국은 6년, 개도국은 10년 동안 관세화를 유예하거나 비관세조치를 유지할 수 있도록 하였다.[06] 그 대상은 한국, 일본, 대만, 필리핀의 쌀과 이스라엘의 양고기, 치즈 등이다.[07] 그러나 특별대우품목으로 인정받은 경우에도 최소시장접근은 보장해야 하는데, 최초시장접근은 1%에서 시작하여 이후 10년에 걸쳐 최소 4%까지 시장접근을 보장하여야 한다. 한국의 쌀 관세화에 대해서는 아래 [표 4-3]을 참고하기 바란다.

10년 후 특별대우품목의 계속 여부는 시행기간 종료시점에서 이루어지는 협상에서 결정되는데, 이때 '추가적으로 수용가능한 양허'가 요구될 수 있다. 일본은 최소시장 접근 물량에 대한 부담감으로 이미 1999년에 341엔/kg(관세율 약 300~400%)로 관세화를 하였고, 한국은 2015년부터 관세율 513%로 관세화하기로 하였다. 따라서 현재에는 필리핀만이 쌀에 대한 관세유예를 유지하고 있는데, 필리핀의 경우에도 현재 80만 톤의 의무수입량을 2017년부터 관세화하기로 하

05 WTO 농업협정문 제5조.

06 WTO 농업협정 부속서 5.

07 일본은 2000년까지 유예하기로 하였으나 2년 먼저인 1999년에 관세화를 실시하였다. 현재 일본은 쌀에 대해 종량세를 부과 중이나 종가세로 전환하면 약 150%의 관세에 해당된다. 대만은 2003년에 관세화로 전환하였고, 필리핀은 두 번의 유예연장을 거쳐 오는 2017년 7월부터는 관세화할 예정이다. 현재 필리핀의 연간 의무 수입량은 80만 톤이다.

였다.

2) 보조금 감축

많은 나라들은 국내농업을 보호하고 농업생산을 장려하기 위해 다양한 형태의 보조금을 지급해 왔었는데, 이것이 농산물 과잉생산과 농산물 교역왜곡을 초래하였다. 보조금과 관련하여 UR 농산물협상에서는 정부의 농업지원, 조세감면, 우대금융 등 모든 형태의 보조금 감축을 합의하였다. 국내지원(보조금)에 관한 WTO의 규정이 마련된 취지는 무역왜곡 요인이 되고 있는 각종 지원제도를 가능하게 하는 왜곡적인 조치와 정책으로 전환시키기 위한 것이다.

WTO는 보조금을 허용보조금(green box)과 상계조치가능보조금(Amber box), 그리고 금지보조금(red box)으로 구분하였다. 이때 허용보조금이란 특정성이 없거나, 특정성이 있더라도 연구개발지원이나 지역개발지원(낙후지역지원) 및 환경보존을 목적으로 지급되는 보조금이다. 상계조치가능보조금이란 보조금 지급이 상대국에 심각한 피해를 입힌 경우 상계관세 등을 통한 상계조치가 가능한 보조금이다. 일반적으로 허용보조금은 무역왜곡을 초래하지 않고, 상계보조금은 무역왜곡을 초래하는 것으로 보고 있다.

UR 농업협상에서는 농업에 대한 허용보조금은 계속해서 허용하였다. 다만 농업협정 부속서 2의 요건에 부합하는 것을 요구한다. 허용보조금의 예로는 정부서비스의 일종으로 연구, 방충해방제, 교육훈련, 유통촉진, 하부구조개선, 식량안보를 위한 공공재고 보유 등이 있다. 또한 생산중립적 소득지지, 재해복구, 은퇴농민지원, 휴경보상, 환경보전지원, 낙후지역지원 등이 있다.

그리고 상계보조금에 대해서는 총화폐가치를 감축하기로 약속하였다. 이때 감축을 위한 보조금 측정은 지급되는 보조금의 총화폐가치(AMS: Aggregate Measurement of Support)를 기준으로 삼았다. 당시 모델리티에 따르면 허용보조금에 해당되지 않는 모든 보조금은 상계조치가능보조금으로 간주하여 감축의 대상이 되는데, 이때 감축방법은 모든 국내 보조금을 연간 총보조금의 총화폐가치(AMS)를 측정하여 이를 선진국은 6년 동안 20% 감축하고, 후진국은 10년 동안

13.3% 감축하기로 합의한 것이다.

그러나 예외적으로 최소허용 또는 소액(de-minimis)허용보조금을 설정하여 미소한 왜곡효과를 일으키는 소액의 보조금은 지급을 허용하였다. 즉, 특정품목의 총생산액의 5%(개도국의 경우 10%) 정도는 보조금을 지급하는 것을 허용하였다. 현재 한국의 경우 일부 농산물에 대한 보조금지원이 이를 근거로 하고 있는데, 소액허용금액은 농업 총생산가액의 10%에 해당하는 금액이다.

3) 수출보조금 감축

수출보조금의 경우에도 과거 3년 지원금액을 기준으로 1995년부터 선진국은 6년 동안 36% 감축, 개도국은 10년 동안 선진국의 2/3 수준인 24%를 감축하는데 합의하였다. 감축대상 수출보조금으로는 수출실적에 따라 지급되는 보조금, 시장가격보다 낮은 정부의 수출판매, 재고처분, 사실상의 정부조달, 수출품에 포함되는 정도에 따라 지급되는 보조금, 수출판매 및 운송비용에 영향을 미치는 보조금이 이에 해당된다.

4 개도국에 대한 우대조치

농업협정문 서문은 개도국에 대한 우대조치를 언급하고 있으며, 이는 선진국의 시장접근에 대한 약속이다. 개도국들이 특별한 관심을 갖고 있는 열대상품 및 작물과 같은 농산물에 대한 수출기회의 확대가 필요하다는 점을 충분히 고려함으로써 불법적인 마약재배를 근절하고 생산의 다양화에 기여한다는 점에 합의하였다.

현재 우리나라는 농업분야에 대해서는 개도국지위를 인정받고 있기 때문에 많은 예외적인 조치를 인정받고 있다. UR 농업협상에서 개도국에 대해서는 선진국보다 낮은 감축률과 긴 이행기간을 허용하였다. 관세인하율, 보조금감축률은 선진국의 2/3 수준으로 낮고, 또 이행기간은 선진국의 6년보다 4년이 긴 10년으로 우대하였다. 개도국의 특별취급품목(관세화유예품목) 가운데 전통적 식품소비 패턴상 매우 중요한 농산물 1개 품목은 선진국과 달리 이행 초기 연도에 국내 소비량

1%만을 시장접근으로 허용하고 향후 연차적으로 4%까지 늘려나가도록 하였다.

농업 · 농촌개발을 촉진시키기 위한 직 · 간접적 지원조치는 개도국 개발정책의 일환으로 보조금 감축대상에서 제외시켰다. 그리고 최빈개도국에 대해서는 모든 감축의무를 면제하였다.

부록 우리나라의 쌀관세화 유예내용

1 배경

한국은 UR 협상당시 농업협정문 부속서 5의 규정에 따라 일본, 필리핀, 대만 등과 같이 쌀에 대해 '전통적인 식생활에서 주식(staple)으로 사용되는 주된 농산물'이라는 특별대우(special treatment) 품목으로 인정받아 1995년부터 10년씩 추가적으로 관세화를 유예받아 왔다. 그러나 특별대우품목으로 인정받은 경우에도 1~4%의 최소시장접근은 보장해야 한다.

WTO 쌀관세화 유예 근거조항으로는 부속서 제5항, 제8항(10차년도에 유예연장 여부 결정), 제9항(연장시에는 수락가능한 양허 부여), 제10항(관세유예 종료 후에는 관세화) 등이 있다.

2 쌀관세화 유예경과 및 타결내용

쌀관세화 유예에 따라 한국은 그동안 두 차례 20년 동안(1차: 1995~2004년, 2차: 2005~2014년) 쌀시장의 관세화를 유예하고 연간 소비량의 약 1~4%(1차)와 5~7.9%(2차) 정도의 최소시장접근만을 허용해왔다. 그 중에서 2차 관세유예는 2005년부터 2014년까지 10년인데, 당시 농림부는 미국 · 중국 · 타이 · 오스트레일리아 등 9개국과 벌여온 쌀협상에서 쌀관세화를 10년 동안 유예받는 대신 해마다 의무수입물량(저율관세 수입물량인 TRQ)을 2만여 톤씩 늘려 마지막 해인 2014년에는 41만 톤 수준을 수입하기로 합의하였다. 국내 소비량(1988~1990년 평균) 기준으로는 기존 4%에서 8%로 늘어났다. 또한 쌀수입은 국영무역방식으로 하되 수입쌀 가운데 밥상용으로 시판하는 물량을 첫 해인 2005년 10%(2만 2,575톤)로 시작해 최고 30%(2014년 12만 3,137톤)까지 늘리기로 합의했다.

| 표 4-3 | 2차 쌀관세화 유예내용

쟁점	내용	비고
유예연장기간	2005~2014(10년)	5년차인 2009년 다자간 이행상황 중간 점검
저율관세 수입물량(TRQ) 증량	2004년 20만 5천 톤에서 2014년 41만 톤으로 해마다 균등증량(40만 톤은 국내 쌀소비의 약 9% 비중임)	국내소비량(1998~1990년) 기준 4%에서 8%로 두 배 증량
수입방식 및 수입물량 용도	국영무역방식 유지, 가공용과 밥쌀용으로 판매	밥쌀용 비율은 2010년에 30%까지 균등증량한 뒤 2014년까지 30% 유지
수입물량 국가별 배분	기존 물량(20만 5천 톤)은 미국 · 중국 · 타이 · 오스트레일리아 4개국에 쿼터 설정, 나머지 증량분은 공개 입찰	특수용도 쌀 별도 구매가능성 허용
기타 양자현안 등	농축산물 검사 · 검역 등을 포함한 양자현안은 쌀 협상과 분리해 논의	

3 쌀관세화 결정

한국정부는 2015년부터 관세화 유예를 폐지하고 잠정적으로 513%의 관세를 부과하는 조건으로 쌀시장을 개방하였다. 513% 관세는 관세상당치=(국내가격−국제가격)/국제가격인데, UR 협상당시의 쌀가격으로 1986~1988년 중국의 수입쌀 평균가격과 국내산 쌀 가격을 기준으로 하였다. 과거 일본의 경우 1999년 관세화 유예를 포기하고 관세화를 결정하였는데, 당시 종량세 기준 402엔/kg으로 이를 종가세 기준으로 환산하면 1,256% 수준이었다.

■ Chapter **05** ■

위생 및 검역제도(SPS)

1 도입

UR 협상으로 농산물 수출입이 증가함에 따라 외래 병충해, 악성 전염병 등 수입농산물에 대한 소비자의 안전성에 대한 우려가 대두되었다. 예를 들어 미국 등 선진국은 곡물을 저장할 목적으로 농약을 사용하거나 축산물의 성장을 촉진하기 위해 항생제를 사용하고 식품 보존을 위해 첨가물 사용이 만연한데, 이러한 농산물들이 교역을 통해 다른 국가로 유입될 가능성이 높아졌다.

실제로 최근 몇 년간 전 세계적으로 식품안전관련 사고가 끊임없이 발생해 왔다. 미국의 경우 2006년부터 2010년 동안 '오염시금치사건', '살모넬라균사건', '땅콩잼사건', '오염계란사건'이 발생하여 국민들을 공포에 떨게 한 경우가 있었고, 2011년 독일에서는 계란, 돼지고기, 닭고기 등 식품에서 다이옥신이 발견되어 국민을 불안하게 했다. 일본에서는 중국 쓰레기만두 사건이 발생하여 중국산 수입품에 대한 불신을 일으키기도 하였다.[01]

인간, 동물, 식물의 생명과 건강을 위협하는 유해물질의 종류는 크게 유해독소와 전염병 등 2가지로 구별할 수 있다. 유해독소의 예로는 다이옥신 돼지고기[02](벨기에(1999), 칠레(2008)), 기생충알이 검출된 중국김치, 멜라민이 첨가된 중국분유, 세균에 오염된 김, 항생제가 검출된 뱀장어,[03] 콩 · 옥수수 등의 변형 GMO 식

01 중남(2016), 『SPS 협정하 중국의 식품안전법에 대한 연구』, 부산대학교 석사학위 논문, p.1.
02 다이녹신은 산모의 모유에 악영향을 미친다.
03 살균제, 곰팡이 기생충억제제로 사용되는 말라카이트그린으로서 주로 양식장에서 사용된다.

품 등을 들 수 있다.

전염병의 예로는 미국, 캐나다, 영국 등 쇠고기광우병, 조류인플루엔자, 돼지구제역, 콜레라, 소나무재선충(1997), 바퀴벌레, 솔잎혹파리(소나무, 1995년), 벼물바구미, 미국 흰불나방(1993), 돼지 오제스키병,[04] 사과 화상병(2003년),[05] 소전염성기관염, 쇠가죽파리증, 온실가루이[06] 등 매우 다양한 사례가 있다.

표 5-1 위생검역을 이유로 무역이 제한된 사례

	연도	품목	내용
위생	1999	돼지고기	벨기에산 돼지고기에서 다이옥신 중금속이 오염되어 수입금지
	2002	시금치	일본, 중국산 냉동시금치에서 기준치를 초과하는 잔류농약이 검출되어 수입금지
	2005	김치	한국, 중국김치의 기생충알 감염으로 수입금지
		뱀장어	한국, 중국 말라카이드그린에 감염된 뱀장어 수입금지
	2008	돼지고기	칠레산 돼지고기의 다이옥신 중금속 오염되어 수입금지
		만두	일본, 중국 냉동만두에서 농약기준치 100배 검출이유로 수입금지, 톈양식품 공장에서 근무하였던 직원을 용의자로 체포함.
		분유	홍콩, 싱가포르, 일본 등 중국산분유 멜라민 첨가되었다는 이유로 수입금지
	2012	막걸리	중국, 한국 국순당 막걸리 미생물기준 초과로 수입금지
	2013	수산물	한국, 일본 후쿠시만 원전 오염수 유출에 따른 인근지역 수산물 수입금지
	2017	김치	한국, 중국김치 방부제 성분 검출로 반출 · 폐기
검역	2003	삼계탕	중국, 한국 조류독감 발생을 이유로 삼계탕 및 가금류 가공식품 수입금지
	2015	오렌지	한국, 미국 캘리포니아산 오렌지 구아바과실파리 발견으로 수입금지
	2017	삼계탕	중국, 한국 조류독감 발생을 이유로 농협목우촌, 참프레 · 교동식품 등 삼계탕 수출금지

04 돼지의 수태에 악영향을 미친다.
05 사과, 배, 능금의 열매나 잎이 화상을 입은 것 같이 검게 타들어가는 병으로 미-일 간의 사과분쟁 대상이 되기도 하였다.
06 원예작물에 피해를 주는 곤충 배설물이 그을음병을 유발시켜 상품가치를 떨어트린다.

그림 5-1 | 원인별 전염병의 사례들

구아바 과실파리 / 소나무 재선충 / 사과 화상병 / 나왕각재벌레

이러한 유해병충 및 가축질병이 일단 국내로 유입되면 특성상 완전히 박멸하기 불가능하고, 또 매우 큰 비용이 소모되므로 사회적으로 큰 문제가 될 수 있다. 우리나라의 경우 식물검역부에 따르면 2012년 7~9월 동안 바나나(677건), 나왕각재(114), 파인애플(93), 양상추(45), 자몽(30), 마늘(27), 파프리카(16), 호밀(10건), 꽃양귀비(7), 토마토(7), 고추(6) 등에서 주로 병해충이 검출되었다. 바나나 · 파인애플 · 오렌지 · 선인장묘는 가루깍지벌레과, 목재류(나왕각재, 아카시아각재)는 바구미과, 나무좀과 검역해충 검출이 많아 소독처분비율이 높다는 것이다.

| 표 5-2 | 현재 수입품에서 검출되고 있는 주요 병해충

병해충명		검출빈도	관련품목
전염병	Prune dwarf virus(바이러스)	7회	복숭아종자
	Bipolaris spicifera(곰팡이)	4회	호밀종자
	Cherry leaf roll virus(바이러스)	3회	복숭아종자
	Dendryphion penicillatum(곰팡이)	3회	꽃양귀비종자
	Squash mosaic virus(바이러스)	2회	메론종자, 호박종자
병해충	Cryptolestes ferrugineus(갈색머리대장)	136회	관엽식물 묘목
	Alphitobius diaperinus(외미거저리)	68회	펠렛, 단박피, 목화씨
	Brachypeplus rubidus(밑빠진벌레과)	57회	나왕각재, 아카시아나무각재
	Carpophilus obsoletus(밑빠진벌레과)	23회	나왕각재, 도토리, 목화씨
	Pseudococcus longispinus (긴꼬리가루깍지벌레)	17회	오렌지, 드라세나묘목, 레몬
	Xyleborus agnatus(나무좀과)	17회	나왕각재
	Platypus curtus(긴나무좀과)	16회	나왕각재

병해충	Necrobia rufipes(붉은다리개미붙이)	16회	코프라박펠렛, 목화씨피펠렛
	Platypus cupulatus(긴나무좀과)	15회	나왕각재, 코코넛껍질
	Pantomorus cervinus(장미둥근흠바구미)	14회	오렌지, 레몬
	Oryzaephilus mercator(가는납작벌레과)	13회	아몬드박, 배합사료, 밀
	Psammoecus desjardinsii(가는납작벌레과)	13회	나왕각재
	Liriomyza huidobrensis(굴파리과)	13회	양상추, 꽃양배추
	Dacne japonica(버섯벌레과)	10회	표고버섯
	Nysius raphanus(긴노린재과)	10회	혼합채소, 겨자, 양상추

자료: 식물검역부(2012. 10)

그림 5-2 ▮ 세관원의 검역모습

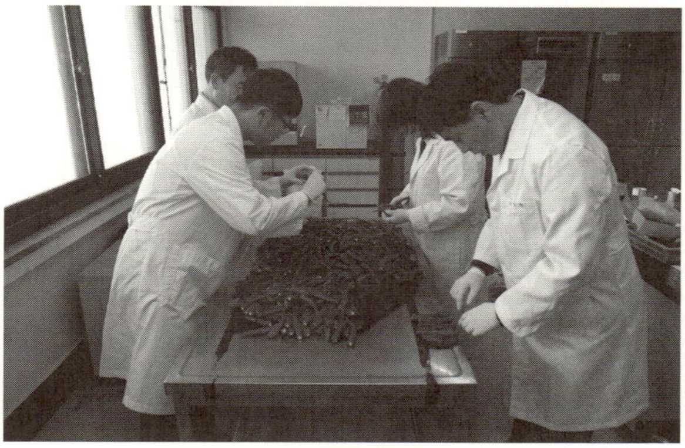

2 WTO 위생검역협정문(SPS)의 제정

시장이 개방되고 농산물의 국가 간 이동이 자유롭게 되면 농산물과 함께 병해충도 이동하기 쉽다. 유해병충해의 경우 한 지역에서 다른 지역으로 전파되면 예상치 못한 엄청난 피해가 유발될 가능성이 있고, 식품의 경우 생산이나 제조 및 유통과정에서 투입되는 농약, 식품첨가물, 항생제, 성장촉진제 등의 유해물질이 함유된 상품이 유입될 경우 소비자의 건강과 안전에 큰 위협이 될 수 있다.

따라서 1947년 제정된 GATT에서도 위생검역을 이유로 무역을 제한할 수 있는 근거를 가지고 있었다. GATT 제20조(일반적 예외조항)에서 공중도덕, 국가안보, 천연자원의 보호, 그리고 고고학적 가치가 있는 국보를 보호하기 위해 무역을 제한할 수 있다고 나열하고 있다. 그 중의 하나로서 (b)항에서 위생 및 검역을 이유로 무역을 제한할 수 있다고 언급하고 있다. 단, GATT 제20조 (b)항에서는 조건을 명확하게 명시함으로서 위생 및 검역을 이유로 함부로 무역을 하지 못하도록 하고, 또 위생검역을 보호무역의 수단으로 사용하지 못하도록 하고 있다.

GATT 제20조 (b)항 위생검역을 이유로 무역 제한

GATT 제20조 (b)항: "인간 및 동 · 식물의 생명 혹은 건강보호를 위하여 필요한 조치, 단, 이러한 조치가 동일한 조건하에 있는 국가 간에 자의적이며 불공평한 차별의 수단 또는 국제무역에 대한 위장된 제한조치로 사용되지 않을 것을 조건으로 한다."

WTO 위생검역조치(SPS: Sanitary and PhytoSanitary Measures)[07]란 식품 및 동식물의 검역에 적용되는 협정으로 식품첨가물, 오염물질(잔류농약, 중금속, 기타 오염물질), 병원성 미생물, 독소 등 4개 분야에 걸쳐 기준치와 규격을 정해놓고 이를 금지하기 위해 무역을 제한할 수 있는 권리를 보장하는 조치이다.

그런데 위생 및 검역조치에 대한 통보의무가 없기 때문에 각국은 위생 및 검역을 이유로 농산물 수입을 억제하는 수단으로 악용하는 사례가 많았다. 일종의 비관세장벽이다. 이와 같이 위생검역을 이유로 무역을 제한하는 것이 정당한 권리이기는 하였으나, 일부 국가에게는 이러한 조치가 위생검역을 이유로 지나치게 무역을 제한하는 구실로 사용된다는 주장도 많았다.[08]

따라서 대표적인 비관세장벽으로 알려진 SPS조치의 경우 과거에는 생명과 건강보호에 관련된 국내정책들은 온전히 국가의 주권사항이었으나 무역자유화의 물결 속에서 이러한 정책의 정당성 판단이 국제무역규범의 규율하에 놓이게 되면서 '무역자유화' 와 '생명 및 건강의 보호'라는 가치 사이의 충돌이 발생하게 되었다.

07 'phyto'는 '식물'이라는 접두어이다.

08 예를 들어 2003년에 한국이 광우병을 이유로 캐나다, 미국으로부터의 쇠고기를 수입금지한 경우가 있고, EU가 유전자변형(GMO)을 이유로 미국으로부터 옥수수, 콩의 수입을 금지한 경우가 있었다.

결국 1986년 9월 20일 우루과이의 푼타델에스테(Punta Del Este)에서 개시된 우루과이라운드(UR) 협상에서 GATT 체약국들은 각료선언을 통해 농산물 교역과 관련하여 위생검역관련 규정이 농산물 무역에 미치는 부정적인 영향을 최소화시키는 것에 합의하였다. 합의에 따라 1988년 9월 13일 UR 농산물협상그룹은 위생검역조치에 관한 작업단(Working Party on Sanitary and Phytosanitary Measures)이 설치되었다. 장기간의 협상을 통해 위생 및 검역조치에 대한 규정이 1993년 12월 15일 타결된 UR 협상 의정서에 농업협정문과 나란히 포함되었다.[09] 본래는 농업협정문에 부속서 형태로 제정하려고 하였으나 미국과 EC 회원국들이 위생조치의 중요성을 강조하여 결국 별도의 위생검역협정문(Agreement on the Application of Sanitary and Phytosanitary Measures; SPS협정문)이 마련되었다.

주요 목적은 위생 및 검역제도의 합리적인 시행을 통하여 인간 및 동식물의 건강과 위생상황의 개선을 추구하면서도, 동시에 과도하고 자의적인 위생 및 검역규제가 무역에 미치는 부정적인 영향을 최소화하기 위한 것이다. 다시 말하면 한편으로는 유해독소, 전염병으로부터 국민의 생명과 건강을 보호하고, 다른 한편으로는 지나친 위생검역활동이 국제무역에 부정적 영향을 미치지 않도록 위생 및 검역제도에 대한 합리적인 국제규정을 제정할 필요가 있었던 것이다.

3 위생검역협정문(SPS 협정문)의 주요 내용

1) 기본원칙

첫째, 회원국은 인간 및 동식물의 생명과 건강을 보호하기 위하여 위생 및 검역조치를 취할 수 있는 권한을 갖는다. 둘째, 인간 및 동식물의 생명과 건강을 보호하는 데 필요한 범위 내에서만 적용한다. 셋째, SPS는 과학적 근거주의, 최혜국대우, 내국민대우원칙이 적용된다. 과학적 근거주의는 과학적 근거에 기초하여 무역

09 중남(2016), 『SPS 협정하 중국의 식품안전법에 대한 연구』, 부산대학교 석사학위 논문, p.15.

을 제한해야 한다는 것이다. 최혜국대우는 외국상품에 대해 동등한 대우를 한다는 것으로, 동일하거나 유사한 조건하에 있는 회원국에 대한 자의적이고 부당한 차별을 금지한다. 내국민대우는 자국상품과 수입상품 간의 차별이 있으면 안된다는 원칙이다. 마지막으로 위생검역을 국제무역에 대한 위장된 무역제한수단으로 사용하는 것을 금지한다.

(1) 국제기준과의 조화(상이한 회원국 간의 공동원칙수립, 인정 및 적용)

위생 및 검역과 관련되는 영역에 있어서 국제기구의 기준, 지침, 권고에 부합하는 위생 및 검역규제는 WTO 'SPS협정'에 부합하는 것으로 간주한다. 따라서 이러한 경우 아래 3개 기관에서 권고한 국제기준, 지침, 권고에 기초하여 적용한다. 예를 들어 국제식품규격위원회(CAC: Codex Alimentarius Commission)는 회원수 175국으로서 식품안전 관련규정으로 세계적으로 통용될 수 있는 기준 및 규격 등의 개정을 통해 소비자의 건강을 보호하고 국가 간 식품의 원활한 교역을 규정한 식품법령이다.[10] 국제가축전염병사무소(OIE: International Office of Epizootics, 국제수역(獸疫)사무국)는 동물검역관련 국제기구이다. 그리고 국제식물보호협약(IPPC: International Plant Protection Convention)은 식물의 검역과 관련된 국제기구이다.

국제기준을 활용한 사례는 다음과 같다. 한국은 인삼의 주요 수출국인데 스위스 등 주요 수입국들은 인삼을 의약품으로 분류하며 검사나 수입절차가 까다롭게 하여 한국인삼 수출을 어렵게 하였다. 또한 중국은 2012년 9월에 5년근 이하 인삼을 '신자원식품'으로 규정하고 있어 규정의 모호성, 세부법령 부재 등으로 국내 인삼제품 수출에 어려움을 겪었다. 이에 한국은 지난 2016년 7월에 우리 인삼을 식품으로 분류한 규격을 국제식품규격위원회(CODEX)에 신청하여 채택되는 성과를 이루었다. 이제 인삼은 식품으로 분류되어 과거보다 훨씬 쉽게 수출되고 있다.

또한, 중국에서는 '파오차이(辣白菜)'라는 절임김치를 주로 애용하는데 중국의

10 예를 들어 Codex의 '김치(kimchi)에 관한 규격' 등이다. 즉, 김치는 배추(Brassica pekinensis Rupr.)를 절여서 마늘, 무, 고추가루, 생강 등을 버무린 후 저온숙성시킨 것으로, 색깔은 붉고, 맛은 짜고, 맵고, 시고, 질감은 아삭아삭해야 한다.

파오차이는 발효과정 없이 소금에 절인 채소에 조미료를 넣고 끓여 밀봉하는 형태이기 때문에 유산균수가 적지만, 한국의 김치는 생채소와 양념을 버무려 유산균을 발효시키기 때문에 유산균수가 많다. 따라서 한국산 김치를 중국 파오차이 기준으로 세균검사를 하면 그 기준을 통과시키기 어렵다.[11]

한편, 과학적 정당성이 있거나 회원국이 관련규정에 따라 적절하게 결정하는 경우에는 국제기준보다 높은 수준의 SPS조치가 가능하다. 즉, 각국은 자국의 위생 및 검역조치를 이 기준, 지침, 권고에 일치시켜야 하나 과학적인 정당성이 있거나 위생 및 검역의 '위험평가와 적정보호수준(제5조)' 판단에 기초하여 잠재적인 위험이 있다고 판단하는 경우에는 국제수준보다 높은 보호수준을 도입하거나 유지할 수 있다. 이러한 규정은 필요 이상으로 무역을 제한하지 못하도록 규정하고 있는 TBT와는 차이가 있는 규정이다.

(2) 동등성 원칙의 인정

수출국의 위생 및 검역방법이 수입국의 방법과 상이하더라도 수출국이 수입국의 위생 및 검역의 적정 보호수준을 달성한다는 것을 객관적인 증거로 제시하면 수입국은 수출국의 위생 및 검역조치를 자국의 것과 동등한 것으로 인정하여야 한다는 것이다. 단, 이에 대하여 수입국이 원할 때에는 검사, 시험 및 기타 관련절차를 수행할 수 있는 정당한 접근이 보장되어야 한다. 예를 들어 식품의 안정성을 높이기 위해 살균을 할 경우 열처리 방법을 사용하는 살균도 방사능살균이나 화학적 살균과 마찬가지로 방사능살균이나 화학적 살균 등을 하는 살균이라는 최종목적을 달성하는 경우에는 모든 방법을 동등하게 인정해야 한다는 것이다.

중국은 지난 2015년에 한국 업체의 흰우유 살균방식을 이유로 한국산 살균유의 등록을 보류한 경우가 있었다. 당시 한국의 흰우유는 주로 130도 이상에서 2~3초간 살균하는 초고온살균 방식을 채택하여 우유맛이 고소하여 중국 소비자에게 큰 인기를 끌었다. 한국 우유가 중국 내에서 인기를 끌면서 중국의 한국 흰우유 수입이 급증하자 중국은 새롭게 제정된 규제를 근거로 72도에서 15초간 살균하는

11 현대경제연구원(2016), 『중국의 대한국 보호무역 현황과 시사점』, 중국질량감독총국(http://www.aqsiq.gov.cn) 자료 취합.

방식을 요구하였다.[12] 이는 SPS협정의 동등성에 위배될 가능성이 있다.

(3) 위험평가제도와 적정보호 수준의 결정

위험평가란 수입국 영토 내의 해충, 질병의 도입, 전파의 가능성과 이에 관련된 생물학적 · 경제적 평가, 첨가제, 오염물질, 독소의 존재로 인하여 발생하는 악영향에 대한 평가를 말한다. WTO협정문은 수입회원국의 영토 내에서 해충 또는 질병의 도입, 정착 또는 전파의 가능성과 이와 연관된 잠재적인 생물학적 및 경제적 결과의 평가 또는 식품, 음료 및 사료 내의 첨가제, 오염물질, 독소 또는 질병원인체의 존재로 인하여 발생하는 인간 또는 동물의 건강에 미치는 악영향의 잠재적 가능성에 대한 평가라고 기술하고 있다. 다시 말하면 동식물 식품규제의 객관적 지표로서의 역할, 병충해의 전파가능성과 그로 인한 경제적 결과, 인간 및 동식물의 건강에 미치는 잠재적 악영향을 평가하는 것이다.

또한 WTO에서는 위생 및 검역규제조치가 관련 국제기구에 의해서 개발된 위험평가기술을 참작하여 인간 및 동식물에 미치는 위험을 평가한 결과에 기초하여 적정보호조치를 결정해야 한다고 규정하고 있다. WTO는 적정보호수준에 대해 자기 나라 영토 내의 인간, 동물 또는 식물의 생명 또는 건강을 보호하기 위하여 위생 또는 식물위생조치를 수립하는 회원국에 의해 적절하다고 판단되는 보호수준이라고 기술하고 있다. 그리고 적정보호수준을 결정하기 위해서는 기술적 및 경제적인 타당성을 고려하여 동 조치가 위생 또는 식물위생보호의 적정수준을 달성하는데 필요한 정도 이상의 무역 제한적인 조치가 되지 않도록 보장해야 한다.

(4) 병충해 발생지역의 구분

수입국의 위생 및 검역조치는 수출국의 지역별 특성을 고려하여 취해져야 한다는 뜻이다. 즉, 수출국의 지역에 따라 병충해 발생지역과 미발생지역으로 구분되어야 한다는 것이다. 따라서 수출국 내에서 병충해 발생하더라도 병해충이 발생되지 않은 지역으로 입증될 경우 이 지역에서 생산된 제품에 대해서까지 수입을 금

12 한국무역협회(2015), NTB 뉴스.

지할 수 없다는 것이다. 예를 들어 미국 광우병은 2003년에 워싱턴주에서 처음 발생하였는데, 만약 적절한 통제가 이루어지고 있다면 워싱턴주 이외의 지역에서 생산된 쇠고기는 광우병의 위험이 없어 수입이 가능하다는 논리이다. 또 다른 예로는 중국 흑룡강성 지역에서 구제역이 발생한 경우 이 지역에서 멀리 떨어져 있는 운남성이 청정지역으로 지정받는 한 운남성 지역에서 생산된 돼지고기는 받아들여야 한다는 뜻이다.

한국의 경우에도 마찬가지다. 그리고 최근 중국인들의 한국 삼계탕에 대한 인기가 높은데 2016년 말에 한국에서 조류독감이 발생하여 중국으로의 수출이 막힌 적이 있었다. 그러나 국내 기업들은 SPS 병충해 발생지역의 구분 조항에 근거하여 AI 피해지역 10km 밖의 닭은 청정 닭으로 인정받아 중국으로의 수출을 허용해달라고 주장하고 있으나 받아들여지 않았다. WTO SPS협정은 병충해의 미발생지역이나 제한적 발생지역의 개념을 인정하고 있다.

한편, 병충해 발생지역별 특성을 평가함에 있어서는 특정 병충해의 발생수준, 박멸 및 방역계획의 유무, 관련 국제기구에 의해 개발된 적절한 기준 및 지침 등을 참작하여야 한다. 그리고 병충해의 미발생지역이나 제한적 발생지역의 개념을 인정해야 한다. 다만 수출국은 병충해의 미발생이나 제한적 발생을 객관적으로 입증할 수 있는 증거를 제시하여야 한다.

(5) 투명성의 확보

각 회원국은 타회원국에 자국의 위생 및 검역규제에 관한 정보를 제공해야 한다. 모든 규정을 공표되어야 하고 관심 있는 회원국들이 알 수 있도록 해야 한다. 이밖에도 관련자료 제공을 위한 문의기구를 설치하고, 국제기구와 상이한 규정은 WTO 사무국에 통보하고 타회원국과 협의해야 한다.

2) 방역, 검사 및 허가절차

각국은 위생 및 검역규제조치 이행의 점검 및 확인절차와 관련하여 다음 사항을 준수해야 한다. 수입상품에 부당한 지연이 없도록 수입상품에 대해 불리하지 않게 진행하며, 관련비용, 시설기준이나 이 절차에서 드러난 상품비밀정보통제에서 국내상품보다 불리하지 않아야 한다. 각 절차의 기준처리기간은 공표되고 신청인의 요구 시 예정처리기간을 통보하며, 관련정보 및 필요사항의 요구는 절차상 필요한 것에 한정되어야 한다. 절차운영에 관한 소송 및 시정조치절차가 확립되어야 한다.

3) 기술지원 및 개도국 우대

개도국에 대해서는 기술지원이 촉진되도록 해야 한다. 즉, 수출개발도상국이 수입국의 위생 및 검역요구조건을 충족하기 위하여 투자가 필요한 경우 수입국은 수출개발도상국이 해당상품에서의 시장접근 기회가 유지되고 확대될 수 있도록 기술지원을 검토하여야 한다. 그리고 개도국이 적응할 수 있도록 개도국의 요청으로 WTO SPS규정의 의무사항에 대해 전부 또는 일부의 유예를 허용할 수 있다.

부록 | 유전자변형상품(GMO)과 위생검역(SPS)

1 GMO란

GMO(Genetically Modified Organisms)란 생명공학기술(biotech)을 이용하여 인위적으로 유전자를 분리 또는 재조합함으로써 의도하는 유전적 특징을 갖도록 바꾼 농산물, 식물, 미생물 등 생물을 의미한다. 우리말로는 유전자조작식품, 유전자변형식품, 유전자재조합식품 등으로 불려지고 있으나 실제로는 식품은 아니고 '유전자재조합유기체'라는 표현이 좀 더 정확하다. 그러나 GMO의 대부분은 식물이나 농산물이므로 흔히 '유전자재조합농산물'이라고 부르기도 한다.

GMO는 품종개량(육종방법)과는 조금 다르다. 품종개량은 종과 종 사이의 경계를 허물지 않고 교배를 통해 성능을 개선시키는 방법이다. 예를 들어 몸집이 큰 돼지를 만들려면 덩치가 비정상적으로 큰 돌연변이 돼지를 거듭해서 교배시켜 우량한 돼지를 만드는 방법을 사용하는데, 이러한 품종개량은 수십 년의 시간이 걸리고 성공률도 높지 않다. 예를 들어 다 익은 완두콩이 깍지가 터져서 콩이 밖으로 튀어나가지 않도록 하려면 여러 해에 걸쳐 깍지가 터지지 않는 열성 완두콩만을 교배시켜야 얻어낼 수 있다. 육종개발은 보통 5~10년이 걸린다.

이에 비해 GMO는 종과 종 간의 경계를 초월하여 인위적인 조작을 통해서 빠른 시간 안에 생산성이나 품질을 향상시킬 수 있는 획기적인 방법이다. GMO를 만드는 방법은 농산물 식물에 병충해나 잡초에 강한 유전자를 세포에 주입하는 방법이다. 즉, 고열, 냉해, 가뭄, 장마 등에 잘 견딜 수 있는 유전자를 주입시키는 것이다. 예를 들어 추운 심해지역에서 생존하는 넙치의 유전자를 냉해에 약한 딸기에 이식하여 딸기의 생산을 높인 사례, 특정해충에 대해 살충독성을 가지도록 만들어진 볼가드 면화(Bollgard; 유전자변형면화), 연어의 유전자를 조작하여 15배나 큰 연어, 환경오염물질을 덜 배출하는 '인바이로피그'(Enviropig), 무르지 않는 토마토, 병충해방지 콩 등이 있다.

2 GMO 관련내용

1) 기원

1953년 DNA 구조가 밝혀지고, 1970년부터는 DNA를 자를 수 있는 유전자가위기술이 개발되면서 유전자조합기술도 발달하였다. 1973년 미국의 분자 생물학자 스탠리 코언은 유전자변형기술을 처음으로 실험하는 데 성공하였다. 예를 들어 토양에는 병해충에게 해로운 독소를 만들어내는 박테리아가 있는데, 그 박테리아의 유전자를 잘라내서 콩의 DNA에 결합시키면 병충해에 견딜 수 있는 유전자변형콩이 만들어진 것이다. 우리가 자주 먹는 오이의 윗부분에서 쓴 맛을 느끼게 하는 성분이 있는데 그러한 성분을 주입했다고 생각하면 이해하기 쉽다.

이러한 기술을 이용하여 최초의 GMO가 개발되었는데, 1994년 미국 칼진(Calgene)사가 무르지 않는 '플레브세이브(Flavrsavr)'라는 토마토를 개발하여 미국 FDA 승인을 얻은 것이 최초이다. 그 이후 1996년에 미국 몬산토(Monsanto)사가[13] 유전자변형 콩(Round-Up Ready Soybean)을 개발하고, 스위스 노바티스사가 병충해 내성을 가지도록 개발된 옥수수(Btmaize)를 개발하면서부터 본격적으로 보급되었다. 처음으로 GMO가 등장한 것은 30년 전이고 본격적으로 보급된 것은 20년 전이다. 아직 GMO의 역사는 짧다.

2) 제초제저항과 병충해저항

GMO 상품은 크게 제초제저항성 GMO와 해충저항성 GMO가 있다. 제초제저항성 GMO는 박테리아의 유전자를 이식하여 제초제를 뿌려도 작물은 죽지 않고 잡초만 죽게 만든 GMO인데, 주로 콩, 유체(카놀라) 등에 적용한다.[14] 반면 해충저항성 GMO는 해충을 죽이는 독소(BT)를 작물이 스스로 만들도록 조작된 GMO로서 주로 옥수수, 해충저항면화(BT면화) 등에 적용한다. 기타 아프리카에서 재배

13 본래 몬산토사는 1960년대와 1970년대 고엽제와 라운드업(제초제)으로 특수를 누린 농약제조회사였다. 그러다가 세계의 종자회사들을 인수한 후 세계최대의 종자기업이 되어 현재에는 유전자를 조작하여 종자를 개발하는 회사가 되었다.

14 예를 들어 제초제 '바스타'를 들 수 있다.

된 옥수수로서 가뭄에 견디는 옥수수나, 비타민 A가 포함된 황금쌀(golden rice) 등이 있다.

표 5-3 EU의 GMO 인증상품

GMO	특성
MON 863 Maize(옥수수)	Rootworm(벌레의 일종)에 내성을 가진 옥수수
GA 21 Maize(옥수수) 1507 Maize(옥수수)	Glyphosate(글리포세이트, 제초제)에 내성을 가진 옥수수
GT 73 Oilseed ape	Glyphosate(글리포세이트, 제초제)에 내성을 가진 유채

EU의 규정: 1829/2003인증, 2001/18인증
자료: KOTRA(www.kotra.or.kr)

3) 개발업체

GMO는 주로 미국, 유럽의 대형농산물 생산업체나 제약회사이다. 대표적으로 알려진 회사는 미국의 몬산토사, 듀폰, 바스프, 유럽의 바이엘사, 스위스의 신젠타사 등 화학 · 제약회사들이다.

4) GMO 재배국가

GMO는 미국, 브라질, 아르헨티나, 캐나다, 인도, 중국 등 주로 북미와 남미국가, 일부 아시아국가 등에서 재배되고 있다. 미국의 경우 전체 농산물경작지 5,770만 ha에서 절반 정도가 GMO 상품을 재배하고 있고, 유럽의 경우 GMO에 대해 엄격한 규제를 가지고 있으나 스페인, 프랑스, 독일 등에서 일부 재배하고 있다. 현재 전 세계 농지면적의 13%는 GMO 농작물이 재배되고 있다.

5) 주요 상품

GMO는 모든 생물에 적용할 수 있으나 주로 농산물과 동물에 적용하여 상품으로 생산되고 있다. 4대 GMO 작물이 대표적인데, 전 세계 생산의 64%를 차지하는 콩이 제일 많고, 옥수수, 면화, 카놀라(유채) 등의 순서이다. 미국 농업생명과

학협회(ISAAA)에 따르면 미국 콩의 94%, 목화의 93%, 옥수수의 77%는 GMO를 적용하여 제품을 생산하고 있다. GMO를 적용한 쌀도 미국, 인도를 중심으로 시험 경작하고 있다. 또한 대체로 GMO 상품은 전체 콩교역량의 48.7%, 옥수수교역량의 32.5%, 면화교역량의 0.5%, 카놀라교역량의 3.3%를 차지하고 있다. 과거에는 GMO 토마토가 패스트푸드점의 햄버거에도 사용되었다고 한다. 현재 콩, 옥수수, 면화, 카놀라, 사탕무, 감자, 브로콜리 등 21개 작물 181개 품종이 상품화되어 거래되고 있다.

한편, 동물에서는 연어, 돼지고기 등이 대표적인데, 연어는 2012년 미국 바이오기업 아쿠아바운티에 의해 일반 연어보다 2배 빨리 성장하는 아쿠아어드벤티지연어가 개발된 적이 있다. 미국 FDA는 이 연어의 양식을 허용했고, 현재 파나마 가두리양식장에서 사육되고 있다.

주요 GMO 작물

현재 대표적인 GMO는 약 21개 작물, 약 181개 품종이 상품화되어 판매되고 있다. 즉, 대두, 옥수수, 카놀라, 사탕무, 벼, 마, 밀, 사탕수수, 보리, 알파파, 카사바, 해바라기, 토마토, 클로버, 감자, 호박, 피망, 완두콩, 상추, 오이, 양배추, 당근, 가지, 양파, 컬리플라워, 브로콜리, 들깨, 시금치, 파파야, 박, 멜론, 바나나, 파인애플, 사과, 포도, 자두, 딸기, 수박, 귤, 체리, 망고, 코코넛, 겨자, 땅콩, 치커리, 루피너스, 올리브, 팜오일, 담배, 배추, 고추 등이다.

6) GMO의 기여

GMO 농산물은 잡초와 병충해에 강하기 때문에 일반 농산물에 비해 콩은 50%, 카놀라는 20%가량 수확량을 늘릴 수 있다. 또한 재배도 편리하고 전통적인 방식보다 비료나 농약사용을 덜 쓰는 장점도 있다.[15]

7) GMO의 활용

GMO 상품은 직접소비보다는 주로 가축용 사료나 식품의 원료 또는 가공식품

15 그러나 실제 덜 사용하는지 여부에는 논란이 있다.

에 이용되는 경우가 많다. 예를 들어 과자, 빵, 껌, 아이스크림, 음료수 등 단맛 나는 상품, 두부, 콩기름이다.

3 GMO에 대한 찬반논쟁

GMO에 대한 위해성 문제는 과학적으로 안전하다고 보장될 때까지는 사용하지 않아야 된다는 주장과 아직까지 유해하다는 과학적 근거가 없으니 사용해도 된다는 주장으로 대변된다. 전자는 반대론자 논리이고, 후자는 찬성론자 논리이다.

1) 찬성론자

GMO에 대한 찬성론자는 주로 거대 농산물회사, 미국, 일부 개도국가, 생명공학과학자 등이다. 그들은 GMO야말로 인구증가 및 개발로 인해 경작지감소, 식량부족, 식품가격상승, 기후변화 등 심각한 농업문제를 해결할 수 있다고 보았다. 즉, GMO 같은 생명공학기술로 식량난을 해결하고 극빈층을 기아에서부터 구제할 수 있는 친환경 농업이라고 주장한다.

그리고 찬성론자들은 안정성에 관해서도 지난 10년 동안 44억 명 정도가 GMO를 직접재료형태든 가공형태든 섭취하였지만 아직까지 심각한 문제가 발생하지는 않았다고 주장한다. 1,700건 이상 안정성과 관련된 실험이 진행되었지만 일반상품보다 더 위험하다는 어떠한 과학적 증거도 발견하지 못했다는 것이다. 예를 들어 2010년 이후 WHO, 미국의학협회, 영국왕립학회 같은 연구기관들은 많은 연구를 진행하였지만 아직까지는 GMO가 유전적 · 과학적으로 결함이 있다는 것을 발견하지 못했다고 발표하였다.

2) 반대론자

GMO에 대한 반대론자들은 주로 환경단체, 시민단체, 소비자 등이다. 그들은 식품 및 위생안전성 문제는 인류건강과 생태계에 심각한 악영향을 미칠 것이라고 주장하고 있다. 과학자들의 실험에 의하면 GMO는 몇 세대가 지나면 생태계의 파괴로 인해 결국 멸종한다는 연구가 있다. 그리고 그동안의 많은 실험에서도 아래 표와 같이 동식물의 안정성이나 생태계에 부작용을 초래하고 있다고 주장하고 있다. 식량증가로 인해 가난한 사람이 혜택을 보는 것이 아니라 그 개발자와 글로벌 기업만 이득을 본다는 것이다. GMO 동물 · 식물들이 주변으로 퍼져나가 Non GMO 농작물을 오염시켜 생태계를 교란시킬 것이라는 주장이다.

또한 안정성에 관해서도 인간의 면역체제 손상, 알레르기 발생, 생태계 파괴, 선진국 및 다국적기업의 식량독점, 유기농업 등을 어렵게 한다고 주장한다. 그리고 안정성 문제에서도 그동안의 것들은 대부분 동물실험에 불과하고 인간에 관한 실험은 수세대에 걸쳐 검증해야 되므로 현대과학으로는 아직 안전하다고 판단하기 어렵다고 주장한다. 실제로 인간이 GMO 상품을 장기적으로 섭취할 경우 어떤 변화가 올지는 아직 모르는 상태이다.

GMO의 부작용 사례들

- 밴쿠버 해양연구소에 따르면 일반 연어보다 15배 큰 GMO 연어는 헤엄을 치지 못하고 성적기형으로 생태계를 파괴하는 것으로 나타남
- 2007년 인도에서 '볼가드'(Bollgard) GMO 면화잎을 먹은 양, 염소가 폐사함
- 1994년 브라질 GMO 너트가 알레르기를 유발함
- 1989년 일본에서 북미인들이 GMO 크립토판 섭취 후 호산구근육통에 시달림
- 1998년 연구자 푸스따이는 GMO 감자를 쥐에게 먹였더니 왜소 성장과 면역체계가 억제된다는 것을 발견함
- 일반 송사리 6만 마리가 사는 지역에 유전자조작 송사리 60마리를 넣자 40세대만에 일반 송사리가 전멸함
- 이밖에 위생안전사건에는 1989년 트립토판사건, 2000년 스타링크사건, 1999년 모나크나방사건 등이 있다.

결론적으로 GMO의 안전성이 아직 확실하게 검증되고 보장된 것은 아니다. 따라서 안전이 보장될 때까지는 사용하지 않아야 된다. 예를 들어 과거 베트남전에서 몬산토가 개발한 고엽제(agent orange)는 당시에는 인체에 무해하다고 하여 남용하여 사용하였지만 그 이후에서야 유해하다는 증거나 나왔다. 하지만 이미 많

은 사람들이 피해를 본 이후에는 소용이 없다.[16]

4 GMO에 대한 각국의 입장

미국은 실질적 동등성을 이유로 GMO도 일반농산물과 같은 것으로 취급받기를 원하고 있다. 구성성분, 함량 및 알레르기반응 등이 현저하게 다를 경우에만 구별하자고 주장한다. 반면 EU, 일본, 한국 등은 GMO가 인간, 동물 및 환경에 위해성이 없다는 것이 광범위하게 증명될 때까지는 상업화가 허용되어서는 안 된다는 입장이다. 그리고 상업화가 허용된다고 하더라도 일반농산물과 실질적으로 동등하지 않으므로 소비자의 알권리를 위해 의무적으로 표시하도록 하자고 주장한다. 유럽은 농민, 소비자, 환경단체, 사회단체들이 줄기차게 반대를 해오고, 정부도 아주 엄격하게 규제하고 있어 GMO가 편의점에서 거의 팔리지 않고 있다.

5 우리나라와 GMO

우리나라의 경우 농업진흥청과 대학연구소 등에서 일부 GMO 제품을 만드는데 성공은 하였지만 상업화를 위해 보급되지는 않았다.[17] 지방은 줄이고 몸집은 늘린 수퍼돼지를 만드는데 성공하였고, 수산물로는 미꾸라지 등에 성공하였다.

한국의 GMO 수입은 지난 2008년부터 원료 및 사료용으로 GMO 옥수수와 콩의 수입을 허용하고 있으나 매우 제한적이다. 2014년에 농업용 및 식품용으로 옥수수, 밀 등 약 1,082만 톤이 수입된 적이 있다. 현재 국내에 수입되는 대표적인 GMO 상품은 콩, 옥수수, 감자 등인데, 대부분 가공식품의 원료로 사용되고 있다. 그 중의 하나가 바로 '제이 2001 테이터보이' 감자로서 2014년에 118만 톤이 수입되었다. 테이터보이는 상표이름이고 제이 2001은 상품번호인데, 패스트푸드점에서 흔히 볼 수 있는 '감자튀김'이다. 그밖에도 GMO 콩을 이용한 두부, 콩나

16 동영상 참고. KBS 환경스페셜, '위험한 연금술 유전자 조작식품'.
17 동영상 참고. 뉴스타파, 'GMO의 습격'.

물, 콩기름, 마가린, 쇼트닝, 마요네즈, 베이컨, 식용유, 햄, 소시지, 된장, 간장, 쌈장 등이 있고, GMO 옥수수를 이용한 옥수수통조림, 팝콘, 올리고당, 물엿, 스넥류, 콜라, 맥주, 과자, 국수, 라면, 이유식 등에도 사용되고 있다.

한국의 햄, 소시지 가공품에도 GMO 검출

국내에서 유통되는 주요 햄 중에서 4개 선두업체의 6개 제품에서 유전자조작식품(GMO)이 검출되었다. 서울환경운동연합에서 발표한 GMO 조사결과 보고서에 따르면 CJ제일제당 알찬소시지, CJ제일제당 영양쏙쏙 김밥햄, 롯데햄 김밥속햄, 한입에 베이컨, 이마트 스마트이팅 고단백콩비엔나, 사조대림 숯불구이맛 김밥햄 등에서 GMO가 검출되었다.

자료: 인터넷 신문 메디컬 투데이, 2011. 3. 31.

6 GMO의 표기

우리나라의 경우에도 농산물은 2001년부터 식품재료에 3% 이상 GMO 작물을 사용할 경우 반드시 GMO 상품으로 표시하도록 하고 있다. 일본의 경우에는 5%, EU의 경우에는 0.9%를 적용하고 있다.

■ Chapter **06** ■

무역에 관한 기술장벽(TBT)

1 무역기술장벽의 뜻과 의미

1) 무역기술장벽의 뜻

WTO를 중심으로 한 다자무역체제와 FTA를 중심으로 한 양자무역체제의 확산으로 전통적인 무역장벽인 관세는 크게 인하되었으나 보호무역수단으로서의 비관세장벽(non-trade barriers)은 여전히 남아 있다. 비관세장벽은 관세 이외의 모든 규제관행으로서 대체로 수입허가, 통관절차, 위생검역, 무역기술장벽 등을 일컬으나 그 중에서 무역기술장벽(TBT)이 가장 중요시되고 있다. 연구결과에 따르면 TBT가 전체 비관세장벽의 약 58.8%를 차지한다고 한다.[01]

또한 전반적으로 삶의 수준이 높아지고 안전과 보건, 품질 그리고 환경 등에 대한 관심이 높아짐에 따라 각종 규제와 인증을 통해 안전과 품질을 보장받고자 하는 노력이 있어왔다. 그런데 그것이 무역의 제한요인이 되고 있다.

무역기술장벽(TBT: Technical Barriers to Trade)이란 국가가 자국민의 안전과 동식물의 생명과 건강, 품질요건, 그리고 환경보호 등을 보호하기 위해 국가마다 안전표준(standard), 기술규정(technical regulation), 인증절차(certification procedure), 검사제도(inspection system) 등을 유지하고 있는데, 이러한 규정들

01 하태정 · 문선웅(2014), "가격차 모형에 기초한 한국과 중국간 기술무역장벽(TBT) 추정에 관한 연구", 『통상정보연구』 제16권 제4호, 한국통상정보학회, p.308.

이 자국상품 및 국내시장을 중심으로 제정된 경우가 많아 국제표준에 일치하지 않거나, 지나치게 차별적이고 중복적이어서 무역을 수행하는 과정에서 통관이 지연되고 비용이 추가되는 등 무역에 불필요한 장벽이 되는 관행을 말한다.

예를 들어 상품의 수입통관시 인간의 생명, 환경보호, 품질요건 등을 이유로 표준, 기술규정, 인증절차 등 주로 기술사양과 관련된 충족을 요구하는데, 이러한 요구가 무역장벽의 역할을 한다는 것이다. 특히 이러한 요구가 국제기준과 일치하지 않고 지나치게 까다롭거나 자의적인 규정을 마련하고 있다면 규정을 통과하기 위해서는 추가적인 노력이나 비용을 수반하기도 하고 수입요건을 충족시키기 위해 생산시설을 조정해야 하는 경우도 있다.

또한 검사나 인증요구가 국가마다 다르거나, 수출국에서 이미 실시한 검사를 중복적으로 요구되거나, 인증 및 심사과정에서 너무 많은 시간과 비용이 드는 경우도 있다. 어떤 경우에는 세관당국이 이러한 규정을 고의적으로 수입을 억제하거나 자국산업보호를 위한 비관세장벽의 수단으로 악용하는 경우도 있었다.

이밖에도 많은 국가들이 자국의 기술적 우위성을 바탕으로 TBT를 배타적 수단으로 사용하는 경향이 많아지면서 제품의 시장진입뿐만 아니라 생산 · 유통 · 소비 · 폐기에 이르기까지 제품안전과 품질에까지 적용범위가 확대되고 있다.[02]

그림 6-1 ▌ 드라이기 화재와 다양한 형태의 인증마크

02 정영태(2007), 『국정브리핑』 글로벌 경쟁시대, 무역기술장벽을 넘어서자.

한국의 전기제품 인증사례

한국의 국가기술표준원에 따르면 국내에서 팔리는 형광등 안정기 69개 제품 중에서 35개는 인증당시와 다르게 마음대로 제품을 변경하여 화재 및 감전의 위험이 있다고 밝혔다.

자료: 조선일보, 2015. 11. 18.

2) 무역기술장벽의 의미

각 국가별로 규제하고 있는 다양한 규정이나 절차는 해당국가의 산업과 경제에만 영향을 주는 것이 아니라 무역에도 영향을 준다. 수입국의 기술에 대한 까다로운 요구는 수출국에게는 추가적인 부담으로 경쟁력 약화를 초래하고 수입국에게는 수입억제효과가 있다. 예를 들어 수입국에서 가전제품을 수입할 때 자국에서만 사용하는 이상한 모양의 돼지코 플러그 장착을 요구하면 수출국은 그러한 요구에 부응하기 위해 추가적인 비용이 들 수 있다. 또한, 화장품 수출입 과정에서 라벨을 스티커 형태로 제품 겉표면에 부착하는 '오버라벨링'은 전 세계적으로 통용되는 방식이지만 그동안 중국은 이를 금지시켜 왔다. 따라서 별도로 라벨링 포장재를 제작하게 되면 수출기업에게는 비용과 시간 측면에서 큰 부담이 된다.

또한, 한국은 다른 나라에서 시행하고 있지 않은 자동차 좌석 너비를 구체적으로 규정하고 있어 한국으로 자동차를 수출하는 수출국으로부터 불만을 사고 있다. 이밖에도 한국은 클라우드 컴퓨팅시 별도의 서버를 마련하라고 규정하고 있어 미국기업의 한국시장 진출을 어렵게 한다고 비난받고 있다. 그밖에도 인도네시아는 2014년 6월부터 제품의 포장에 스티커 라벨을 부착하는 대신에 상품에 각인 또는 인쇄를 할 것을 결정하였는데, 이는 수출용 용기를 별도로 작성해야 하는 부담이 되어 심각한 수출지연 및 비용발생으로 무역장벽이 되고 있다.

이와 같이 추가시험, 인증획득, 까다로운 절차를 통과하는 데 큰 비용과 시간이 소모되는데, 이러한 모든 제한들이 사실상 무역을 제한하는 비관세장벽이 될 수 있다. 특히 옷감이나 의류, 스마트폰 같이 제품의 수명주기가 짧은 제품이나, 화장품 같이 계절의 변화에 민감한 품목들의 통관지연은 시장침투에 심각한 영향을 줄 수 있다. 이러한 효과 때문에 수입국에서는 종종 TBT를 자국산업을 보호하기 위한 수단으로 사용하기도 한다.

미국 상무부와 EU 집행위원회의 분석에 의하면 기술장벽으로 직접적으로 영향을 받는 무역의 규모는 총수출의 25%에 달하는 것으로 추정되었다. 이에 따르면 무역장벽으로 인해 생산비용이 2~10% 증가하고, 수출은 약 15% 감소한다고 평가하였다.

鮑曉華 & 丘東曉(Xiaohua Bao & Larry Dongxiao Qiu, 2012)는 1995~2008년 동안 WTO 회원국들이 TBT에 통보한 내용을 근거로 중력모델(Gravity Model)을 이용해서 TBT가 무역에 미치는 영향을 분석하였다. 분석 결과 한 국가의 TBT 제정은 신생 수출기업에게는 비용의 증가로 인해 경쟁력 하락을 일으켜 수출기회를 감소시키지만 이미 시장에 진입하고 있는 기존기업에게는 수출시장에서의 경쟁완화와 인증받은 제품에 대한 신뢰 확보로 인해 오히려 수출이 증가한다고 주장하였다. 또한 개발도상국의 TBT는 선진국의 수출에는 별로 영향을 미치지 못하지만, 선진국의 TBT는 개도국의 수출에 영향을 미친다고 보았다. 그 이유는 선진국의 TBT 수준은 높고, 개도국의 기술력은 낮기 때문이다.[03]

그림 6-2 ▮ 세계 각국의 인증제도

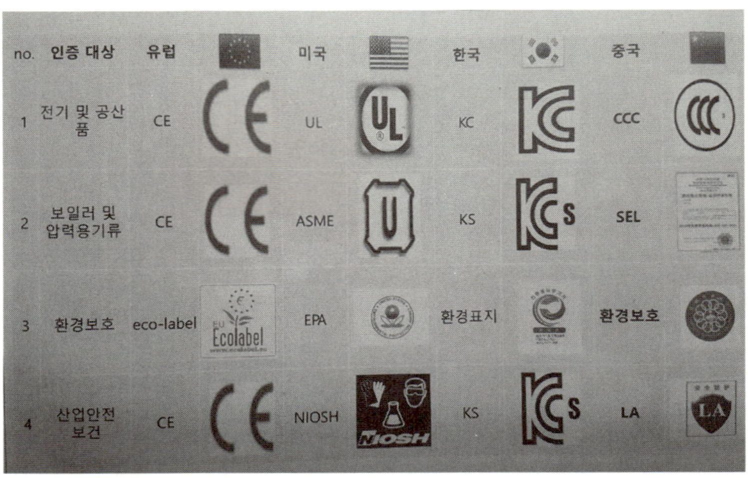

자료: 김기현(2016), 중국의 비관세장벽 대응전략, 중국경영인증컨설팅

03 Xiaohua Bao & Larry D. Qiu, "How Do Technical Barriers to Trade Influence Trade?", *Review of International Economics*, 20(4), 2012, pp.691~706.

2 사례: 최근 중국의 TBT 정책[04]

1) 중국 강제인증제도(CCC: China Compulsory Certificate)

중국은 2001년 WTO 가입에 따른 의무이행과 시장경제로의 발전, 무역확대 등을 위해 제품품질 및 안전에 대한 국제적인 인증제도 추세를 반영하여 2003년 8월부터 강제인증제도인 CCC를 도입하였다. 이로 인해 중국 내에서 생산 혹은 수입되는 전기전자제품은 반드시 CCC마크를 부착해야만 수입 · 유통 · 판매가 가능하다. 만약 위법사항이 발견되면 중국 국가질량감독검험검역총국(AQSIQ; 질검총국)으로부터 처벌을 받을 수 있다.

중국 CCC는 2003년 도입당시에는 인증대상품목이 22개분야 132개였으나 이후에도 자동차부품, 완구제품, 용제형 목기, 도료, 자기타일, 시멘트 동결방지제, 컴퓨터서버, LCD TV, 디지털복사기 등이 포함되면서 2016년 현재 22개분야 158개 품목으로 증가하였다.

이러한 CCC 인증절차는 인증신청→서류심사→샘플테스트→초기공장심사→합격평가→인증서발행→CCC마크 신청→사후감독관리(1년에 1번씩 공장방문심사) 순서로 진행된다. 이때 초기공장심사는 한국에 상주하고 있는 중국 심사원이 직접 한국 공장을 방문하여 심사하는 번거로움이 있다. 또한 CCC를 인증받기 위해서는 영문사업자등록증, 공장등록증, 중국어제품설명서 등 총 9가지의 서류가 필요하다. 제품에 따라서는 CCC S&E(전자파호환), CCC s(안전), CCC EMC(전자파) 등 여러 종류가 있다.

따라서 CCC 인증은 매우 복잡하고 까다로우며 많은 시간과 비용이 든다. 예를 들어 중국에 자동차를 수출하기 위해서는 약 45개의 CCC 인증을 받아야 하고, 배출가스, 소음, 연비, OBD 인증을 거쳐야 하는데, 이러한 인증절차를 거치기 위해서는 최대 16개월이 소요되고 차종별로는 5~7억 원이 소요된다. 그리고 중국에서

04 김홍률(2016), "중국의 TBT 규모추정과 한 · 중 FTA의 시사점," 『무역통상학회지』, 16권 2호, pp.3~4.

상표를 등록하는 데 걸리는 시간은 약 12개월이 소요된다. 이러한 복잡함은 앞으로 상호인정협정(MRA)에 의거하여 차차 개선될 전망이다.

표 6-1 중국의 CCC 적용품목

1	전선 및 케이블(electrical wires and cables) (4종)
2	회로설치보호 및 연결장치를 위한 스위치 (6종)
3	저전압 전기장치(low-voltage electrical apparatus) (9종)
4	소형파워모터(small power motors) (1종)
5	전동공구(electric tools) (16종)
6	용접기계(welding machines) (15종)
7	가정용 및 유사전기제품(household and similar use electrical appliances) (18종)
8	오디오 및 비디오 장치(audio and video apparatus) (12종)
9	IT 장비(information technology equipment) (11종)
10	조명기기(lighting apparatus) (2종)
11	통신단말장치(motor vehicles and safety parts) (16종)
12	자동차 및 안전부품(motor vehicle tires) (3종)
13	안전유리(safety glasses) (3종)
14	농업기계(agricultural machinery) (2종)
15	고무제품(latex products) (1종) 현재는 제외됨
16	통신단말기(telecommunication terminal equipment) (9종)
17	의료기기(medical devices) (7종) 현재는 제외됨
18	소방장비(firefighting equipment) (2종)
19	안전경보시스템(safety alarm systems) (5종)
20	무선 LAN 제품(wireless local area network product) (1종)
21	장식물(decorative materials) (3종)
22	완구(toys) (6종)

2) 전자제품에 대한 환경오염규제(China RoHS)

중국은 지난 2007년 3월부터 유럽 것을 모델로 하여 전기전자제품 유해물질 사용규제((RoHS)를 실시해 왔다. EU와 마찬가지로 IT제품의 낭비로 인한 환경오염 통제 및 감축, 자원절약, IT산업의 지속가능발전을 목표로 모든 전기전자제품에 카드뮴, 납, 수은, 6가크롬(Cr6+), 브롬계 난연제(PBB, PBDE) 등 6대 독성화학물질의 사용을 제한해 왔다. 동 제도는 기준과 방법이 산업표준이나 국가표준에 근거하지 않기 때문에 국제기술 수준에 비해 불투명하다고 지적받아 왔다.

3) 리튬이온전지 안전규제

중국은 2014년 9월부터 자국민의 안전을 이유로 노트북, 휴대폰 등 휴대용 전자기기에 사용되는 리튬이온전지 안전규제를 시행해왔다. 그러나 중국의 국가표준(GB)은 국제표준과 상이한 시험항목 및 기준이 다수 포함되어 있어 우리 기업에게는 추가적인 부담이 되어 왔다. 이에 우리나라는 WTO TBT 위원회에서 국제표준에 일치시킬 것을 요구해 왔는데, 중국은 2016년 6월 이전에 국제표준과의 불일치 내용을 개정할 것이라고 발표하였다.[05]

4) 중국 화장품 허가 및 인증규제 강화

최근 중국은 화장품 허가와 인증과정에서 규제를 강화하여 한국기업들에게 부담을 주고 있다. 한국 화장품이 중국에 수출되기 위해서는 최대 15%의 관세를 부담하고, 스킨, 로션, 샴푸 같은 일반 화장품의 경우 위생관련 검사기간이 6개월이 소요되고, 특이한 원료가 포함되거나 자외선 차단기능이 있는 특수용도 화장품의 경우에는 최대 1년의 시간이 소요되기도 한다. 화장품 같이 유행에 민감한 상품의 경우 위생검역에서 1년이 소요되면 이미 유행이 다 지나가서 상품으로서의 가치가 떨어지기 쉽다. 또한 중국은 해외직구 화장품에 대해서도 위생허가증을 요구하고 있고, 2016년 12월부터는 화장품 중금속 함유량 기준을 대폭 강화할 것이라고 발표한 바 있다.

5) 화장품 표시 및 라벨링 규정

중국은 2014년 12월 화장품의 '오버라벨링'을 금지하는 내용을 WTO에 통보하

05 국가기술표준원(2015), 『2014년 무역기술장벽(TBT) 보고서』, p.82.

였다. 화장품 라벨을 스티커 형태로 제품 겉표면에 부착하는 '오버라벨링'은 전 세계적으로 통용되는 방식이지만 중국은 이를 금지하고 있는 것이다. 별도로 라벨링 포장재를 제작하게 되면 수출기업에게는 비용과 시간 측면에서 큰 부담이 된다. 이에 우리나라는 미국, 캐나다, EU, 일본 등과 함께 WTO TBT 위원회에서 이에 대한 우려를 강력하게 제기한 상태이다. 이밖에도 중국은 라벨링 심사에서 생산일자가 없거나, 중국어를 사용하지 않거나, 사용금지 첨가물이 사용된 경우 등에는 불합격 처리를 해왔다.

6) 중국식약청(CFDA) 등록

중국식약청(CFDA)은 중국 국무원 산하 기관으로 전국의 의료기기에 대한 관리 및 감독 책임을 지고 있는 기관으로 한국의 KFDA과 유사하다. 중국 내 수입의료기기, 건강기능식품, 화장품 등은 CFDA에서 승인을 받은 후에 시장판매가 가능하다. 이때 중국 내 판매되는 의료기기, 화장품, 건강기능식품 등에 대해서는 시(市)급 이상의 행정기관인 '식품약품감독기관'이 감독한다. 의료기기를 중국에 판매 허락을 받기 위해서는 제조품목허가증 등 약 18개의 서류가 필요하다.

7) 중국의 냉온수기 에너지 효율등급규제

중국은 2013년 12월에 에너지 절약을 위하여 냉온수기에 대한 에너지 효율등급제도를 도입하겠다고 WTO에 통보하였다. 동 규제가 시행되면 중국으로 수출되는 모든 냉온수기는 에너지 효율등급(1~3급)에 따라 라벨을 부착해야만 한다. 그러나 우리나라 냉온수기 시험방법에서는 온수 온도를 90℃로 명시하고 있어 85℃로 온도를 제한하는 제품의 수출이 불가능하게 된다. 정부는 국내 기업의 준비시간이 촉박한 점을 감안하여 중국 측과 양자협의를 통해 8개월의 시행유예를 인정받아 2015년 6월부터 시행되고 있다.[06]

06 국가기술표준원(2015), 『2014년 무역기술장벽(TBT) 보고서』, p.76 .

그림 6-3 | 수입통관 모습

3 TBT 제정 목적: 중국의 경우[07]

지난 10년(2005~2015년) 통계를 기준으로 볼 때 중국이 TBT를 제정하거나 개정하는 목적은 주로 자국민의 안전보호가 279건으로 전체의 절반을 차지하고, 환경보호 159건, 인간, 동물, 식물의 생명과 건강보호가 각각 56건과 46건으로 많다. 반면, CCC 인증과 화장품에서 주요 이슈가 되고 있는 국제표준과 라벨링은 큰 비중을 차지하지 않는다. 한국과 비교해보면 전체적으로 큰 차이는 없으나 중국은 한국보다 환경보호를 목적으로 하는 경우가 더 많고 한국은 국제표준을 목적으로 하는 경우가 더 많다.

대체로 중국은 전자제품에 대한 환경오염규제, 리튬이온전지 안전규제 등 유해물질 제조공정, 신화학물질관리 등 환경과 관련된 분야의 인증이 많다. 그리고 건강 및 안전, 환경, 소비자보호 관련규제가 증가하는 가운데 품질요건, 기술장벽 완화 관련 통보 비율은 오히려 감소하고 있다.[08]

2012년 현재 WTO에 통보되고 있는 TBT의 약 80%는 개도국이 차지하고 있어 개도국들의 기술규제건수가 크게 증가하고 있다. 선진국들이 에너지효율, 환경보호, 안전기준 등 기술규제를 하는 반면, 개도국들은 식품분야 라벨링이나 포장규격관련 규제가 큰 비중을 차지하고 있다.

07 김홍률(2016), 『무역통상학회지』, pp.6~7 재인용.

08 KOTRA(2006), 『무역에 있어 세계 기술장벽 (TBT) 동향과 피해사례』, 기획조사 06-051.

표 6-2 | 한국과 중국의 유형별 TBT 통보건수(2005~2015)

제정 및 개정목적	중국	한국
안전보호	279	30
환경보호	159	4
사람의 건강보호	56	22
동식물의 생명 및 건강보호	46	0
기만행위방지	2	0
소비자정보	1	11
상품라벨표시	4	2
국제표준과의 조화	6	45
소계	553	114

자료: WTO IMS(information Management System)에서 취합

그림 6-4 | 한국, 중국의 유형별 TBT 통보추이(2005~2015)

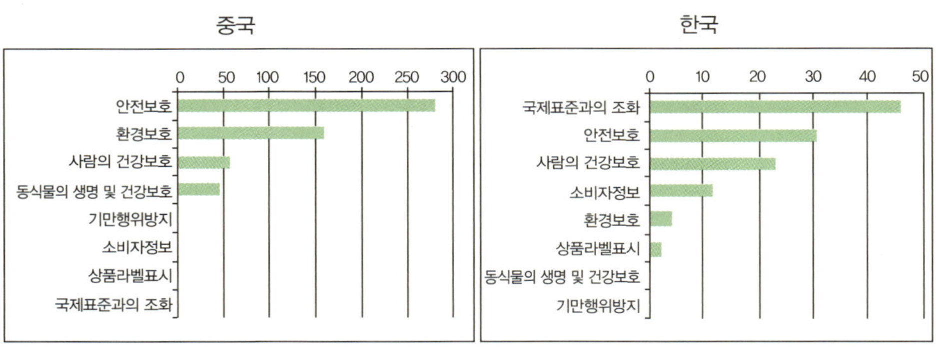

자료: WTO IMS에서 취합하여 작성

4 TBT 주요 대상 제품 및 TBT 형태

무역기술장벽(TBT)의 주요 적용대상은 육류, 수산물, 농산물 등 식품에서부터, 전기, 기계, 고무, 화학, 자동차, 승강기, 소방용품, 압력 관련 기기, 건설자재, 타이어 등 공산품, 가공품, 화장품, 의약품, 의료기기 등 매우 다양한데 주로 식품, 전기, 전자, 자동차, 건설 관련 수입품에 적용된다. 예를 들어 미국의 경우 GMO 상품에 대한 라벨링 요구, 유기농식품에 대한 인증을 요구하는 사례가 많다.

강제인증 주요 공산품

가스기기, 사람수송용 케이블, 전기기기, 보일러, 승강기, 기계, 의료기기, 임플란트, 무선전신 및 통신단말기기, 개인보호장비, 압력용기, 여가용 보트 및 선박, 장난감, EMC, 친환경에너지 제품, 소음배출

표 6-3 특정무역 현안별 기술장벽 형태

형태	내용
국제표준과 일치되지 않은 기준	제품기준, 일증절차가 국제표준과 일치하지 않음
적합성평가절차의 중복	규제기관 간의 중복요구
중복검사요구	국제인증을 획득했음에도 불구하고 중복검사요구
검사지연, 일관성 결여, 비용부담	인증획득에 과다한 시간 · 비용소요, 검사지연, 판정의 일관성 결여
투명성 부족	빈번한 법적용 개정, 비공개적 절차, 의견수렴 부족
외국산 차별기준 적용	자국산과 외국산을 구별하여 차별적 기준을 적용
리벨링 요건 강화	상품표시부착(labelling)에 자국언어 표기 의무화, 표기형태의 지나친 요건 요구

5 그 밖의 무역기술장벽(TBT) 사례들

1) 미국의 건전지 운송규제 및 에너지스타, UL마크

2010년 UPS 006편 화재나 2011년 아시아나 화물항공 화재 등은 모두 배터리의 제품결함이거나 과다충전으로 인해 화재가 발생하여 화물항공기가 폭발한 사고들이다. 미국은 지난 2010년부터 리튬이온 건전지의 항공운송 안전에 대해 규제에 힘을 썼다. 즉, 미국 교통부 산하 위험물안전청이 주관이 되어 노트북, 휴대폰, MP3 등 IT기기에 사용되는 리튬이온 건전지를 운송할 경우에는 포장, 마킹, 라벨 등을 위험물질로 분류하고 특수 콘테이너에 적재하도록 하는 등 관리를 강화하도록 하였다.

또한, 미국의 '에너지스타' 프로그램은 우수효율 전기제품에 대한 자발적인 인

증제도로서 컴퓨터, 냉장고, 에어컨, 세탁기 등 53개 제품을 대상으로 에너지스타 마크를 부착하도록 하고 있다. 현재 에너지스타 라벨을 부착하기 위해서는 시험을 실시해야 하고, 이에 대한 검토와 인증을 반드시 거쳐야 하는 등 복잡한 규제를 통과해야 된다.[09]

미국의 Energy Star 마크

ENERGY STAR는 미국 환경보호국(EPA: Environmental Protection Agency)과 미국 에너지국(Department of Energy)의 합동 프로그램으로서 에너지효율이 높은 제품을 통해 에너지소비 비용을 억제하고 환경을 보호하려는 목적으로 마련되었다. 컴퓨터, 모니터, 사무기기, 조명, 가전, 기기 등에 적용하고 있다.

미국의 UL마크

미국보험업협회는 지난 100년간 세계 최대의 전기 · 전자분야 공업규격인 UL(Underwriters Laboratories)을 실시해 왔다. 따라서 미국에서 UL 마크는 높은 브랜드인지도와 신뢰도를 바탕으로 전 세계 소비자들로부터 제품안전의 기준으로 널리 인정받는 마크이다.

이밖에도 미국은 표준설정과 관련하여 약 80여 개의 연방기관과 약 620여 개의 민간기관을 운영하고 있다.

대개 미국표준협회(ANSI)의 절차에 따라 합의 조정된 결과로서의 표준을 적용하고 있다.

2) EU의 CE마크

EU는 역내에서 유통되는 제품에 대해 의무화된 안전마크로서 CE마크(Conformite Europeenne)를 의무화하였다. 따라서 CE마크가 없는 제품은 실질적으로 EU지역으로 수출할 수 없다. CE마크는 유럽지역으로 수출하기 위해서는

09 장용준 · 서정민 · 김민성 · 양주영(2011), 『무역상 기술장벽(TBT)이 무역에 미치는 영향과 정책적 대응방안』, 대외경제정책연구원, p.80.

반드시 받아야 하는 인증마크이므로 개도국들에게는 보이지 않는 무역장벽이 되고 있다. 예를 들어 우리나라 수출기업에서 EU로부터 CE마크를 획득하기 위해서는 유럽 사람으로 구성된 심사관을 한국으로 초청하여 수천만 원에 이르는 심사료를 지불하고 심사를 받은 후 인증을 받아야 한다. 보통 CE마크 획득에 2~3개월이 소요되는데, 특히 자동차의 경우 7~8개월이 소요되며 약 2억 원가량의 비용이 든다.

이밖에도 유럽에는 소비자 · 사용자의 건강, 안전이나 환경오염과 관련되는 상품에 대해서 EU 스스로가 그 상품의 안전과 건강 그리고 환경보호 관련 필수요건을 결정(decision) 또는 지침(direction) 형식으로 규정하고 해당 상품의 역내 유통시에는 반드시 요건을 충족하여야 한다.

EU의 CE(Conformite Europeenne; 유럽품질인증)마크

CE마크는 EU의 공중보건, 안전, 환경보호와 소비자보호를 위한 규격인증제도로서 유럽공동체 시장 내에서 유통되기 위해서는 반드시 CE마크를 부착해야 한다. CE마크는 유럽시장에 진출하기 위한 여권과 같은 존재이다.

CE마크는 제품의 안전, 건강, 환경 그리고 소비자보호와 관련된 EU 이사회의 규격조건을 준수한다는 의미이다. 품질에 대한 보증을 뜻하는 것이 아니고 기본적인 안전조건 등을 준수한다는 의미이다.

현재 CE마크는 일부 제품들에게만 의무화되어 있는데, 전압기, 완구류, 전자파 관련 제품, 가스기기, 개인보호장비, 의료기기, 통신장비, 가스용품, 보일러, 승강기, 건축자재, 압력용기, 통신단말기, 케이블카, 위성수신기기 등 20개 제품군이 주로 대상이며, 8개의 인증방식이 있다. 1996년 기준 EU 수출의 약 34.5%의 상품이 CE의 규제대상이다. CE마크를 획득하기 위해서는 반드시 생산자 스스로 또는 지정된 기관이 제품에 대한 시험을 해야 한다.

EU의 타이어 소음인증마크

EU는 2008년 12월부터 타이어 소음제한 인증마크 부착을 의무화하고 있다. 인증분야는 에너지효율, 제동력, 소음 등 3가지이다.

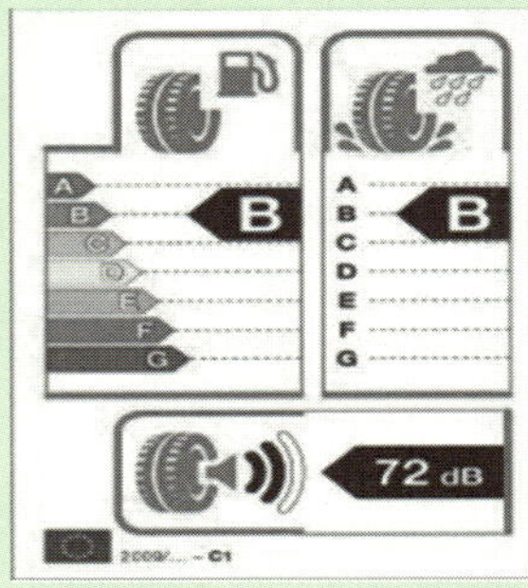

3) 일본의 JIS(일본공업규격), JAS 사례

일본공업규격(JIS: Japanese Industrial Standards)은 일본 내 소비자 또는 사용자가 품질이 좋은 상품으로 인식하고 안심하고 사용할 수 있도록 하기 위해 제품의 품질내용을 규정해 놓은 것이다. 1948년부터 사용했는데 공업제품의 경우 대부분 JIS를 요구하고 있다. 그동안 JIS는 거래의 단순화 · 공정화에 크게 기여한 것으로 평가받고 있다. 일본에서 JIS를 취득하기 위해서는 약 1년의 시간과 약 100~200만 엔이 소요되는데, 같은 제품이라도 모델이 다르면 각 모델별로 인증을 받아야 하므로 수출에 큰 부담이 된다.

이밖에도 전기용품과 관련해서는 PSE마크, 농산물과 관련해서는 JAS 인증제도가 있다. 신선농산물이나 축산물의 경우 엄격한 검역절차와 인체유해물질에 대한 엄격한 검사를 적용하고 있어 일본 수출에 부담으로 작용하고 있다. JIS인증이나 적합성검사 등은 일본정부 차원의 규제로 보기는 어렵고, 일본 기업들 간의 보수적이고 폐쇄적인 상거래 관습에 기인한다.

4) 인도의 TBT 사례

인도에서 의료기기를 유통시키기 위해서는 중앙약품표준통제국(CDSCO)으로부터 의료기기 등록증을 취득해야 하는데, 보통 9개월이 걸리고, 비용은 1천 달러가 소요된다. 화장품은 유해물질로부터 소비자를 보호하기 위해 스킨, 헤어, 네일 등 CDSCO에 의무적으로 등록해야 하는데 그 절차가 까다롭다.

그리고 인도에 자동차용 타이어를 수출하기 위해서는 인도표준국(BIS)으로부터 품질 · 안전에 관한 마크를 타이어에 각인해야 되는데, 이는 규격당 약 300만 원 정도의 인증비용이 소요된다. 또한 인도에 승강기를 수출하기 위해서는 '승강기법'(Mombay Lift Act 1939)에 의거하여 엄격한 안전검사 및 증명을 통과해야 한다. 그밖에도 인도는 2008년 12월부터 17개 철강제품에 대해 인도표준국(BIS)의 강제인증을 실시하고 있다.

다양한 무역기술장벽 사례들

- 미국은 2014년 11월부터 적외선차단 화장품을 의약품으로 분류하고 FDA 승인을 받도록 요구하고 있어 화장품 수출이 지연되고 있다.
- 미국, 13세 이하 어린이용품에 대한 안전인증 강화(2008. 11)
- 사우디아라비아는 2014년 3월부터 모든 신규타이어에 대해 최대 회전저항 및 최소 노면접지력 요건에 대해 규제를 도입함에 따라 우리나라 타이어 수출업계의 부담이 되고 있다.
- 또한, 2008년부터 사우디아라비아는 모든 수입제품에 대한 적합성인증서 첨부를 요구하고 있다.
- 인도네시아는 2008년부터 아연도금강판에 대해 인도네시아공업규격(SN)의 강제인증을 실시하고 있다. 또한, 2009년부터 열연재, 갈바륨 등 철강제품에 대한 SN 강제인증을 실시하고 있다.
- 에콰도르는 2008년 2월부터 타이어 자동차부품 등 공산품에 대해 시험성적서와 적합성인증서 첨부를 요구하고 있다.
- 최근 아르헨티나는 가구, 신발, 섬유, 가전 등 공산품에 대해 사전승인을 받도록 요구해 우리 중소기업들이 수출을 포기하는 경우가 발생하고 있다(조선일보, 2009. 11. 27~28).
- 캐나다는 음료수 캔의 사이즈를 정하고 그에 부합하지 않은 제품의 수입을 금지하고 있다.
- 그리스는 택시의 길이를 최대 5m, 엔진의 출력을 최대 20마력(그리스 마력)으로 제한하고 이러한 기준에 충족하지 않는 자동차의 수입을 제한하였다.

5) 이슬람국가의 할랄(Halal)인증

할랄(Halal)은 '이슬람법에 의해 허용되다'의 뜻인데, 생산공정 인증의 하나이다. 할랄인증은 이슬람종교를 가진 무슬림들이 섭취할 수 있는 식음료임을 인증하는 것이다.

이슬람법에서는 이슬람 율법에 따라 도축되지 않은 육류, 동물의 피, 그리고 알콜 등이 포함된 제품을 금지한다. 예를 들어 쇠고기에 대해 할랄인증을 받기 위해서는 소의 방향을 이슬람성지인 메카쪽으로 향하게 하고, 도축 전에 주문을 외우고, 날카로운 칼로 경동맥과 정맥을 한 번에 잘라 동물의 고통을 최소화하고, 피가 완전히 빠진 후에 가죽을 벗기는 가공을 해야 인증을 받을 수 있다. 따라서 이슬람종교 지역으로 수출하기 위해서는 할랄인증을 받아야 하는데, 한국에서는 한국이슬람중앙연합회에서 받을 수 있다.

6 무역 관련 기술장벽(TBT)의 연혁과 제정목적

WTO 제7차 협상인 1979년 동경라운드에서 '무역에 대한 기술장벽에 관한 협정'을 채택하면서 복수국 간 규약 형태로 제정되었다. 과거 1~6차 협상이 관세인하 협상이라면 도쿄라운드 협상에서는 비관세장벽이 주로 논의되었기 때문에 TBT가 주요 의제에 포함되었다.

그 후 TBT는 1986년 WTO 제8차 협상인 우루과이라운드(UR)에서 다시 논의되었다. 당시 목표는 생산의 효율성을 제고하고 국제무역을 촉진할 수 있도록 국제표준과 적합판정절차를 제정 · 운용함은 물론 위생 및 환경보호 등을 위한 표준의 제정과 운용이 자의적이고 불공정한 국가차별수단이 되지 않도록 기술장벽을 제거하고 각국의 표준을 국제표준과 조화시키는 것이었다. 기술장벽이 더 이상 무역장벽이 되지 않도록 국제적 기준(rule)을 만드는 노력이었다.

WTO의 TBT 제정목적은 무역을 원활하게 하여 무역을 촉진함에 있었다. 즉, WTO는 이들 표준, 기술규정, 적합성평가 등이 회원국 국민의 안전과 환경보호를 위한 정당한 수단임을 인정하면서도, 한편으로는 이런 수단들이 무역장벽으로서의 역할을 하고 일부 국가에서는 악용하는 사례도 있으므로 국가별로 상이한 표준, 기술규정, 적합성평가를 국제적으로 조화 내지는 통일화하여 이들 수단들이 국제무역을 저해하는 요인으로 작용하지 않도록 하려는 노력이었다.

WTO TBT협정은 위의 목적을 달성하기 위해 지켜야 할 핵심원칙을 제시하고 있는데, 즉 WTO 회원국으로 하여금 ① 수입물품에 대한 기술규정 및 표준을 정함에 있어 최혜국대우와 내국민대우를 준수해야 한다(무차별성). ② 각국은 불필요한 장애를 초래할 목적으로 기술규정을 제정 · 운영하지 못한다. ③ 기술규정이 정당한 목적달성에 필요한 이상으로 무역을 제한하지 않도록 해야 한다. ④ 기술표준을 채택할 때에는 국제표준에 기초하여 제정되어야 한다(국제기준과의 조화).[10] ⑤ 다른 국가의 기술규정이 자국과 상이하더라도 같은 정책목표를 충족시킬 수 있다면 자국의 기술규정과 동등한 것으로 인정한다(동등성). ⑥ 해당 기술규정을 공표하고 WTO에 통보하여 다른 회원국이 알 수 있도록 한다(투명성). ⑦ 긴급한 경우를 제외하고는 기술규정의 공표와 실제적용 사이에 합리적인 시차를 둔다 등이다.

위의 동등성 경우를 예로 들면, 환경보호를 위한 자동차 배기가스 규제에서 A국은 촉매 컨버터 장착을 요구할 수 있고, B국은 디젤엔진의 사용을 요구할 경우, A국, B국 모두 방법은 다르지만 환경보호를 위한 대기오염에 목적을 둔 규정은 본질적으로 동등하다고 보고 상호 인정하는 경우이다.[11]

10 그리고 국제표준화와 관련된 대표적인 국제기구들로는 국제표준화기구(ISO), 국제전기기술위원회(IEC), 국제전신전화자문회의(CCITT), 국제법정계량기구(IOLM), 국제식품표준위원회(CAC), 및 국제수역사무국(IOE) 등이다. 다만 근본적인 기후나 지리적 요인 또는 기술적 문제로 정당한 목적을 충족시키는데 부적절하거나 비효과적인 것으로 간주될 경우에는 국제표준을 활용하지 않아도 된다.

11 류경임(2015), 『기술규제와 무역』, 한국표준협회미디어, p.131,

TBT(무역기술장벽)와 SPS(위생검역) 간의 관계

일반적으로 SPS는 TBT의 특별한 한 분야로 간주된다. GATT체제하에서 1979년 도쿄라운드 결과로 탄생된 TBT협정에서는 잔류농약 검사, 라벨링 등 모든 농산물 · 공산품을 포함하여 식품 안전 및 동식물의 위생과 관련한 조치를 포괄하고 있었다. 그러던 중 UR협상에서 농업협정문을 제정하는 과정에서 특별히 농산물, 식품분야에 관심을 갖고 인간, 동물, 식물의 생명과 건강에 대한 위생조치를 좀 더 명확하게 규정하고자 1994년에 SPS협정문을 제정하였다. 따라서 SPS협정문은 TBT협정에서 분리된 것이라고 말할 수 있다.

현재 WTO체제에서는 TBT와 SPS가 모두 상품무역에 대한 기술규정, 표준, 적합성 절차를 다루지만 SPS에서는 ① 식품, 음료수, 사료 등의 첨가물, 오염물질, 독소, ② 식물, 동물의 전염병, ③ 해충, 질병 또는 질병유발 미생물로부터의 동식물 보호 등을 다룬다. 다시 말해 식품에서 기인하는 인간과 동물의 건강상의 위험과 질병(disease) 또는 병충해(pests)로 인한 인간, 동물 및 식물에 대한 위험의 보호에 중점을 두고 있다.

반면 라벨링 요구는 TBT협정이 적용된다. 따라서 TBT와 SPS는 핵심원칙들은 비슷하지만 세부내용에서는 조금 차이가 있다. 그리고 두 협정 모두 정당한 목적달성에 비효과적이거나 부적절한 경우 국제표준에서 어느 정도 이탈할 수 있으나 TBT가 SPS보다 더 제한적이다.

7 기술장벽의 내용 및 WTO의 내용[12]

1) 기술규정

TBT에서의 기술규정(technical regulation)이란 물품의 특성이나 규격 또는 물품의 생산공정과 생산방법, 상표부착, 용어, 기호 등을 지키도록 규정한 것을 말한다. 일반적으로 기술규정은 인간 및 동식물의 생명보호, 보건, 안전, 환경보호, 국가안보 등과 같은 국내 공공정책을 달성하기 위해 제정된다. 예를 들어 자동차의 폭은 타이어를 포함하여 1,980~2,000mm로 규정, 열차객실은 화재예방을 위해 특수소재를 규정, 에어콘에 에너지등급표시, 라벨링, 식품에 방사능처리 여부 표시 등이 사례이다. 기술규정은 기술상의 기준을 법규로 규정하여 소비자를 보호하고 유통질서를 확립하는 역할을 한다. 따라서 강제준수사항이다.

그런데 이러한 기술규정이 무역의 장벽이 되고 있다. 예를 들어 ① 차별적 기준

12 류경임(2015), 『기술규제와 무역』, 한국표준협회미디어, p.143.

적용으로서 현지조달비율의 계산에서 국내외 업체 간 산정방식을 차별적으로 적용하는 경우, ② 상이한 표준을 적용하는 경우로서 국가와 지방자치단체 간의 독자적인 표준제도를 운영하는 경우, ③ 국제표준과 불일치하는 경우로서 제품표준이 국제기준과 일치하지 않거나 인증절차가 국제기준과 불일치하는 경우, ④ 과다한 기술요건으로서 여타국가에서는 수입이 허용되는 상품에 대해 이들 국가보다 엄격한 요건을 요구하거나 까다로운 규격 및 인증마크 획득을 요구하는 경우, ⑤ 투명성 결여로서 수시로 표준을 변경하는 경우 등이다.

2) 표준화

TBT에서의 표준화(standard)란 제품이나 시스템에 대한 기술적인 요구사항을 정하는 것이다. 즉, 특정상품의 형태, 치수, 소재, 기능, 안정성 등과 같은 기술적 특성이나 규칙, 지침 등을 획일적으로 규정한 것인데 상품의 생산과 유통, 소비의 효율성을 제고시키기 위한 목적으로 만들어졌다. 즉, 표준은 공통적이고 반복적인 사용을 위하여 합의에 의해 제정되고 인정된 기관에서 승인된 문서로서 주어진 여건 아래서 최적의 질서를 확립함을 목적으로 하는 활동이다.

표준화를 통해서 기대되는 이익은, 첫째 생산과 유통과정에서 발생하는 전환비용의 감소이다. 즉, 기업에게는 부품의 호환, 유사성, 연계성 증가로 생산비를 감소시키고 유통업자에게는 상품취급을 수월하게 만든다. 예를 들어 통신장비의 인터페이스표준은 제품 간의 호환성을 증가시켜 전환비용을 절약하게 한다. 둘째, 소비자에게는 탐색비용, 학습비용을 감소시켜 제품선택과 사용의 편리성을 높인다. 예를 들어 건전지의 크기는 AAA부터 D까지 표준화되어 있어 소비자의 선택과 사용을 편리하게 한다. 또 다른 예로는 장난감 등 디자인의 안전표준, 화학물질의 성분표준, 우유살균 등 생산절차, 헬멧 등 성능표준 등도 있다. 셋째, 규모의 경제를 실현하도록 돕는다. 예를 들어 원료의 대량구매, 대량생산, 대량유통을 통해 원가를 절감하여 생산가격은 낮추고 기술혁신을 돕는다. 그러나 표준화의 단점은 제품의 다양성을 억제하는 부작용도 있다.

그리고 표준은 비강제적인 사항이다. 하지만 구매자가 제품구매 및 조달에 있어 특정표준을 요구하는 경우가 많아 실제로는 강제적 기술규정과 비슷한 효과가 발생한다. 어쨌든 기술규정과 표준의 큰 차이는 그 준수에 대한 강제성 여부에 달려 있다.

표준화기구로는 한국에서는 한국기술표준원이 있고, 국제표준에는 국제표준화기구(ISO), 국제전기기술위원회(IEC), 국제통신연합(ITU) 등이 있다. 국제표준은 국가 간의 기술적 호환성을 보장하고 타국에서 제조된 제품이나 진행된 프로세스에 대한 정보를 소비자에게 전달하는 역할을 한다.

3) 인증제도

인증제도(certificate)란 제품, 서비스, 생산공정, 시스템 등이 미리 정한 기술적 요구사항과 합치한다는 것을 온전히 신뢰할 수 있는 제3자가 서면으로 보증을 하는 절차를 말한다. 그리고 평가 결과가 만족스러운 경우 요구사항과 일치한다는 인증서가 발급되고 생산자에게는 제품에 인증마크를 부착하는 것을 허용한다. 인증마크는 인증기관이 관리하는 마크일 수도 있고, EU의 CE마크 같이 법에서 요구하는 마크일 수도 있다.

인증의 종류는 매우 다양하다. 표준인증은 어떤 제품이 표준규격을 만족하여 그에 대한 보증을 하는 것이고, 품질인증은 제품의 품질이 미리 정한 기술적 요구사항을 만족하고 있음을 보증하는 것이고, 안전인증은 안전규정을 만족한다는 것을 보증하는 것이다. 그리고 심사원인증은 심사원의 자격요건을 만족한다는 것을 보증하는 것을 말한다.

인증제도는 불량제품으로부터 소비자의 안전, 생명 및 환경을 보호하고 표준규격 확산, 신기술개발유도, 에너지의 효율적 이용 등을 유도하기 위해서 필요하다. 공인기관으로부터 인증을 받게 되면 제품의 성능이나 품질에 대해 국제적 신뢰를 얻게 되어 국제무역이 원활하게 되고 소비자들의 선택이 유리해진다.

인증제도에 관한 WTO의 규정은 인증제도가 불필요한 무역장벽이 되어서는 안 되고, 최혜국대우 및 내국민대우가 적용되야 한다고 규정하고 있다. 또한 회원국들이 채택하고 있는 인증제도는 공표해야 하고 다른 회원국들의 요청이 있는 경우에는 송부해주어야 한다.

이러한 인증의 상호인정을 위해 국가 간에는 상호인정약정(MRA: Mutual Recognition Arrangement)을 맺기도 한다. 상호인정약정(MRA)은 다른 나라와 시험 및 인증제도의 조화를 위해 양자차원에서 기술표준을 상호인정하는 협정을 체결하는 것인데, 그렇게 되면 양국 간에 제품이 표준화되고 중복검사의 번거로움이 해소될 수 있다.

기술규정의 상호인정약정

상대국의 기술규정이 자국의 기술규정과 다를지라도 자국 내 기술규정의 목적을 충족할 경우 상대국의 기술규정을 자국의 것과 동등한 것으로 수용하는 것을 말한다. 그리고 이러한 것을 제도화한 것이 '상호인정약정'(MRA: Mutual Recognition Arrangement)이다.

2015년부터 발효된 한중 FTA의 TBT 첸터는 일부 품목에 대해 상호인정약정(MRA)의 토대를 마련하였다고 평가하고 있다. 또한, TBT는 아니지만 한-중 간에는 지난 2013년 6월에 무역원활화와 무역안전보장을 위해 AEO MRA가 체결되어 2014년 4월 1일부터 시행하고 있다.

우리나라의 인증제도

우리나라의 인증제도는 크게 3가지로 나누는데, 첫째 강제인증으로서 EK(승강기), 정수기, 통신기기, 소방용품, 전기용품, 고압가스, 산업안전 등을 중심으로 39개의 필수인증이 있다. 둘째, 임의인증으로서 KS, 환경, 에너지절약, 유기농, 무농약 등 약 59개가 있다. 셋째, 민간인증으로서 귀금속협회인증 등 약 60개의 민간인증이 있다.

자료: 이병룡, 한국품질재단

4) 적합성 판정절차

TBT 적합성판정(conformity assessment)이란 제품이나 시스템이 국가 또는 기관에서 요구하고 있는 기술규정이나 표준 등과 같은 요건을 충족하고 있는지 여부를 샘플링, 시험, 검사, 인증 등을 통해 판정하는 행위를 말한다. 보통 나라별로 어떤 상품의 기술적 특성에 대한 기준을 설정하는데 그러한 기준의 적합성을 기술적으로 평가하는 방법이나 절차를 말한다.

절차에는 표준이나 기술규정기준의 적합성을 인정하는 인증제도, 적합성 여부에 대한 시험, 검사, 적합성의 선언이나 규격명시를 위한 포장, 표시 등이 있다. 주로 표본추출, 시험 및 검사, 평가, 검증 및 적합보증, 등록, 인정과 승인의 형태가 있다.

적합성판정절차에서의 무역장벽 형태는 매우 다양하다. 예를 들어 국내 또는 국제적인 인증을 획득하였음에도 불구하고 이를 인정하지 않고 중복검사를 요구하는 경우, 인증마크를 획득하는데 과다한 기간이 소요되는 경우 또는 검사공무원의 부족으로 검사가 지연되는 경우, 높은 검사비용, 과다한 표본조사 등으로 비용증가, 중복검사로 비용이 증가하는 경우, 일관적이지 못한 판정, 검사기관의 잘못으로 관련 정보가 경쟁관계에 있는 민간국내업체에 전달되는 등 투명성 부족 등이 대표적인 사례이다.

적합성판정절차에 관한 WTO의 규정은 기술규정 및 표준에 대한 적합판정절차는 내국민대우원칙에 따라 적용되어야 하며 국제무역에 불필요한 장애를 초래하지 않아야 한다는 것이다. 또한 적합판정절차는 가능한 한 신속하게 실시되고 완료되어야 하며 처리예상시간을 통보해야 한다고 규정하였다.

5) 상표부착

TBT에서 라벨링(labelling)이란 제품에 상품명, 용도, 성분표시, 규격, 가격, 원산지, 주의사항, 유효기간 등을 표시하도록 요구하는 것을 말한다. 그리고 라벨링의 형태는 심벌, 문구, 그림, 로고 등의 형태를 갖는다.

라벨링은 다음 3가지의 주요 기능을 갖는다. 첫째, 소비자에게 명칭, 성분, 중량, 유효기간, 원산지, 제품생산자 또는 유통자의 주소 등 제품의 정보를 제공한다. 즉, 소비자에게 있어 라벨링은 제품이 해당 규정이나 표준을 충족시키고 있다는 것을 알려주는 역할을 한다. 예를 들어 요즘 떠오르고 있는 '에코라벨링'도 그 중의 하나이다. '미국-참치II' 사건에서와 같이 'Dolphin Free'라는 라벨은 소비자에게 참치가 돌고래를 해치지 않고 생산되었음을 전달하는 역할을 한다. 따라서 라벨의 정보는 소비자가 제품과 브랜드를 구별하여 선택할 수 있도록 돕는 역할을 한다.

둘째, 안전한 취급방법, 영양성분 프로파일, 제품의 사용범위 등 소비자의 건강 및 안전을 돕는다. 셋째, 라벨장식, 홍보, 라벨을 통한 주장 등을 통해 제품판매 및 무역을 촉진한다.[13]

그런데 라벨링이 무역장벽이 되는 것은 라벨링을 표시하는 위치, 크기, 내용, 표기방법에 대한 규정이 지나치게 까다롭고 엄격하여 이를 충족하기 위해서는 포장비용 등 여러 비용이 추가되거나 또 수출에 걸림돌로 작용하는 경우를 말한다. 예를 들어 한국은 수입가전제품에 대해 한국어로 표시된 라벨을 부착하도록 요구해 왔는데, 스위스를 비롯한 수출국들이 이것이 수출에 부담이 된다고 이의를 제기함에 따라 한국어 라벨 대신에 제품설명서에 사용상 주의사항 등만 한국어로 표시하도록 허용하였다.[14]

또 다른 사례로 미국은 승용차, 경트럭 등 수입산 자동차를 대상으로 북미산 부품비율, 원산지, 조립지 등을 표시한 라벨을 부착하도록 의무화하고 있다(American Automobile Labeling Act, AALA 1994, 201조). 미국, 캐나다산 부품의 차종별 조달비율 및 최종조립국가, 엔진 및 트랜스미션 원산국 등의 라벨링 의무화를 시행하고 있는데, 이것이 미국과 캐나다에게는 혜택을 주고 그 외의 국가들에게는 불리한 대우를 하려는 부당한 차별이라고 지적되었다. 왜냐하면 자국 국민들에게 자국산 자동차를 구매하도록 부추긴다는 이유에서이다.

그림 6-5 ▌ 미국의 American Automobile Labeling Act(AALA) 사례

AALA의 내용

- 부품비율: 미국, 캐나다 35%, 기타 주요 원천은 일본으로 46%
- 최종조립지: 미국 테네시
- 엔진: 일본
- 변속기: 일본

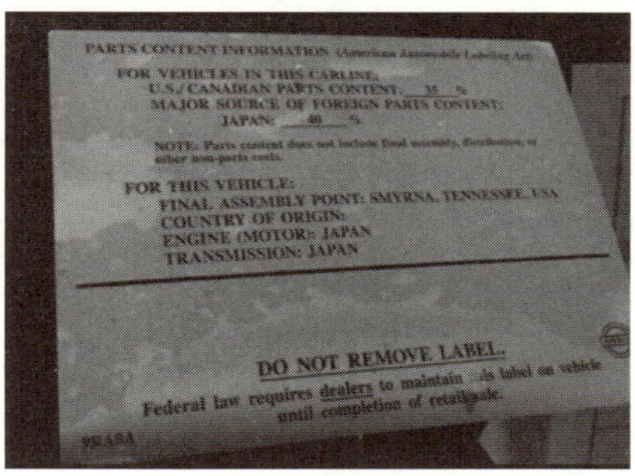

13 류경임(2015), p.194.
14 1995. 6. 20.

또한 미국은 자국 참치상품에 대해 돌고래를 희생시키지 않고 잡은 참치임을 증명하기 위해 라벨에 'Dolphin Safe'라고 표기하도록 한 것은 기술규정에 속한다.

중국의 화장품 라벨링

현재 중국의 라벨링 요구사항은 제품명칭, 상표, 내용량, 배합원료, 생산일자, 제조자와 주소, 국외판매상 이름과 주소, 주의사항 등을 반드시 기입해야 되고, 예방, 질병치료 내용이 있으면 안되고, 중국어 간자체를 사용해야 한다. 중국 화장품 라벨링 심사는 수출입검험검역국에서 실시한다.

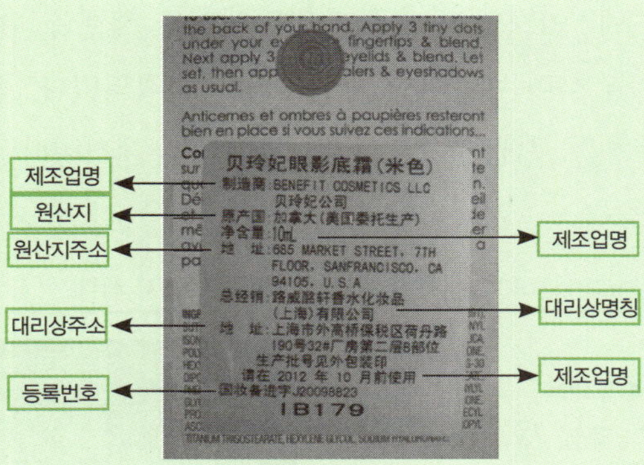

자료: 강민주(2015), '해외시장뉴스', KOTRA.

중국의 화장품 라벨링 표시 필수사항

- 제품명
- 판매원, 제조사의 정보
- 수입화장품 원산지 정보
- 순함량
- 전성분 표시
- 생산일자, 품질보증기간, 생산번호, 유통기한
- 제품표준번호
- 수입 비특수화장품 위생허가 등록번호
- 수입 특수화장품 허가번호
- 안전경고문구(필요시): 15g 혹은 15ml 이하 제품은 필수표기사항 아님.

8 한국의 표준화, 인증 사례

1) 한국산업표준(KS: Korea Industrial Standard)

1961년 산업표준화법에 의해 제정된 산업표준으로서 KS 제정절차, KS마크 표시제도, 광공업품의 품질 등 산업표준에 관한 각종 사항을 규정하고 있다.

2) KC마크

현재 우리나라는 32개 법령에서 38개 강제인증제도를 운영하고 있으며, 그 가운데 13개 제도에서 인증마크제도를 운영하고 있다. 이들 13개 기관에서의 인증을 KS 마크로 통일하여 부여하고 있다.

3) 품질보증마크(Q마크)

품질보증(Q마크)제도는 6개 시험연구원이 공동으로 운영하는 인증제도이다. 전기전자제품 및 기타 공산품의 품질향상과 소비자보호를 위하여 시험연구원들이 우수한 품질의 제품을 생산하는 업체를 엄선하여 인증기업에 대한 신뢰성제고 및 판로증진을 위하여 제품의 품질을 보증하고, 품질보증(Q마크)표시를 인증하는 제도이다.

품질보증(Q마크)제도는 제3자인증 제도로서 국제적인 제품시험 · 검사기준에 부합하는 각 연구원이 보유하고 있는 인증제품별 자체 시험 · 평가기준에 의하여 그에 따른 성능평가 및 안전성평가를 거쳐서 인증한다.

소비자보호는 물론 상품의 고급화를 촉진시키기 위해 만든 것으로 강제가 아닌 임의표시사항이며 KS기준이 아직 마련되지 않아 KS표시를 받을 수 없는 제품도 Q마크를 획득할 수 있다.

4) 승강기부품 안전인증

인증명칭	승강기안전부품 안전인증
인증의 형태	법정강제, 법정임의, 민간인증, 해외인증
인증국가	대한민국
인증분야	안전, 환경, 성능, 전자파, 인체공학, 통신, 보건, 식품, 기타
제도개요	• 목적: 승강기의 제조 · 설치 및 보수 등에 관한 사항을 정하여 승강기를 효율적으로 관리함으로써 승강기의 품질을 향상시키고 승강기이용자를 보호함을 목적으로 함. • 시행일: 1991. 12. • 인증대상: 승강기안전부품(5개품목)에 대한 강제인증

5) 열사용기자재 검사제도

인증명칭	열사용기자재 검사제도
인증의 형태	법정강제, 법정임의, 민간인증, 해외인증
인증국가	대한민국
인증분야	안전, 환경, 성능, 전자파, 인체공학, 통신, 보건, 식품, 기타
제도개요	• 목적: 고온 · 고압의 열사용기자재 안전사고로 인한 인명 및 물적 피해를 방지하기 위해 제조에서부터 폐기에 이르기까지 전 과정을 관리하며, 또한 에너지 소비가 많은 열사용기자재의 효율 향상으로 합리적 에너지소비와 이산화탄소 배출저감의 실현을 목적으로 함.

6) 기타 한국의 제도

한국은 신재생에너지(태양전지 모듈 등) 설비의 보급촉진을 위해 2010년 4월 「신에너지 및 재생에너지 개발 · 이용 · 보급촉진법」을 개정하여 신재생에너지 설비에 대해 인증하는 제도를 도입하고 미인증 제품에 대해서는 입찰을 제한하고 반대로 인증받은 제품에 대해서는 입찰시 혜택을 부여하고 있다.[15]

우리나라는 2008년 제정된 「식품산업진흥법」에 따라 유기가공식품의 품질개선 및 생산을 장려하고 소비자를 보호하기 위해 유기가공식품 인증제도를 도입하고 2009년 2월 WTO/TBT위원회에 이를 통보하였다. 동 제도에 의하면 국내 및 수입가공식품에 대해 '유기'로 표시하거나 판매하기 위해서는 농식품부가 지정한 인증기관으로부터 인증을 받아야 하며 기존의 외국인증기관도 새로 인증을 받아야 한다.[16]

계속해서 우리나라는 「저탄소녹색성장기본법」에 따라 2012년부터 발효하게 될 자동차에 대한 '평균에너지소비효율기준(연비)' 및 '온실가스배출허용기준'을 정하고 2010년 10월 WTO/TBT위원회에 관련 규정을 통보하였다. 동 규정은 10인승 이하의 승용 · 승합자동차에 적용되는 기준으로 제작업체는 '평균에너지소비효율기준' 또는 '온실가스배출허용기준' 중에서 한 가지 기준을 선택하여 준수되어야 한다. 2015년 목표는 평균연비 17km/ℓ, 온실가스 140g/km이다.[17] 한국이 환경정책의 일환으로 이와 같이 자동차 온실가스 배출기준을 140g/km로 규정하면 이보다 낮은 기준(가령, 180g/km)을 설정하고 있는 다른 국가들은 한국에 자동차 수출을 하기가 어려워지거나 온실가스 배출을 억제하는 별도의 시설을 개발해야 하는 부담이 늘어날 것이다. 이것은 무역 관련 기술장벽이고 일종의 비관세장벽의 역할을 하게 된다.

또다른 사례로 우리나라는 PVC장판, 벽지에 약 0.1% 정도 사용되고 있는 프탈레이트계 가소제(유연하게 만드는 화공품)의 양을 제한하기 위해 PVC장판, 벽지

15 장용준 외(2011), 『무역상 기술장벽(TBT)이 무역에 미치는 영향과 정책적 대응방안』, 대외경제정책연구원, p.79.
16 장용준 외(2011), 전게서, pp.116~117.
17 장용준 외(2011), 전게서, pp.117~118.

등을 안전관리 대상품목으로 지정하고 가소제를 사용하지 못하도록 발표하고 이를 WTO에 통보하였다.[18]

18 장용준 외(2011), 전게서, p.134.

■ Chapter 07 ■

원산지규정(ROO)

오늘날 세계화로 인해 기업들이 글로벌 소싱(sourcing)이나 글로벌 생산체제를 갖추면서 이제 상품생산은 어느 한 나라에서만 만들어지는 것이 아니라 여러 나라에서 만들어진 부품을 한 나라에서 조립하여 완성품을 만드는 경우가 많다. 이때 그 상품이 어느 나라에서 만들어졌는지를 판단하기는 쉽지 않다. 예를 들어 대만산 노트북 몸체와 한국산 모니터, 그리고 미국산 CPU를 이용하여 일본에서 컴퓨터를 조립하였다면 이 컴퓨터를 생산한 나라가 누구인지 판단하기는 쉽지 않다. 컴퓨터 같은 제조품들은 어느 한 국가에서 모든 생산공정을 마치는 것이 아니라 일부 부품을 수입한 후 조립 · 가공하여 수출하는 경우가 많다.

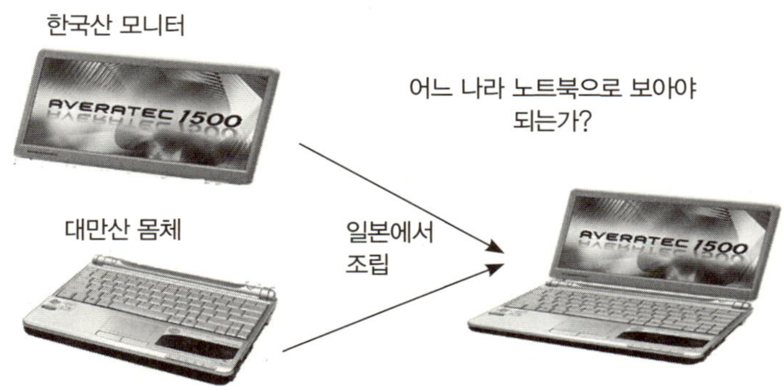

자료: 조정란(2009)

이와 비슷한 사례는 아주 많다. 예를 들어 한국에서 중국산 절임배추를 수입하여 양념과 무를 이용하여 김치를 담근 경우, 소주의 원료인 주정(spirit)을 수입하여 한국에서 희석식 소주를 만든 경우, 미국, 유럽산 자동차나 항공기는 미국이나 EU, 브라질 등지에서 마지막 조립과정을 거치지만 그 안에 들어가는 부품은 전 세계에서 생산되고 제작되는 경우 등이다.

Apple의 아이폰은 한국과 일본 등에서 주요 부품을 수입하여 대개 중국 팍스콘에서 조립한다. 중국에서 조립하여 생기는 부가가치는 10%밖에 되지 않는다. 이때 원산지를 중국으로 한다면 많은 논쟁이 있을 수 있다.[01] 원산지에 대한 판단은 FTA 등 자유무역이 확대됨에 따라 국제통상에 미치는 효과 때문에 더욱 중요해지고 있다.

다행히, 동물이나 식물의 경우에는 판단하기가 조금 쉽다. 왜냐하면 이들 제품들은 살아있는 생물이므로 여러 나라를 거치지 않고 대체로 한 국가에서 재배(사육)되어 상품으로 만들어지기 때문이다. 그러나 다음과 같이 특이한 경우도 있다. 예를 들어 캐나다에서 사육된 소를 미국이 수입하여 도축하였다면 원산지는 어디일까? EU 집행위원회는 외국산 소를 EU 국가에서 수입하여 도축하고 가공하였다 해도 EU를 원산지로 인정할 수 없다고 판정한 바 있다. 적어도 도축되기 전 3개월 동안은 EU 역내에서 비육되어야 한다는 것이다. 따라서 오늘날과 같은 글로벌 시대에서는 원산지를 판단하는 객관적인 기준을 만들 필요성이 더욱 요구된다.

1 원산지규정의 뜻과 판단기준[02]

1) 원산지, 원산지규정, 원산지표시

원산지(country of origin)란 물품이 만들어진 국적을 의미하는데, 그 물품이 생산되었거나 제조 또는 가공된 나라를 말한다. 즉, 제조품의 경우 그 물품이 생산 · 제조 · 가공된 국가를 의미하고, 동식물의 경우에는 그 생물이 사육되거나 재

01 김의기(2012), 『WTO에서 답하다』. p.35.
02 정인교 외(2009), 『동아시아 경제통합 주요국 입장과 통합관련 이슈』, 서울경제경영출판사, pp.201~205.

배된 국가를 의미한다. 일반적으로 원재료의 공급국 및 주요 공정을 수행한 나라를 기준으로 결정한다.

원산지는 지역이나 나라를 기준으로 하기 때문에 제품의 제조사, 자본투자국, 디자인수행국, 기술제공국, 상표소유국 등은 원산지 결정에 영향을 미치지 않는다. 즉, 브랜드 원산지와 제품 원산지가 서로 다른 경우이다. 예를 들어 한-미 FTA로 인해 미국에서 생산된 자동차가 원산지규정에 따라 관세인하 혜택을 받게 되는데, 이때 미국에서 생산된 Ford자동차도 한국으로 수입될 때 관세인하 혜택을 받지만, 미국에서 생산된 도요타, BMW 등도 똑같이 관세인하 혜택을 받게 된다. 마찬가지로 한국에서 판매되는 대표적인 아웃도어 브랜드인 Northface, Columbia 등은 미국 브랜드이지만 미국에서 생산되지 않고 주로 방글라데시 공장에서 생산되기 때문에 그 제품의 원산지는 미국이 아니고 방글라데시인 경우가 많다. 따라서 한-미 FTA의 경우 방글라데시에서 생산된 Northface 제품은 관세인하 혜택을 받을 수 없다.

한편, 원산지규정(ROO: Rule of Origin)이란 특정 제품의 원산지를 결정하기 위한 기준을 말한다. 즉, 상품의 원산지를 결정하기 위한 제반기준 및 절차, 법률 등을 의미한다. 예를 들어 어떤 상품이 FTA 체결국가에서 만들어진 상품이라는 것을 인정받기 위해서는 일정한 조건을 충족해야만 되는 규정 같은 것이다.

그리고 원산지표시(origin marking)란 특정물품의 원산지를 당해 물품에 인쇄, 주조, 라벨링 형식으로 표시하도록 하는 제도인데, 이를 통해 소비자에게 정확한 상품정보를 제공함으로써 소비자의 합리적인 선택권을 보호하고, 허위 원산지정보 제공에 의한 부당이득의 취득을 방지하여 공정한 거래질서를 확립하려는 목적이 있다.[03] 미국은 관세법에 의해 모든 수입물품에 대해 원산지표시를 의무화하고 있다.

2) 원산지를 구별하는 이유

원산지를 구별하는 이유는 다양하다. 첫째, 특혜원산지규정 등에 의해 혜택을

03 대외무역법 제23조~25조.

주기 위해 구별하는 경우이다. 이를 특혜원산지규정이라고 한다. 예를 들어 FTA, 일반특혜관세(GSP), 개도국간무역특혜(GSTP), 아 · 태무역협정, 남북한원산지합의서 등 다양한 형태의 특혜무역협정이 있는데, 이때 체결한 나라 간에 원산지를 따져서 특혜 여부를 결정하기 때문이다. 예를 들어 FTA를 체결한 국가들끼리는 관세인하, 무역절차 간소화 등 무역상의 혜택을 주고 받는데, 수입되는 제품이 FTA를 맺고 있는 나라로부터 온 것인지 아니면 다른 나라에서 온 것인지를 따질 필요가 있다는 것이다. 이때 원산지규정이 사용된다.

둘째, 무역굴절(trade deflection; 우회수출)을 방지하기 위해서이다. FTA를 체결한 당사국들끼리만 혜택을 주고받기를 원하는데 체결당사국이 아닌 다른 국가(제3국)들이 체결국에서 상품을 조립하거나 재포장하는 방법 등을 통해 체결국에서 만들어진 상품으로 둔갑시키거나, 또는 단순히 체결국을 경유하여 혜택을 받으려고 하는 '무역굴절' 현상을 억제하기 위해서이다.

셋째, 정책결정에 따른 무역조치를 하기 위해서이다. 이를 비특혜원산지규정이라고 한다. 예를 들어 특정국가를 대상으로 반덤핑, 상계관세, 세이프가드 등 무역제한조치를 부과하는 경우 수입상품의 원산지를 따져서 관세를 부과하거나 추가적인 무역제제조치를 취할 때 원산지를 구별할 필요성이 있다.

넷째, 수입신고서를 작성하거나 무역통계를 위해서도 원산지를 구별할 필요성이 있다.

다섯째, 소비자의 알권리, 소비자의 선택권리 등 소비자 권리보호 차원에서 원산지를 구별한다. 소비자가 상품을 선택할 때 그 제품이 어디에서 생산되었는지를 알려주며 소비자의 선택권을 존중한다. 즉, 소비자에게 정확한 상품정보를 제공함으로서 소비자의 합리적인 선택권을 보호하고, 허위 원산지정보 제공에 의한 부당이득의 취득을 방지하여 공정한 거래질서를 확립하는 데 도움이 된다.

그림 7-1 ❙ 부산세관의 통관검사 모습

우회수출(trade deflection; 무역굴절)

무역굴절이란 특혜무역협정 등의 체결로 인해 역외산 물품이 역내산 물품으로 우회적으로 수입되는 현상을 말한다. 예를 들어 A, B국은 FTA를 체결한 국가로서 상호 간에만 관세인하 혜택을 주고 받는데, C국이 관세인하 혜택을 얻기 위해 B국을 경유하여 B국 상품으로 둔갑시켜 A국으로 수출하는 경우이다. 본래 C국은 A국과 특혜무역협정을 체결하지 않았기 때문에 A국으로 수출할 때 혜택을 받지 못하는 나라였었다.

예를 들어 한-칠레 간에는 FTA를 맺고 있어 양국 간에는 서로 혜택을 주고받고 있는데, 칠레의 주변국인 아르헨티나가 자국에서 가구를 거의 다 만들어서 칠레로 수출을 한 뒤(칠레와 아르헨티나 간에는 특혜무역협정을 맺고 있다) 칠레에서 동 상품을 다시 단순 조립단계를 거쳐 완성품으로 만든 뒤 한-칠레 FTA 체결에 따른 관세혜택을 얻으려고 한국으로 수출하는 경우이다. 이때 한국의 관세청은 제품의 원산지를 따져서 동 제품이 칠레에서 생산된 제품이 아니고 아르헨티나에서 생산된 제품임을 확인하고 관세혜택을 부여하지 않을 것이다.

또다른 예를 들면, 어떤 나라가 NAFTA 혜택을 받으며 미국으로 수출하기 위해 NAFTA 회원국인 멕시코나 캐나다로 어떤 상품을 수출한 후 다시 미국으로 수출하는 경우이다.

또한, 남북 간에는 무관세인데, 이러한 무관세 혜택을 이용하기 위해 많은 중국산 제품이 북한을 통해 남한으로 무관세로 수입되는 경우 등이 있다.

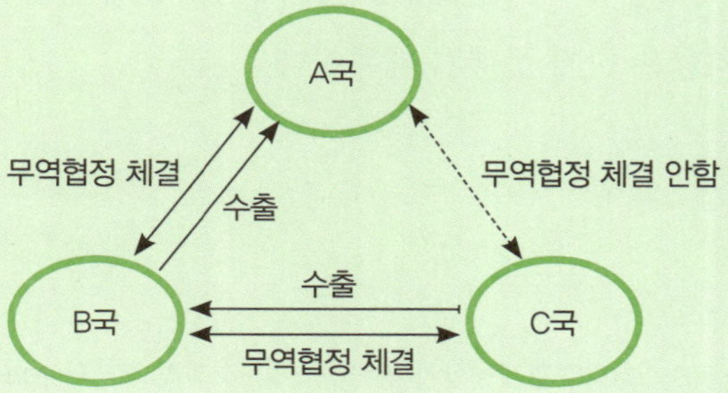

2 국제규범 형성의 배경 및 현황

1) WTO 이전

원산지표시에 관해서는 GATT 1994 제9조에서 명시하고 있다. 즉, 원산지표시에 관한 법규를 제정함으로써 원산지에 대한 허위표시 또는 오해의 우려가 있는 표시로부터 소비자를 보호하고, 동 법규가 상업이나 산업에 미치는 불편이나 곤란을 최소화하도록 한다는 것이다. 이러한 조항은 원산지표시 의무와 관련된 조항으로서 원산지규정에 관한 관행, 법규의 투명성과 예측가능성을 높이기 위해서 마련된 것이다. 따라서 GATT 제9조의 원산지표시에 관한 조항은 원산지규정 자체를 위한 것이라기보다는 원산지표시를 의무화하는 데 따른 불필요한 무역장벽의 해소를 위한 규정이다.

1973년 교토에서 제정되고 1999년 브뤼셀에서 개정된 WCO 교토협약(부속서 K)은 '통관의 간소화와 통일화에 대한 국제규범'으로 국제적으로 원산지문제를 규율하는 규정을 포함하고 있다. 원산지규정의 국제적 통일을 위한 교토협약에는 원산지판정기준 등 원산지판정에 관한 일반적 원칙을 제시하였다. 즉, 원산지 결정기준을 완전생산과 실질변형기준을 구분하여 제시하였으며, 실질변형기준으로 세번변경과 역내부가가치기준, 주요 공정기준을 제시하였다. 이러한 기준들이 오늘날 다자무역, 양자무역에서 기존원칙으로 반영되고 있다.

그러나 교토협약은 원산지증명과 확인 등 주로 절차적 · 기술적 사항을 기준(standard)과 권고(recommendation) 형태로 제시하고 있는데, 원산지규정에 관한 최초의 국제규범으로 인정은 되고 있으나 그 내용 및 효과 면에서 미비한 문제점이 있었다.[04] 왜냐하면 동 협약에 가입하는 가입국수가 적고 강제성이 없어서 국제규범으로서의 역할은 하지 못했기 때문이다.

04 김상겸 · 박인원(2011), 『APEC 경제통합과 원산지규정: 경제적 효과와 APEC의 협력 과제』, 대외경제정책연구원, pp.11~16.

2) WTO 원산지규정

원산지규정에 관한 실질적인 국제규범이 수립된 것은 1986년 UR 협상 때부터이다. 주로 선진국시장에서 반덤핑 피소를 당하고 있는 일본, 홍콩, 한국 등을 중심으로 원산지규정의 제정 필요성이 제기되었다. 그런데 회원국들 간의 이해대립으로 UR기간 동안에 구체적인 통일된 원산지규범을 정하지 못했다. 그렇게 되자 UR 당시 회원국들은 단기적으로는 잠정기간 동안 각 회원국들이 지켜야 할 몇 가지 원칙을 결정하였고, 장기적으로는 모든 회원국들에게 공통으로 적용될 '통일원산지규정'을 마련하기로 합의하였다.

따라서 UR 협상 때 원산지규정에 관한 내용이 모두 마무리되면 가장 바람직했겠지만, 그렇게이르지는 못하고 그 대신에 원산지규정에 관한 보다 명료하고 통일된 규정, 즉 통일원산지규정(Harmonized Rules of Origin)을 만들기로 합의하였다. 그리고 UR 협상의 결과로 부족하나마 WTO 협정의 부속서로서 '원산지규정에 관한 협정'(Agreement on Rules of Origin)이 만들어졌고, 이를 바탕으로 WTO와 WCO를 중심으로 현재 통일원산지규정에 관한 제정 작업이 진행되고 있다.

표 7-1 WTO 원산지규정협정 구성 및 내용

구성	내용
Part 1	정의 및 범위
Part 2	원산지규정의 활용규범
Part 3	공지, 검토, 협의, 분쟁해결에 관한 절차합의
Part 4	통일원산지규정
Annex 1	원산지규정에 관한 기술위원회
Annex 2	특혜원산지규정 관련 공동성명

3) WTO 통일원산지규정

통일원산지규정(Harmonized Rules of Origin)이란 여러 가지 무역제도에서 모든 국가가 공통으로 적용할 수 있는 통일된 원산지규정을 의미한다. 통일원산지협상(HWP: Harmonized Work Program)은 1994년 UR 협상결과 'WTO 설립협정'이 제정되고 이 협정의 부속서로 '원산지규정에관한협정'(ARO)이 포함된 후 1995년 7월부터 세계관세기구(WCO)에서 처음으로 시작되었다. WTO는 산하 원산지위원회(CRO: Committee on Rules of Origin)에서 각국 산업의 이해를 반영하여 정책적 결정을 수행하도록 하였으며 2001년 6월까지 총 348개 이슈를 해결하였다. 그러나 아직 총 138개 미결쟁점이 남아있는데, 총 94개 핵심정책쟁점과 총 44개 기술적 쟁점으로 분류하여 핵심정책 쟁점은 WTO 일반이사회에 상정하고, 기술적 쟁점은 원산지위원회에서 계속 다루기로 했다.[05]

| 표 7-2 | 품목별 원산지규정 구조

구분	총이슈	타결이슈	미결이슈	타결률
농산물(ch 1~24)	125	66	59	52.8
광물제품(ch 25~27)	10	8	2	80.0
화학제품(ch 28~40)	38	27	11	71.1
가죽(ch 41~43)	8	6	2	75.0
목재 및 제지(ch 44~49)	11	11	0	100
섬유(ch 50~63)	83	52	31	62.7
신발 및 모자(ch 64~67)	14	9	5	64.3
세라믹(ch 68~70)	12	9	3	75.0
보석제품(ch 71)	5	5	0	100
철강(ch 72~73)	12	9	3	75.0
비철금속(ch 74~81)	24	20	4	83.3
금속제품(ch 82~83)	17	17	0	100
기계류(ch 84~90)	86	74	12	86.0
시계(ch 91)	6	5	1	83.3
기타 잡품(ch 92~97)	35	30	5	88.6
합계	486	348	138	71.6

05 조익노(2003), "WTO 통일원산지협상 동향 및 전망", 산업자원부.

4) 지역무역협정 차원에서의 원산지규정

WTO에서 통일원산지규정이 합의에 이르지 못하는 동안 FTA를 포함하여 각종 지역무역협정에서는 개별적으로 원산지규정을 규정해 왔다. 워낙 많은 나라들이 다양한 형태로, 또 다양한 수준으로 FTA를 체결함에 따라 원산지판정기준 또한 각각 다르다. 품목별 세번변경기준은 물론이고, 역내부가가치 적용대상이나 부가가치 적용기준도 각각 달랐다. 예를 들어 부가가치기준에 대해서도 한-칠레 FTA의 경우 공제법 45%, 집적법 30%, NAFTA의 경우 60%를 적용하고 있다.

또한 세번이 변경될 정도의 충분한 가공이 이루어지지 않은 경우라도 비원산지 원료 및 중간재의 중량이 상품의 총중량의 일정규모를 넘지 않은 경우 역내상품으로 인정하는 '최소허용기준'의 경우에도 협정마다 상품마다 7~10%로 다르고 공정누적(accumulation)의 인정방법도 완전누적, 양자누적 등 각각 다르게 규정되고 있다. 이밖에도 원산지 충족 여부에 대한 증명방법에 대해서도 주로 정부기관에서 실시하는 것으로 규정하고 있으나, 한-EU FTA, 한-미 FTA, 한-칠레 FTA 등의 경우에는 자율증명을 인정하고 있다.

3 원산지판정 기준

원산지를 판정하는 기본적인 원칙은 대체로 비슷하나 구체적인 세부내용에서는 조금씩 차이가 있다. 즉, 우선 원산지를 결정하는 기본원칙은 크게 2가지가 있는데, 하나는 완전생산기준(wholly obtained or entirely produced)이고, 다른 하나는 실질적 변형기준(substantial transformation)이다. 그리고 이를 적용하는 구체적인 범위는 나라마다 협정마다 조금씩 차이가 있다.

그림 7-2 ▌ 원산지판정기준

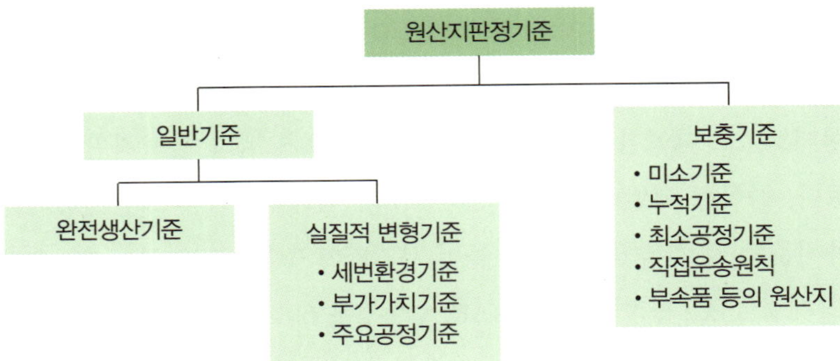

첫째, 완전생산기준이다. 대개 농축수산물 등 1차생산품들이다. 당해 물품의 전부를 생산 · 가공 또는 제조한 나라를 원산지로 인정하는 기준이다. 즉, 한 나라에서 처음부터 끝까지 완전히 생산되는 경우인데, 주로 가공하지 않고 교역이 이루어지는 농수산물이나 광산품 등 1차산품이 이에 해당된다. 예를 들어 한 나라에서 수확하고 채취한 곡물, 채취한 광물이라든지, 한 나라에서 출생하고 사육한 동물, 채포한 동물, 당해 선박으로 채포한 수산물, 그리고 해당원산지 물품을 원료로 가공한 완제품 등이 이에 해당한다. 예를 들어 제주에서 생산된 생수는 완전생산기준으로 한국 제주산이다.

한-미 FTA에서는 신선농산물의 경우 완전생산기준을 적용하였으며 화훼, 채소, 과실, 곡물, 닭고기 등도 완전생산이기준이다. 그러나 닭고기를 제외한 쇠고기, 돼지고기 등 육류는 도축장소기준으로 원산지를 결정하도록 하였다. 따라서 다른 나라에서 사육한 동물을 살아있는 형태로 수입하여 미국에서 도축한 경우에도 원산지를 미국으로 인정받을 수 있다. 다만 쇠고기는 위생검역기준에 따라 캐나다 생우를 미국에서 도축한 경우 수입이 금지되고, 멕시코산 생우는 미국에서 100일 이상 사육되고 도축되어야만 원산지로 인정받을 수 있다.

둘째, 실질적 변형기준은 당해 물품이 2개국 이상에 걸쳐 생산 · 가공 · 제조된 경우 당해 물품의 본질적인 특성을 부여하기에 충분한 정도의 실질적인 변형이(substantial transformation)이 어디에서 일어났는가를 기준으로 판단한다. 예를 들어 외국에서 수입한 원재료를 국산 원재료와 혼용하여 가공 · 생산할 경우 또는 외국에서 원재료를 수입하여 한 나라에서 가공하여 다시 수출하는 경우에 원산지 판단기준으로 사용한다. 실질적 변형기준은 주로 공산품에 적용된다.

위의 실질적인 변형을 판정하는 기준은 다시 아래 3가지로 세분되어 판정된다. 세번변경기준(change in tariff classification)을 기본원칙으로 하고, 여기에 부가가치기준(VC: Value Content)과 특정(주요)공정기준(SP: Specific Process)을 보완하여 사용한다. 그리고 경우에 따라서는 이 기준들을 조합하여 사용하기도 한다. 우리나라는 주로 세번변경기준을 사용하고 있으며, EU의 경우에는 주요 공정기준이나 부가가치기준을 사용하고 있다.

통합품목분류표(Harmonized System; HS코드), HS세번(稅番)이란?

통합품목분류표(HS)는 1988년에 세계관세기구(WCO)가 모든 상품에 대해 일정한 규칙에 따라 세계 공통의 번호를 부여한 분류체계코드를 의미한다. 또한, HS는 '통일상품명 및 부호체계에 관한 국제협약(The Harmonized Commodity Description and Coding System)'을 가리키는 말이다. 당시 WCO는 전 세계에서 거래되는 각종 물품을 국제통일상품분류체계(HS)에 의거 하나의 품목번호(Heading)를 분류하고 이를 각국이 따르도록 권고하였다. 그 결과 관세율표상 분류된 상품의 분류번호는 6단위까지는 세계 공통이며 이후 단위는 각국별 통계 및 행정 등의 필요에 따라 세분화되어 8–10단위(digit)로 구성되었다.

HS분류배열기준은 왼쪽에서 오른쪽으로 갈수록 가공 정도가 많아지고, 위에서 아래로 갈수록 동식물, 광물, 제조업 등 1차산업, 2차산업 순서로 배열되었다.

HS코드를 만든 이유는 상품의 분류체계를 통일시켜서 동일상품을 쉽게 구별하도록 하고 관세율 적용에 있어 일관성을 유지하도록 하기 위해서이다. 또한, 무역통계, 운송, 보험 등의 적용을 쉽게 하여 국제무역이 원활하게 이루어지도록 하는 역할도 한다. 그밖에도 수입물품에 대한 관세는 해당 품목번호마다 적용되는 관세율이 미리 정해져 있으므로 미리 납부해야 하는 관세율을 정확하게 알 수 있도록 하여 관세부과의 예측가능성을 높이기 위한 목적도 있다.

상품의 분류는 주로 원료, 제조공정, 노동과정, 용도 등을 기준으로 분류되는데, 2단위(chapter, 류), 4단위(heading, 호), 6단위(sub–heading, 소호)로 구분된다. HS협약에 의해 국제적으로 공통된 코드는 6단위까지이고 7자리부터는 각 나라에서 6단위 소호의 범위 내에서 이를 세분하여 10자리까지 사용할 수 있다. 한국의 경우 HSK(HS of Korea) 10단위까지 사용하고 있다. 예를 들어 한국은 악기(92류)→피아노(9201호)→그랜드피아노(920120소호)로 분류하였고, 휴대전화를 HS 8525.20.7031로 분류하였다. 현재 EU는 8단위, 일본은 9단위를 사용하고 있다. 현재 한국에서 수입가능한 총품목수는 약 1만 1,261개이다.

표 7-3 관세율표 품목분류표

	0	1	2	3	4	5	6	7	8	9
0		산동물	육과 식용설육	어패류	낙농품, 조란, 천연꿀	기타 동물성 생산품	산수목 · 꽃	채소	과실 · 견과류	커피 · 차 · 향신료
10	곡물	곡물의 분과 조분말가루, 전분	채유용 종자 · 인삼	식물성 엑스	기타 식물성 생산품	동식물성 유지	육 · 어류 조제품	당류 · 설탕과자	코코아 · 초콜릿	곡물 · 곡분의 주제품과빵류
20	채소 · 과실의 조제품	기타의 조제 식료품	음료, 주류, 식초	조제사료	담배	토석류 · 소금	광, 슬랙, 회	광물성 연료, 에너지	무기 화합물	유기 화합물
30	의료용품	비료	염료, 안료, 페인트 잉크	향료 · 화장품	비누 · 계면활성제 · 왁스	카세인 · 알부민 · 변성전분 효소	화약류 · 성냥	필름인화지 사진용재료	각종화학 공업 생산품	플라스틱과 그 제품
40	고무와 그 제품	원피 · 가죽	가죽제품	모피 · 모피제품	목재 · 목탄	코르크 · 짚	조물재료의 제품	펄프	지와 판지	서적 · 신문 인쇄물
50	견 · 견사 견직물	양모 · 수모	면 · 면사 면작물	마류의사와 직물	인조 펠라멘트 섬유	인조 스테이플 섬유	워딩 · 부직포	양탄자	특수직물	침투 · 도포한 직물
60	편물	의류 (편물제)	의류 (편물제 이외)	기타 섬유제품 · 넝마	신발류	모자류	우산 · 지팡이	조제우모 · 인조제품	석, 시멘트, 석면제품	도자제품
70	유리	귀석 · 반귀석 · 귀금속	철강	철강제품	동과 그 제품	니켈과 그 제품	알루미늄과 그 제품	(유보)	연과 그 제품	아연과 그 제품
80	주석과 그 제품	기타의 비금속	비금속 제공구 · 스푼 · 포크	각종 비금속 제품	보일러 · 기계류	전기기기 · TV · VTR	철도차량	일반차량	항공기	선박
90	광학 · 의료 · 측정 · 검사 · 정밀기기	시계	악기	무기	기구류 · 조명기구	완구 · 운동용구	잡품	예술품 · 골동품		

자료: 관세청

그림 7-3 ▌ 관세율표 모형

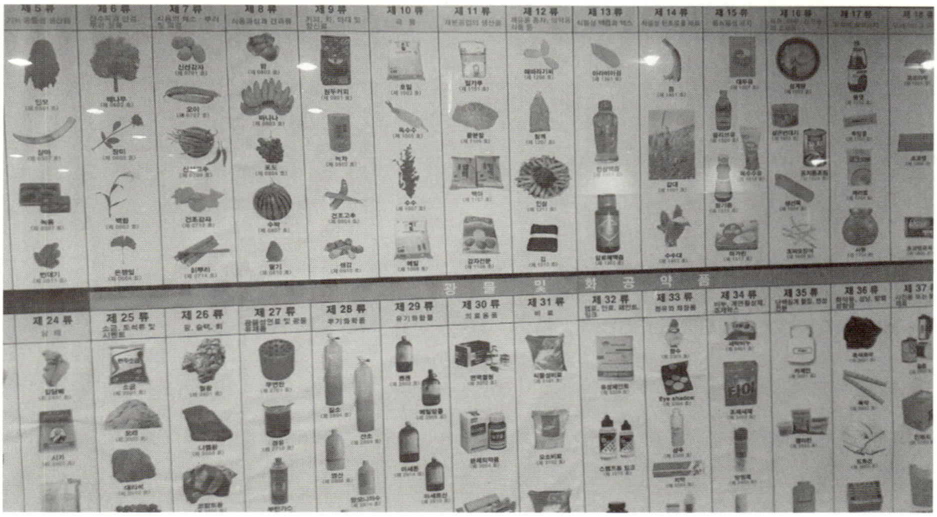

자료: 부산본부세관

▌표 7-4 ▌ 자동차 관련 관세율표 사례

HS Code	품목	기본세율	WTO 협정세율	FTA세율 (칠레, 싱가포르, 아세안 등)
8703	주로 사람을 수송할 수 있도록 설계 제작된 승용자동차와 기타의 차량	10%	8%	0%
870310	설상주행용 차량	10%	8%	0%
870321	실린더용량이 1,000CC 이하인 것	10%	8%	0%
870322	실린더용량이 1,000~1,500	10%	8%	0%
8703227000	실린더용량이 1,000~1,500(신차)	10%	8%	0%
8703228000	실린더용량이 1,000~1,500(중고차)	10%	8%	0%
8704	화물자동차	8%	0%	0%

위의 [표 7-4]에서와 같이 자동차는 HS87이다. 여기서 다시 승용차는 HS8703, 화물차는 HS8704, 승용차 중에서 실린더용량 1,000-1,500CC(신차)는 8703227000, 실린더용량 1,000-1,500CC(중고차)는 8703228000이다. 그리고 위 [표 7-4]의 오른쪽에는 관세율이 나와 있는데, 승용차의 경우 MFN 기본세율이 10%인데, WTO 회원국들에게는 8%로 양허를 하였고, 다시 한국과 FTA를 맺

은 국가들(칠레, 싱가포르, 아세안 등)에게는 0%까지 관세를 양허하였다.

그림 7-4 자동차의 HS 분류체제

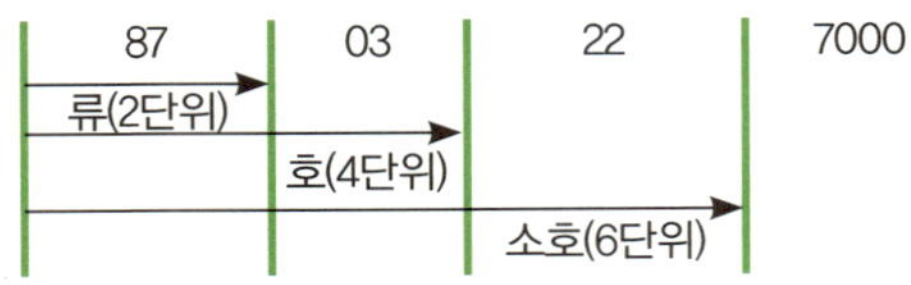

1) 세번(tariff classification)변경에 따른 원산지 결정

제조 · 가공과정을 통해 원재료 세번(tariff classification, 稅番)과 완제품의 세번을 비교하여 일정단위 이상으로 세번이 변경된 경우에 실질적인 변형이 일어난 것으로 인정하는 방법이다. 세번변경기준을 사용하는 취지는 어떤 원재료가 생산과정을 통해 완성품이라는 다른 물품으로 변경되는 것으로 보았기 때문이다.

구체적인 판단방법은 국내 생산과정에서 역외국 재료의 세번이 수출물품의 세번으로 바뀔 때 품목별원산지 확인 기준만큼 세번이 변경되는 경우 당해 수출물품이 만들어진 곳을 원산지로 인정하는 것이다. 예를 들면 수입되는 원료(input)의 세번(HS 분류번호)과 완제품의 세번을 비교하여 일정단위 이상으로 변하는 경우에 실질적 변형이 일어난 경우로 인정한다. 따라서 생산된 제품의 세번이 부품의 세번과 달라질 경우에만 공정이 발생한 곳을 원산지로 인정하기 때문에 원산지판정이 쉽다. 기업들은 원산지판정기준을 몇 가지 기준을 자유롭게 선택하여 적용할 수 있도록 허용되는 경우에도 기준판정이 간단하고 안정적이다는 이유로 세번변경기준을 사용하기를 선호한다. FTA의 경우 4단위 세번변경기준 호(CHT: Change of Tariff Heading)와 6단위 세번변경기준 소호(CTSH: Change of Tariff Sub-Heading)가 많다.

예를 들어 어떤 FTA에서 라이터의 원산지가 HS 6단위 세번변경기준이라고 결정되었다고 가정했을 때, 한국기업이 중국산 라이터 노즐 및 부품(HS 9613.90.1000)을 수입하여 이를 가지고 한국에서 일회용라이터(HS 9613.10.0000)를 생산하는 경우 HS 6단위(소호)가 변했으므로 원산지를 한국으로 인정받을 수 있는 것이다.

그런데 만약 어떤 FTA에서 라이터의 원산지가 HS 4단위(호) 세번변경기준이라고 결정하였다면 위의 경우 4단위(9613)가 변하지 않았으므로 한국에서 조립 · 가공되었다고 해도 원산지는 여전히 중국이 되는 것이다.

| 표 7-5 | 라이터에 대한 HS 세번분류 사례

HS Code	품목
9613	라이터와 기타의 라이터 및 이들의 부분품
9613100000	포켓용라이터(가스주입식의 것으로 다시 채울 수 없는 것)
9613200000	포켓용라이터(가스주입식의 것으로 다시 채울 수 있는 것)
9613800000	기타의 라이터
961390	부분품
9613901000	압전식 점화유닛

이때 6단위(소호) 변경기준, 4단위(호) 변경기준이라는 의미는 무엇인가? HS 6단위기준의 경우 HS 10단위 중에서 적어도 6단위가 변경되어야 원산지가 변경된 것으로 본다는 의미이다. 예를 들어 위의 라이터 노즐을 이용하여 일회용 라이터를 제조한 경우 6단위기준으로 볼 때는 원산지가 변경되었다고 볼 수 있으나 4단위기준으로 보면 원산지가 변경되었다고 볼 수 없다. 또 다른 사례로서 만약 원산지 변경기준이 HS 4단위기준일 경우 중국 미완성 타올(HS5802)을 수입하여 한국에서 가공 및 봉제작업을 하여 완성품 타올(HS6302)을 생산하였다면, 이때는 HS 4단위가 변경된 것이므로 한국이 원산지가 되는 것이다.

또한 미삼(HS 12)→인삼엑기스(HS 13)로 가공되었다면 HS 2단위(류단위)에서 변경된 것이고, 견사(HS 5006)→견직물(HS 5007)로 가공되었다면 HS 4단위(호단위)에서 변경된 것이며, 아연괴(HS 7901.11)→아연합금(HS 7901.20)으로 가공되었다면 HS 6단위(소호단위)에서 변경된 것이다.

| 표 7-6 | HS 코드 단위별 변경 사례

HS Code	내용
2단위 변경	살아있는 소(01류)→냉장쇠고기(02류)
	미삼(12)→인삼엑기스(13)
4단위 변경	신선한 양파(0703)→건조양파(0712)
	견사(5006)→견직물(5007)
	설탕(1701), 딸기향료(3302), 딸기색소(3203), 물엿(1702)→캔디(1704)
	열간압연평판(7208)→냉간압연평판(7209)→아연평판(7210)
6단위 변경	볶지 않은 커피(0901.11)→볶은 커피(0901.21) 재래생김(1212.20), 참기름(1515.50), 맛소금(2501.00)→조미김(2106.90)
	라이터 노즐 및 부품(9613.90.1000)→일회용라이터(9613.10.0000)

이러한 세번변경기준은 원산지결정이 신속하고 정확하게 객관적으로 판정되므로 보편적으로 사용되고 있다. 그러나 HS 분류번호가 각 가공단계마다 자세하게 규정되어 있지 않은 경우가 많아 적용하기 어려울 때가 많다는 문제점도 있다.

2) 부가가치기준

상품에 따라서는 HS 세번변경방법만으로 자세하게 구분하기 어려운 것들이 있다. 주로 기계 및 기기제품들인데 이들은 제품의 가공단계가 크지 않아 부분품 및 부속품들이 완성제품과 거의 같은 HS 코드를 사용하는 경우가 많다. 예를 들어 자동차부품을 이용하여 자동차완성품을 만드는 경우에도 HS 4단위기준으로 보면 완성품과 원재료의 세번이 같기 때문에 세번변경이 이루어지지 않아 원산지가 변경된 것으로 판단하기 어렵다. 이러한 경향은 가공단계가 세분화된 의류 등과는 구별되는 점이다.

따라서 실질적인 변형을 판단함에 있어서 세번변경기준을 적용하기 어려운 경우에는 부가가치기준을 적용한다. 부가가치기준은 완제품의 전체가치 중에서 최종공정을 수행한 나라에서 일정수준 이상의 부가가치(value added)를 창출할 경우 그 나라를 원산지로 인정하는 방법이다. 이러한 기준은 논리적으로는 원산지의 개념에 가장 부합하는 기준이고 비교적 판단이 간단명료하여 협상하기도 용이하고 규정하기도 쉬운 편이다. 그러나 제품 및 원재료의 가격등락이나 환율변화 등에 따라 원산지가 변할 수 있고, 원가조작이 가능하여 원산지결정에 상당한 마찰이 발생될 수 있으며, 세관이나 무역거래자에게 관련 서류(BOM, 부품자재명세서)를 제출하여 확인받아야 되는 등 추가적인 부담이 발생한다는 부담이 있다.

그리고 어느 정도 수준을 실질적 변형의 기준(금액, 수준)으로 삼을 것인지에 대해서는 물품마다, 나라마다, 협정마다 조금씩 다른 기준을 설정하고 있다. 대개의 경우 원산지를 인정하는 역내부가가치비율은 50~30% 정도인데, NAFTA에서 자동차는 62.5%, 대형트럭은 60% 이상이고, 한-미 FTA 자동차의 경우 순원가 및 집적법 기준으로는 35%, 공제법 기준으로는 55%를 정하고 있다.

부가가치기준 원산지판단종류

$$집적법(Build\text{-}up\ Method) = \frac{역내산\ 재료가치}{상품가격} \times 100$$

$$공제법(Build\text{-}down\ Method) = \frac{상품가격 - 역외산\ 재료가치}{상품가격} \times 100$$

$$순원가법(Cost\ Method) = \frac{상품가격(순원가) - 역외산\ 재료가치}{상품가격(순원가)} \times 100$$

이때 상품가격은 공장도가격(ex-works price) 또는 본선인도가격(FOB)을 의미하고, 순원가 = 총비용 - (마케팅비 + 로열티 + 운송비용 등)이다.

위를 부가가치기준 원산지판단기준에 따라 계산하면 따라 공제법이 집적법보다 원산지비율이 더 크게 계산되는 경향이 있다.[06] 예를 들어 한국에서 생산된 자동차의 물품의 가격이 1만 2,000달러이고 여기에 소요된 역내산 철강이 4,000달러, 그리고 역외산 부품이 에어백, 오디오 기타 부품까지 포함하여 7,000달러이면 공제법으로 계산하면 (12,000-7,000)/12,000=41.6%이나, 이를 집적법으로 계산하면 4,000/12,000=33.3%이다.

06 공제법은 집적법과 다르게 상품가격에서 역외산 재료가치를 제거하는 방법을 사용하는데, 상품가격에는 재료비가격만 포함된 것이 아니고 이미 적정마진을 포함하여 공장도가격과 내륙운송비가 포함되기 때문이다.

조미김 부가가치기준 적용사례

구분	재료명	HS 코드	FTA 원산지	단가(원)
투입재료	재래생김	1212.20	한국	2,000
	참기름	1515.50	한국	100
	맛소금	2501.00	한국	20
	플라스틱 트레이	3923.10	중국	200
	소 계			2,320
적정마진				680
완성품 공장도가격				3,000
내륙운송비				1,000
완성품 FOB가격				4,000

공제법으로 계산을 하면 부가가치는 95%이다. 즉,

$$\text{집적법(Build-up Method)} = \frac{\text{상품가격(4,000)} - \text{역외산 재료가치(200)}}{\text{상품가격(4,000)}} \times 100 = 95\%$$

자료: KOTRA(2016), 『대학 FTA 강좌』

표 7-7 협정별 원산지인정을 위한 역내 부가가치 요구비율

구분	한-싱가포르	한-ASEAN	한-EFTA	한-미 FTA	NAFTA
역내 부가가치 요구비율	45~55%	40~60%	비원산지 재료의 사용을 최대한 제한	55% 이상	60%

3) 특정공정기준

특별히 지정한 생산공정이 어디에서 수행되었는지 여부에 따라 원산지가 결정되는 방식이다. 즉, 여러 제조공정 중에서 특정한 공정을 수행하거나 특정한 부품을 사용한 국가를 원산지로 인정하는 방법이다. 주로 의류, 어류, 식물성생산품, 석유화학제품, 섬유, 커피 등이 해당된다. 예를 들어 EU는 커피는 볶음공정(roasting)을 수행하는 나라가 원산지이고, 의류는 재단을 수행한 국가가 원산지이며, TV는 브라운관을 생산한 나라가 원산지로 인정하는 경우이다.

커피는 특정공정기준으로 원산지를 결정하는데, 커피의 실질적 변형이 어느 공정에서 발생하느냐를 따지는 것이다. 대개 볶음공정이 어디에서 이루어졌는지에 따라 원산지를 결정한다.

커피는 주로 세 가지 공정에서 맛이 결정된다고 한다. 원두, 볶음, 원두의 혼합비율 등이다. 이때 로스팅(roasting)한 곳을 원산지로 본다는 의미는 로스팅이 단순가공이 아니라 커피의 맛을 결정하는 고도의 노하우가 집약된 아주 중요한 공정이라는 시각에 바탕을 두고 있다. 물론 그에 대한 논란이 있었다. 한국의 경우 관세청은 로스팅을 단순가공으로 보고 원산지를 인정하지 않았었고, 업계는 로스팅이 단순과정이 아니고 고도의 노하우가 축적된 기술이라고 주장해 왔었다. 결국 커피는 생산공정과정에서 맛이 결정된다고 보았고, 여러 공정 중에서 로스팅과정이 실질적으로 변형이 일어나는 과정이라고 보았다. 현재 산업통상자원부와 관세청은 커피의 원산지를 볶음공정이 이루어진 곳으로 결정하고 있다. 그런데 이렇게 되면 외국산 원두를 한국에서 로스팅을 하여 한국이 원산지가 되면 소비자를 혼동시킬 가능성도 있다. 반면 홍차의 원산지는 찻잎을 섞는(블렌딩) 과정보다는 찻잎 생산이 이루어지는 발효과정을 중요시하여 그곳을 원산지로 보고 있다.

골프공의 경우 공을 만드는 공정은 내부코어를 만드는 공정과 우레탄커버 공정으로 나누는데, 내부코어공정이 실질적인 변형을 일으키는 주요공정으로 인정되어 내부코어가 생산된 곳을 원산지로 판정한다. 예를 들어 한국에서 내부코어를 생산하여 이를 미국에 수출한 후 미국에서 골프공을 완성하였다해도 원산지는 내부코어를 만든 한국이 원산지가 된다.

한편, 한-미 FTA와 같이 일반적으로 쇠고기는 도축된 곳을 원산지로 보는데 그 이유는 관리비용과 관계가 있다. 예를 들어 미국이 멕시코와 캐나다로부터 소를 수입하여 도축하여 수출하는데, 도축 이전에 멕시코 소와 캐나다 소를 구분하여 관리하는 것이 현실적으로 어렵고 비용이 많이 들기 때문이다. 따라서 지금은 미국이 주장하는 도축장소를 기준으로 원산지를 결정하는 논리를 대부분의 국가들이 지지하고 있다. 그러나 EU 같이 일부 국가에서는 아직도 도축 이전에 일정기간 기르는 것을 조건으로 하는 국가도 있다. EU는 도축된 것을 원산지로 하되, 도축 전 3개월 이상 사육하는 것을 조건으로 한다.

의류에 대한 원산지결정은 조금 더 다양하다. 의류는 제품을 만들기까지 여러 단계의 가공을 거치는데, 원료→원사→직물→염색/날염→재단/봉제→옷으로 탄생된다. 한-미 FTA의 의류 원산지결정기준은 협상 당시 미국은 Fiber Forward(섬유를 생산한 곳)를 주장하였고, 한국은 Textile(fabric, 직물을 짠 곳)을 주장하였으나, 결국 Yarn Forward(원사기준, 실을 뽑아낸 곳)로 강화되어 타결되었다. 다만 재킷, 티셔츠 등 33개 제품에 대해서 예외를 허용하였다.

그림 7-5 ▮ 의류의 공정별 원산지결정기준 사례

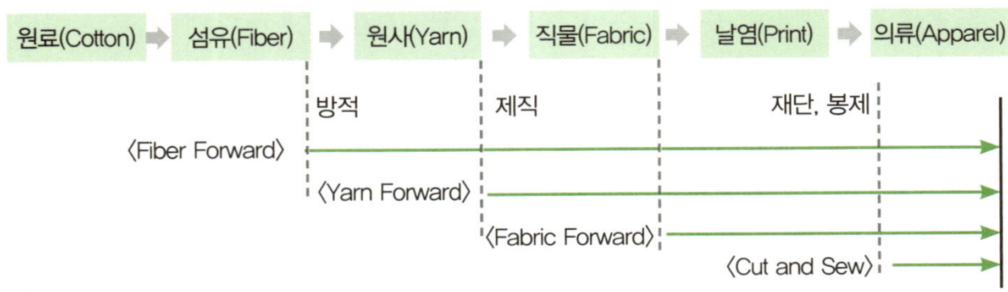

그림 7-6 ▮ 견사(yarn) 샘플

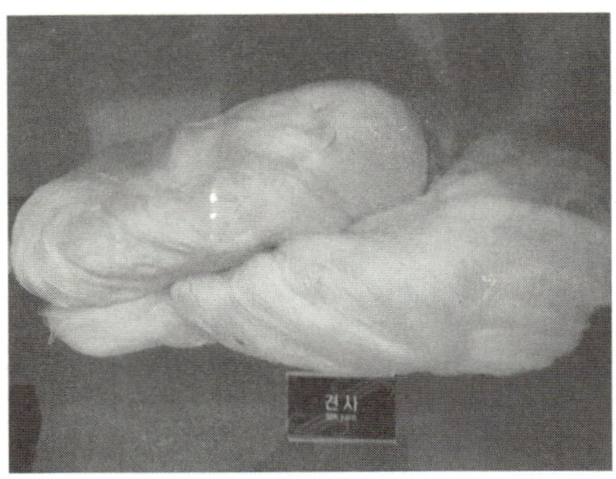

한편, 화공품에 대해서는 한-미 FTA는 화학반응, 혼합, 정제, 입자크기 변화, 표준물질 등의 공정에 의해 원산지를 판정하기로 하였다. 그러나 생산공정을 왜곡시키거나 새로운 기술의 개발과 도입을 저해하는 부작용이 발생할 수 있다는 지적이 있다.

표 7-8 석유의 정제공정 사례: 온도에 따라 제품이 형성되고 세번이 부여됨

원료	가공	품목
원유(2709.00)	~30℃	LPG(2711.12)
	30C ~ 180℃	휘발류(2710.11)
	170C ~ 250℃	등유(2710.19)
	240C ~ 350℃	중유(2710.19)

이밖에도 위에서 언급되는 단점들을 보충하기 위해서 기타 다양한 기준들이 사용되고 있다. 즉, 미소기준(최소허용기준), 누적기준(cumulation),[07] 원산지불인정공정(non-qualifying operation) 또는 최소공정기준(minimal operation), 직접운송원칙(direct consignment or direct transport), 영역원칙, 역외가공 등이 사용되고 있다.

최소허용기준(미소기준)

최소허용기준(미소기준)은 제품가격 대비 세번이 미변경되는 역외산비중이 미미한 경우(일반적으로 10%) 세번변경이 이루어진 것으로 간주하는 경우이다. 예를 들어 역외산 제품의 가치가 99% 세번변경되었는데, 10% 정도의 비중에서 변경이 이루어지지 않아 원산지가 변경된 것으로 인정되지 않는다면 좀 불합리해 보인다. 이럴 경우 세번이 변경된 것으로 인정한다는 뜻이다. 예를 들어 4단위기준으로 원재료 A(code 1234), 원재료 B(code 1235)를 이용하여 완제품 C(code 1236)를 만들었다면 당연히 원산지가 바뀐 것으로 인정될 것이다. 그런데 만약 완제품 C의 일부 품목이 완전한 변형이 이루어지지 않아 code 1236으로 바뀌지 못하고 code 1235 형태로 머물러 있다면 세번이 완전히 바뀌지 못해 원산지가 바뀐 것으로 인정받지 못한다. 많은 FTA에서는 이 경우라도 원재료 B(code 1235)가 완제품 C(code 1236)에서 차지하는 비중이 10% 미만일 경우에는 원산지가 바뀐 것으로 인정한다고 규정하고 있다. 예) 선물세트

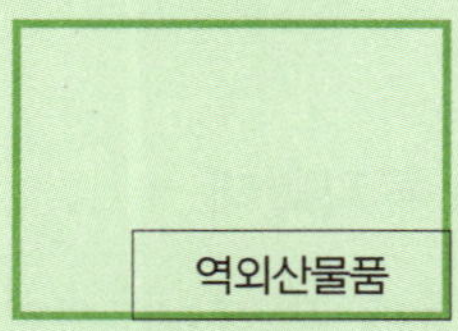

07 한미 FTA 협정문, 제6조 제5항 참조.

원산지 누적기준

어느 한쪽 체약당사국의 원산지물품이나 재료가 다른 쪽 체약당사국의 영역에서 물품과 결합된 경우 다른 쪽 당사국을 원산지로 간주한다. 구체적으로는 한 · EU FTA는 다른 쪽 체약당사국을 원산지로 하는 재료를 결합하여 체약당사국 내에서 물품이 획득된 경우, 작업 또는 가공이 충분히 수행되었다면 해당물품은 그 체약당사국이 원산지로 간주된다. 예를 들어 한국에서 한국산 원재료와 미국산 원재료를 사용하여 제품을 만든 후 미국으로 수출하는 경우 한-미 FTA의 영향하에서 미국산 원재료도 한국산 원재료와 같이 한국 역내산으로 인정하여 한-미 FTA에서 혜택을 받게 된다.

4 원산지규정의 효과

1) 무역전환효과

원산지규정이 효율적으로 이용되는 곳 중의 하나가 바로 FTA 등 특혜무역협정이 적용되는 지역이다. 특혜무역협정 체결을 통해 회원국가 간에는 관세인하 또는 수입제한철폐 등의 특혜가 베풀어지는데, 이때 체결국가로부터 수입되는 제품 여부를 판단하는데(자격요건) 원산지가 필요하다. 그런데 특혜무역협정에 가입하지 않은 비회원국(역외국)은 관세혜택을 받지 못해 상대적으로 가격인상효과가 발생하면서 무역대상국가가 새로이 전환될 가능성이 있다. 결국 원산지규정은 무역전환의 근본적인 원인제공자는 아니지만 무역전환효과를 발생시키는 역할을 한다.

2) 투자확대

FTA 등 특혜무역협정의 체결로 관세상의 혜택이 달라지면 주변국들은 비회원국(역외국)에서 역내국가(특혜무역협정의 회원국)로 직접투자로 전환할 가능성이 있다. 이때 신규투자가 발생하거나 투자대상의 변경이 일어난다. 예를 들어 원산지 규정을 이용한 수출확대를 목적으로 국내 생산기지를 해외로 이전하는 경우를 들 수 있다. 우리 기업들이 미국에 대한 섬유수출을 확대하기 위해 멕시코에 직접투자를 실시하여 멕시코 현지에서 섬유를 생산하여 미국으로 수출하는 경우이다.

같은 맥락에서 만약 한국이 중국이나 일본 등과 FTA를 체결할 경우 한국의 외국인투자유치는 상당히 증가할 것으로 예상된다. 왜냐하면 중국과 일본으로 수출하던 국제기업들이 한국에 직접투자를 하여 한국에서 제품을 생산한 후 관세혜택을 보면서 중국이나 일본에 수출할 가능성이 있기 때문이다.

3) 행정비용, 거래비용 등 무역비용의 증가

FTA는 협정마다 원산지인정 수준을 다르게 결정하는데, 교역대상국마다 다른 원산지규정을 적용한다. 이를 충족시키기 위해서는 별도의 서류를 작성하거나 추가적인 행정비용이 요구된다.[08] 예를 들어 수출기업이 원산지를 인정받기 위해서는 원료공급국으로부터 '부품자재명세서'(BOM)를 받아야 하고, 담당직원은 관련 서류를 준비해야 하고, 통관당국은 증명서류를 확인해야 하고, 또 수출업자를 찾아가 검증을 해야 한다. 따라서 이러한 과정과 절차는 비관세장벽으로 작용하게 되어 FTA 체결에 따른 혜택을 상쇄시킬 수 있다. 예를 들어 Medalla(2008)는 중력모형을 이용하여 원산지증명을 위한 행정비용을 추정한 바 있는데, EFTA의 경우 전체교역 대비 3%, EU의 경우 4~8%, NAFTA의 경우 6%의 행정비용이 발생한다고 밝혔다.[09] 또한, 포스코경영연구소(2010)의 실증분석에 따르면 싱가포르와 같이 FTA를 체결한 건수가 많은 국가일수록 원산지증명을 위한 부담도 더 큰 것으로 나타났다. 그리고 이러한 추가적인 비용을 미국 컬럼비아대학교의 바그와티 교수는 '스파게티볼효과(Spaghetti Bowl Effect)'라고 빗대어 설명하기도 했다.

FTA가 효과를 얻기 위해서는 원산지규정에 따른 추가비용을 상쇄시킬 정도의 상당한 관세인하가 이루어져야 한다. 왜냐하면 원산지규정을 이행해야 하는 추가적 비용보다 낮은 수준의 관세율 인하는 FTA 활용률 제고에 유인이 되지 못하기 때문이다.

08 많은 나라들이 원산지규정을 달리하는 이유는 크게 2가지이다. 하나는 가능하면 다른 나라에 무관세 혜택을 주지 않으려는 각국의 노력 때문이고, 다른 하나는 정부가 업계의 압력을 받아서 원산지규정을 까다롭게 만들기 때문이다(자료: 김의기, 2012, 『WTO에서 답하다』, p.168).

09 김상겸 · 박인원(2011), 『APEC 경제통합과 원산지규정: 경제적 효과와 APEC의 협력 과제』, 대외경제정책연구원, p.104.

10 Jagdish Bhagwati(1995), U.S. Trade Policy: The Infatuation with Free Trade Agreements" in

스파게티볼효과(Spaghetti Bowl Effect)

여러 나라와 FTA를 체결함에 따라 각 나라마다 관세인하 대상과 폭이 다르고 통관절차나 표준, 규정 등이 다른데, 이를 수용하기 위한 거래비용이 증가하는 등 FTA 확산에 따른 원산지규정 이행 등 무역거래의 부정적인 측면을 지적한 말이다. 마치 스파게티 그릇에서 누들이 지저분하게 얽히는 것 같다고하여 붙여진 용어이다. 스파게티볼효과는 미국 컬럼비아대학교의 자유무역경제학자인 자그디시 바그와티(J. Bhagwati) 교수[10]와 前 아시아개발은행(ADB) 총재인 구로다 하루히코(黑田東彦) 등에 의해 주장되었다.

본래 지역무역협정은 협정을 맺은 회원국 간에만 무역 및 투자분야를 중심으로 포괄적이고 수준 높은 특혜무역조치를 약속하게 되는데, 이때 이러한 특혜를 회원국에게만 선택적으로 베풀기 위해서는 원산지규정이 매우 중요한 판단기준이 된다. 그런데 지역무역협정의 확산과 함께 각각의 협정마다 상이한 원산지규정을 적용해야 하고, 관세인하 적용대상과 폭이 다르고 또 회원국 간의 각종 무역규정, 기준, 절차 등이 서로 상이하게 얽히고 설키면서 회원국은 물론 비회원국에게도 이를 이행하는 과정에서 무역이 복잡해지고 시간이 소요되기 쉽다. 이렇게 되면 기업이든, 국가이든 개별 FTA가 요구하는 조건을 충족해야 되는 등 추가적으로 업무부담이 늘어나고 거래비용이 증가하는 경우를 '스파게티볼효과'라고 하는데 FTA의 체결에 따른 부담이나 비효율성으로 FTA효과를 반감시키는 역할을 한다.

'스파게티볼효과'를 해결하는 방법은 무역자유화의 수단이 FTA 같은 양자협상이 아니라 WTO 같은 다자무역협상을 통해 이루어져 무역규정을 하나로 통일시키는 것이 필요하다. 이러한 노력의 일환으로 최근에는 역내포괄적경제동반자협정(RCEP)이나 환태평양경제동반자협정(TPP) 등을 통해 단일화된 원산지규정을 적용하려는 노력이 이루어지고 있다.

5 우리나라의 원산지표시제도

우리나라의 원산지표시제도는 1991년 7월 1일부터 시행하고 있다. 대외무역법령에 원산지판정기준, 원산지표시대상물품, 위반시의 벌칙 등을 규정하고 있고, 관세법령에는 통관시의 원산지표시 및 시중 유통과정에서의 단속 등에 관한 규정을 두어 운영하고 있다. 예를 들어 원산지표시(대외무역관리규정 제6-2-3조)는 한글 · 한문 또는 영문으로 표시하는데, '원산지 : 국명' 또는 '국명 산(産)', 'Made in 국명' 또는 'product of 국명', '물품제조자의 회사명, 주소, 국명' 형식이다. 그

Jagdish Bhagwati and Anne O. Krueger, *The Dangerous Drift to Preferential Trade Agreements*, AEI Press.

리고 원산지표시는 제조단계에서 인쇄(printing), 등사(stenciling), 날인(stamping), 낙인(branding), 주조(molding), 식각(etching), 박음질(stiching), 라벨(label), 스티커(sticker), 꼬리표(tag) 또는 이와 유사한 방식으로 표시하는 것을 원칙으로 한다.

단순가공물품의 원산지표시(대외무역관리규정 제6-2-5조)는 '외국산 원재료를 수입하여 국내에서 제조 · 가공된 물품이 실질적 변형을 발생시키지 않는' 단순가공물품의 경우 당해 물품의 원산지표시를 손상 또는 변경한 자(제조 · 가공업자)가 완성가공품에 원산지를 표시한다. 그리고 수출물품의 원산지표시(대외무역관리규정 제6-2-1조)는 'Made in Korea'로 표시한다. 다만 당해 물품의 수입국의 원산지표시규정이 달리 표시하도록 한 경우 동 규정에 의한 원산지가 표시되도록 한다. 한편, 수출물품의 원산지증명서 발급(대외무역법시행령 제59조)은 교역상대국의 관세양허를 받기 위하여 수출하는 물품의 원산지증명서를 발급받고자 하는 자는 특별시장, 광역시장, 도지사 및 특정시장 · 군수 등 지방자치단체장이 발급한다. 부산의 경우 부산본부세관과 부산상공회의소에서 발급한다.

표 7-9 원산지증명서에 포함되는 내용

1항	수출자의 이름, 주소, 사업자등록번호
2항	생산자의 이름, 주소, 사업자등록번호
3항	수입자의 인적사항
4항	수출입품목에 대한 설명
5항	상품의 HS코드
6항	관세특혜코드
7항	생산자가 본 증명서를 발급하는지 여부
8항	역내부가가치비율
9항	물품의 원산지국가 표시
10항	송품장이 비원산지국에서 작성되었을 경우 작성자의 이름, 회사, 주소

6 한-미 FTA의 원산지규정

한-미 FTA에서는 부속서를 통해 약 5,000여 개 품목의 원산지판단기준을 결정하고 있다. 식물, 동물, 어로, 양식, 채취된 광물, 닭고기 등을 완전생산을 기준으로 하고, 쇠고기는 도축기준이나 위생검역을 이유로 100일 이상 사육되어야 수입이 가능하다. 세번분류기준은 2단위, 4단위, 6단위를 기준으로 하고, 부가가치기준은 역내가치 포함 비율이 45% 이상이어야 한다. 주요공정기준은 화학제품과 관련하여 화학반응, 혼합, 정제, 입자크기 변화, 표준물질 등의 공정에 의해 원산지를 판정한다.

선물세트의 경우 세트를 구성하는 비원산지 상품가격이 세트가격의 15% 이하인 경우에는 세트 전체를 만든 곳을 원산지로 인정한다(최소허용기준). 섬유의 경우 '원사기준'(yarn forward rule)을 채택하였다. 즉, '실'을 사용하여 직물을 제직(편직)하고 직물 및 의류 등 섬유 완제품을 재단 · 봉제해야만 원산지로 인정된다.[11] 단 한-미 FTA에서는 원사기준의 예외로서 린넨제품, 합섬 여성재킷 및 합섬 남성셔츠 33개 품목에 대해 예외를 인정하였다. 자동차는 부가가치기준으로 판단하되 집적법, 순원가법은 35% 이상, 공제법 55% 이상을 인정기준으로 삼았다. 그리고 개성공단의 경우 '한반도역외가공지역위원회'에서 일정기준 마련할 수 있도록 유예하였다. 한-미 FTA 원산지증명은 업체 자율증명이나 향후 검증을 받을 수 있다.

11 NAFTA와 동일한 수준이다.

표 7-10 원산지증명 확인서

<table>
<tr><td rowspan="4">1. 생산자</td><td>상 호</td><td></td><td>사업자번호</td><td></td></tr>
<tr><td>주 소</td><td></td><td>대표자성명</td><td></td></tr>
<tr><td>전화번호</td><td></td><td>팩스번호</td><td></td></tr>
<tr><td>전자주소</td><td></td><td>원산지인증수출자
인증번호</td><td></td></tr>
<tr><td rowspan="4">2. 수출자</td><td>상 호</td><td></td><td>사업자번호</td><td></td></tr>
<tr><td>주 소</td><td></td><td>대표자성명</td><td></td></tr>
<tr><td>전화번호</td><td></td><td>팩스번호</td><td></td></tr>
<tr><td>전자주소</td><td></td><td>원산지인증수출자
인증번호</td><td></td></tr>
</table>

<table>
<tr><td colspan="7">원산지확인 대상물품</td></tr>
<tr><td>3. 연번</td><td>4. 품명
규격</td><td>5. HS번호
(6단위)</td><td>6.원산지
결정기준</td><td>7. 적용대
상협정</td><td>8. 원산기준
충족 여부</td><td>9. 원산지</td></tr>
<tr><td></td><td></td><td></td><td></td><td></td><td>예□ 아니오□</td><td></td></tr>
<tr><td></td><td></td><td></td><td></td><td></td><td>예□ 아니오□</td><td></td></tr>
<tr><td></td><td></td><td></td><td></td><td></td><td>예□ 아니오□</td><td></td></tr>
<tr><td></td><td></td><td></td><td></td><td></td><td>예□ 아니오□</td><td></td></tr>
<tr><td></td><td></td><td></td><td></td><td></td><td>예□ 아니오□</td><td></td></tr>
<tr><td colspan="7">위 기재내용은 사실과 다름이 없으며, 허위 또는 중대한 과실이 있는 때에는 그에 따른 모든 법적 책임이 확인자에게 있음을 확인합니다.</td></tr>
<tr><td colspan="7">「자유무역협정의 이행을 위한 관세법의 특례에 관한 법률 시행규칙」 제6조제1항 제3호에 따라 작성 · 확인합니다.

확 인 자 : (서명)
직 위 :
회사명 및 주소 :
작 성 일 자 :</td></tr>
</table>

■ Chapter **08** ■

서비스무역

Ⅰ. 서비스산업에 대한 이해

1 서비스의 뜻과 종류

1) 서비스의 뜻

'Service'의 어원은 라틴어 servitium(servus 노예+itium 명사어미)가 어원인데, '봉사하다, 시중들다, 도움이 되다' 의 뜻을 가지고 있다.[01] 그리고 서비스의 사전적 의미는 '고객에 대한 호의적인 접대행위 또는 동작'을 의미한다.[02] 따라서 서비스(용역)는 물질적 재화 이외의 것을 이용하여 타인의 이익을 도모하거나 타인의 욕구를 충족시켜주는 행위를 말한다.

또한 서비스는 경제주체에 대하여 유용한 노동을 하는 행동을 의미하는데, 예를 들어 생각과 동작에 이르는 행동과 좋은 인상이 조화되어 고객의 수요를 충족시켜주는 총체적인 표현을 말한다. 따라서 서비스란 물질적 재화 이외의 것으로 구체적인 형태를 띠지 않은 인간의 육체적 · 정신적 행위를 통해 제공되는 것들이다. 이때 서비스의 제공수단은 안마, 이발과 같이 인간이 직접적으로 타인에게 만족을 제공할 수도 있고, 의료, 수송, 통신서비스 같이 인간이 설비를 이용하여 만족을

01 스기야마(2008), 발표자료 참고.
02 영국 대백과사전.

제공할 수도 있다.[03]

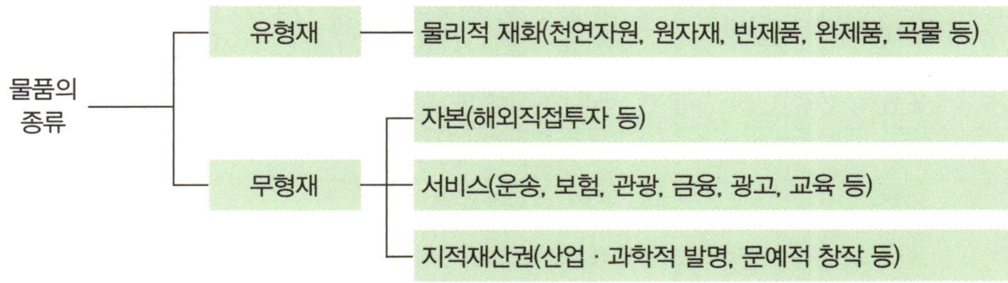

자료: 김선광, 『국제통상학개론』

2) 서비스의 종류

WTO에서는 UN에서 정하고 있는 CPC 분류방식에 따라 서비스산업을 분류하고 또 이 분류에 따라 GATS 협상에서 양허표를 작성하였는데, 대분류(sector) 12개 분야와 소분류(sub sector) 155개로 구성되어 있다.

서비스의 예를 들어보면 다음과 같다. 변호사의 법률상담, 국내외 여행, 은행에서의 금융거래, 고속버스 운전사의 운전, 이발사의 이발 등 모두 무형의 서비스 행위이다. 이밖에도 사업서비스, 통신서비스, 건설서비스, 유통서비스, 교육서비스, 환경서비스, 금융서비스, 의료서비스, 여행 및 관광서비스, 운송서비스 등 매우 다양하다. 우리나라 항공기로 물품을 선적하여 일본에 수출하고 일본 수입업자로부터 항공료를 받은 경우 운송서비스를 제공한 것이다.

이제 개인들이 경험한 서비스의 사례를 들어보자. 다음 사례를 생각하면 서비스를 쉽게 이해할 수 있을 것이다. TV홈쇼핑에서(방송서비스) 해외여행 패키지를 구매하고(관광서비스), 달러를 사용하기 위해 환전을 하고(금융서비스), 해외에서 현지인이 운전하는 자동차를 타고(운송서비스), 가이드의 안내를 받으면서 박물관을 구경하였다. 박물관에서는 한국어 통역서비스를 제공하고 있었다. 그리고 돌아오는 길에는 면세점에서 쇼핑을 하였다. 모두 서비스를 이용한 것이다.

03 그러나 애덤 스미스는 서비스는 부를 창출할 수 없기 때문에 '비생산적 노동'으로 간주하였다. 그러나 세이(J.B. Say)는 효용의 개념을 도입하여 소비자에게 효용을 주는 모든 활동을 생산적이라고 보고 서비스를 '비물질적 부'라고 정의하였다.

표 8-1 WTO에서 사용하고 있는 서비스분류표

대분류	소분류	세부내용
사업서비스	46	법률, 회계, 건축, 엔지니어링, 도시설계, 조경, 의료, 컴퓨터(D/B), 부동산, R&D, 임대(선박, 항공기 등)
통신	24	우편, 택배, 통신(전화, 전보, 팩스, EDI). 시청각(영화, 라디오, TV)
건설	5	건설, 도시엔지니어링, 토목
유통	5	도매, 소매, 프랜차이즈
교육	5	초등교육, 고등교육, 성인교육
환경	4	쓰레기, 폐기물, 위생
금융	17	보험, 은행, 증권, 자본대여, 브로커, 금융자문
보건 · 사회	4	병원, 사회서비스, 보건
관광	4	호텔, 레스토랑, 여행사, 여행가이드
문화 · 오락 · 스포츠	5	엔터테인먼트서비스, 뉴스, 도서관, 박물관, 스포츠, 레크리에이션
운송	35	여객, 해상운송,항공, 해운, 우주, 철도, 도로, 파이프라인,
기타	1	기타서비스
총 12개	155개	

자료: WTO

3) 서비스산업의 특성

(1) 서비스는 고부가가치산업이다[04]

서비스산업은 고부가가치산업으로서 고용된 인구에 비해 부가가치의 창출금액이 크다. 서비스의 부가가치가 높다는 것은 점점 선진국으로 발달할수록 서비스가 발달한다는 의미와도 같다. 부가가치가 높은 서비스로는 법률, 회계, 변리, 은행, 보험, 특허, 정보, 통신, 지식재산권, 부동산, 사업서비스 등이다. 예를 들어 컴퓨터 H/W보다 S/W의 부가가치가 높은 것과 같다.[05] 주변에서 예를 들어보면 스마트폰의 통신서비스 요금은 월 4~5만 원으로 단말기 분납금 1~2만 원보다 훨씬 비싸다. 미용실 파마요금은 약 10~20만 원이고, 임플란트 시술료는 100~200만 원으로 비싸다.

04 부가가치=최종상품의 가격−투입요소의 가격.
05 정갑영, 『만화로 보는 경제학』.

산업구조가 고도화될수록 제조업보다는 서비스산업이 산업에서 차지하는 중요성이 커진다. 따라서 서비스산업을 '굴뚝 없는 공장'이라 비유하기도 한다. 월트디즈니는 미키마우스, 백설공주, 라이온킹 등의 캐릭터를 소유하고 1997년 현재 매년 약 76억 달러(1997년 기준)를 벌어들이고 있는데, 이는 현대 아반떼자동차 100만 대를 수출하는 규모와 맞먹는다. 디즈니사는 1997년에 한국에서만도 로열티 100억 원어치를 챙겨갔다.[06] 매년 프랑스 파리를 찾는 관광객은 4,500만 명인데, 이 중 60%는 외국인이다. 남관민 교수는 "한국에서도 애플처럼 상품이 아닌 혁신적인 아이디어로 돈을 버는 기업이 나와야 한다"며 서비스 부가가치의 중요성을 역설하였다.[07]

(2) 경제가 성장할수록 서비스 수요가 증가한다

사람들이 부유해질수록 제조업 제품보다는 서비스를 더 많이 수요하게 된다. 따라서 산업이 발전할수록 국민경제에서 서비스산업의 중요성과 비중이 커진다. 이는 서비스의 높은 부가가치 및 고용창출효과 때문인데, 산업구조가 서비스산업을 중심으로 고도화되기 때문이다. 예를 들어 건설, 부동산, 도 · 소매, 사업서비스, 운수, 금융 · 보험, 교육, 보건 등에 대한 수요가 증가한다. 현재 OECD 선진국의 경우 서비스산업의 비중은 약 75%에 달한다.

또한 서비스는 미국, EU 등 선진국들이 경쟁력을 보유하고 있다. 주요 선진국들은 풍부한 자본과 기술을 바탕으로 서비스분야에서 우위를 점유했다. 그러나 일본과 신흥개도국들이 제조업분야에서 국제경쟁력을 발휘하게 되자 미국을 비롯한 선진국들이 자신들이 우위를 가지고 있는 서비스에 중점을 두었기 때문이기도 하다.

(3) 서비스는 제조업과 깊은 연관성이 있다

서비스는 제조업 발달에 기여한다. 서비스는 제조업 및 농업생산의 중간재로 사

06 매일경제신문, 1999. 5. 25.
07 이관민(2010), 중앙일보 인터뷰, 미국 남가주대학교.

용되는 경우가 많아 금융, 통신, 운송, 유통, 연구개발 등 서비스산업이 발달하여 제조업의 발달에 기여하는 경우가 많다. 예를 들어 서비스산업의 발전은 제조업의 원료조달이나 중간재 구매비용을 낮추고 제조업의 고부가가치화가 가능하도록 돕는다. 많은 연구에서도 서비스업은 기술이전효과 등으로 인해 제조업의 생산성을 향상시키는 것으로 보고되고 있다.[08]

반대로 제조업의 발달로 인해 서비스산업이 발달하기도 한다. 서비스업은 제조업에서 파생된다. 금융, 기술컨설팅 등의 서비스는 제조업산업의 발달에 크게 의존하고 있는데, 때로는 기생하고 있다고 해도 과언은 아니다.[09] 예를 들어 제조품의 운송이동과정에서 물류업이 발달하고, 제조업의 조달을 위해 금융 · 계약 · 법률이 발달한다. 미국 일리노이주에 위치한 '시카고선물거래소'는 비옥한 오대호 주변에서 생산되는 풍부한 밀, 콩, 옥수수 등 곡물을 도 · 소매하고, 생산자와 유통업자를 연결시키는 과정에서 발달하였다.

따라서 효율적인 서비스산업이 존재한다는 것은 곧 제조업의 생산성향상을 가져옴을 기대할 수 있고, 반대로 낙후된 서비스산업은 제조업의 경쟁력을 떨어트리기도 한다. 예를 들어 물류비 감소는 제조업의 발전 및 가격경쟁력 향상에 기여하지만 잘못된 서비스 규제는 경쟁력을 약화시키기도 한다. 즉, 미국 내 해운운송사업은 미국 선박에게만 허락하고 있는 '존슨법(Jones Act)'으로 인해 미국 내 운송비의 가격을 상승시키고 있다.[10]

제조업과 서비스는 서로 결합되고 융합되어 발달하는 경우가 많다. 예를 들어 애플의 아이폰, 아이패드 등은 모두 Device(제조업)과 Software(서비스)의 결합으로 성공한 사례가 있다. 과거 삼성의 2G폰과 애플의 2G폰은 큰 차이가 없었으나 애플이 혁신적인 스마트폰을 출시하면서 애플사가 스마트폰 시장을 주도하였다.

결국 제조업 발전이나 기반 없이 서비스 발전만으로는 장기적으로 경제가 성장하기 어렵고, 실제로 서비스산업은, 특히 금융서비스산업은 제조업이 발달되는 도

---

08 김예지 · 이영성(2010), 『제조업과 서비스업 사이의 상호작용』, 지역연구 제26권 제4호, p.30.
09 장하준(2010), 『그들이 말하지 않은 23가지』, 부키, p.139.
10 이종원(2007).

시에서 발달된 특성을 가지고 있다. 런던, 뉴욕, 도쿄 등 세계 금융중심지는 모두 제조업이 융성했던 도시이다.[11] 일부 산유국 등 특수한 몇 개국을 제외하면 서비스 산업 없이 1, 2차산업만으로 선진국이 된 나라는 별로 많지 않다. 대부분 선진국의 경험상 경제가 발전함에 따라 서비스업의 비중이 크게 증가하였다. 몇몇 국가들, 예를 들어 홍콩, 싱가포르, 스위스 등은 1차산업, 2차제조업을 기반으로 하지 않고 서비스산업만이 발전한 선진국들이 있기는 하다. 그러나 스위스의 경우에도 시계, 광학기계 등 일부 제조업 분야에서는 경쟁력을 가지고 있다.

(4) 고용창출효과가 크다

서비스는 고용창출이나 취업유발효과가 크다. 일반적으로 서비스산업의 취업유발효과는 제조업의 취업유발효과에 비해 2배 정도 높다. 한국에서 10억 원어치의 생산량이 증가하면 제조업의 고용창출은 9.2명인 데 비해 서비스업의 고용창출은 18.1명이다. 제조업은 대부분 자동화되어 투자가 증가하여도 고용창출이 크지 않지만 서비스는 대부분의 경우 사람이 직접 서비스를 해야 되므로 고용창출 효과가 크다. 그리고 창출되는 고용의 종류도 부가가치 높은 고부가가치 고용이다. 예를 들어 인터넷서비스와 의료서비스의 고용창출이 높다. MS사는 클라우딩컴퓨터서비스가 2015년에만 해도 전 세계적으로 1,400만 명의 고용을 창출할 것이라고 발표하였다. 국내 최대 규모인 서울아산병원은 총매출액이 약 1조 5,000억 원인데 직원이 약 1만 명에 달한다. 서울아산병원과 매출액이 비슷한 제조업체나 서비스 회사는 일반적으로 전체 직원이 1,000명이 안 되는 경우가 많다. 존스홉킨스병원은 한 해 외래환자 280만 명, 응급병동환자 35만 명 등을 치료해 연간 70억 달러의 매출을 올려 병원이 도시 전체를 먹여 살리고 있다. 정부도 인천 송도 경제자유구역을 활성화 및 고용창출을 하기 위해 존스홉킨스병원을 유치하려고 노력하고 있다.[12]

11 장하준(2010), 『그들이 말하지 않은 23가지』, 부키, p.126.
12 보건복지부(2015), 보도자료, "의료시장 2배 늘리면 80만 명 고용창출".

(5) 서비스산업은 생산성향상이 어렵다

다른 제조업은 기술발전이나 품질을 하락시켜서라도 가격을 하락시킬 수 있으나 서비스는 질을 떨어트려 가격을 하락시키기 어렵다. 예를 들어 30분짜리 현악 4중주 음악을 10분만에 후다닥 연주할 수 있는가? 한 강의실에 100명, 200명 몰아넣고 강의할 수 있는가? 기술개발에 따른 원가절감이나 생산방법의 변화가 쉽지 않다. 그러나 제조품은 기술발달로 이것이 가능하다.[13]

그 결과 제조업 제품들의 가격이 낮아진 반면 서비스의 가격이 상대적으로 높아졌다. 제조업 제품의 가격이 낮아진 이유는 제조업의 생산성이 서비스산업의 생산성보다 빨리 증가했기 때문이다. 예를 들어 지난 10년 동안 컴퓨터 가격은 하락하였지만 미용실의 미용서비스 가격은 큰 폭으로 인상되었다.

한편, 과거에는 제조업부문에서 이루어져 제조업활동으로 분류되던 경제활동(예를 들어 급식, 청소, 기술지원 등)이 아웃소싱 형태로 조달되어 현재는 서비스로 분류되고 있다. 이는 산업재분류효과이다. 이러한 형태의 아웃소싱이 많은 나라가 바로 인도이다. 인도는 영어가 가능하고, 미국과의 12시간의 시간차이, 싼 인건비 등으로 미국에 서비스를 제공하기 쉽다. 세계의 공장이 중국이라면 세계의 사무실은 인도이다.[14]

(6) 서비스는 나라마다 가격차이가 크다

나라마다 서비스의 가격차이가 크다는 점은 제조품과의 큰 차이점 중의 하나이다. 즉, 서비스는 국경이동이 쉽지 않아 나라마다 가격차이가 크기 때문이다. 외국인 노동자의 이민이 비교적 자유로운 미국의 택시요금은 이민정책에 소극적인 유럽 택시요금보다 훨씬 싸다. 너그러운 이민정책은 서비스가격을 평준화시킬 것이다. 이에 비해 국경을 쉽게 넘을 수 있는 제조품은 세계적으로 가격차이가 크지 않다. 이밖에도 미국의 자연분만비용은 평균 9,775달러에서 최고 1만 6,650달러로써 1,188달러인 아르헨티나보다 14배 비싸며, 제왕절개를 통해 분만을 할 경

13 장하준(2010), 『그들이 말하지 않은 23가지』, 부키, p.133.
14 장하준(2010), 『그들이 말하지 않은 23가지』, 부키, p.139.

우에도 미국이 평균 1만 5,041달러에서 최고 2만 6,305달러로 6,441달러인 프랑스에 비해 최고 4배 이상 비싸다.

(7) 서비스는 공공재의 성격이 강하다

서비스는 공공재적 성격이 강해서 비경합성 · 비배제성의 성격이 있다. 예를 들어 교수의 강의실에서 수업을 듣는 경우 20명이 수강할 경우와 30명이 수강할 경우에 수강생들 간의 효용에 큰 경합이 일어나지 않는 것을 사례로 들 수 있다.

Ⅱ. 서비스무역에 대한 이해

1 서비스무역(Trade in Services)의 특징

(1) 상품보다 교역하기 어렵다

상품의 경우 생산과 소비가 서로 떨어져서 발생할 수 있으나, 서비스의 경우에는 생산과 소비가 동일현장에서 일어난다. 따라서 상품보다 교역하기 어렵다. 즉, 서비스는 생산자와 소비자가 같은 기간에 같은 장소에 함께 있어야 하고 직접 옆에서 행위를 제공해야 한다. 그래서 서비스를 用役이라고도 한다. 예를 들어 외국의 유명한 헤어디자이너로부터 미용서비스를 받기 위해서는 미용사와 손님이 동시에 한 미용실에 있어야 한다. 외국인이 한국 부산의 총알택시를 타고 짜릿함을 느끼기 위해서는 한국 부산에 있어야만 한다. 반면, 상품의 경우에는 수요자와 공급자가 반드시 함께 있어야 될 필요는 없다. 예를 들어 중국에서 만든 운동화를 구매하기 위해 굳이 중국까지 건너갈 필요는 없다.

이렇게 서비스는 무역에서 많은 제약이 있기 때문에 인위적으로 수출을 늘리거나 무역수지를 개선시키는 정책을 펼치기 어렵다. 따라서 서비스교역은 급하게 증가시키기 어렵다.

(2) 무역행위를 포착하거나 규제하기 어렵다

무형의 재화이기 때문에 서비스가 국경을 통과하는 것을 포착하기 어려워 세금을 부과하기도 어렵고 규제하기도 어렵다. 또한 서비스의 거래규모는 생산되고 소비된 이후에야 파악되는 특징이 있다. 같은 맥락에서 서비스는 자유화 정도를 측정하기도 어렵다. 따라서 서비스규제는 국내 규제형태로 시장접근을 제한한다.

서비스 무역장벽의 방법

서비스에 대해서는 관세를 부과할 수 없으므로 다음과 같이 무역을 규제하는 정책적 수단인 규제가 관세와 같은 역할을 한다. 예를 들어 외국 공급자의 진입 자체를 금지하는 경우 의료, 법률, 회계 등의 분야 같이 정책적 수단으로 면허제도, 쿼터, 환경관련 배출가스기준, 에너지 효율성 기준 등 기술적 표준, 유통 및 통신시설에 대한 이용제한, 네트워크에 대한 접근제한, 보조금, 세금 등을 들 수 있다.

자료: 박순찬(2007)

(3) 서비스무역도 교통, 통신, 과학기술 등 기술발전에 크게 영향을 받는다

서비스무역의 가장 큰 장벽은 거래비용(transaction cost)인데, 운송기술, 과학기술, 정보통신기술(ICT), 컴퓨터의 발전으로 인해 운송비용이 크게 하락함에 따라 서비스무역이 발달된다. 디지털 직접회로의 발달에 따른 동영상서비스, 금융거래비용 감소, 운송시간 축소에 따른 지적재산권 상품의 이동이 활발한 경우 등이 그 예이다. 또한 기술발달로 인해 자본, 지식기반 서비스가 대규모로 국경을 이동하기가 쉬워졌다. 예를 들어 금융이나 컨설팅, 엔지니어링산업 등을 들 수 있다.

(4) 서비스무역은 상품, 투자 등과 연계된 혼합형태로 교역되는 경향이 있다

서비스무역은 기술, 투자 등과 결합된 상품과 서비스의 혼합형태가 존재한다. 제품을 어떻게 사용하는지 모르는 경우에 사용방법에 대한 지식전달이 필요하여 관리비, 교육비를 받는 경우와 같다. 예를 들어 한국이 UAE에 수출한 두산중공업의 원자로는 건설 후 20년 동안 관리비로 받는 비용만 해도 40억 달러가 넘는다.

애플 아이폰이 다양한 애플리게이션 같은 콘텐츠가 없었다면 현재와 같은 가치를 인정받지 못했을 것이다. 구글이 자사의 검색서비스와 연동되는 안드로이드폰을 출시한 경우이다. 또한 상품(product)과 서비스(service)를 결합한 '프로비스(provice) 형태, 사물인터넷(IoT), 상품과 서비스의 융합상품 등이 그 예이다.

IBM은 제조기업인가, 서비스기업인가. IBM의 매출 80%는 컨설팅, IT서비스, 소프트웨어 등 서비스부문에서 창출되고 있다. GM은 자동차 한 대를 팔 때마다 제품가격의 세 배에 달하는 수익을 서비스부문에서 얻고 있다. 즉, GPS와 스마트폰을 결합한 텔레매틱스서비스, 위성 GPS와 이동전화기술을 이용한 온스타(OnStar) 프로그램은 도로안내, 서비스긴급구조, 도난차량추적 등 다양한 부가서비스를 제공한다. 또다른 예는 웅진코웨이의 정수기 렌털서비스, 한국타이어의 T-Station의 타이어 유지 · 관리서비스, 애플의 아이팟과 아이튠스서비스, GE의 설비진단 원격서비스 등 매우 다양하다.

2 서비스무역 협상의 연혁

서비스시장 개방은 WTO 제8차 협상인 UR협상 때가 되어서야 국제적 논의의 대상이 되었다. 주로 미국, 일본 등 선진국은 경제성장과 고용창출을 목적으로 서비스시장 개방을 주장하였고, 브라질, 인도 등은 국가정책 목표와 경제개발의 중요성을 이유로 개방을 반대하였다.

UR협상 때 중점을 둔 사항은 공개주의(transparency), 점진적 자유화, 무역당사국의 경제성장과 개도국의 경제발전을 촉진하는 수단으로 활용, 각국의 국내법에 내포된 정책목표 존중 등이다. 이러한 원칙은 결국 서비스협정문 서문에 반영되었다.

서비스협상의 경과는 1986년도 UR의 출범과 함께 협상 시작→1988년도 각료회의에서 중간점검 및 구체적인 협상지침 설정→1990년 각료회의에서 협상타결 시도 실패→1992년 던켈(Dunkel) 당시 사무총장이 서비스 일반협정문 초안제출→1993년 12월 일괄타결로 다른 협정문과 함께 서비스무역협정(GATS: General

Agreement on Trade in Services)이 타결되었다. 해운, 내수로, 육로, 항공, 기본통신, 통신, 노동력 이동, 시청각, 금융 등 9개 분야에 대한 부속서 초안을 보안하고 수정해 나가기로 하였다.

3 WTO 서비스협정문(GATS)의 특징

GATT와 마찬가지로 MFN, 내국민대우원칙은 GATS에서도 모든 조문에 적용되지만 획일적이지는 않다. 서비스협정문에서의 의무는 크게 2가지로 구별된다. 하나는 일반의무(general obligation)로서 모든 회원국과 서비스분야에 자동적으로 적용되는데, 최혜국대우, 투명성조항이 이에 해당된다. 다른 하나는 구체적 약속(specific commitment)으로서 개별회원국들이 특정 서비스분야에 대해서 '시장접근'과 '내국민대우' 등을 중심으로 구체적으로 개방의 조건 및 자격요건에 대해 기록하는 것이다. 그리고 이러한 약속에 대한 구체적인 이행계획은 양허표(country schedules)에 명시한다.

그리고 서비스협정은 다자주의보다 상호주의 및 양자주의에 기초를 두고 있다. 따라서 회원국별로 양허표가 존재한다. 이는 상품과 같이 일괄적으로 개방하기 어려운 측면이 있어 분야별로 이해당사국들 간의 협상결과에 의존하기 때문에 MFN과 내국민대우를 일방적으로 적용하기 어렵기 때문이다.

양허표(schedule)

양허표란 다른 회원국에 의한 특정 서비스공급에 대하여 명시된 것 이상으로 부과하지 않는다는 구체적인 약속을 기재한 표를 말한다.

WTO 서비스협정에서는 최혜국대우, 내국민대우 등의 예외를 광범위하게 인정하고 있다. GATT는 상품 관련 장벽을 관세화로 일원화하여 국경장벽의 축소 및 철폐를 통한 무역자유화 도모라고 할 수 있다. 이에 비해 GATS는 관세형태가 아니고 주로 국내 법규 및 규제형태로 외국의 시장접근을 제한하고 있으므로 시장접근과 내국민대우가 자유화의 중심적 역할을 하고 있다.

WTO 서비스협정의 협상방식은 관세와 같이 국제적으로 비교가능한 기준이 없으므로 Negative와 Positive의 절충형식을 채택하였다. 분야별로 장벽을 두고 싶은 것만 기재하도록 하고, 기재된 것만 의무를 부담하는 방식이다. 그리고 종류가 다른 많은 서비스를 일률적으로 적용하기 어렵기 때문에 분야별로 부속서를 두고 있다.

4 WTO 서비스협정의 주요 내용

1) 기본원칙

WTO 서비스협정(GATS) 전문은 협상의 기초가 되는 세 가지 사항을 서술하고 있다. 첫째, 서비스무역의 점진적 개방을 목표로 한다는 원칙과 규범의 수립은 서비스무역의 확대와 세계적인 경제발전에 기여해야 한다. 둘째, WTO 회원국, 특히 개도국은 국내의 정책목표를 달성하기 위해 아직 서비스공급에 대한 규제가 필요함을 인정한다. 셋째, 개도국은 국내 서비스공급능력, 효율성, 경쟁력의 강화를 통하여 서비스무역에 보다 완전하게 참여할 수 있도록 지원을 받아야 한다.

2) 서비스무역의 유형

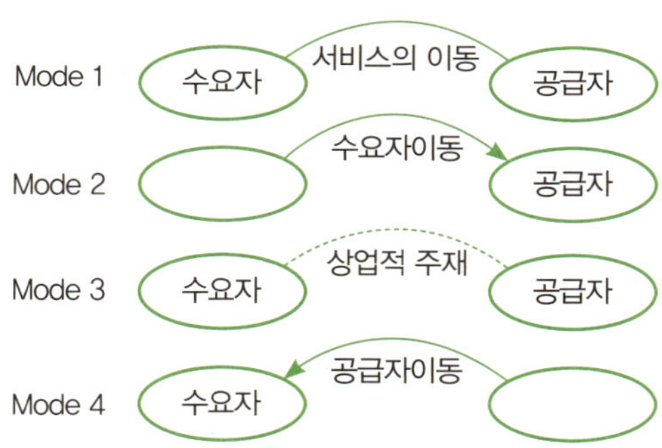

자료: 블로그 참고하여 저자 작성

(1) Mode 1

국경간 공급(cross border)은 상품과 같이 서비스의 국경 간 이동을 의미한다. 따라서 서비스가 상품과 같이 국경을 넘어 이동하는 형태의 무역이다. Mode 1 형태는 가장 비용도 적고 이동하기도 쉬운 형태이긴 하지만 그 종류는 많지 않다. Mode 1이 서비스무역에서 차지하는 비중은 약 35% 정도이다.

예 1) 통신수단을 이용하여 지적생산물을 전달하는 경우, 예를 들어 중국에서 한국 대장금 영화를 수입하는 경우, 한국에서 미국영화 'Mad Max: 분노의 도로' 또는 '어벤져스 2' 영화를 본 경우

예 2) 인터넷을 통한 경영컨설팅, 법률자문서비스, 국제화물운동, 통신서비스, 온라인 유료게임, 금융서비스, 방송프로그램의 공급, 영화상영, 번역서비스, 원격강의 및 원격진료 등. 예를 들어 전문가의 원격강의를 듣고, 의사의 수술기법을 시연하는 경우

예 3) 해외에서 의료전문가가 X-Ray나 CAT 스캔 혹은 MRI 스캔결과를 판독해서 그 결과를 한국에 알려주는 서비스

예 4) 컴퓨터가 바이러스에 감염되었는데, 국내 업체에서는 수리가 불가능하여 해외 업체에 의뢰하여 원격제어를 통해 수리한 경우.

(2) Mode 2

해외소비(consumption abroad)는 서비스소비자가 국경을 넘어 서비스공급자가 거주하는 국가로 이동하여 서비스를 받는 형태의 무역이다. Mode 2가 서비스무역에서 차지하는 비중은 약 10~15% 정도이다.

예 1) 소비자가 외국으로 관광 또는 유학을 가서 현지에서 관광 또는 교육서비스를 받는 경우

예 2) 외국의 병원에 가서 의료서비스를 받는 경우. 예를 들어 중국인들이 한국에 관광와서 성형수술을 하는 경우

예 3) 외국항에 입항하여 선박수리를 받는 경우이다. 한국에서는 새로운 배를 제조하는 곳이 많아서 국내 조선업계는 대부분의 선박수리를 중국 청도

북해 조선소나, 베트남의 현대 비나신조선소, 또는 싱가포르의 주롱 조선소에서 수리를 받고 있다.

(3) Mode 3

상업적 주재(commercial presence)를 통해 서비스를 공급하는 형태이다. 대표적인 형태는 서비스를 공급할 목적으로 다른 회원국의 영토 내에 법인을 설립하거나 회사를 인수하는 경우, 또는 지사나 대표사무소를 설립하고 운영하는 경우를 들 수 있다. Mode 3이 서비스무역에서 차지하는 비중은 약 50% 정도로 네 가지 Mode 형태 중에서 가장 높다.

예 1) 외국의 보험회사가 한국에 현지 보험회사를 설립하고 수요자에게 직접 보험서비스를 하는 경우, 외국계 대형 할인점 서비스, 외국계 은행의 국내 지점설립을 통해 금융서비스를 제공하는 경우 등이다. 예를 들어 한국의 하나은행이 베트남 호치민에 지점을 개설하고 금융서비스를 시작하는 경우

예 2) DHL은 전 세계 220여 개 국가에서 약 32만 명을 고용하여 물류서비스를 제공하고 있다. 세계 최대의 항공 특송회사 FedEx가 FedEx코리아를 설립한 후 한국에서 택배서비스를 실시하는 경우

예 3) 인천 나은병원이 중국 길림성 연길시에 400병상 규모의 병원건립 후 한인동포에게 의료서비스를 제공하고 있다. 또한, 참튼튼병원이 중국 링베이병원과 한중합작계약 체결로 본격적인 중국 의료시장에 진출하여 의료서비스를 제공하는 경우

예 4) 일본계 선사인 에이코프 라인과 버뮤다 선사인 오오시엘(OOCL)사가 합작투자 형식으로 우리나라에 한국 에이코프 오오시엘코리아라는 법인을 설립한 후 해상운송서비스를 하고 있다. 이미 덴마크의 머스크사가 출자한 한국머스크, 일본의 가와사키라인이 출자한 동우해운 등이 한국에서 해운운송서비스를 제공하고 있다.

(4) Mode 4

자연인의 이동(presence of natural person)은 자연인의 주재(presence)를 통한 서비스공급 또는 생산자가 국경을 넘어와서 서비스를 제공하는 형태의 서비스무역이다. Mode 4가 서비스무역에서 차지하는 비중은 약 1~2% 수준이다.

예 1) 서비스공급기업 직원의 체류, 직원파견, 개인근로자의 일시적 주재의 경우이다. 우리나라 건설인력이 중동 등 해외에 나가서 건물이나 도로를 건설하는 것, K팝스타들이 해외에서 공연을 하는 것, 외국의 변호사가 출장을 와서 법률컨설팅을 하는 경우, 외국모델의 광고출연, 한국 온라인 프로그래머가 중국의 온라인 회사에 채용되어 서비스를 하는 경우, Native 외국인이 한국에 와서 영어교육을 서비스하는 경우

예 2) 쿠웨이트석유공사(KOC)의 직영병원인 알마디병원은 이달 말까지 한국 산부인과, 정형외과, 응급의학과, 영상의학과 전문의 10여 명을 모집한다는 공고를 냈다. 국내 병원에서 12년 이상 근무한 전문의의 경우 연봉은 2억1,000만 원, 8년 이상은 1억 7,000만 원을 지급할 예정이다.

어느 유형이 가장 경제적 효과가 클까?

경제적 효과 및 장래 발전가능성을 고려할 때 가장 중요한 서비스 공급형태는 Mode 3이다. 어느 회원국이 영토 내에 법인을 설립 또는 기업을 인수하거나, 지사 또는 대표사무소를 설립하여 운영하는 경우 국내산업과 똑같이 영업활동을 할 수 있다는 측면에서 대단히 효과적이다.

Mode 3과 Mode 4가 동시에 이루어지는 경우

서비스무역은 상황에 따라서 Mode 4와 Mode 3의 혼합된 경우도 있다. 예를 들어 외국의 금융회사가 상업적 주재소를 설립하기 위해 한국에 파견되어 서비스를 하다가(Mode 4), 한국 주재소 설립 이후 한국인을 고용하여 서비스를 하는 경우(Mode 3)이다.

3) 회원국의 일반적 의무

최혜국대우가 기본원칙이다. 따라서 특정 서비스분야에 있어서 다른 어느 한 국가에 개방을 할 경우에는 동 서비스분야가 자국의 양허표에 기재되지 않았다고 하

더라고 동일하게 개방혜택이 모든 회원국에게 제공된다.

그러나 최혜국대우가 적용되지 않는 많은 예외를 허용하고 있다. 이는 본래 서비스협상이 양자 간 또는 복수 간 협상이 이루어졌기 때문에 최혜국대우를 무조건적으로 적용할 경우 무임승차 등 불공평한 무역문제가 발생할 가능성이 있기 때문이다. GATS 제2.2조에서는 그 예외를 허용하며, '면제에 관한 부속서'에 기재된 조치에 대하여서는 최혜국대우를 적용하지 않는다고 밝히고 있다(GATS 제2.2조). 결국 70여 개국 이상의 회원국들이 MFN이 적용되지 않는 면제목록을 조건으로 서비스 양허를 수락하였다.

4) 공개주의(투명성 향상)

각 회원국은 서비스협정의 운영에 관련되거나 영향을 미치는 조치들, 예를 들어 법률, 규칙, 행정지침을 새롭게 도입하거나 수정할 때에는 즉시 공표하도록 요구되고 있다. 수입국의 법령이나 규칙이 변한다는 것은 수출업자에게는 거래의 예측가능성 측면에서 상당히 중요하다. 이를 즉시 공표한다는 것은 투명성 차원에서 꼭 요구되는 사안이다. 따라서 WTO는 회원국의 정보요청이 있을 경우 즉시 응답해야 하고, 협정 발효 후 2년 이내에 문의처(inquiry point)를 설치하도록 요구하고 있다.

5) 국내규제

국내규제의 존재 및 제약 정도에 따라 서비스의 자유화에 직접적으로 영향을 미치기 때문에 중요하다. 실제로 서비스는 상품과 같이 관세형태로 보호할 수 없기 때문에 대개 국내규제 형태로 보호되고 있다. 예를 들어 통신시설에 대한 외국인 투자는 49% 이상을 소유할 수 없다는 형태 등이다. 이러한 국내규제는 모두 외국인의 서비스투자를 제한하는 대외규제이기도 하다. 따라서 국내규제를 위한 자격요건과 취득절차, 기술표준 및 인가요건 등이 불필요한 무역장벽이 되지 않도록 해야 한다. 또한 이들 자격, 기술표준, 면허관련 규정은 요건이 객관적이고 명백

한 기준을 바탕으로 정해져야 한다.[15]

6) 자격의 상호인정

한 회원국에서 취득한 전문직 자격을 다른 회원국에서 인정하는 것을 말한다. 예를 들어 특정국가에서 취득한 학력, 경력, 면허, 자격 등을 인정할 수 있으며 관심 있는 국가에게는 인정제도의 혜택이 주어질 수 있도록 적절한 기회가 부여되어야 한다.[16] 구체적인 방법으로는 일방적 · 자발적으로 인정, 상호인정, 각국의 자격 인정제도를 통일시키는 것 등이다.

7) 국제수지보호를 위한 제한

심각한 국제수지 문제와 대외금융상의 어려움 및 그에 대한 위협이 있는 경우 각 체약국은 양허한 분야의 서비스무역에 대하여 제한조치를 도입하거나 유지할 수 있다.[17] 특히, 경제개발과정 또는 경제전환기에 처해 있는 체약국이 경제개발계획 또는 경제전환정책 수행에 사용할 적절한 금융자산보유를 위해 이러한 규제조치가 필요함을 인정하고 있다.

8) 구체적 양허약속

시장접근과 관련하여 각국은 양허표에 기재하지 않는 한 다음 사항을 유지할 수 없다. 즉, 완전한 시장접근을 보장해야 된다는 것이다. 서비스공급자의 수 제한, 서비스거래 총액 및 총자산규모 제한, 총영업횟수 및 총산출액 제한, 고용인의 수 제한, 외국 서비스공급자의 상업적 주재 제한이 이에 해당된다.

내국민대우와 관련하여 각국은 양허표에 명시하지 않는 한 타회원국들의 서비스나 서비스공급자에 대해 자국의 유사한 서비스 및 서비스공급자들보다 불리한 대우를 받아서는 안 된다고 규정하고 있다.

---

15 WTO 서비스협정문 제6.4조.
16 WTO 서비스협정문 제7조.
17 WTO 서비스협정문 제12조.

5 서비스협정의 평가와 효과

1) 평가

일반 상품협정과 다르게 다양한 최혜국대우 예외를 허용하고 있다. 일정한 조건을 충족할 경우 최혜국대우의 면제가 가능하다. 또한 서비스는 일반상품 규정이 그대로 적용되기 어렵다. 그리고 서비스시장의 개방 여부는 내국민대우나 시장접근 등 제한적 규제조치의 정도에 달려있다. 따라서 서비스협정문은 내국민대우를 일반적 의무사항으로 넣지 않고 개별 양허부분에 포함시킴으로써 적용의 경직성을 해결하였다.

서비스의 특수성을 고려하여 점진적 자유화를 채택하였다. 어느 정도의 교역제한을 허용하고 있으며, 이를 제한조치들은 향후 협상을 통해 점진적으로 철폐해 나가기로 했다.

2) 효과

개방폭의 점진적 확대이다. 서비스무역의 자유화를 위한 협상의 구체적인 틀이 확보된 것이다. 또한 서비스시장의 개방은 국내 서비스산업뿐만 아니라 국내 일반 산업의 발전 또한 촉진시키는 효과를 갖는다. 그 사례로 통신서비스 시장의 개방은 통신을 이용하는 모든 산업의 생산성을 제고하는 데 도움이 된다. 이밖에도 국제기준으로서의 국내제도 개편, 최혜국대우의 일반적 적용으로의 수렴 등이 있다.

6 서비스개방의 효과

서비스시장의 개방은 상품시장의 개방과 마찬가지로 국가 전체의 후생을 증진시킨다. 왜냐하면 개방에 따른 값싼 제품의 유입, 품질향상 등이 이루어지기 때문이다. 또한 외국기업과의 경쟁격화로 국내기업의 경쟁력 향상 및 관련 산업의 발전이 이루어지기 쉽다. 그러나 공공성이 강조되는 분야에서는 서비스시장 개방의 예외 분야도 있다. 예들 들어 초중등교육, 지상파방송, 우편업, 소방서비스 등이다.

■ Chapter **09** ■

지식재산권

1 지식재산권의 뜻

지식재산권(IPR: Intellectual Property Right)이란 산업 · 과학적 발명과 문예적 창작 등 인간의 창의적인 정신활동의 결과로 창출된 지식재산물에 대한 배타적 권리를 의미한다. 간단하게 말하면 정신활동에 대해서 보호받을 권리이다.

그런데 지재권으로 보호받기 위해서는 아이디어가 구체적으로 유체물에 표시되거나 '체화'(體化)되어야 한다. 본래 지식재산권 자체는 무형물이지만 지재권보호를 받기 위해서는 특허, 의장, 상표, 저작물 등의 형태로 유체물에 체화되어야 한다는 것이다. 따라서 추상적인 아이디어나 착상 그 자체에는 소유를 주장할 수 없고 유형적 형태로 체화되어야 소유권을 주장할 수 있다. 예를 들어 새로운 기술을 적용하여 만든 특허 세탁기는 그 발명 자체가 가치가 있다기보다는 이를 이용하여 유형의 세탁기로 실용화하였을 때 지식재산권보호의 대상이 되는 것이다. 또한 아이디어를 직접 몸으로 만들어낼 수 있는 숙련노동자의 체화되지 않은 지식은 모방되기 쉬워 보호되기 어렵다.

2 지식재산권의 종류

1) 산업재산권

산업재산권(industrial property)이란 공업소유권을 의미하는데, 주로 특허권, 의장권산업(디자인권), 실용신안권, 상표권 등이 있다.

(1) 특허권

특허권(patent)은 새로운 산업적 발명에 대한 권리로서 산업재산권 중에서 제일 중요하다. 특허권을 가지고 있는 발명자는 일정기간 동안 발명품에 생산, 사용, 양도, 대여 등에 대한 독점권을 갖는다.

특허권은 발명이 산업적으로 이용가능하고, 신규성, 진보성 등 몇 가지 요건을 갖추어야 특허로서 인정받을 수 있다. 그리고 인간의 지식창조물로서 법으로 보호할 만한 형태와 요건을 갖추어야 하며 창작물로서 창의성도 있어야 한다.

특허권의 대상으로 여러 가지가 있는데, 첫째 물건의 발명특허(product patent, 물질특허)는 새로운 물질, 기계, 장치, 화학물질, 미생물, 식품, 유전자, 동식물 등 유체물을 발견한 경우의 특허이고, 둘째 용도특허(use patent, 방법의 발견)는 자동차엔진 연비향상방법, 영상신호의 전송방법, 불안정적인 화학물질의 저장방법 등 새로운 용도를 개발한 경우에 부여하는 특허이다. 셋째, 물건을 생산하는 방법의 발명(process patent, 방법특허)은 화학물질의 효율적인 생산방법, 미생물을 배양하기 위한 항생물질의 배양방법 등 제조방법이나 제조기술을 발명한 경우에 부여한다. 예를 들어 2011년 캐나다는 황우석 박사의 '1번 줄기세포'에 대해 물질특허와 방법특허를 허가한 적이 있다.

결국 발명품으로 인해 인간의 일상생활이 바뀌었고, 이에 따라 인간의 정신적 지평에도 변화가 왔다. 인류는 매년 보다 완벽한 상태를 향해 진보한다는 세계관이 자리잡게 되었다.

위대한 발명의 사례

- 콘플레이크(1896년): 의사 J.H. 켈로그가 발명, 자신의 요양소에 입원한 사람들에게 주던 곡물 혼합물이 굳었다가 얇게 조각으로 깨지는 것을 보고 착안. 이후 비타민을 첨가하여 영양이 풍부한 시리얼을 생산하여 판매함.
- 깡통따개(1870년), 옷핀(1849), 재봉틀(1851년, I.M. 싱어가 개발)
- 타자기(1867년), 양초(스테아르산을 이용한 양초 발명)
- 유약을 바른 위생세면기는 1846년 돌턴이 개발, 단지 물 2겔론의 양으로 시원하게 씻어 내리는 좌변기의 수세능력은 당시 사람들을 깜짝 놀라게 하였다.
- 전화는 1863년, 알렉산더 그레이엄 벨이 발명
- 드라이크리닝(1849년)의 발명 등이 있다.

한국의 위대한 발명들

- 김치냉장고: 1984년 LG발명, 서랍식구조, 냉기단속능력으로 일정한 온도유지가 가능하여 최대 4개월까지 보관가능
- 커피믹스: 1976년 동서식품, 커피+설탕, 뜨거운 물만 부으면 바로 맛있는 커피 맛을 볼 수 있다.
- 게이블톱(gable top) 우유팩: 빨대가 없어도 흘리지 않고 우유를 마실 수 있는 디자인
- MP3 플레이어: 1997년에 한국 중소기업 디지털캐스트에 의해 발명

그림 9-1 ▎ 지식재산권의 종류

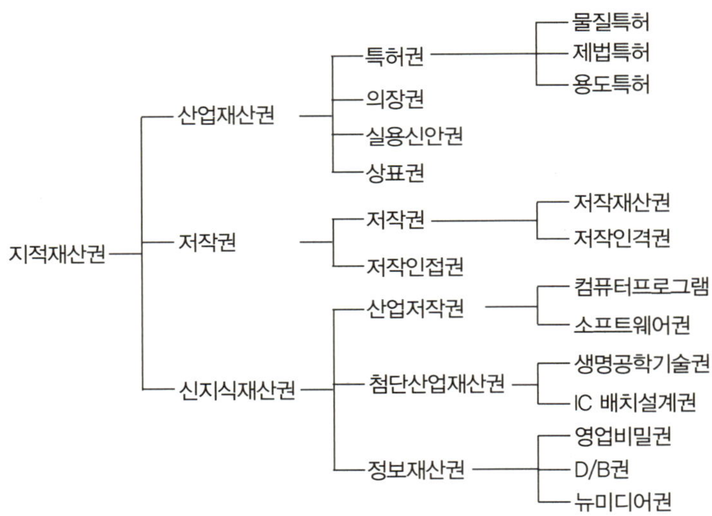

(2) 실용신안권

실용신안권(utility model)은 특허에 비해서는 상대적으로 작은 발명이지만 상품의 형태, 구조, 조립에 관한 기술적 창작에 대한 재산권이다. 예를 들어 스팀청소기, 자외선차단 선캡, 다기능 볼펜 등이 있다.

(3) 산업디자인권(의장권)

산업디자인권(industrial design)은 상품의 새롭고 독창적인 모양이나 형태, 색채 등 외관상 표현되는 독창성에 대한 권리이다. 쉽게 말하면 코카콜라병, 아이폰의 둥근모서리, 아이폰 화면구성, 빙그레 바나나 우유병 디자인, 크라운 콘칩 포장지, 롯데 마가렛트 포장상자, 인사동 지팡이 아이스크림 등 디자인에 대한 권리이다.

산업디자인권과 특허권의 차이

산업디자인권이 특허권과 다른 점은 상품의 제조방법이나 물질 자체에 대한 것이 아니라는 점, 그리고 산업디자인권이 실용신안권과 다른 점은 기술적인 창작이 아닌 미적인 창작이라는 점이다. 예를 들어 강제통풍식 운동화를 개발한 사람은 특허권을 받을 수 없으며, 그 대신 운동화 기술 및 구조를 변경한 대가로 실용신안권을 받을 수 있다. 그리고 운동화의 외관, 디자인, 모양에서 새로운 성과가 있는 경우에는 산업디자인권을 부여받을 수 있다.

한글 서체의 디자인권 주장도 하나의 사례이다. 한글에서 번들로 묶여서 판매된 것 이외에 윤서체(700시리즈), 산돌체, 한양체(HY) 등을 무단으로 사용하는 것은 지재권 침해의 우려가 있다.

(4) 상표권

상표권(trademark)은 어떤 상품을 다른 상품과 구분하기 위해 사용하는 표장(sign, mark)으로서 단어, 동작, 색채의 조합 등에 주어지는 독자적 사용권을 의미한다. 문자의 예는 Kodak, Coca-Cola, Samsung이고, 도형의 예는 동물모양,

물건을 사실적으로 도안한 것이고, 기호의 예는 샤넬의 æ모양, 루이뷔통 LV의 모노그램 등의 문장, 옥호 등이다. 그리고 형상의 예는 입체상표, 코카콜라병 각인무늬이다. 따라서 상표권도 보호되어야 하고 사용시 대가를 지불한다. 예를 들어 병원, 약국 등에서 서울대 심벌마크를 사용할 경우 매출 3억 원 미만의 경우 100만 원의 상표권료를 지급해야 한다. 또한 부정경쟁방지법은 루이뷔통닭, 버버리노래방 같이 완전히 다른 업종이라고 해도 브랜드의 명성이나 식별력을 손상시키면 부정경쟁행위라고 판단하였다.

한-미 FTA에서는 소리, 냄새까지도 상표권으로 인정되어 보호받고 있다. 예를 들어 MGM 사자 포효소리, 레몬향 토너, 냄새나는 실, 향기나는 책, 닌텐도 수퍼마리오 동전떨어지는 소리, 할리데이비슨 오토바이 소리 등도 보호된다.

그림 9-2 ▮ 세관에서 적발된 지재권 침해 상품들

2) 저작권

저작권(copyright)은 문서, 연설, 회화, 조각, 건축, 공예, 지도, 도형, 모형, 사진, 악곡, 악보, 연주, 노래, 무용, 각본, 연출, 음반, 테이프, 영화, 방송 등 학문이나 예술과 관련된 창작물의 저자에 대한 배타적 소유권을 의미한다.

저작권에는 저작재산권, 저적인접권, 저작인격권 등 3가지로 구분된다. 첫째, 저작재산권은 저작자, 작곡가, 작사가 등의 복제, 공연, 전시, 배포, 대여권 등에 대한 권리이다. 음악의 경우 주로 인터넷 모바일, 노래방, 방송국, 음반 복제에서 발생한다. 대개 작사자와 작곡가의 배분비율은 5 : 5이다. 우리나라 음악계에서 대표적인 저작재산권자는 작사가 조영남, 박진영, 장범준, 신사동호랑이 등을 들 수 있다.

'돌아와요 부산항에'의 저작권 분쟁

1976년 조용필의 히트곡인 '돌아와요 부산항에'는 충무 출신의 가수 김해일(본명 김성술) 씨가 불렀던 '돌아와요 충무항에'의 저작권을 침해하였다고 판정되었다. 재판부는 1971년 숨진 가수 김해일 씨의 어머니 강모(79) 씨가 '돌아와요 부산항에'의 작사 · 작곡가 황선우(64) 씨를 상대로 낸 저작권 침해소송에서 원고에게 3,000만 원을 지급하라는 원고 일부 승소판결을 내린 적이 있다.

자료: 경향신문, 2006. 3. 21.

둘째, 저작인접권(related right)은 저작권에 이웃한 권리이다. 저작인접권은 음악이나 연극과 같이 문학적 · 예술적 저작물은 창작자 이외에도 이를 실연하고 녹음, 방송 등 배포에 기여한 자가 있는데 이들의 권리를 보호하는 것이다, 예를 들어, 실연자(實演者), 방송제작자, 음반제작자의 권리이다. 즉, 실연자가 갖는 복제권, 방송제작자가 갖는 전송권, 음반제작자가 갖는 복제 · 배포 · 대여 · 전송권 등이다. 저작인접권은 WTO에서 처음으로 마련되었다. 예를 들어 작사 및 작곡권이 없는 상태에서 가수 김수희가 '애모'를 부르면 저작인접권만 권리가 있다. 반대로 작곡가는 저작인접권이 없다. 최근 신중현은 자신의 노래에 대해서 저작인접권까지 요구하는 소송을 제기했다가 패소한 바 있다.[01]

셋째, 저작인격권(moral right)은 저작도덕권이다. 저작인격권은 다시 미공표물의 공표 여부를 결정하는 결정권, 저작물의 창작자인 것을 주장할 권리인 저작물의 내용을 동일하게 유지할 권리인 동일성유지권으로 구분된다. 예를 들어 동일성

01 조선일보, 2016. 5. 8.

유지권은 영화를 편집하여 방송하는 행위, 그림의 배경을 바꾸는 행위 등으로 인하여 저작자의 명예와 평판이 손상되는 것을 방지할 수 있는 권리이다. 본래 베른협약 제6조의 2에 있는 내용인데 WTO TRIPS에서는 포함되지 않았다.

저작인격권의 사례

작가의 동의없이 드라마에서 등장하는 인물의 생사(生死)를 바꾸는 것은 작가의 저작인격권을 침해한 행위로 판결하였다. 본래 작가가 제출한 줄거리는 주인공이 이혼 후 갑작스러운 교통사고로 사망하는 내용인데, 제작사인 JTBC는 작가의 동의 없이 사망한 주인공이 장지에서 다시 살아나는 내용으로 방송하여서 작가가 본래 구상했던 줄거리와 전혀 다른 내용으로 변경되었다. 법원은 이를 저작인격권을 침해한 것으로 판결하였다.

자료: 뉴시스, 2015. 3. 2.

3) 신지식재산권

첨단과학과 정보사회의 발전으로 인해 기존의 지식재산권으로 분류되지 않은 새로운 형태의 지식재산을 의미한다. 주로 WTO가 출범하면서 새로이 도입되었다. 신지식재산권(new intellectual property)에는 3가지 형태가 있는데, 즉 산업저작권, 첨단산업재산권, 정보재산권 등이다.

첫째, 산업저작권은 창작내용의 형태는 저작권의 특성과 유사하나 그 용도는 산업적으로 활용이 가능한 재산권이다. 예를 들어 컴퓨터 S/W 등이다. 컴퓨터 언어는 소스코드(source code)와 목적코드(object code)로 구분되는데, 인간의 창작물인 컴퓨터 프로그램도 저작물의 일종으로 판단하고 저작권과 비슷한 기간 및 보호정보를 보장하고 있다.

둘째, 첨단산업재산권은 첨단산업과 관련된 산업재산권을 의미하는 것으로 종래의 산업재산권으로 보호되지 않다가 첨단기술의 발달로 새롭게 부각된 산업재산권이다. 예를 들어 유전생명공학기술, 전자 · 정보기술(반도체회로기술) 등이다. 반도체칩의 설계는 보통 수년의 시간과 1억 달러 이상의 엄청난 노력이 요구된다. 그러나 이를 복제하는 데는 불과 몇 개월의 시간과 5만 달러 이하의 비용이면 충분하다. 이렇게 중요한 지식재산임에도 불구하고 저작권이나 특허권의 요구조건인 신규성, 진보성 등을 충족하지 못해 보호받지 못하는 경우가 많아 이를 재산권으로 인정하기 위한 것이 바로 신지식재산권이다.

셋째, 정보재산권은 상품의 제조, 판매, 영업, 기획 등 기업활동 전반에 걸쳐 상품화될 수 있는 정보와 이의 전달수단에 대한 소유권이다. 영업비밀도 정보재산권에 속한다.

4) 미공개정보보호

WTO 지식재산권협정(TRIPS)은 미공개된 영업비밀(trade secret)과 노하우(know how)도 보호한다(TRIPS 제39조). 영업비밀은 다른 사람에 의해서 쉽게 얻어질 수 없는 것으로 소유자가 비밀로서 관리하고 있어야 하며, 그로 인해서 경제적 가치를 창출할 수 있는 것이어야 영업비밀로 인정된다.

비밀로 유지해온 생산방법, 판매방법, 영업활동에 유용한 기술상 또는 경영상의 정보 등이 이에 해당된다. 흔히 노하우(know how)나 기업비밀, 재산적 정보라는 이름으로 불린다.

먼저 기술정보로는 코카콜라의 성분배합비율, 햄버거의 조리방법, 합성수지의 배합비율, 설계도면, 상품의 구성, 제조원가, 실험자료, 연구보고서 등 기술상의 비밀을 말하고, 경영상의 영업정보로는 고객명부, 판매지침서, 시장조사정보, 고객관리기법, 판매매뉴얼, 제품할인시스템, 신제품 판매계획, 거래선 등 영업상의 비밀을 말한다.

특허제도가 있음에도 불구하고 미공개 정보로서 보호받으려고 하는 이유는 특허는 일정보호기간이 지나면 공개해야 되지만, 영업비밀은 그 비밀이 유지되는 한 영원히 보호될 수 있는 장점이 있기 때문이다. 대신 영업비밀은 경쟁자에 의해 역분해공학과 같은 방식으로 획득되어도 특허와 같이 보호해주지 못하는 단점이 있다. 따라서 발명가는 특허를 통해 일정기간 독점권을 향유할 것인지, 아니면 비밀이 일반대중에게 알려지는 위험을 감수하고 영업비밀을 통해 보호받을지에 대해 결정해야 한다. 코카콜라의 성분배합비율은 특허가 아닌 영업비밀로 보호받아 보호기간 제한없이 계속해서 보호되고 있다.

영업비밀(trade secret) 침해 사례

사례 1. 1998년 H전자 메모리 연구소에서 근무하던 미국인이 CMOS Image Sensor 설계기술을 미국, 대만 등 경쟁업체에 불법으로 판매하여 적발된 사례

사례 2. 국내 HK자동차 기술컨설팅 회사에 근무했던 전직 직원 5명과 현직 직원 2명이 공모하여 자동차 생산 핵심기술인 자동차 조립과 검사기준에 관련된 보증시스템을 중국으로 유출하려다 적발된 사례

사례 3. 국내 전자업계가 본인이 포함된 신사업개발팀에서 개발한 '가정용 수제 맥주제조기'의 설계도면 등 영업비밀을 빼낸 뒤 퇴사하여 미국에서 같은 사업을 추진한 사례

사례 4. 설악추어탕, 신당동 떡볶이 조리비법도 보호대상이다.

3 지식재산권의 특성

오늘날 지식재산권은 컴퓨터소프트웨어, 반도체칩, 데이터베이스 등 그 적용범위가 확대되고 있으며, 각종 정보매체의 발전, 복제기술의 발달로 쉽게 전파되거나 모방되기 쉬워 점점 지식재산권 보호의 중요성이 증가되고 있다. 특히, 컴퓨터 S/W를 개발하는 데는 수백년의 인년(man-year; 한 사람의 1년 작업량)이 필요한데, S/W의 복제는 단 몇 초만에 너무 쉽게 이루어질 수 있다.

현대사회에서 지식재산권을 보호할 필요성이 더욱더 증가하고 있다. 과거 일반 기계와 상품은 복제가 쉽지 않고, 신기술을 모방하거나 학습하는 데도 시간이 많이 걸렸다. 따라서 다른 사람들이 신기술을 학습하고 모방하는 기간 동안 최초 개발자는 명성우위, 모방시차, 학습시간 등을 이용해 자연적으로 독점의 혜택을 누릴 수 있었다. 영국의 방적기술은 수십 년이 지나서야 미국으로 전파되었다. 그러나 현대에는 과학기술의 발달로 모방은 쉽고 빠르게 일어나기 때문에 더욱 보호의 필요성이 증가되었다. 애플의 아이폰과 삼성의 갤럭시 스마트폰은 거의 모양과 기능이 같으며 또한 거의 동시에 출시되고 있다.

또한 복제에 비용이 들지 않고 거의 원본과 동일하게 쉽게, 프로그램을 통째로 복제할 수 있다. 특히 지재권을 복제하기 쉬운 대상으로는 화학, 의약품, S/W, 연예 등이 있다. 따라서 다른 상품보다 더 지재권보호가 중요한 품목들이다.

그런데 이미 발명 또는 창작된 지식생산물은 다른 사람이 아무리 많이 사용한다고 해도 본래 발명자의 효용이 감소되지 않는다. 이를 지식재산권의 비경합성이라고 하는데, 이러한 특성은 일반상품과 구별되는 중요한 특징 중 하나이다. 또 지재권 상품은 공공재적인 성격이 강해서 대가를 지불한 사람과 지불하지 않은 사람을 구분하기도 어려운 비배제성 측면도 있다. 이러한 특성으로 인해 발명과 창작의 결과로 얻어진 지식생산물은 여러 사람이 같이 사용해도 큰 비용추가 없이 사회 전체의 후생을 향상시킬 수 있다. 이는 지재권의 긍정적 측면이기도 하다.

어떻게 생각하면 지재권 강화야말로 자유무역원칙에 어긋나는 인위적 독점정책이다. 지재권은 거리, 기술격차에 따른 자연적 독점과는 구별된다. 원래 발명은 거리, 기술격차 등이 있을 수 있다. 명성우위, 모방시차, 학습시간 등의 자연적 독점현상이 있지만 지재권은 자연적인 독점에 더해서 인위적으로 독점을 인정하는 것이라고 할 수 있다. 따라서 20세기 초반까지만해도 네덜란드, 스위스를 중심으로 특허권을 인정하지 않았었다. 미국 건국초기 토머스 제퍼슨 국무장관도 특허제도를 반대하였었다. 다른 모든 규제는 완화되고 개방되는 추세임에도 불구하고 지재권 보호는 오히려 강화되어 왔다.

4 국제적 논의의 배경과 WTO 규범으로의 성립

1) 국제적 논의의 배경

역사적으로 산업화과정이 완성되기 전에는 지재권이 인정되거나 시행되지 않았었다. 그러나 15세기 말 1474년에 이탈리아 베니스에서 최초로 특허제도가 있었던 것으로 추정하고 있다. 당시 새로운 기술과 기계를 발명한 사람에게 10년의 특권을 부여한 것이 시초이다.[02] 이후 독일은 16세기부터, 영국은 17세기부터 비슷한 제도를 가지고 있었다.

이후 특허권의 중요성을 인식하게 되어 1790년경에서야 세계적으로 특허권을

02 장하준(2007), 『나쁜 사마리아인들』, 부키, p.202.

도입하게 되는데, 프랑스는 1791년에, 미국은 1793년에, 오스트리아는 1794년에 특허제도를 도입하였고, 영국은 1852년, 스위스는 1907년, 네덜란드는 1912년에 도입하였다. 당시 미국의 특허권 보호기간은 초기에는 8년이었다가 1790년 이후부터는 14년으로 늘렸다. 19세기 후반까지 세계 60여 개국의 특허보호기간은 약 13년이었다. 그러던 것이 1900~1975년 사이에 16년 또는 17년으로 늘어나게 되었다.[03] 현재 WTO 지재권협정에서는 20년이다.

한편, 19세기 후반부터 저작권이 도입되기 시작하였는데, 먼저 영국의 경우 1709년에 저작권이 도입되었고, 1862년에는 상표권이 도입되었다. 미국은 1891년이 되어서야 저작권을 보호하기 시작하였다. 미국의 저작권보호기간도 1891년에는 14년으로 정하였었는데, 업계의 로비로 인해 1998년에 저작권보호기간을 저자 생존 및 사후 70년, 법인에 의한 저작물의 경우 95년으로 늘렸다.

지재권보호를 위한 국제적 논의는 19세기에 들어와서 구체화되었다. 가장 대표적으로 특허와 상표 등 '공업소유권의 보호를 위한 파리협약'(Paris Convention for the Protection of Industrial Property)이 1883년에 만들어졌고, '저작권보호를 위한 베른협약'(Bern Convention)이 1886년에 만들어졌다. 그러나 모조 및 상품의 도용에 관한 문제가 본격적으로 대두된 것은 1970년에 들어서면서부터이다.

파리협약은 산업재산권의 국제적 보호와 협력을 위해 1883년에 체결된 매우 포괄적이며 종합적인 국제협정인데, 이는 특허, 의장, 실용신안 및 상표 등의 산업재산권뿐만 아니라 상호, 원산지표시, 불공정경쟁방지 등 광범위한 분야를 포괄하고 있다.

공업소유권 보호를 위한 파리협약(Paris Convention)

C.1조: 위에서 언급된 우선기간은 특허 및 실용신안에 대하여는 12개월, 의장 및 상표에 대해서는 6개월로 한다.

베른협약은 저작권 관련 국제협약 중에서 가장 포괄적이고 수준 높은 보호를 규

03 장하준(2007), 『나쁜 사마리아인들』, 부키, p.203.

정하고 있는데, 저작권에도 내국민대우와 최소보호기간 요소를 도입하였다. 내국민대우란 어느 한 국가에서 발행된 저작물은 특별한 절차나 등록 없이도 다른 회원국에서도 자동적으로 내국민과 동일한 보호를 받는다는 것이며, 지재권의 최소보호기간은 저작자의 생존기간은 별도로 하고 사후 50년이고 그 이후의 보호기간은 각국의 결정에 따른다는 것이다.

표 9-1 세계지적재산권기구 주관 산업재산권 관련 국제협약

협약명	설립년도	가입국수	주요내용	한국가입 여부
파리협약	1883	164	특허와 상표 등 사업재산권 보호	1980. 5
특허협력조약(PCT)	1970	100	특허의 국제화를 위한 출원제도	1984. 8
마드리드 상표등록 협정	1891	70	상표의 국제등록	미가입
마드리드 원산지 허위표시협정	1891	31	원산지표시 방지를 위한 협약	미가입
부다페스트조약	1977	24	미생물 및 생명공학분야의 특허 통일화	1983. 8
상표등록협약	1973	13	상표등록 출원절차의 통일	미가입
헤이그협정	1925	30	산업의장의 국제기탁	미가입
니스협정	1957	70	생물 및 서비스의 국제분류	1991. 1
리스본협정	1958	20	원산지명칭의 보호 및 국제등록	미가입
스트리트브르협정	1971	53	국제특허분류에 관한 협정	1990. 10
비엔나협정	1973	19	상품의 도형적 요소의 국제분류	미가입
로카르노협정	1968	35	산업의장의 국제분류	미가입
베른협약	1886	149	문학적/예술적 저작물보호	1996. 8
세계저작권협약	1952	96	유엔교육과학문화기구(UBESCO)에 의해 체결된 저작권보호협약	1987. 10
로마협약	1961	70	실연가, 음반제작자 및 방송사업자의 보호에 관한 협약	1987. 10
제네바음반협약	1971	69	음반제작자의 저작권보호	미가입
브뤼셀위성협약	1974	24	통신위성의 송신물보호	미가입
마드리드다자간협약	1979	24	저작권 로열티의 보호	미가입
WIPO 저작권협약	1996	39	세계지적재산기구(WIPO)에 의한 저작권보호협약	미가입
WIPO 공연 및 음반협약	1996	39	세계지적개산기구(WIPO)에 의한 음반보호협약	미가입

한편, 1967년에 창설된 세계지식재산권기구(WIPO)를 수 있는데, 동 기구가 1974년부터 UN 산하기구로 격상되면서 전 세계에 걸쳐 산업재산권, 저작권보호에 관한 중심적 역할을 수행하고 있다. WTO 지재권협정(TRIPs)도 상당부분은 이들 기존 협정문 내용에 기초하고 있다. 다만 기본 협정문에 지리적 표시, 집적회로의 디자인권 등 몇몇 분야가 추가되었다.

2) WTO 규범으로의 성립과정

지식재산권이 GATT 체제 내에서 논의되기 시작한 것은 1986년 UR협상 때이다. UR출범과 더불어 지재권도 본격적으로 논의되기 시작하였는데, 처음에는 위조상품을 포함한 '지식재산권관련 협상그룹(TRIPs 협상그룹)에서 논의되었다. 지재권 문제가 GATT의 협상의제로 채택된 이유는 기존의 국제협약이 지재권을 충분히 보호하지 못하고 있다는 점과 미국의 강력한 보호의지 때문이었다. 1979년 도쿄 라운드에서도 지재권문제가 언급되기는 하였으나 당시만 해도 지재권을 미국의 국제무역 경쟁력에 영향을 미치는 요인으로 보지는 않았었다. 그러나 1980년대 들어 미국의 무역적자가 큰 문제로 대두되면서 미국정부는 지재권 침해가 자신들의 무역적자의 한 원인이며 불공정무역을 일으키는 원인이라고 인식하기 시작하였다. 따라서 UR협상 때부터 지재권과 무역이 연계되어 논의되기 시작하였다.

특히 미국은 위조상품의 교역이 국제무역의 흐름을 왜곡시킨다는 명분하에서 지재권보호의 확대 및 강력하고 통일된 제재수단이 필요하다고 보았다. 기존에 세계지재권기구가 존재하고 있었지만 지재권보호 수준이 너무 낮았고 또 규범을 준수하지 않는 국가에 대한 분쟁해결에도 효과적이지 않았다. 따라서 미국은 강력한 분쟁해결기구를 가지고 있고 또 보복조치도 취할 수 있는 WTO 같은 다자기구에서의 논의를 선호하였다.

UR에서의 실제협상은 미국을 중심으로 한 선진국 진영과 인도, 브라질, 페루 등의 개도국 진영으로 양분되어 진행되었다. 선진국들은 지재권의 강력한 보호와 이의 조속한 실행을 주장하였고, 개도국들은 위조상품의 교역방지와 같은 최소한의 보호와 가능한 한 장기간의 유예기간 설정을 주장하였다. 처음에는 위조상품 교역방지를 중심으로 진행된 지재권보호 논의가 전개되었으나 나중에는 지재권 일반, 신지식재산권 분야로까지 확대되었고, 지재권보호 수준도 국제적 협약보다 높은 수준으로 결정되었다. 결국 1991년 12월 UR협상 당시 무역관련지식재산권 협정(TRIPs: Trade Related Aspects of Intellectual Property Right)은 던켈 사무총장의 최종협정문 초안의 일부로 구성되어 완성되었고, 보호수준은 선진국의 의도대로 결론이 났다.

5 WTO '무역관련지식재산권협정(TRIPS)'

1) 기본원칙

지식재산권보호를 위해 애덤 스미스의 내국민대우와 최혜국대우를 기본원칙으로 하였다. 지재권의 내국민대우란 지재권보호에 있어서 타 회원국의 국민에게도 자국민에게 부여하는 것과 동등한 대우를 해야 한다는 것이다. 또한 최혜국대우란 지재권과 관련하여서도 MFN 일반원칙과 마찬가지로 한 회원국이 다른 회원국에 허용하고 있는 모든 이익, 특권, 면제는 즉시, 무조건적으로 다른 회원국에게도 부여되어야 한다는 것이다(제3조, 제4조). WTO의 일반원칙으로서의 내국민대우와 최혜국대우와 다르지 않다.

이밖에 권리소진의 원칙이 있는데, 이는 지재권의 권리자가 권리가 체화된 특허나 상표 등의 이용권을 양도한 이후에는 다시 자기의 권리를 주장할 수 없다는 원칙이다. TRIPs의 중심원칙으로는 채택되지 않고 회원국의 자유로는 의사에 맡겼다. TRIPs 제6조는 최소한의 보호조치이다. 즉, 회원국들은 협정의 규정에 위배되지 않는 한 자유롭게 더 광범위한 보호를 실시할 수 있다(제1조).

모든 회원국들은 기존의 지재권 관련 협정인 파리협약(1967)과 베른협약의 규정을 준수해야 한다. 또한 협정의 어떤 내용도 위의 2개의 협약, 로마협약, 그리고 집적회로조약(IPIC)에 의해 이미 부담하고 있는 의무의 불이행을 정당화하지는 않았다(제2.2조).

한편, TRIPs는 지식재산권 보유자의 권리남용 또는 불합리하게 무역을 제한하거나 국가 간 기술이전에 부정적인 영향을 미치는 관행을 방지하기 위해서는 적절한 조치를 할 수 있음을 명시하였다(제8조).

2) 보호기준

WTO TRIPS 협정은 저작권 및 저작인접권에 대해, 회원국은 베른협약(1971년)의 규정 및 부속서를 준수해야 한다(제9조). 즉, 일반 저작물의 보호기간은 자연인 사망시 발행연도의 다음 해부터 50년, 또는 완성 후 50년 내에 발행되지 않았을 경우 완성년도의 다음해부터 50년이다(제12조). 작사, 작곡가의 저작재산권은 사후 50년 보장, 공연자, 음반제작자의 저작인접권은 음반발매 다음 해부터 50년이다. 그러나 방송사업자는 20년간 보호받는다(제14조).

한국의 경우 1987년 저작권법을 개정하면서 저작인접권을 '음반 발매 후 20년'으로 정한 바 있었다. 그러나 이후 1994년에 다시 세계적인 추세에 따라 '50년'으로 수정하였는데, 과거 한때 20년으로 축소함에 따라 발생된 문제가 심각하다. 이문세의 '사랑이 지나가면', 김건모의 '핑계'는 저작인접권이 소멸되어 이제는 아무나 음반을 다시 포장해서 팔 수 있게 되었다.[04]

한편 작곡가 및 음반의 저작권과 저작인접권이 사후 50년이므로 대부분의 클래식 음반, 또는 1950년대 팝음반들의 저작권 또는 저작인접권은 대부분 소멸된 상태이다. 바흐, 모차르트, 베토벤의 저작권은 상실된지 오래고, 1963년 발매된 비틀스의 음반권도 2014년에 소멸되었다. 따라서 미국은 계속해서 WTO는 물론 FTA에서 저작권을 70년으로 연장해달라고 요구하고 있다. 만약 음반저작권이 살아있다면 영화, CF, 뮤지컬 등에 어떤 음악을 사용하려면 저작권자의 동의를 얻어야 한다. 그리고 저작권이 소멸되었다해도 음악저작권협회에 일정금액의 저작권료를 지불해야만 한다.

상표는 상품 및 서비스가 식별될 수 있도록 해주는 표식 또는 표식의 결합으로 구성된다. 성명, 문자, 숫자, 도형, 색체의 조합 및 이들의 결합으로 이루어진 표

04 조선일보, "20년짜리 저작권법의 저주", 2011. 3. 12.

식이 상표로서 등록될 수 있다. 등록은 적어도 7년간 유효하며, 적어도 7년의 추가기간에 대하여 계속해서 무한정으로 갱신할 수 있다(제18조). 오랫동안 사용되어 일반소비자에게 상표라는 인식이 확산된 경우에는 등록할 필요가 없다.

3) 지리적 표시

지리적 표시(GI: Geographical Indications)는 '상표의 품질 또는 명성이 본질적으로 생산지의 기후, 풍토 등 지리적 특성과 밀접하게 연계되어 높은 명성을 지닌 경우 지리적 명칭을 지식재산권으로 인정해주는 제도이다. 대개 식품 및 음료의 경우가 많은데, 주로 포도주나 증류주(sprits) 생산자들이 지리적 명칭에 따른 '명성'을 보호해줄 것을 희망하였다(제22조). 보르도 와인, 스카치 위스키, 데길라 등이다. 주로 식품, 음료, 주류제품들이 지리적 명성을 반영한 상표보호를 인정받고 있다. 예를 들어 체다지역에서 생산된 체다치즈, 오스트리아 빈 스타일 소시지를 의미하는 비엔나소시지, 프랑크소시지, 중국 귀주지역에서 생산된 술 귀주 마오타이주, 보성녹차, 순창고추장, 이천쌀, 의성마늘, 밀양얼음골 사과, 산청곶감, 고창복분자주, 청양고추, 횡성한우, 기장미역, 기장다시다, 금정산성 막걸리, 대저토마토 등이 대표적인 사례이다. EU의 경우에도 1992년부터 와인과 증류주는 물론 지리적 표시를 등록한 제과, 치즈, 생고기, 과일, 육가공, 낙농식품, 음료, 오일류, 기타, 올리브 등 750여 개 품목을 EU 차원에서 법적으로 보호하고 있다.

EU는 한-EU FTA협상에서 와인과 증류주는 물론 농산품에 대한 지리적 표시 보호를 요구하였다. EU 요구를 수용할 경우 지리적 표시 사용이 제한되고 사용 중인 지리적 표시도 일정기간 내 폐기해야 한다. 예를 들어 국내에서 일반명사처럼 통용되어온 '샴페인(Champagne, 상파뉴)', '꼬냑', '스카치', '보르도' 등의 명칭을 국내 제품에 더 이상 사용할 수 없게 되었다.[05]

지리적 표시를 보호하는 가장 중요한 이유는 지리적 명칭이 경제적 가치를 가지고 있어 상품의 가치를 결정하기 때문이다. 따라서 명성 있는 지리적 명칭을 사용하고 있는 상품은 일반 상품보다 가격이 비싼 것이 일반적이다. 예를 들어 EU에서

05 이종규 외(2009), "한-EU FTA의 주요 타결내용과 시사점", 삼성경제연구소.

지리적 표시 보호를 받고 있는 닭고기는 일반 닭고기보다 2배 이상 비싸고, 한국의 보성녹차는 일반 녹차에 비해 거의 2배 정도 비싸게 팔린다. 지리적 표시를 보호하는 또 다른 이유는 지리적 표시가 부당하게 사용되어 불공정한 경쟁을 초래하거나 소비자가 손해를 보는 것을 방지하기 위한 것이다. 소비자가 잘못 표기된 제품에 현혹되어 상품을 구매하는 경우 손실을 보기 때문이다.

4) 디자인권, 특허권, 미공개정보 등

의장권(Industrial Design, 산업디자인)은 신규성, 독창성으로 규정되며 보호기간은 최소 10년이다. 그리고 특허권(patents)은 출원일로부터 20년이고(제33조), 특허의 대상이 되지 않는 것들을 명시하였다. 즉, 공중양속, 공중보건보호, 환경보호에 위반되는 발명 그리고 진단, 수술, 처치방법, 이밖에도 식물, 동물발명 등은 적용되지 않는다.

집적회로(Integrated Circuits) 배치설계는 설계도(반도체 위에 설계도를 어떻게 배열하는가에 관한 설명), 반도체칩, 그리고 반도체칩이 내장된 제품으로 구분되는데, 보호기간은 최소 10년, 최대 15년 TRIPs(제36조~제38조)이다.

미공개정보는 거래상의 비밀 또는 노하우(know-how)도 보호의 대상이다. 비밀인 정보, 그리고 비밀로 유지되기 때문에 상업적 가치가 있고, 비밀로 유지하기 위하여 합리적인 조치가 이루어진 정보는 보호되어야 한다(제39조).

따라서 거래상 비밀이 동의 없이 다른 사람에게 노출되거나, 다른 사람이 획득 또는 사용하는 것을 방지할 필요성이 있다. 특히, 의약품, 농화학 물품의 판매승인을 위해 제출된 구성요소 배열 및 조합 등 비밀자료는 보호됨이 마땅하다(제39조).

표 9-2 WTO 지식재산권협정(TRIPs)의 주요 내용

		주요 내용
제1부	기본원칙	• 회원국은 지식재산권보호에 있어 내국민대우와 최혜국대우를 준수함. • 파리협약과 베른협약의 규정을 준수 • 기술혁신의 촉진, 기술의 이전과 확산 등 생산자와 사용자의 이익에 기여 • 공중보건, 사회경제적 발전과 기술개발에 부정적인 영향을 미치는 관행의 방지
제2부	저작권	• 베른협약 제1~21조 및 부속서 준수 • 컴퓨터프로그램, 대여권, 실연자 및 음반제작자의 보호, 저작물의 보호기간을 명시 • 저작물은 발간일로부터 50년, 또는 발간하지 않은 경우 제작된 해로부터 50년
	상표권	• 상표의 정의, 허용된 권리, 보호기간, 사용조건, 사용권의 설정과 양도 명시 • 상표의 취소는 3년간의 비사용기간이 경과 후 가능, 상표의 등록과 갱신은 7년 규정
	지리적 표시	• 지리적 표시의 정의, 포도주와 주정에 대한 추가보호, 국제협상 명시 • 포도주와 주정에 대해서는 오해나 불공정경쟁을 초래하지 않아도 지리적 표시 불가
	의장권	• 독창적인 산업디자인이 독자적으로 개발된 경우 보호기간은 적어도 10년
	특허권	• 특허대상, 허용된 권리, 특허출원인의 조건, 보호기간, 취소규정 명시 • 모든 발명에 특허부여, 배타적 권리인정, 권리자의 승인 없는 사용, 특허권 20년 보호
	집적회로설계	• 소유자의 승인이 없으면 설계디자인, 집적회로, 집적회로를 포함한 제품의 유통금지 • 보호기간은 10년
	미공개 정보	• 거래상 비밀이 성실한 상업적 관행에 위배되는 방법으로 노출, 사용되지 못함. • 특히 의약품, 농화학물품의 판매승인을 위해 제출된 비밀자료는 보호되어야 함.
	반경쟁적 관행	• 지재권 행사가 무역에 부정적 영향을 줄 수 있고 기술이전 및 전파에 부정적임을 인정
제3부	시행절차	• 지재권 소유자가 권리를 효과적으로 행사할 수 있도록 법률적 절차 및 구제수단 명기 • 모든 권리행사 절차가 충족해야 하는 일반의무, 민사 및 행정적 절차와 규제수단, 그리고 위조상표를 부착하였거나 저작권 물품을 표절한 물품의 수입을 방지하는 국경조치 명기
제4부	내부절차	• 지재권의 취득, 유지 및 관련 당사자 간의 절차 규정 • 이러한 절차에 있어서 최종적인 행정결정은 사법적 또는 준사법적 당국의 재심사대상
제5부	분쟁해결	• 회원국 간 발생할 수 있는 모든 분쟁은 WTO 분쟁해결절차가 적용됨. • 지재권의 존재, 범위, 획득, 행사에 관해 적용되는 모든 국내법 및 조치는 이사회에 통보
제6부	경과조치	• 유예기간 설정(선진국 1년, 개도국 및 체제전환국 5년, 최빈개도국 11년) • 협정에 의한 물품특허보호를 현재 특허대상에 취급하고 있지 않은 기술분야로 확대해야 할 개도국은 2005년까지 유예
제7부	제도적 규정	• 2000년 이후 이사회는 규정을 검토, 그후 매년 2년마다 검토 • 안보상 예외인정

6 지식재산권의 보호

1) 지식재산권보호의 필요성

WTO 지식재산권협정(TRIPs)에서는 그 보호목적을 다음과 같이 서술하고 있다. 즉, 지식재산권에 대하여 적절하고 효과적인 보호를 제공함으로써 이러한 권리의 소유자가 창조 및 발명에 따른 혜택을 향유하도록 하고, 이를 통해서 그들의 창조와 발명 노력을 계속하도록 장려하는 것이다. 즉, 지재권을 보호하면 보상, 대가로서의 혜택이 제공되고 창작활동 장려로 이어진다는 메커니즘이다.

이때 지식재산권을 보호한다는 것은 지식생산물에 대한 배타적 소유권을 인정함으로써 타인의 불법적 사용을 방지하고 독점적으로 경제적 이익을 보장하여 초과이익을 보장해준다는 의미이다. 따라서 지식재산권보호는 지식활동에 대한 대가를 보장하기 위한 하나의 수단이다. 결국 지재권보호의 목적은 발명과 발견을 촉진하는 좋은 수단이 되고 있는 것이다.

만약 지식재산권에 대한 보호가 없다면 어느 누가 비용도 많이 들고 실패할 위험도 높은 새로운 지식, 새로운 제품을 개발하는 데 투자를 하겠는가? 예를 들어 제약회사는 새로운 의약품을 개발하는 경우 개발된 의약품을 판매해서 얻는 이익이 의약품 개발비용을 초과할 가능성이 있어야만 신약개발에 거대한 금액을 투자하고자 할 것이다. 마찬가지로 소비자도 특허상품이 보호될 때에만 비싼 값을 지불하면서 상품을 구입할 것이다. 예를 들어 나이키의 상표가 보호되지 않아 누구나 모조품을 신고 다닌다면 어떤 소비자가 구태여 비싼 값을 지불하며 나이키를 사려하겠는가?[06] 이밖에도 지식생산물에 대한 독점적 이윤의 기대는 발명과 창작에 대한 의욕을 고취시켜 이에 대한 투자와 상품화를 촉진시키는 역할을 한다.

결국 지재권보호는 새로운 지식과 정보가 축적되고 활용되어 궁극적으로 산업의 발전 및 경쟁력 강화에 도움이 될 것이다. 지식재산권을 보호해야 최초개발자에게 혜택이 가고, 그 혜택이 주어져야 창조적 활동이 계속되는 논리이다. 따라서 지재권도 일반상품과 똑같은 재산권보호가 되어야 된다는 것이다.

06 장하준(2008), 『다시 발전을 요구한다』, 부키, p127.

이러한 논리로 보면 지재권을 침해하는 행위는 일반상품을 훔치는 행위와 똑같은 범죄행위이며, 따라서 지식, 창조물에 대한 타인의 권리를 빼앗거나 타인의 지재권에 대해 손실을 입하는 행위는 비난받아 마땅하다.

2) 지식재산권보호와 기술발전: 보호되어야만 기술이 발전하는가?

다음 몇 가지를 생각해보자. 우리는 위에서 기술발전을 위해 지식재산권보호가 필요하다고 보았다. 그러나 꼭 보호를 하고 혜택이 주어져야 기술발전이 가능한 것인가에 대해 다른 생각을 해볼 수 있다.

역사적으로 후진국이 선진국의 지재권을 모방하여 기술을 습득하고 자국을 발전시킨 사례는 많다. 배우고 따라함은 인간의 본능이 아닌가? 세상에는 언제나 앞서가는 사람이 있으면 뒤에서 따라가는 사람이 있게 마련인데, 지재권보호는 앞서가는 사람을 따라가거나 모방하지 못하도록 하는 원리와 비슷하다. 예를 들면 프랑스 재무장관이었던 존 로(John Law)는 산업혁명으로 앞서있는 영국의 기술을 모방하기 위해 수백 명의 영국 숙련노동자를 프랑스로 데려온 적이 있다. 또한, 일본이 백제 도자기공을 강제로 대려가 직접 도자기를 만들게 하였다. 당시에는 설계도면이 없고 또 기술교육이 쉽지 않으므로 직접 데려다가 만들도록 한 것이다. 이밖에도 과거 스위스는 독일의 화학적 발명품을 도용했고, 독일은 영국의 상표를 도용하였다. 미국은 영국의 저작권을 도용하였다. 오늘날에도 중국에서 한국의 유능한 반도체 기술자를 매수하여 고용하는 행위를 하고 있다.[07]

그러나 꼭 보호되지 않고도 공익에 기여하는 경우도 많다. 많은 경우에 노력에 대한 대가가 없어도 지적 호기심으로 새로운 것을 만들기를 즐기고, 또 공익을 위해 이를 무상으로 제공하기도 한다. 즉, '공공 또는 사회공동체'적인 지식재산권 같은 것을 생각해볼 수 있다. 예를 들어 집단지성 형태인 위키피디아(Wikipedia)라는 인터넷 백과사전은 지재권이 보호되지 않아도 잘 운영되고 있으며, 인터넷에서 흔히 공개 프리웨어(freeware)라고 부르는 공개 소프트웨어를 쉽게 찾아볼 수 있다. 공개 프리웨어(freeware)는 비용을 치르지 않고 모두 자유롭게 공유하자는

07 장하준(2007), 『나쁜 사마리아인들』, 부키, p.198.

취지이다. 그러면 사용자는 이 프리웨어를 향상시키고, 이 향상된 프리웨어는 다시 대중에게 공유되는 원리이다.[08] 예를 들어 안철수의 Anti-Virus Program(V3)의 무료배포 등이 있다. 이러한 사례는 지재권이 꼭 강하게 보호되어야만 지식활동이 이루어지는 것은 아니라는 것을 보여주는 사례이다. 그러나 이는 매우 드문 경우이다.

3) 지식재산권은 어느 정도 보호되어야 하나?

그런데 지식재산권에 대한 보호가 반드시 긍정적인 측면만 있는 것은 아니고, 경제후생 관점에서는 부정적인 측면도 있다. 왜냐하면 지재권을 보호하거나 특허권을 제공한다는 것은 소유자에게 독점권을 주고 독점이윤을 제공하는 것이고, 다른 한편으로는 그것을 이용하려는 사람에게는 부당한 비용을 유발하기 때문이다. 지식생산물에 대한 배타적 소유권을 허용하여 독점가격이 형성된다면 지식재산권 소유권자에게는 경쟁의 제한으로 발생하는 초과이윤을 얻게 되지만, 이는 소비자에게는 초과부담이고, 경제적 측면에서는 불공정행위이다. 따라서 전체적으로는 자원의 비효율적인 배분을 초래할 가능성이 있다. 예를 들어 독점권을 부여받은 생산자는 가격경쟁을 하지 않기 때문에 시장에서 필요로 하는 것보다 적은 양을 생산하여 가격을 부당하게 높게 책정하여 이윤을 얻는다. 이는 결국 지나치게 높은 가격과 비효율성으로 인해 공공의 이익을 훼손하고 일반 소비자에게는 손실을 입힐 수 있다.

결과적으로 지재권을 지나치게 보호하면 소비자의 이익을 착취하는 결과를 낳을 수 있고, 지나친 지재권보호가 오히려 사회적으로 순손실을 발생시킬 수 있다.[09] 적어도 지재권보호에 따른 공공의 이익이 지재권 소유자 개인의 독점적 이윤보다는 커야 되는데, 많은 경우 개인의 독점이익이 공공이익을 초과하는 경우가 많다. 예를 들어 선진국 제약회사들은 생산원가의 20배나 되는 가격으로 의약품을 판매하고 있어 개도국 국민들이 치료를 받는데 아무런 도움이 되지 않는 경우도

08 장하준(2008), 『다시 발전을 요구한다』, 부키, p.130.
09 장하준(2007), 『나쁜 사마리아인들』, 부키, p.219.

많다. 선진국 제약회사가 개발한 에이즈치료제가 너무 비싸 후진국에서는 치료제로 사용할 수 없다.

한편, 오늘날 별것도 아닌 것들이 지재권보호라는 이유로 과도하게 보호되고, 또 수없이 많은 분야에서 지재권을 함부로 부여하게 되면 그것은 오히려 사회적 손실을 초래할 것이다. 즉, 지재권의 지나친 사유화는 공익을 해칠 수 있다. 개인 또는 일반 기업은 지재권 등록건수가 왜 그렇게 많은가 혹시 별것도 아닌 것을 지나치게 보호하고, 이는 결국 다른 사람의 행위를 규제하는 것은 아닌가 생각해볼 필요가 있다. 그러나 장기적으로 비용을 상쇄하고도 남을 정도의 이익이 있다면 설득력이 있을 것이다. 이러한 측면에서 본다면 현재는 지나치게 특허부여의 기준이 낮은 측면이 있다. 예를 들어 빵을 신선하게 굽는 법, 그네 잘 타는 법, 그리고 이미 수천 년 전부터 내려온 민간요법이 특허로 등장하기도 한다.[10] 현재 우리는 특허의 홍수 속에서 살고 있다.

따라서 지식재산권의 공공성 측면에서 본다면 창작된 지적생산물의 사용가격을 가능한 한 낮게 책정하고 널리 보급하는 것이 사회후생 측면에서는 바람직할 것이다. 많은 경우 국가가 공공목적을 위해 개입하는 경우가 많다. 그런데 문제는 사회후생을 극대화하기 위해 지식재산권의 사용에 대한 대가(비용)를 '영'(zero)으로 책정해버리면 아무도 장기간의 투자와 노력, 그리고 위험이 따르는 발명과 창작활동을 하려 하지 않고, 모두가 대가를 지불하지 않고 무상으로 사용하려는 무임승차자만 생겨날 것이다. 따라서 지식재산권에 대한 권리보호는 지식재산권의 공공성 측면과 창작자의 이익보호 측면이라는 상반된 이해관계가 대립되는 상황에서 적절한 균형이 필요하다.

적어도 지재권보호 또는 특허권보호가 정당성을 가지려면 발명이 사회적으로 기여하는 생산성향상 등 공공의 이익과 특허권자에게 제공하는 독점이익 간에 균형이 존재하거나 공공의 이익이 특허권자의 독점이윤보다는 높아야 될 것이다.

10 장하준(2007), 『나쁜 사마리아인들』, 부키, p.209.

4) 공공성을 위한 지식재산권 제한 사례

지재권을 보호하는 정도와 공공의 이익을 고려하는 정도에 관해 항상 논쟁이 있어 왔고 경우에 따라서는 공공의 이익을 위해 지재권을 일부 제한하여 강제실시권을 발동하기도 한다. 지재권의 강력한 보호와 공공의 이익에 대한 선진국과 후진국간의 논쟁은 상당히 치열하다. 그 중에서 AIDS/HIV에 대한 논쟁이 관심을 끄는데, 태국, 브라질, 인도, 아르헨티나 같은 개도국들은 에이즈치료제에 대한 특허권을 낮게 하여 가급적 에이즈치료제를 저렴하게 생산하여 사하라 이남의 아프리카지역에 판매하려 한다.

따라서 모든 특허법에는 지재권보호가 공공의 이익과 충돌할 경우 해당 지재권을 소유한 보유자의 권리를 제한하는 조항이 있다. 이러한 상황이면 정부는 강제인가조치를 허용하거나 복제품 수입을 허용하는 병행수입을 허용하였다.

첫 번째 사례는 에이즈치료제에 대한 강제인가 실시이다. 영국의 제약회사 글락소는 AZT이라는 획기적인 에이즈치료제에 대해 특허권을 가지고 있다.[11] 현재 아프리카에서 수백만 명이 에이즈로 인해 고통을 받고 있다는 사실을 감안하면 에이즈치료제 개발은 환영할 만한 일이다. 그러나 에이즈치료제에 대한 지나친 지재권 보호로 인해 치료비가 1인당 1만~1만 2,000달러로 너무 높게 책정되어 아프리카 사람들이 구매할 능력이 없다면 에이즈치료제 개발은 무용지물이 될 것이다. 차라리 인도나 태국 등 복제를 잘하는 나라로부터 정품가격의 2~5%의 가격으로 복제약(generic)을 수입할 수밖에 없을 것이다.

결국 2001년에 남아프리카공화국정부는 에이즈치료제에 대해 강제실시와 병행수입을 결정한 바 있다. 그러자 41개 에이즈 제약회사들이 단합하여 소송을 제기하였으나 시민들의 비판이 거세게 일어나자 결국 소송을 취소하고 강제실시와 가격인하를 수용한 바 있다. 따라서 제약사들은 아프리카국가들에 대해 에이즈치료제를 할인해주었다.[12] 이렇게 에이즈, 말라리아치료제 등에 대해 외국의 특허를 무시하고 대량생산하여 싸게 공급하여 국민보건을 지키려는 노력이 바로 강제실시

11 본래 AZT는 미국인 과학자가 미국보건협회의 자금을 지원받아 개발했다.
12 장하준(2007), 『나쁜 사마리아인들』, 부키, p.215.

이다.

두 번째 사례로서 브라질정부는 2001년 3월에 에이즈치료제 '넬피나비어(Nelfinavir)에 대해 특허권을 가지고 있는 미국과 스위스 제약회사에게 강제실시권을 실시할 것이라고 선포하여 본래 가격을 70%로 낮추는 데 성공한 적이 있다.

세 번째 사례로서 태국정부는 2006년 11월 에이즈치료제 '에파비렌즈(Efavirenz)에 대해 강제실시권을 실시하여 약값을 70%로 낮춘 적이 있다. 이밖에도 페마라(유방암치료제), 글리벡(백혈병치료제), 타세바(폐암치료제) 등에 대해 강제실시권을 실시하여 연간 소득이 5,500만 원 이하면 글리벡을 무상공급하기로 결정한 바 있다.

네 번째 사례로 2001년 미국과 캐나다에 탄저병 위협이 있을 때 캐나다정부는 바이엘사가 가지고 있던 시프로(Cipro)라는 의약품의 특허를 무효화했고, 미국정부는 '시프로'에 대해 80% 가격인하를 받아내었다.

과거 한국에서도 의약품의 강제실시에 대해 여러 차례 논의가 있었으나 5차례의 청구 중 1차례만 인용되었다. 예를 들어 1993년 낙태약 '미프프리스톤'(프랑스)의 강제실시가 미승인 된 바 있고, 그리고 2003년 백혈병치료제인 스위스 노바티스의 '글리벡'이 정상적으로 공급되지 않아서 캡슐당 25,000원까지 가격이 상승하여 환자들이 지속적으로 복용하기에는 월 300만 원 이상 필요하여 큰 부담이 되었다. 당시 건강사회를 위한 약사회, 사단법인 인도주의실천의사협의회 등이 특허청을 대상으로 '강제실시권'을 실시하여 인도로부터 수입이 가능하도록 요구했으나 허락되지 않았다.

지난 2009년에는 에이즈치료제인 푸제온(스위스)이 특허권자와 정부 간의 오랜 협상결렬로 치료제가 4년 이상 공급되지 않아 환자들의 치료권이 심각하게 제한된다고 통상실시권을 청구했으나 기각된 바 있다. 이밖에도 2009년 한국에서 신종플루가 유행할 당시 스위스 로슈사의 타미플루의 강제실시 여부에 관한 논의를 한 적이 있으나 청구되지는 않았다. 앞으로는 북한의 결핵환자를 위해 외국특허를 강제실시하는 것 등이 고려될 수 있을 것이다.

지적재산권의 강제실시권(강제인가조치)

국가가 특허권자의 의사와 상관없이 특허권자가 아닌 제3자에게 특허를 통해 보호받고 있는 상품을 생산하도록 명령할 수 있는 권리이다. 이러한 조항은 이미 많은 선진국들이 특허 관련 법률에서 가지고 있었고 WTO 지재권협정(TRIPS) 제31조에서도 언급하고 있다.

"국가는 국가비상사태, 극도의 긴급한 사태 등 국민보건의 응급상황에서는 적절한 보상을 전제로 공공의 비상업적 사용을 위해 특허권자의 승인 없이 제품생산을 강제실시할 권리가 있다" (WTO TRIPS 협정문 제31조). 주요 고려대상 치료제로는 에이즈치료제, 말라리아 · 조류독감치료제 등이다.

5) 지식재산권과 통상마찰

위의 두 가지 측면, 즉 지재권보호 측면과 지재권의 공공성 측면은 경제발전 수준과 지향목표에 따라 나라마다 주장하는 바도 다르다. 선진국은 주로 지재권에 대해 경쟁력을 가지고 있고, 또 많은 부가가치를 얻고 있기 때문에 소유권을 최대한 보장하여 계속해서 비교우위를 지키려는 입장이고, 반면 개도국들은 기술개발 역량, 자본, 고급인력 등이 부족하여 지재권분야에서 비교열위 상태에 있기 때문에 지재권의 공공재적 측면을 강조하고 있다. 개도국들은 대가 없이 또는 낮은 대가를 지불하고 사용하려 하고 실제로 불법복제도 만연하다.

또한, 선진국들은 지식재산권에 대한 보호범위를 확장하고 기간을 연장하길 원한다. 그러나 개도국은 선진국의 기술수준을 따라잡는 수단으로 생각하고 있기 때문에 지나친 지재권보호를 반대한다. 실제로 지재권이 강화되면 강화될수록 개도국은 자신들의 경제발전에 필요한 지식은 습득하기는 어려울 것이다. 특히 국제무역에 있어서 지재권에 대한 세계적인 보호추세는 선진국 입장에서는 자국무역의 이익에 유리한 반면, 개도국 입장에서는 자국무역에 불리한 것이 일반적이다. 따라서 선진국과 개도국 간에 보호 정도에 대해 상반된 견해를 가지고 있는 것이다. 오늘날 지재권과 관련하여 선진국과 개도국 사이에 벌어지고 있는 많은 통상분쟁도 이러한 이해관계의 대립에서 기인하고 있다. 예를 들어 미국이 한국에 대해 지식재산권보호를 요구하고 있는 내용과 상품을 보면 주로 상업용 S/W, 오락용 S/W, 서적, 음반, 영화, 의약품 등이다.

애플과 삼성의 지식재산권분쟁

애플은 삼성이 자신들의 특허권, 상표권, 디자인권을 침해당했다고 주장하고 삼성은 애플이 자신의 특허권을 침해하였다고 주장하였다. 애플은 정면도 디자인, 아이콘 배열 디자인, 밀어서 잠금해제 기능, 바운스백 기능, 페이지 넘김 기능, 줌인 줌아웃 기능의 침해를 주장하였다.

반면 삼성은 주로 특허 관련 지재권을 침해당했다고 맞섰다. 예를 들어 통화하면서 데이터를 보낼 수 있는 WCDMA 방식 특허, 터치방향을 인식해 해당문자를 입력하는 터치패널 문자입력 방법특허, 이미지화면 전환시 해상도 차이를 이용한 부드러운 화면 전환방법 특허 등이다. 2016년 2월 미국연방 항소법원은 1심에서 인정했던 삼성의 애플 특허 침해 3건 중 2건에 대해 무효 판단을 내렸다.

■ Chapter 10 ■

정부조달

1 정부조달의 정의

정부조달(governent procurement)이란 중앙, 지방, 공공기관 등 정부가 고유 업무를 수행하기 위해, 또는 교육, 국방, 전기 · 수도, 도로 · 항만, 보건 등 공공서비스를 제공하기 위해서 민간부문으로부터 재화와 서비스를 구매하는 행위를 말한다. 즉, 정부는 재화나 서비스를 생산하는 기업이 아니기 때문에 재원을 스스로 자급하지 못하고 정부활동이나 정부정책의 수행에 필요한 재화나 서비스를 구매해야 하는데 이때의 구매행위를 정부조달이라고 한다.

예를 들어 국방부의 무기조달, 건설부의 도로 및 항만공사에 필요한 장비와 물자조달, 각 정부기관에서 업무에 필요한 사무용품조달, 정부에 의해 각 학교에 보내지는 컴퓨터, TV, 프린트기, 복사기, 칠판 등 구매 등이 모두 정부조달에 포함된다.

조달(procurement)과 구매(purchasing)의 차이

구매(purchaseing)는 개인이나 기업이 필요한 물품 및 서비스를 단순히 구입하는 행위를 말한다. 반면 조달(procurement)은 정부와 같은 기관이 필요한 것을 외부로부터 가져다 공급하여 채우는 것을 의미하는 것으로, 단순한 구매와 다른 bidding, sourcing, 중소기업우대 등 전략적 접근으로 정책목표를 달성하는 것을 포함한다.

공공기관이란?

공공영역 중에서는 국가의 통제를 받아야 하는 자원들이 있다. 수도, 위생, 통신, 기초교육, 공익사업 등은 인간의 생활에 반드시 필요한 필수적인 상품이나 서비스 등인데, 이들 분야를 담당하는 기관이 바로 공공기관이다. 따라서 공공기관이란 가스, 수도, 전기, 철도, 전화, 우편, 금융 등 국민생활에 긴밀하거나 시장에 맡길 경우 독점, 초기투자 실패, 공급부족 등 시장실패가 일어날 가능성이 있는 분야를 중심으로 법률에 의해 시장 내 경쟁을 배제할 수 있는 권한과 권리를 부여한 기업이다.

이런 종류의 업종은 워낙 투자규모가 크고 초기 시설투자가 많이 들기 때문에 공급자가 여러 개 존재하는 것보다는 오히려 1개 기업만 존재하는 것이 효율적이고, 공급가격을 낮출 수 있기 때문에 독점권을 부여하는 것이다. 예를 들어 거대시설이 투입되는 전기공급은 하나의 공급자가 존재한 상태에서 가입자가 늘어날수록 단위당 공급비용이 낮아지는데, 만약 공급자가 여러 개 있다면 초기비용이 큰만큼 공급비용도 높고 가격도 높아지게 된다. 즉, 산간지역에 전기나 우편을 전달하는 일은 추가적인 가격인상을 초래하고 이는 주민불편으로 이어지기 쉽다. 따라서 이런 경우에는 자연독점이 유리하다.[01]

한편, 우리나라의 「공공기관의 운영에 관한 법률」에 근거하면 공공기관은 총 305개이다. 세부적으로 분류해보면 ① 공기업(예: 한국전력 등 총 24개 기관), ② 준정부기관(국민연금공단 등 총 77개 기관), ③ 기타 공공기관(나머지 총 204개 기관) 등이 있다. 2007년 기준으로 공공기관 전체의 총지출은 255조 원인데, 이는 국내 GDP의 약 28.3%를 차지하는 큰 금액이다(24개 공기업의 경우 GDP의 13%를 차지한다). 현재 공공기관에 종사하고 있는 종업원수는 약 26만 명 정도이다.

2 정부조달의 성격 및 정책이용

1) 정부조달은 국민의 세금이 재원

정부조달은 국민의 세금이 재원이므로 시장경제원리를 적용하지 않고 국가재정으로 활용할 수 있는 경제주권으로 인식한다. 그동안 정부조달은 정부라는 독점적 지위가 인정되고, 또 국민이 낸 세금이 그 재원이기 때문에 그동안 시장경제원리에 맡겨지지 않고 자주적으로 사용하려는 경향이 있었다. 정부조달의 주권적 권한에 관한 성격으로 국가들은 국내산업을 지원하는데, 정부조달을 이용하는 권한을

01 장하준(2007), 『나쁜 사마리아인들』, 부키, pp.176~177.

제한 또는 금지되는 것을 원하지 않으며 많은 국가들이 자유화의 경제적 이익에 공감하면서도 정치적 이유 때문에 정부조달시장 개방을 실행하지 못했다.[02]

2) 경제정책의 실현수단으로 활용

과거 정부는 정부조달 행위를 특정 국내정책을 실현하기 위한 수단으로 정부조달을 활용해왔다. 예를 들어 국내의 기술개발, 산업지원, 지역육성 및 발전, 중소기업 지원, 국가보훈단체 지원 등을 위해 산업에서의 지원이나 투자를 우선적으로 고려해왔다. 정부조달은 그 규모가 크며 특히 첨단기술부문에서 차지하는 중요성 때문에 관련 부문의 주요 보호정책수단으로 활용되기도 한다. 이러한 정부시장 접근 제한정책은 특히 국내산업에 일자리를 창출한다는 실제적 결과 때문에 종종 무역에 중대한 영향을 미치면서도 대외적으로 시장접근 제한정책이 허용되는 경우가 있다. 예를 들어, 사회적 약자나 낙후지역 기업에 대한 우대는 그러한 범주에 해당하는 사람들의 일자리를 창출하게 되는데, 이러한 국내적 목적은 국제사회에서도 합법적인 것으로 받아들여질 수 있는 것이다.[03] 일종의 보조금 성격이다. 또한 정부조달은 공공기관을 최종 수요자로 한다는 점에서 구조적으로 민간부문과는 다른 논리와 제도를 적용한다.

3) 최혜국대우, 내국민대우의 예외

그동안 정부조달은 국제무대에서 무역자유화의 대상에서 제외되어 왔고, MFN이나 내국민대우원칙으로부터도 예외로 인정받아 왔다. 예를 들어 GATT 제3조 제8항의 내국민대우 예외, 제17조 제2항 공기업의 운영, GATS 제13조의 정부조달 예외 등이다. 따라서 선진국마저도 정부조달에 있어서는 각종 보호주의적인 정책을 유지할 수 있었다. 그러나 이는 결과적으로 외국공급자의 접근을 차단하는 효과를 일으켰다.

---

02 김대식(2008).

03 김대식(2008).

4) 국산품 우대 가능

정부조달은 해외기업보다 자국민 기업을 더 우대하거나, 경쟁력이 취약한 중소기업을 보호하기 위해 중소기업제품을 우선적으로 구매하는 정책이 존재하기도 하였고, 외국제품의 구매금지, 국산품비율 할당, 특혜가격 구입 등을 지정하기도 했었다. 따라서 정도의 차이는 있지만 현재 미국과 같은 선진국의 경우에도 소규모기업, 소수민족보호, 재향군인기업, 장애인기업, 여성기업인 우선구매 등 자국상품 우선구매정책을 유지하고 있다. 국산품 우대방법에는 특정 기업에게 전산업을 대상으로 우대하는 경우가 있고, 일정금액 이하의 정부구매의 경우 국내업체에게 우선적으로 공급기회를 제공하는 가격우대비율(percentage price preference)이 있다. 사회적 약자보호를 위해 우선 조달기회를 주거나, 국가안보 등의 정책수단으로 정부조달을 이용하기도 한다.

5) 지역내 기업 우선 참여

일반서비스나 건설서비스 조달의 경우, 계약내용의 이행준수를 감독하는 데 어려움이 있기 때문에 조달기관들이 감독의 비용과 부담을 줄이기 위해 그들의 관할권 내 지역의 공급자를 우선하여 선택하려는 경향이 있다.[04]

표 10-1 각국의 정부조달 관련 장벽

국가	주요 내용
미국	• 총 50개주 가운데 37개주가 WTO GPA 협정에 가입 • 미국과 국방조달 MOU를 체결하지 않은 국가 기업에 대해 WTO 정부조달 비양허 품목의 입찰시 입찰가의 50% 가격상향 조정 의무화로 입찰참여 기회 사실상 차단
일본	• WTO GPA 협정 가입에도 불구하고 외국기업 자격심사 지나치게 엄격
호주	• WTO GPA 협정 미가입, 국내업체 우대, 심사기준이 외국업체에 불리
EU	• EU 차원의 공공조달지침의 국내법화 작업지연, 공개입찰 회피 • 공개입찰건수 증가에도 불구하고 현재 회원국 간 계약비율 저조 • 2004년 공공조달지침 개정시 조달자격에 사회환경요인 고려 명시되어 진입장벽으로 작용

04 김대식(2008).

중국	• GPA 협정 미가입, 중국제품 및 서비스를 우선적으로 구매하도록 법적으로 규정, 투명하고 경쟁적 정부조달 제도 확립 필요
대만	• 건설업 면허 발급, 건설인력에 대한 비자 발급시 기준 높음
러시아	• 러시아에서 생산이 어렵거나 러시아산이 부적절한 경우에만 외국업체의 정부조달 입찰 참여 허용
인도	• 공사 입찰시 인도 주요 은행에서 발행한 채권만을 인정하며, 이에 대한 재보증제도 등 시간과 수수료가 많이 소요되어 외국기업 가격경쟁력 저하

자료: 외교통상부 통상투자진흥과(2007), p.86.

3 정부조달의 규모

현재 정부조달은 세계경제에서 중요한 비중을 차지하고 있으며, 규모 면에서 각국 GDP의 약 10~15% 이상으로 추정되고 있다. 정부의 기능이 점점 복잡해지고 다양해짐에 따라 정부조직이 확대되고 이로 인해 조달규모도 계속해서 증가되고 있다.

세계은행은 1999년도 기준으로 선진국과 개도국 정부의 정부조달을 포함한 최종소비지출을 각각 추정하였는데, 이때 추정된 규모는 선진국은 자국 GDP의 16%, 후진국은 자국 GDP의 14%라고 발표하였다. 또한 OECD는 1998년도를 기준으로 총지출에서 임금과 국방을 제외한 순지출 규모를 총 2조 830억 달러로 추정하였는데, 이는 세계 GDP의 7.1%, 세계상품 및 서비스수출의 약 30.1%에 해당하는 큰 금액이다.[05]

1) 미국 정부조달시장의 규모

미국 연방정부의 정부조달시장 규모는 미국 회계연도 2006년을 기준으로 건수로는 834만 건, 금액으로는 4,155억 달러로서.[06] 2000년 이후 매년 평균 11.2%씩 증가해왔다. 미국 연방정부의 조달시장규모와 한국 조달시장규모를 비교해보았을

05 양준석(2016), "정부조달 시장규모 추정", 한국무역협회 발표자료, 2016. 12.

06 FPDS-Next Generation(http://www.fpds.gov), 참고로 2010년도 한국 예산은 약 300조 원이다.

때 미국은 4,155억 달러, 한국은 36조 3,600억 원으로(2007년 기준)으로 미국은 한국에 비해 약 10배 이상 큰 시장임을 알 수 있다.[07]

주로 2002년과 2003년 등 부시정권 들어 정부조달 규모가 급격히 증가하였고, 또 연방정부 내 다른 정부지출 규모에 비해 약 2배가량 크게 증가해왔다. 이는 2001년 9·11테러 이후 국토안보청(Department of Homeland Security)의 조달 규모가 크게 증가한 데 따른 것이다.

그림 10-1 ▌ 연도별 미국 연방정부의 정부조달 규모 추이 (단위: 백만 달러)

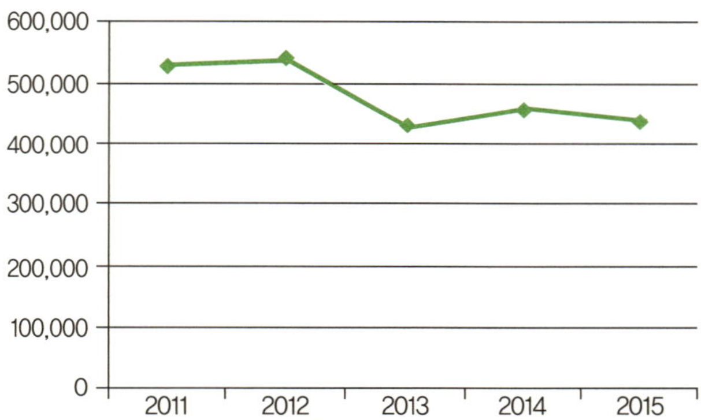

자료: 김대식, 한국조달연구원

▌표 10-2 ▌ 최근 5년간 미국 연방정부 전체 조달규모(2011~2015) (단위: 건, 백만 달러)

연도	2011	2012	2013	2014	2015	연평균
건수	18,295,240	18,161,780	13,339,150	18,276,946	16,486,113	16,911,846
규모	525,612	540,630	426,433	454,216	435,688	476,516

자료: 김대식, 한국조달연구원

한편, 미국의 조달규모를 연방정부뿐만 아니라 주(state)정부까지 포함한다면 미국 전체의 조달시장 규모는 엄청나게 클 것으로 예상된다. 그러나 아직 공식적

07 건교신문(2007년 3월 16일자). 그러나 재경부 및 외교부는 미국 연방정부의 조달규모는 340조 원이고 우리나라의 중앙정부 조달규모는 17조 3,000억 원으로 미국의 조달규모가 우리나라의 20배라고 발표하였다.

인 통계는 없고 몇몇 연구자들에 의해 추정되고 있는 실정이다.

이홍식(2006)은 세계 금융기관들의 재정통계를 이용하여 미국 주정부의 정부조달 규모를 추정하였는데, OECD 자료를 이용하는 경우에는 7,830억 달러로 추정하였고, IMF 자료를 이용하는 경우에는 1조 3,976억 달러로 각각 추정하였다.[08] 위의 연구결과들을 종합해보면 대체로 주정부의 조달규모가 연방정부의 조달규모보다 약 2배 정도 큰 것을 추정된다.

한편, 2006년도 미국 연방정부의 조달내용을 세부적으로 살펴보면, 천체 4,121억 달러 중에서 민간부문의 조달은 1,172억 달러로 전체 조달의 28.4%를 차지하고, 국방부문의 조달은 2,949억 달러로 전체 조달의 약 71.5%를 차지하고 있다. 또한 국방조달의 규모가 점점 증가하고 있음을 알 수 있는데, 지난 2002년에 65.7%를 차지하던 국방조달이 2006년에는 71.5%까지 꾸준히 증가해 왔다.

표 10-3 미국 연방정부의 기관별 정부조달 실적

(단위: 억 달러, %)

	2002	2003	2004	2005	2006
에너지부	190	211	220	229	n.a.
GSA	124	154	138	137	n.a.
NASA	115	117	125	125	n.a.
기타	376	440	518	589	n.a.
민간조달	805(34.3%)	922(31.8%)	1,001(30.4%)	1,080(28.7%)	1,172(28.4%)
육군	395	546	717	948	939
해군	415	544	596	641	726
해병	430	518	552	556	625
기타 국방관련기관	304	373	424	539	659
국방조달	1,544(65.7%)	1,981(68.2%)	2,289(69.6%)	2,684(71.3%)	2,949(71.5%)
합계	2,349(100%)	2,903(100%)	3,290(100%)	3,764(100%)	4,121(100%)

주: 1. ( ) 안의 %는 비중임.
2. 총연방정부의 조달금액 중 조달기관별로 통보된(SF279) 수치를 기준으로 작성됨. 따라서 약식조달방식(SF281)에 의해 조달된 금액이 포함되지 않아 전체 조달금액과 차이가 있음.

자료: 『Federal Procurement Report FY 2005』, 미 DOD(국방부) www.dod.gov

한편, 미국 연방정부가 해외로부터 조달하는 상품 및 서비스 조달의 약 65%는

08 이홍식 · 정지원(2007), "미국 정부조달시장 현황 및 진출 전략과 지원방안" 세미나 자료.

주로 미국 대사관 및 미군 현지수요를 위한 것이라는 사실이다. 주로 미국 대사관 및 미군 주둔지의 현지수요를 위한 건축, 용역, 행정, 수송, 통신서비스가 65%를 차지했으며, 이외에 수송용기기, 석유화학제품, 산업 · 가정용 전기제품 등이 주로 조달되었다. 2005년도 미국의 해외조달 주요 대상국가로는 이라크, 독일, 아프가니스탄, 쿠웨이트, 영국, 한국, 캐나다, 일본, 사우디아라비아 순이다.

4 정부조달협정(GPA)의 연혁

이렇게 조달시장이 국가경제에서 차지하는 비중이 크고, 또 조달시장에서 발생하는 '차별적인 관행'이 국제무역에서 부정적인 영향을 미치자 이를 자유화하려는 노력이 있었다. 여기서 조달시장의 차별적인 관행이란 무역왜곡과 소비자손실을 초래하는 관행을 말하며 앞서 설명한 국산품 우선구매, 외국기업 참여제한, 대응구매(offset), 제한입찰, 수의계약, 조달과정의 투명성 부족 등을 지칭한다.

본래 정부조달분야의 자유화를 둘러싼 국제적 논의는 1940년대 국제무역기구(ITO) 헌장의 제정작업 때부터 시작되었다. ITO 헌장의 초안을 준비하는 과정에서 미국은 정부조달에 대해서도 일반적인 무역과 마찬가지로 무차별원칙이 적용되어야 한다는 입장이었다. 그러나 당시 개도국들의 반대로 채택되지 못하였고, 이후 OECD를 중심으로 한 논의가 이루어져 1973년에 국제협정문 초안이 만들어졌다. 그러나 또 개도국들의 반발로 정식 협정문으로 만들어지지 못하고 GATT로 이관되었다.

결국 GATT 체제하에서 1979년 도쿄라운드에서 처음으로 정부조달협정이 체결되었다. 그러나 이때의 협정은 회원국들이 모두 합의한 협정문이 아니라 23개만이 합의한 복수국간 협정(Plurilateral Agreement)으로 그쳤으며 1980년부터 발효되었다.

상기 협정은 많은 제약과 제한을 병행하면서 합의되었는데, 예를 들어 중앙정부의 물품조달 중 13만 SDR을 넘는 계약만으로 한정하였다. 그리고 지방정부 및 공공기관의 서비스(특히 통신, 전력, 상하수도, 운송분야 등), 건설구매 등이 제외되었다. 사실 이들은 지방정부와 건설구매의 조달비중이 큰 몫을 차지하고 있었으므로 불완전한 자유화라고 할 수 있다. 그러나 도쿄라운드협상의 결과로 시장경제원칙에서 예외로 인정되고 있던 정부조달분야가 GATT와 같은 다자무역체제로 편입되었다는 것은 큰 의미가 있다.

이후 1986년 UR에서는 협정의 적용대상, 통신, 에너지, 수자원, 미국 전략부문의 포함 여부, 서비스계약의 적용범위 확대, 협정의 규율수준 향상방법에 관한 추가 협상이 진행되었다. 그 결과 1993년 12월에 새로운 정부조달협정문(GPA: Government Procurement Agreement)이 탄생되었다. 중앙정부는 물론 지방정부와 정부기관까지 적용주체가 확대되었고, 상품은 물론 서비스분야까지 적용대상이 확대된 복수국간 협정이 다시 만들어졌다. 당시 가입국은 26개국이었다. 현재는 미국, 캐나다, EU, 노르웨이, 일본, 홍콩, 싱가포르, 우크라이나 등 47개국이 가입하고 있다.

그리고 GATT와 마찬가지로 MFN원칙과(다만 양허금액 이상, 양허된 종류, 양허된 기관만에만 적용됨) 내국민대우원칙이 적용되며, 국제입찰원칙, 조달과정의 투명성 보장(입찰공고, 개찰, 낙찰과정), 분쟁해결절차 기능이 가능하다.

우리나라는 1979년 협상 때부터 가입을 추진하였으나 선진국들의 요구수준과 우리나라의 양허수준의 차이로 가입하지 못하고 있다가 1995년 WTO 정부조달협정에 서명함으로서써 24번째 가입국가가 되었다. 그리고 그 적용에 있어서도 본래 회원국들은 1996년부터 발효되었으나, 우리나라는 1년을 유예받아 1997년 1월 1일부터 발효되었다.[09]

09 우리나라가 양허한 양허기관은 중앙정부(42개 부처), 지방정부(5개 광역시 및 9개 도청), 정부기관(한전 등 23개 기관). 이후 정부의 조직개편 및 민영화의 진전으로 적용대상국가가 변동되었는데, 지방정부에는 울산광역시가 포함되었다.

대응구매(offset구매, 상쇄구매)

상대방의 제품이나 서비스를 구매하는 과정에서 기술이전이나 국산화비율 지정, 또는 투자조건, 수출조건 등을 입찰조건으로 부과하여 구매하는 행위이다. 주로 국내산업의 발전이나 국제수지의 개선을 목적으로 사용하며, 이러한 행위는 실질적으로 경쟁을 제한하거나 차별하는 효과가 발생될 수 있기 때문에 WTO 정부조달협정(GPA)에서는 원칙적으로 금지하고 있다. 그러나 비회원국들은 아직도 이러한 제도를 일부 사용하고 있으며 개도국들은 협정가입시 사용조건에 대해 협상할 수 있으며 정식으로 인정받을 수도 있다.

5 정부조달협정(GPA 1994)의 주요 내용

1) 적용대상

조달주체는 가입국이 양허한 정부(중앙, 지방, 기타 정부기관)이고 조달대상은 상품, 서비스, 건설서비스이다. 적용되는 조달형태는 구매, 리스, 임대, 할부 등 모든 계약수단을 통한 조달이고, 협정이 적용되는 금액은 국가마다 양허수준이 상이한데, 대개 상품 및 서비스는 13만 SDR, 건설은 500만 SDR 이상이다.

특별인출권(SDR: Special Drawing Rights)

SDR은 IMF가 발행한 가상의 화폐이다. IMF는 1969년에 고정환율제도를 지원하고 유동성을 향상시킬 목적으로 가상의 '국제준비자산'인 SDR을 도입하였다. 무형의 통화라서 실제로 시장에서 거래되는 통화가 아니고 가상의 계좌와 같은 개념이다.

IMF가 SDR을 도입한 이유는, 첫째 회원국들이 고정환율을 유지하기 위해서는 외환시장에서 자국 통화를 매수할 미국달러 또는 금 등이 필요한데, 당시에는 국제금융시장이 발달하지 않아 달러나 금이 충분하지 않았다. 둘째, IMF 담보를 위해 회원국들로부터 기축통화인 달러의 공급이 회원국으로 증가할 경우 미국의 국제수지 적자가 확대될 위험성이 있기 때문이었다. 이러한 문제를 해결하기 위해 가상의 SDR을 마련하여 회원국들에게 배정하였다.

SDR을 소유한 회원국들은 국제수지가 악화되었을 IMF로부터 무담보로 외화를 인출할 수 있는 권리가 있었는데, 실제로는 IMF로부터 달러를 인출하지 않고 회원국의 통화당국이나 중앙은행에 SDR을 인도하고 필요한 외화를 입수하여 국제결제 및 기타 용도에 사용하는 형식이었다.

SDR은 5개국(달러, 유로, 파운드, 엔, 위안화)의 통화를 가중평균하여 산정하는데 1SDR=1.4194달러이나 주요국의 환율변동에 따라 매일 변하고 있다. 2009년에 한국은 IMF로부터 약 39억 달러의 인출권을 가지고 있다.

표 10-4 WTO 정부조달협정의 주요 가입국별 양허내용

(단위: 만 SDR)

	중앙정부기관			지방정부			공공기관		
	물품	서비스	건설	물품	서비스	건설	물품	서비스	건설
미국	13	13	500	35.5	35.5	500	40	40	500
EU	13	13	500	20	20	500	40	40	500
일본	13	13	450	20	29	1,500	13	13	1,500
한국	13	13	500	20	20	1,500	45	미양허	1,500

주: 2017년 9월 현재 환율을 고려할 때 13만 SDR은 약 2억 863만 원, 500만 SDR은 약 80억 2,400만 원 정도이다.

2) 기본원칙

모든 가입국 간에는 내국민대우와 무차별원칙이 지켜져야 한다. 즉, 타 가입국의 공급자들에게도 자국의 공급자에게 주어지는 대우와 똑같은 대우를 해야 한다. 특히, 외국자본에 의해 설립된 자국 내 공급자들을 차별하는 것은 엄격히 금지된다. 단, 정부조달협정은 복수국간 협정이므로 위의 원칙이 WTO 전체 회원국에 적용되는 것은 아니고 협정에 서명을 한 26개국에게만 해당된다.

3) 기술명세

정부조달제품에 대한 기술명세란 조달기관이 조달과정에서 요구하는 기술명세가 무역을 저해하는 장벽이 되어서는 안 된다는 뜻이다. 따라서 기술명세는 디자인보다는 성능 위주로 작성되어야 하고, 국제표준이 있는 경우에는 국제표준에 따르고, 국제표준이 없을 경우에는 각국의 국내기술 규정이나 공인된 국내표준에 따르고, 특정 상표, 특허, 디자인, 원산지, 생산자 등의 지정을 금지해야 한다.

정부조달에서의 기술명세(technical specifications)

Specification은 우리말로 사양, 명세서, 설명서, 설계서의 의미로 기술사양을 의미한다. 조달대상 물품의 품질 또는 성격을 규정하는 것으로 주로 제품의 조건, 품질, 성능, 치수, 포장방법, 라벨의 표기방법 등에 관한 규정 또는 생산과정이나 방법 등에 관한 요구조건들이다.

4) 입찰방법 및 절차

정부조달협정문이 인정하고 있는 입찰방법은 크게 3가지인데, 공개입찰은 모든 관심 있는 공급자가 입찰에 참여할 수 있고, 선택입찰은 조달기관이 초청한 다수의 공급자만 입찰에 참여할 수 있으며(협정문 제10.3항), 제한입찰은 조달기관이 제한된 조건하에서 공급자를 개별적으로 접촉하여 입찰하도록 한다(제15조).

제한입찰을 할 수 있는 경우는 응찰이 없는 경우, 특허보호와 관련하여 특정 공급자에게 조달받거나 또는 적절한 대체품이 없을 때, 긴급한 사유의 조달, 호환성이 문제가 될 때, 조사 · 실험 · 연구개발에 의해 계약에 따라 개발된 원형을 조달하는 경우, 기술적으로 분리가 불가능한 경우 등이다.

5) 자격심사

조달기관이 공급자의 자격을 심사하는 과정에서 국내와 해외공급자를 차별해서는 안 된다.

6) 입찰공고

WTO 공식언어의 하나로 양허부속서에 기재한 출판물(관보)을 통해 초청공고를 해야 한다. 이때 조달대상, 종류, 수량, 절차, 개시일, 완료일, 주소, 언어, 조달기관주소 등등의 내용이 포함되어야 한다.

7) 입찰서 제출시간 및 입찰, 개찰, 낙찰과 관련하여

접수마감시간을 충분히 보장해야 하는데, 예를 들어 입찰시 제출시간은 최소 40일 이상 보장, 재공고는 24일, 긴급사안은 10일 보장해야 한다. 입찰서는 서면 또는 우편으로 제출가능하다. 낙찰은 가장 낮은 금액 또는 가장 유리하다고 판단한 입찰자로 결정된다. 비정상적인 가격을 제시한 경우 조달기관은 입찰자가 계약조건을 이행할 능력이 있는지를 보증하도록 요구할 수 있다.

8) 이의절차

회원국이 협정에 위반할 때 회원국은 협의(consultation)를 요청하여 분쟁해결 절차를 밟을 수 있다.

9) 예외조항

무기구입과 같은 국가안보를 위한 조치, 공공질서나 안전, 인간이나 동식물 생명 및 건강보호, 지식재산권 보호, 장애자, 자선단체, 재소자 노동에 의한 생산품 또는 서비스의 보호 등을 위해 취하는 조치에는 적용되지 않는다.

6 미국의 정부조달제도

1) 미국의 정부조달체계

미국 연방정부의 조달방식은 우리나라와는 달리 각 기관이 수요물자 및 서비스를 자체적으로 구매하는 것을 원칙으로 하고 있다. 다만, 특성상 대량구매가 적절한 물품에 대해서는 중앙조달기관을 통해 조달하는데, 주로 미국 연방조달청(GSA)이 가구류, 사무용품, 공구류 등을 조달하고, 국방조달본부(DLA: Defense Logistics Agency)가 하드웨어, 의류 등을 조달하며, 보훈처(AV)는 비부패성 식품, 의약품 및 의료장비 등을 조달한다.

미국 내 연방정부기관 조달업무의 핵심적인 역할을 수행하고 있는 기관은 우리의 조달청과 비슷한 미국 연방조달청(GSA: General Service Agency)이다. GSA가 매년 조달하는 품목은 약 1,000만 여개에 이르는데, 주요 조달사업분야는 정부저장품공급사업(Stock Program), 특별주문사업(Special Order Program), 연방보급목록 물품조달사업(Federal Supply Schedule, GSA 스케줄)으로 구분된다.

미국 내 정부조달 관련 법령으로는 1947년 군사조달법(Armed Service Procurement Act), 1949년 연방재산 · 행정서비스법(Federal Property and Administrative Services Act), 그리고 하위법령으로서 '연방구매시행령'(FAR:

Federal Acquisition Regulation, CFR Title 48) 등이 있다. FAR은 조달청(GSA)을 비롯한 연방정부기관의 구매정책과 절차를 규정하고 있어 조달공무원들에게는 지침서로서의 역할을 한다. FAR는 미국 연방 계약담당 공무원과 정부 계약업체들이 실제 구매업무 수행의 기준으로 삼고 있는 규정으로서 계약 관련 용어에 대한 정의와 함께 계약의 모든 과정을 상세하게 규정하고 있으며 입찰 및 계약조건과 각종 서식을 포함하고 있다. 기타 행정명령으로는 'Buy American Act'(미국산 우선구매법)를 들 수 있다. 동 행정명령은 미국정부가 공공목적으로 물품 또는 서비스를 구매할 때 미국에서 생산된 제품을 우선적으로 구매하도록 규정하고 있다.

미국 정부조달시장은 연방정부, 주정부, 지방정부가 각각 자신들의 수요와 법률에 따라 독립적으로 조달업무를 수행하도록 되어 있으나, 미국 조달청에서는 'GSA Schedule'이라는 일종의 중앙계약 프로그램을 이용해 상품 및 서비스를 조달하기도 하고, 미국 국방조달을 위해서는 FCT(Foreign Comparative Testing)를 이용해 미국에서 생산되지 않는 해외의 우수한 방위제품을 보다 빠르고 경제적으로 조달하는 프로그램을 운영하기도 한다.

2) 미국의 정부조달정책

미국은 WTO 정부조달협정(GPA) 가입국이다. 따라서 WTO 정부조달협정에 가입한 나라의 기업에 대해서는 일정금액 이상의 조달(상품 및 서비스는 13만 SDR, 건설은 500만 SDR 이상)에는 국내 기업과 차별을 두지 않고 있다. 그러나 WTO 정부조달협정의 적용을 받는 주는 연방정부 및 전체 50개주 중에서 37개주에 불과하여 불완전한 개방을 한 상태이다.

또한, 미국은 정부조달을 다양한 국가정책의 수단으로 사용하고 있다. 우선 소규모 기업보호 관련 정부조달제도로서 중소기업할당(set-aside)제도와 소수계기업우대정책(MBE: Minority Business Enterprise)이 있다. 중소기업할당제도는 'Buy American Act'를 적용하여 예상금액이 2,500~10만 달러 이하인 공급물이나 서비스의 조달은 자동적으로 중소기업에게 먼저 할당되도록 하는 제도이다. 소수계기업우대정책(SME)은 소수계보호 및 소기업의 성장을 장려하기 위해 연방정부 및 주정부가 법률로 제정한 소수계기업우대정책이다. 소수계는 미국시민이나 영주권자로서 주로 경제적으로나 사회적으로 불리한 입장에 있는 흑인이나 라틴계, 동양계, 여성 등을 대상으로 한다.[10]

소수계기업우대정책(SME)은 매년 미국 의회가 소기업의 구매목표(비율)를 정하면 각 정부기관은 자체적으로 소기업 구매목표를 정하여 의회에 제출하도록 하고 있다. 예를 들어 SME에 대한 전체 지원비율이 23%인 경우 장애인 소기업 5%, 여성기업 소기업 5%, 낙후지역(HUB Zone) 소기업 3%, 재향군인 장애인기업 3% 등으로 각각의 지원비율이 정해지는 것이다.

3) 미국산 우선구매법(Buy American Act)[11]

미국 연방정부가 공공의 목적으로 미국 영토 내에서 필요로 하는 물품과 서비스를 조달하는 경우에 국내 공급가격이 불합리하거나 미국의 국익에 상반되는 경우를 제외하고는 미국에서 생산된 제품을 우선적으로 구매해야 한다는 규정이다. 예를 들어 물품을 조달할 경우에 원료나 비가공품은 미국 내에서 생산된 것으로 조달해야 하고, 공산품이나 가공품을 조달할 경우에는 미국 내에서 제조되거나 가공된 제품을 우선적으로 구매해야 한다. 본래 'Buy American Act'(BAA)는 대공황 때 미국 정부가 행정명령을 이용하여 미국 제품만을 사용하도록 규정한 '1933년 3월 3일법(Act of March 3, 1933)'의 제3편에 속한 조항을 의미한다.

'Buy American Act'는 미국산이 아닌 외국산 물품을 구매할 수 있는 경우를 다음과 같이 한정하고 있는데, 예를 들어 미국 이외의 지역에서 사용될 것으로 예정된 경우, 미국산품 구매가 공익에 부합되지 않는다고 판단할 경우, 미국산품의 구매가격이 경쟁 외국산품의 구매가격에 비해 6%(대기업의 경우) 또는 12%(소기업의 경우) 이상 높아 미국산품 구매가 불합리하다고 판단될 경우, 미국 내에서 관련 제품이 만족할만한 품질수준으로 충분히 생산 · 제조되지 않을 경우에는 외국산을 구매할 수 있다. 따라서 이 경우를 제외하고는 모두 미국산 제품으로 우선구매를

10 MBE의 대상은 주로 장애인단체, 재향군인기업, 여성소유기업, 소수민족기업, 낙후지역기업 등이 대상이다.

11 41 U.S.C. § 10a.10d.

해야 한다는 것이다.

미국산 제품이 우선구매의 대상이라고는 하지만 미국에서 생산된 제품이 모두 우선구매의 대상이 되는 것은 아니다. 다시 말하면 미국원산지 기준을 충족시켜야 하는데, 미국산으로 원산지를 인정받기 위해서는 관련 제품의 생산공정이 50% 이상 미국 내에서 이루어져야 한다.

또한, WTO 가입 이후부터는 모든 조달에 'Buy American Act'가 적용되는 것은 아니고, 2,500~10만 달러(약 1억 원)라는 일정한 금액 내 조달에서만 적용된다. 10만 달러 이상의 조달의 경우에는 대개 WTO 정부조달협정이나 NAFTA 등의 규정에 의해 개방하기로 되어 있어 'Buy America Act'가 적용되지 않는다. 그리고 2,500달러 이하의 소액구매의 경우에는 미국 내 소기업과 열위기업 등에서 조달되는 경우가 많다.

최근들어 다시 'Buy American Act'가 논란이 되고 있다. 미국은 글로벌 금융위기에 대응하기 위해 지난 2009년 2월에 총 7,870억 달러 규모의 '경기부양법'(American Recovery & Re-investment Act)을 통과시켰는데, 5000개가 넘는 조항 중에서 1,605번째 항에 'Buy America' 조항을 삽입시켰다. 즉, 경기부양자금을 투입해 신축 · 보수 · 유지 · 변경 등 공공공사를 수행하는 경우에는 미국산 철강제품과 미국산 공산품을 의무적으로 구매하도록 하였는데 이는 다분히 보호무역주의 성격을 내포하고 있다.

그러자 유럽과 캐나다 등 주변국들이 강력하게 반발하며 보복조치를 선언했으며, 미국 내에서도 일부 부정적인 영향을 미치고 있는 것으로 보도되었다. 예를 들어, 'Buy America' 조항에 분노한 캐나다 지방정부는 자신들의 공공사업에 미국산 제품을 쓰지 않기로 결의했다. 두페르코 파셀 같은 철강회사는 미국 영토 내에서 미국인을 고용하여 철강을 생산하고 있는데, 이 회사제품의 일부가 해외에서 생산된다는 이유로 원산지규정을 충족시키지 못해 미국 정부조달에 공급하기로 한 약속을 취소당하기도 하였다. 결국 두페르코 파셀은 생산감소와 고용축소라는 조치를 취하게 되어 결과적으로 미국 내 실업을 늘리고 있다는 보도이다.

한편, 최근 만들어진 'Buy America'는 우리나라에게는 별 영향이 없는 것으로 분석되고 있다. 우리는 미국과 같이 WTO 정부조달협정(GPA) 가입국으로서 미국

조달시장 내에서 차별받고 있지 않다. 미국은 WTO 정부조달협정(GPA)이나 NAFTA 등과 같이 미국과 자유무역협정을 맺고 있는 나라에게는 국제협정의 틀 안에서 적용한다고 밝힌 바 있다.

7 우리나라와 WTO 정부조달협정

우리나라는 1994년 4월에 WTO GPA에 24번째 국가로 가입하였으며, 1997년 1월 1일부터 WTO 정부조달협정(GPA)의 적용을 받고 있다. 우리나라는 총 46개 중앙정부기관 중에서 국가안보 관련 4개 기관을 제외한 42개 중앙정부기관을 비롯하여, 서울특별시, 5개 광역시, 9개 도 등의 15개 지방정부기관, 그리고 한국전력, 전기통신공사, 산업은행, 주택공사 등 23개 공기업을 양허하였다.

한국의 정부조달협정 가입으로 경쟁력이 약한 국내 일부 업종과 분야에서는 외국기업이 국내 조달시장을 잠식할 것으로 예상된다. 그러나 동시에 우리 기업의 해외조달시장 진출의 기회가 될 수 있으므로 상당한 이득도 볼 수 있을 것으로 예상된다. 실제 건설업을 중심으로 우리 기업의 해외진출사례가 늘고 있다.

또한, 외국물품 및 서비스의 국내시장 진입으로 정부로서는 보다 저렴한 가격에 높은 품질의 물품 및 서비스를 조달할 수 있어 정부예산의 절감효과도 있을 것이다. 그런데 문제는 WTO 정부조달협정(GPA) 가입국들이 주로 선진국들로서 우리에게는 기회보다는 위기가 더 많은 실정이다. 따라서 향후 협상에서는 더 많은 개도국들이 WTO GPA에 가입하도록 유도하는 것이 중요하다.

8 한-미 FTA 정부조달협정의 주요 내용

1) 정부조달의 적용범위 확대

한-미 양국은 한미 FTA에서 중앙정부의 상품 및 서비스 양허 하한선을 현행 약 13만 SDR(약 2억 원)에서 10만 달러로 인하하고, 건설서비스의 조달은 기존의 정부조달협정에서 양허한 500만 SDR(약 740만 달러, 약 74억 원)을 그대로 적용하기로 합의하였다.

중앙정부의 양허대상 기관도 현재 WTO GPA에 양허하고 있는 79개 중에서 다소 적용대상의 변동은 있지만 현재 GPA와 마찬가지로 79개를 양허하였다. 한국의 경우 중앙정부의 양허대상기관은 WTO GPA때 양허한 42개 기관보다 9개 기관이 추가되어 총 51개 기관을 양허하였다.

또한 양국은 이미 대외적으로 개방되어 있는 민자사업(BOT)[12]을 정부조달에 포함시키기로 합의하였다. 그러나 양국은 중소기업을 보호하기 위해「국가를 당사자로 하는 계약에 관한 법률」및 그 법의 대통령령에 따른 수의계약과 중소기업을 위한 할당분 또는「사회간접자본시설에 대한 민간투자법」에 따른 중소기업을 위한 할당분은 BOT의 적용대상에 포함시키지 않기로 하였다.[13]

한미 FTA 협상에서는 디지털 제품이 정부조달협정상 적용의 대상이 됨을 명확히 하였다.[14] 협정문에서 의미하는 디지털 제품의 정의는 '한미 FTA 협정문 제15.9조(정의)에 규정된 바에 따라 전달매체에 고정되는지 또는 전자적으로 전송되는지 여부와 관계없이 디지털 방식으로 부호화되고 상업적 판매 또는 배포를 목적으로 생산된 컴퓨터 프로그램 · 문자열 · 동영상 · 이미지 · 녹음물 및 그밖의 제품을 의미한다'이다.

2) 미국 본토 내 실적요구 폐지

미국은 그동안 입찰 및 낙찰과정에서 미국 현지 내 과거 실적을 요구해오던 관행을 한-미 FTA협정을 통해 폐지하기로 하였다. 과거에는 미국 조달시장에서 낙찰을 받기 위해서는 미국의 조달기관에서 하나 이상의 계약을 낙찰받은 경험이 있어야 했는데 한-미 FTA협정을 계기로 사전입찰경험 조건이 폐지되었다. 따라서

12 BOT(Build-Operate-Transfer)란 SOC 건설에 민간자본을 유치하는 방식인데, 정부가 도로나 항만, 교량 등 SOC를 건설할 필요성이 있으나 자금이 부족한 경우 민간사업자를 선정하여 시공을 맡기면, 민간사업자는 자신의 부담하에서 공사를 시행한 후 일정기간 동안 수익을 향유하도록 운영권을 인정받은 뒤 다시 정부나 지자체에 시설을 기부하는 형태의 민자유치사업이다.

13 협정문 부속서 17-가 제5절 대한민국 양허표 2.

14 김대식(2008), "한미 FTA 정부조달부문 협상결과에 대한 통상정책적 평가",『경희법학』, 43권 2호.

미국은 자국 영토 내 영업활동뿐만 아니라 영토 이외 지역에서의 영업활동을 기초로 공급자의 재정적 · 상업적 · 기술적 능력을 평가하도록 되었다.[15] 이는 미국 조달시장 내 비관세장벽이 완화된 것을 의미하는데, 미국 조달시장에 처음으로 진출하는 국내기업도 국내조달 및 일반영업활동의 결과를 통해 미국 시장에 진출할 수 있게 된 것이다.

동 조항으로 인해 미국이 입찰 및 낙찰과정에서 과거의 실적자료를 요구하지 않는 것은 아니다. 다만 과거에는 미국 영토 내 영업실적을 요구하였으나 앞으로는 미국 영토 내 실적뿐만 아니라 영토 이외의 지역에서의 실적도 인정하여 평가대상으로 삼겠다는 뜻이다.

3) WTO 정부조달협정문(GPA) 규정과의 통합

이번 한-미 FTA협상에서 양국은 정부조달협정(GPA)상의 주석, 정부조달협정의 부록 2, 부록 4, 그리고 아래 정부조달협정문의 조항을 상당부분 준용하기로 하였다. 예를 들어, 미국 양허기관에 대한 적용(GPA 제1조 제3항), 계약대상가액 산정(GPA 제2조), 내국민대우 및 무차별(GPA 제3조), 원산지규정(GPA 제4조 제1항), 기술규격(GPA 제6조), 입찰절차(GPA 제7조), 공급자자격심사(GPA 제8조), 선정절차(GPA 제10조)와 같은 조항들이다.

4) 양국 간 정부조달 작업반(Working Group) 설치

정보기술에 관련된 문제를 포함하여 어느 한쪽 당사국에 의하여 회부된 정부조달에 관한 문제의 검토와 각 당사국의 정부조달 기회에 관한 정보를 교환하기 위해 한-미 양국은 '정부조달 작업반(Working Group)'을 구성하기로 합의하였다. 작업반을 통해 미국 연방조달청(GSA)과 우리나라의 조달청 간의 협력 및 정보교환을 강화하고, 조달과정에서 발생할 수 있는 분쟁을 신속하게 해결할 수 있는 양국 간의 정부조달 관련 협력체제가 강화될 것으로 보인다.

향후 건설서비스와 관련하여서는 양국 기술사협회의 상호인정을 위한 약정체결

15 WTO 정부조달협정문(GPA) 제17.5조 2. 가.

촉진방안, 양국 기술사의 면허발급 및 증명절차에 대한 실현가능한 모델개발, 기타 기술사의 서비스공급에 관한 상호 관심분야 등에 대하여 검토할 것으로 예상된다.

5) 중소기업보호를 위한 적용 예외

중소기업에 대한 예외조항을 신설하여 민자사업(BOT)을 개방하더라도 현행 중소기업보호제도 기능을 유지하도록 하였다. 즉, 「국가를 당사자로 하는 계약에 관한 법률」과 「사회간접자본시설에 대한 민간투자법」에 따른 중소기업을 위한 할당분은 이번 협정이 적용되지 않았다. 반대로 미국은 같은 취지에서 소규모기업 또는 사회적 약자기업을 위한 할당분에 대해서는 이번 FTA가 적용되지 않음을 명시하였다. 이때 할당분은 상품 및 서비스를 제공하는 배타적 권리와 같은 어떠한 형태의 특권이나 가격 특혜도 포함한다고 밝히고 있다.

9 WTO 정부조달협정과 학교급식프로그램[16]

1) 학교급식에 대한 설명

우리나라 학교급식프로그램은 1981년 학교급식제도가 만들어지면서 도입되었다. 당시 학생들의 균형 있는 영양보충과 식생활개선을 위해 도입되었는데, 점차 학교급식의 규모가 커지고 위생안전을 보장하기 위한 식재료 관리 및 조달의 중요성이 커짐에 따라 관련된 여러 가지 법률이 입법되고 관할기관도 지방교육청으로 이관되는 변화를 겪었다.

2013년을 기준으로 전국 초 · 중 · 고 · 특수학교 전체 11,575개교에서 100% 급식이 이루어지고 있다.[17] 처음 시작 당시 58.4%에 비하면 학생들의 학교급식률은 급격하게 증가하였으며, 학교급식의 운영형태도 전체의 약 2.3%만이 위탁급식이

16 안요한 · 김홍률(2017), "WTO 정부조달협정(GPA) 측면에서 본 우리나라 학교급식 프로그램의 문제점과 개선방안", 『구매조달학회지』, 24호, 한국구매조달학회.

17 교육부(2014), 2013년도 학교급식 실시현황, p.1.

고 나머지 대부분은 직영급식 형태로 운영되고 있다.[18] 현재는 교육청과 지자체를 중심으로 무상급식이 추진되고 있다. 2016년 현재 우리나라의 무상급식 보급률은 초중고 기준으로 67.6%이고 무상급식 규모는 약 2조 6,400억 원이다. 이 중에서 기관별 분담률은 교육청 56%, 지자체 26%, 자치구 18%이다.[19]

2) GATT 1994 내국민대우 예외(GATT 제3조 제8항)

GATT 1994에서 정부조달에 관하여 언급하고 있는 조항은 제3조 제8항의 조세와 규제에 대한 내국민대우 예외규정이다. 동조의 제8(a)항은 "정부기관이 정부의 목적으로, 그리고 상업적 재판매 또는 상업적 판매를 위한 상품의 생산에 사용하는 것을 목적으로 하지 않는 물품의 조달을 규율하는 법률, 규제, 기타 요건에는 적용되지 않는다"라고 규정하고 있어 정부조달에 대한 GATT의 적용을 명시적으로 배제하였다. 그러므로 학교급식프로그램이 내국민대우 예외로 인정받을 수 있는 국제법적 여지는 있다.

그러나 우리나라는 WTO의 '1994년도 정부조달협정(GPA 1994)' 서명 당시에는 학교급식과 정부조달과의 관계의 중요성을 명확하게 인식하지 못하고 학교급식에 대해서도 예외 없이 국제시장에 개방하였다. 따라서 1981년부터 시작된 학교급식프로그램은 1996년부터 발효된 GPA에 의해 국제법적 위반가능성은 상존하고 있었다. 그러던 중 학교급식의 규모가 확대되고 대형 급식 위생사고가 발생하면서 학교급식의 식재료 관리가 중요하다는 것을 인식하고 우리 농산물을 우선구매하는 외국 농산물 차별 관행을 유지하게 되었다.

이러한 학교급식의 우리 농산물의 우선구매 의무와 차별적인 관행은 2005년 대법원의 학교급식지원 조례 무효 판결 사태를 초래하였다. 즉, 2005년에 대법원은 전라북도 교육청을 중심으로 우리 농산물을 우선구매하는 관행은 GATT 및 GPA에 위배된다는 판결을 내렸다.

18 이는 2006년도 학교급식 대규모 위생사고 발생 이후 위탁급식의 문제점이 대두하여 대부분 직영급식체제로 전환했기 때문이다.

19 교육부(2016), 『2016년 학교급식 실시현황』, p.59.

대법원의 학교급식지원 조례 무효 판결 내용

"전라북도에서 생산되는 우수농산물 등을 우선적으로 사용하도록 하고, 그러한 우수농산물을 사용하는 자를 선별하여 식재료나 식재료 구입비의 일부를 지원하며 지원을 받은 학교는 지원금을 반드시 우수농산물을 구입하는 데 사용하도록 하는 것을 내용으로 하고 있으므로, 결국 국내산품의 생산보호를 위하여 수입산품을 국내산품보다 불리한 대우를 하는 것으로서 내국민대우 원칙을 규정한 GATT 제3조 제1항, 제4항에 위반된다고 할 것이다."(대법원 2005. 9. 9. 선고 2004추10 판결)

3) 1994년 WTO 정부조달협정(GPA 1994)

1947년부터 시작된 GATT 체제에서 정부조달분야는 내국민대우 예외분야로서 시장개방 대상에서 제외되어 왔으나 정부조달의 규모가 점차 커짐에 따라 1979년 도쿄라운드에서는 정부조달도 다자간무역체계 중의 하나로 복수국간 형태로 정부조달협정(GPA)이 체결되었다.[20] 당시에는 원하는 국가만이 협정에 참여하였기 때문에 규약(Code) 형태로 정부조달협정이 제정되었다. 그 이후에도 정부조달분야에 대한 개방노력이 계속되어 1994년 마라케시에서 타결된 UR에서는 정부조달에 대한 개방 하한선이 하락하는 것을 내용으로 하는 1994년도 정부조달협정이 타결되어 일괄타결방식에 의해 WTO 협정문에 편입되었다. 도쿄라운드 GPA에서는 개방범위가 중앙정부의 물품으로만 한정되었으나, 우루과이라운드 GPA에서는 협정 적용 기관을 지방정부 및 공기업으로, 대상분야를 용역 및 건설서비스분야까지 확대시켰다. 1994년 4월 15일 마라케시에서 서명된 정부조달협정은 1996년 1월 1일부터 발효되었는데, 우리나라의 경우 1년간 유예기간을 두어 1997년 1월 1일부터 발효되었다.

4) 한-미 FTA에서의 학교급식 예외 인정

학교급식이 WTO 협정 위반이라는 대법원의 판결 이후 우리나라에서는 학교급식과 관련하여 우리 농산물을 우선적으로 구매하기 위해서는 WTO GPA가 허용

20 우리나라 또한 GPA에 서명, 비준함으로써 본 협정의 24번째 회원국이 되었다.

하는 예외로 인정받을 필요성이 제기되었다. 이러한 인식은 다자간 협상뿐만 아니라 양자간 협상에서도 적극적으로 반영되어 2007년 체결된 한-미 FTA에서는 학교급식을 정부조달의 예외로 인정받는 데 성공하였다. 중앙정부 재정으로 학교급식용 식자재를 구매하는 경우에는 한-미 FTA 정부조달분야의 예외로 인정받게 되었는데, 이는 우리 급식프로그램의 정부조달 예외를 인정받는 첫 번째 국제법이 되었다. 한-미 FTA에서 학교급식 예외조항이 신설됨에 따라 WTO 정부조달협정 개정협상에서도 학교급식 예외를 인정받는 데 유리하게 작용하였다.

한-미 FTA에서의 학교급식프로그램 예외 인정

1. "이 장은 학교급식프로그램의 증진을 위한 조달에는 적용되지 아니한다".(This chapter does not apply to procurement in furtherance of human feeding programmes)
2. "이 장은 다음에 적용되지 아니한다. 국가를 당사자로 하는 계약에 관한 법률과 그 법의 대통령령에 따른 수의계약과 중소기업을 위한 할당분, 또는 사회간접자본시설에 대한 민간투자법에 따른 중소기업을 위한 할당분에는 적용되지 않는다."

자료: 한-미 FTA 정부조달협정문 부속서 17-가

5) 개정된 WTO 정부조달협정(Revised Government Procurement Agreement 2012)에서의 학교급식 예외 인정

1994년 타결된 WTO GPA는 1996년부터 발효된 이후에도 협정의 적용범위 확대, 차별적 조치와 관행의 철폐, 협정의 단순화 및 개선 등 세 가지 요소를 중심으로 꾸준하게 개정협상을 진행하였다. 1997년부터 시작된 정부조달협정 개정협상은 개도국을 포함하여 보다 많은 국가의 GPA 가입을 촉진시키고 입찰 및 조달과정에서의 투명성 향상과 정보통신기술 발전 등 GPA와 관련된 변화를 새로운 협정에 담아내고자 노력하였다.

이러한 노력의 결과 GPA 개정협상은 2011년 12년 15일 WTO 각료회의에서 타결되었고, 2012년 3월 30일에는 41개 회원국들이 공식적으로 채택하였다.[21][22] 따

21 제8차 WTO 각료회의(12. 15-17) 계기에 2011년 12월 제네바 회의에서 공식적으로 타결된다.
22 양준석(2014), "WTO 정부조달협정과 민영화", 『국제통상연구』, 제19호 제1권, 한국국제통상학회,

라서 개정된 GPA는 대부분의 나라에서는 2014년부터 발효되었다. 우리나라의 경우에는 국내 절차과정에서 다소 시간이 지연되어서 2015년 12월 15일에서야 WTO에 발효를 위한 수락서를 기탁하였고, 기탁 후 30일 후인 2016년 1월 14일부터 본격적으로 개정된 GPA가 발효되었다.

개정된 GPA는 정보통신의 발달에 따라 전자조달 장려, 호환가능한 IT시스템 이용 권장 등 변화된 정부조달환경을 반영하였고, 조달정보 공개, 국내실적 요구금지, 적용범위 명확화 등에 관한 규정을 마련하여 정부조달제도의 투명성과 이행의 원활화를 강화하였다. 이밖에도 개도국들의 GPA 가입을 유도하기 위해 개도국에 대한 가격특혜, 대응구매 완화, 양허기관의 단계적 추가 등 유연성이 보완되었다.

그리고 학교급식과 관련하여 우리나라는 이미 미국에서 시행하고 있는 'Human Feeding Programmes'이라는 제도를 인용하고, 또, 2007년 타결된 한-미 FTA 협정문에서 언급하고 있는 조항, 즉 "이 협정은 급식프로그램의 확산에 대한 정부조달에는 적용하지 않는다"라는 조항을 그대로 부속서에 삽입시켜 학교급식을 정부조달 적용의 예외로 인정받는 데 성공하였다. 따라서 그동안 내국민대우 위반으로 논란이 있었던 학교급식프로그램에서 우리 농산물 우선구매원칙을 유지할 수 있는 두 번째 국제법적 근거가 마련되었다. 현재 WTO GPA 43개 회원국 중 EU를 포함한 36개 회원국이 자국의 정부조달에서 학교급식을 시장개방의 예외로 인정받고 있다.[23]

개정된 정부조달협정에서의 학교급식프로그램 예외 내용

"이 협정은 급식프로그램의 확산에 대한 정부조달에는 적용되지 않는다"(This Agreement shall not apply to procurement in furtherance of human feeding programmes).

자료: 2012년 정부조달협정문 부록 1 부속서 7 제3항

p.95.

23 그러나 이에 대해서는 EU 등이 WTO GPA에서 양허하지 않은 'Human Feeding Programmes' 은 어디까지나 인도주의적 성격이 크며, 학교급식 예외 인정의 논거로 제시하기에는 어려움이 있다는 견해가 있다.

▪ Chapter 11 ▪

지역무역주의 현황과 경쟁구조

1 세계의 지역무역주의

자신을 둘러싼 주변의 환경이 변화하거나 경제가 어려워지면 주변국들과 경제적 이익을 같이하려는 노력은 오래전부터 있어왔다. 그동안 세계 여러 나라들은 자국의 경쟁력이 하락하거나 경제여건이 어려워지면 자국과 우호적인 관계에 있는 국가를 대상으로 교역을 우대하거나 혜택을 공유하는 협정을 체결해왔는데 그 중의 한 형태가 바로 지역주의(regionalism) 이다.

지역주의는 제1차 세계대전 직후부터 시작되었는데 구체적으로 드러난 것은 1930년대의 불황기였다. 주로 영국과 프랑스를 중심으로 과거 자신들의 식민지였던 국가를 대상으로 무역상의 특혜를 주는 특혜무역 형태이다. 예를 들어 EC와 식민지국가 간의 협정, 1984년 미국이 엘살바도르, 니카라구아 등 중미 및 카리브연안국가에게 제공한 관세 및 무역특혜협정 등은 종주국과 식민지국 간의 특혜무역협정이다. 제2차 세계대전 이후부터는 이념적 구심점이 사라지자 서유럽국가, 프랑스, 독일, 이탈리아 등을 중심으로 인종, 민족, 문화적 동질성을 추구하는 동시에 미래의 불확실성을 공동으로 대응하려는 지역통합의 움직임이 나타났다. 그러나 당시의 지역주의는 대공황과 제2차 세계대전 직후로서 보호무역주의의 부작용과 교훈을 경험한 시점이어서 지역주의가 다소 경계되는 분위기였다. 따라서 1960년까지 체결건수는 5~6건에 지나지 않았다.

1970년대 들어 유가파동 등 경제불황을 경험하면서 지역주의는 조금씩 확산되기 시작하였는데, 1970~1974년에 21건, 1975~1979년에 19건 등으로 점차 증가하기 시작하였다. 즉, 1990년대 들어서면서 지역주의는 북미, 중남미, 유럽 등 거대 경제권까지 가세하면서 전 세계적으로 확대되었는데, 미국은 1993년에 캐나다, 멕시코를 포괄하는 NAFTA를 만들어 타국을 차별했고 서유럽은 1992년에 EU를 결성하여 혜택을 공유하였다. 그후 1995년 WTO가 출범한 이후에도 WTO 중심의 다자체제의 강화와 동시에 지역무역협정을 통한 경제통합이 심화되어 왔다. 따라서 지역주의는 일관적인 정책의 흐름이라기보다는 경기침체 등 특정 사안에 따른 개별적 맥락에서 도출된 적응과정이라고 볼 수 있다.[01]

2 오늘날 지역무역협정 추세 및 배경

1) 세계 지역무역협정(regional trade agreement) 추진현황

지역주의가 국제무역에서 선호되기 시작한 것은 2000년대 들어서이다. WTO의 다자간 무역협상은 지지부진한 반면 지역무역협정(RTA)[02]은 오히려 빠른 속도로 확산되었다. 2014년 10월 현재 WTO에 통보된 RTA 건수는 393건이 넘고 이 가운데 상품무역을 다룬 FTA는 222건으로 56%가 넘는다. 현재 지역무역협정 체결국 간 교역은 전 세계 교역 대비 52% 수준인데 향후 2~3년 내에 65% 이상으로 증가할 것으로 예상되고 있다.[03]

표 11-1 기간별 지역무역협정 발효 현황(2014. 10)

구분	1958~1994	1995~2000	2001~2005	2006~2010	2011~2014	합계
건수	50	49	82	127	85	393
비중	12.7	12.5	20.9	32.3	21.6	100

자료 : WTO를 바탕으로 국제무역연구원이 집계

01 김병국(1995), 『국가, 지역, 국제체제: 변화의 연속성』, 1995, p.269.

02 FTA와 같이 개별국가 간 무역에 특혜를 주는 협정을 지역무역협정(RTA: Regional Trade Agreement)이라고 총칭하며 경제통합 혹은 지역통합이라 한다.

03 정인교 외(2009), 『동아시아 경제통합 – 주요국 입장과 통합관련 이슈』, 서울경제경영출판사, p.3.

앞의 [표 11-1]을 이용하여 지역무역협정을 시기별로 설명하면 다음과 같다. 먼저 제1기 지역무역주의는 GATT 출범 이후부터 1990년대까지의 시기로서 주로 지역별로 인접한 국가들 간의 소규모 특혜협정이다. 초기 지역무역협정은 유럽, 남미, 아프리카를 중심으로 시작되었는데, 대부분 프랑스, 독일, 이탈리아, 영국 등 현 EU 국가를 중심으로 발달하였고, 아프리카에서는 중앙아프리카를 중심으로 관세동맹 형태로 발생하였다.

그림 11-1 ▮ 세계 지역무역협정의 증가추이(1948~2017)

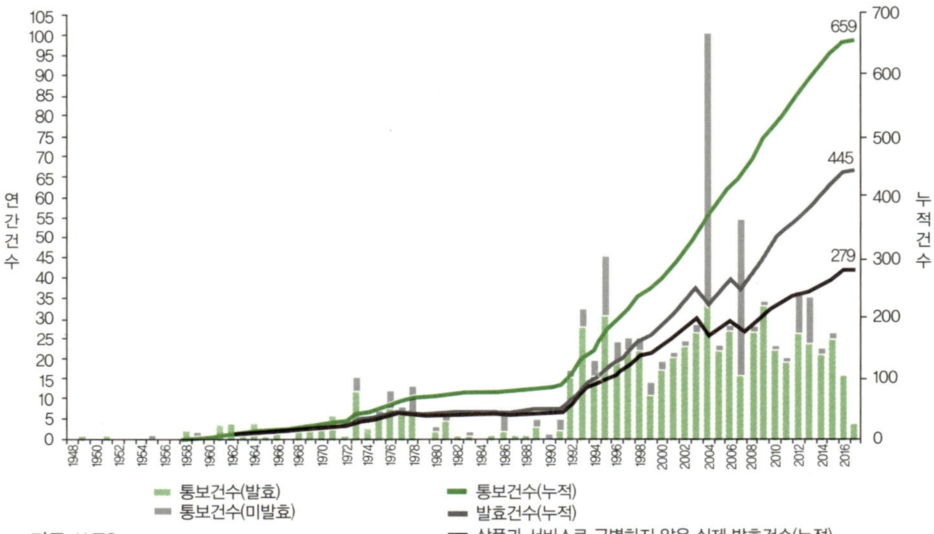

자료: WTO

제1기 지역무역협정 중에서 GATT에 가장 먼저 통보되고 발효된 지역무역협정은 1958년 체결된 유럽 6개국이 체결한 관세동맹 형태의 유럽공동체(EC)이고, 그 다음으로 1959년에 EC에 참가하지 않은 나라들 중심으로 형성된 유럽자유무역협정(EFTA: European Free Trade Association)이다. 그리고 중앙아메리카에서는 1961년에 중앙아메리카공동시장(CACM: Central American Common Market)이 만들어졌다.

제2기 지역주의는 1990년대부터 2000년대까지의 시기로 지역무역주의가 세계적으로 확산된 시기이다. 전체 협정의 80% 이상이 1990년대 이후 체결되었는데 그 배경에는 경제적으로는 세계경제 침체, 보호무역주의, 스태그플레이션, 유가상승 등 경제악화의 영향이 크고, 국제관계적으로는 EU, 미국 등 거대 경제권이 본격적으로 지역주의를 추구하자 주변국들도 경쟁적으로 체결하면서 체결건수가 증가한 시기이다. 예를 들어 1992년에 EU가 형성되고, 1993년에 NAFTA가 체결되었으며, 1991년에는 남미에서 관세동맹의 경제통합 형태인 MERCOSUR가 체결되는 등 굵직굵직한 지역무역주의가 탄생되자 지역주의는 유럽에서 북미, 남미, 아시아로까지 번져나갔다.

▌표 11-2 ▌ 지역주의의 시대적 구분

구분	제1기 지역주의 시대 (old regionalism 시대)	제2기 지역주의 시대	제3기 지역주의 시대 (New regionalism 시대)
시기	1958~1990년	1991~2000년	2001~2012년
건수	22건	40건	171건
특징	• EC의 창설 및 확대기 • 유럽, 중미지역 중심 • 인접 개도국 간의 경제통합 • EC, EFTA 등 다수국 간의 협정 • 1980년대에는 협정 체결수 일시적으로 감소 • 미-이스라엘 등 정치적 목적	• UR, WTO 출범과 일치 • 세계경제 침체, 보호무역주의, 스태그플레이션, 오일쇼크 배경 • 세계적으로 확대, 북미 · 남미 · 아시아로 확산 • EC의 확대(6개→12개→25개→27개국) • 미-캐나다 FTA, NAFTA	• WTO의 교섭력 상실에 따른 반동 • 체결건수 폭발적 증가: EU, 미국, EFTA 등 선진국 적극 참여 • 국가규모 탈피: 대국과 소국 간 체결, 양자체결 다수, 자유화속도 완만, 깊은 경제통합 • 국가거리 탈피: 인접지역에 국한하지 않고 먼거리 국가 간에도 체결 • 소국들이 경제개혁의 수단으로 활용 • 상대적으로 소극적이었던 한국, 일본, 싱가포르 중국 등 아태국가들이 본격화
사례	EC, EFTA, CACM, EC, CARICOM, 방콕협정, CER, 미-이스라엘	MERCOSUR, AFTA, NAFTA, EEA, EU, COMESA, CIS, 캐나다-이스라엘, EU-터키, CEMAC, EU-멕시코, EU-이스라엘	미-요르단, 일-싱가포르, 미-칠레, 한-칠레, 미-호주, 일-멕시코, 한-싱가포르, 일-말레이시아, SAFTA, 일본-필리핀, 호주-칠레, 일-아세안, 한-EU, 한-미국, 아세안-중국 등

자료 : WTO DB 검색결과를 토대로 작성

그림 11-2 ▮ 부산신항 전경

마지막으로 제3기 지역주의는 2000년부터 현재까지의 시기로 WTO 교섭력 하락에 따른 반동으로서 지역무역주의가 폭발적으로 확대된 시기이다. 2000년대 들어 지역무역주의가 크게 확산된 원인 중의 하나로 WTO와의 관계를 빼놓을 수 없다. WTO가 GATT 체제 이후 8차례의 다자간협상을 통해 자유무역을 크게 신장시켜온 것은 사실이나, 1999년 시애틀 각료회의와 2003년 멕시코 칸쿤 각료회의 등에서 별 진전을 이루지 못하자 지역무역주의는 더욱 확산되기 시작하였다. 또한 제3기 지역무역주의는 미국, EU, EFTA 등 선진국들이 과거 지역에 기반을 둔 복수국 간의 협정에서 소수국 간 양자협정을 본격적으로 확대한 시기이기도 하다. 그리고 이 시기에는 과거의 형태와 다르게 대국과 소국 간 체결도 늘었고, 깊은 수준의 경제통합이 이루어진 시기이기도 하다.

이밖에도 제3기 동안에 지역주의가 확산된 이유에는 기업들의 경제통합에 대한 수요증가를 들 수 있다. 기업들은 대개 WTO 차원의 세계적인 무역자유화보다는 자신들의 주요 교역대상 국가들의 관세인하나 무역장벽 철폐에 관심을 가지는데, FTA가 개방화의 폭과 정도가 크기 때문에 기업인들의 이익을 반영하는 데 더 효과적이었기 때문이다.

2) 지역무역협정의 비중

이러한 지역무역주의의 확산으로 지역무역협정을 통해 교역되는 무역이 전 세계 무역에서 차지하는 비중도 꾸준히 증가해왔는데, 2011년 현재 약 50%에 이르는 것으로 추정되고 있다. 2011년 4월 국제무역연구원에서 WTO를 통해 2011년 9월까지 집계된 199건의 FTA를 바탕으로 IMF DOTS(2011)의 2010년 교역 데이터를 활용하여 분석했는데, [그림 11-3]과 같이 48%로 추정하였다. 국제무역연구원은 일부국가의 교역 데이터가 결측되어 있는 점과 WTO에 통보되지 않은 FTA도 다수 존재하고 있는 점을 고려할 때 실제 교역비중은 약 50%에 달할 것으로 추정되었다.[04]

그림 11-3 ▮ 세계 지역무역협정 발효국과의 교역비중

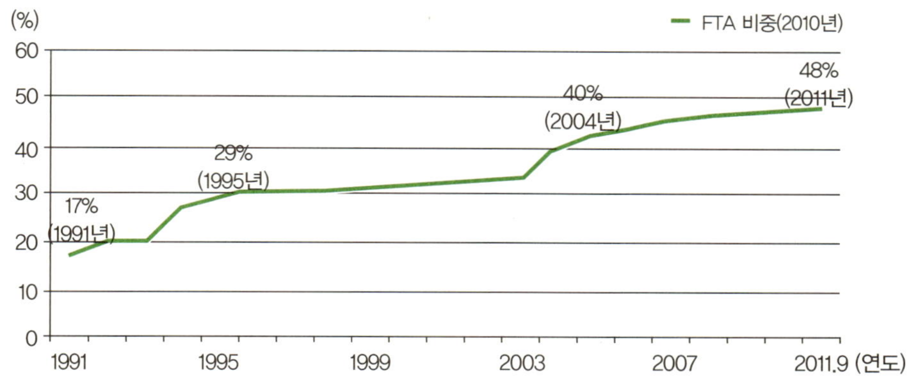

자료: 명진호(2011), "세계 FTA 확산 동향과 시사점", 『Trade Focus』, 국제무역연구원, Vol.10, No.19 참조

04 그러나 김의기는 『WTO에서 말하다』에서 지역무역협정이 전 세계 교역에서 차지하는 비중은 약 30% 정도라고 지적하였다. p.172.

3) 지역무역협정의 확산배경[05]

(1) 경기침체

1990년대 지역주의가 확산되는 배경에는 세계적인 경기침체, 보호무역주의의 대두, 스태그플레이션 발생, 오일쇼크 등의 영향이 크다는 점은 앞에서 설명한 바 있다. 즉, 지역무역협정은 경제 불황기 때 다른 나라와의 자유무역에 대한 합의에 위배되지 않으면서도 역내 국가들 간에만 관세인하 혜택과 보호무역이익을 얻을 수 있는 좋은 수단 중의 하나였다. 그리고 자국 내 경기침체를 극복하려는 EU, 미국 등 거대 경제권이 본격적으로 지역주의를 추구함에 따라 지역무역협정은 자연스럽게 북미, 남미, 아시아 등으로 확산되었고, 한국을 비롯하여 아시아 국가들도 1990년대 금융위기를 극복하는 과정에서 지역협정을 효과적으로 활용한 바 있다.

(2) WTO 중심의 다자주의의 한계점 극복

그동안 WTO를 중심으로 8차례의 다자간협상을 통해 자유무역은 크게 진전되어 왔다. 그러나 2000년대 들어 WTO를 중심으로 한 다자무역체제는 2000년대 더 이상 진전되지 못하고 몇 가지 심각한 문제를 노출시켰다.[06]

첫째, 협상의 비효율성과 진전의 어려움이다. 회원국수가 165개국에 이를 정도로 참여국수가 많아지고, 중국, 인도 등 개도국들의 영향력이 커지면서 선진국과 개도국 간의 대립도 심해지기 시작하였다. 예를 들어 미국과 유럽 간 대립, 선진국과 개도국의 대립 등 개방화 정도에 대한 각국의 입장이 서로 대립되었다. 또한 GATT 때부터 유지해온 만장일치(consensus)라는 까다로운 의사결정방식을 고집

---

05 크루그만(P. Krugman)은 지역주의가 생성되는 이유를 다음 4가지로 지적하였다. 첫째, 다자간 협상에 참여하는 회원국의 수가 증가함에 따라 상호교섭이 곤란해지고 무임승차를 통제하기가 어려워지고, 둘째 반덤핑 및 수출자유규제가 확대됨에 따라 협상이 어려워지고, 셋째 미국 주도권 약화에 따른 체제운영의 비효율성, 넷째 주요국 간의 경제체제의 차이 때문이다. 반면, 허렐(Hurrell)은 유럽연합의 확대와 심화, 지역주의 확산에 대한 주변변화 우려, 냉전종식, 민주화 등을 들고 있다.

06 WTO/DDA 협상인 1999년 시에틀 각료회의, 2003년 멕시코 칸쿤 각료회의 등에서 별 진전을 이루지 못하였다.

함으로서 합의에 도달하는 데 많은 시간이 소요되었다.

둘째, WTO의 획일성을 탈피하여 좀 더 자신들의 수준을 반영한 맞춤형 경제통합을 추구하였다. 개도국을 포함하여 회원국수가 많고 회원국마다 처한 상황이 다르므로 자유화의 수준에 합의하기가 쉽지 않았다. 개별국가 입장에서 WTO에서의 논의내용이 자국정책 및 규제와 일치하지 않는 경우도 많았다. 따라서 회원국들은 WTO에서 개별국가의 다양한 요구와 복잡한 문제들을 모두 반영하기 어렵기 때문에 몇몇 국가들 간에 나름의 경제규모, 무역관계, 기술수준, 문화 및 정치적 환경 등을 반영하여 WTO보다 좀 더 적극적인 유연한 경제통합을 이루려는 노력이 이어졌다. 예를 들어 FTA에서 협상을 통해 자국산업의 경쟁력을 고려하여 개방의 폭을 조정하거나 일부 민감품목을 제외하는 것이 WTO보다 상대적으로 쉽다.

셋째, 농업, 지재권 등 어려운 의제가 많이 남게 되었다. WTO의 8차례의 다자협상을 통해, 규범, 상품분야 등 전통적인 의제는 상당히 진전되어 관세장벽이 낮아질 만큼 낮아졌으나 서비스, 투자, 지재권, 경쟁정책, 무역구제, 정부조달, 기술표준 등 회원국들 간에 의견이 대립되는 까다로운 분야만 남게 되었다.

넷째, 개별국가 입장에서 WTO에서의 논의내용이 자국정책 및 규제와 일치하지 않는 경우가 많았다. 따라서 WTO가 시장개방을 통해 경제성장과 수출확대를 이루려는 개별국가들의 수요를 충족하지 못하자 이를 대신하여 지역무역협정이 활용되기 시작하였다.

그러나 이러한 양자주의 경제통합은 다시 다자주의 추세로 변화하고 있다. TPP와 RCEP 등 참여 회원국수가 많은 광역형태의 경제통합이 이루어지고 있다. 이는 협상의 비효율, 원산지규정의 불일치로 인한 무역비용 증가 등 양자주의의 비효율성을 극복하려는 노력이었다. 따라서 지역무역협정을 포함한 경제통합은 다자주의(WTO)에서 양자주의(FTA)로 발달하였고, 최근에는 Maga FTA 형태로 변화하고 있다.

(3) 경쟁적인 지역무역협정 체결 확대

FTA의 특혜관세는 종래의 관세 균형관계가 파괴되어 차별관세가 부과됨에 따라 관세인하폭만큼 가격우위가 발생하여 교역이 늘어나는 효과가 발생되므로 특혜무역 혜택을 이용한 선점효과가 발생하는 것이다. 이에 반해 FTA는 협정을 체결한 회원국 간에만 특혜적으로 관세인하 혜택이 발생하고 비회원국가에게는 본래의 관세를 그대로 부과하기 때문에 비회원국에게는 무역의 혜택이 있어서 불리해진다.

따라서 각국이 FTA를 경쟁적으로 체결하려는 이유는 이러한 FTA에서 발생할 수 있는 경제적 이익을 선점하거나 미체결국으로서의 차별을 극복하기 위해서이다. 결국 지역무역주의가 경쟁적으로 발생하는 이유에는 일부 특정국가들의 경제통합이 주변국들에게 긍정적 · 부정적 영향을 미치기 때문에 다른 나라들도 대응차원에서 유사한 경제통합을 연쇄적으로 일으키는 것이다. 예를 들어 독일, 프랑스, 이탈리아를 중심으로 EEC를 형성하자 그에 대한 반동으로서 영국은 EEC에 불참하고 있는 6개국을 중심으로 유럽자유무역지대(EFTA: European Free Trade Association)를 설립한 경우도 이에 해당한다.

1990년대 들어 지역무역협정이 확산되는 계기 중의 하나는 1992년에 EU, 1993년에 NAFTA, 1991년에 MERCOSUR 등의 거대 지역무역협정이 잇달아 체결되자 이러한 경향에 편승하지 못한 국가들의 위기의식으로 1990년대 후반부터 FTA가 도미노식으로 확산된 영향도 있다.[07]

그런데 FTA의 선점효과는 역외국가들이 모두 FTA를 체결해버리면 그 효과가 상쇄되는 특성이 있다. 만약 주변국들이 관세차이를 상쇄하는 또 다른 FTA를 체결하면 그 효과는 소멸되기 쉽다. FTA 발효 이전에 칠레의 수입자동차 시장에서 한국산 자동차의 시장점유율은 18.8%, 일본의 시장점유율은 23.5%로서 한국이 일본보다 낮았다. 그러나 FTA 발효 4년째인 2007년 한국산 자동차의 칠레시장 점유율은 일본차의 점유율을 추월하면서 시장점유율 1위를 차지하였다. 그러자 일본이 서둘러서 칠레와의 FTA를 체결하여 2007년 9월부터 발효하기 시작하자 한

07 Bernard M. Hoekman and Michel M. Kostecki(2001), *The Political Economy of the World Trading System*; UNCTAD(2005), Multilateralism and Regionalism.

국 자동차의 점유율이 떨어지고 다시 일본 자동차의 점유율이 상승하는 경향을 보인 적이 있었다.

(4) 시장확대를 추구하는 기업들의 적극적인 FTA 촉구노력

상호호혜적인 이해관계가 있는 국가 간의 양자간 경제협력은 시장규모의 확장, 기술전파, 투자유치를 증가시킴으로써 관련 기업들의 적극적 추진 요구에 의해 FTA가 확산된 측면이 있다. 개도국 간 특혜무역협정은 특정산업을 중심으로 선택적으로 무역장벽을 줄일 수 있고 동아시아 여러 국가들은 FTA를 통해 직접투자와 기술이전을 얻으려는 노력을 해왔다.[08] 결국 FTA가 기업인들의 이익을 반영하는 데 더 효과적이고, 개방화의 폭과 깊이를 달리하여 긴밀한 경제통합이 가능하였다.

3 세계 지역무역협정의 특징

1) FTA 체결의 지리적 범위의 확대

본래 지역무역협정은 유럽, 아프리카 국가들 사이에서 특수목적을 위해 지리적으로 인접한 국가들 간에 체결되어 왔다. FTA가 지리적으로 인접한 나라들끼리 교역을 확대한다는 것은 너무도 자연스러운 현상이다. 지리적으로 인접하면 교역에서의 거래비용이 낮고, 기업들이 활동하기 쉽고, 또 경제 · 사회 · 문화적으로 유사하다면 상품 및 서비스에 대한 수요파악, 제품판매, 마케팅전략 등 여러 측면에서 유리하기 때문이다. 따라서 WTO에 통보된 FTA의 약 63.9%는 지리적으로 인접한 국가들 간의 협정이다.[09] 지역무역협정(FTA)에서 '지역'(regional)이라는 이름도 과거 지역무역협정이 주로 지리적으로 인접한 국가들 또는 일정지역 안에 있는 국가를 중심으로 이루어졌기 때문에 붙여진 이름이다. 그러나 예외

---

08 William J. Davey(2005), *Regional Trade Agreements and the WTO: General Observations and NAFTA Lessons for Asia*, November, p.30.

09 김석우(2008), "FTA의 정치경제학", 『21세기 정치학회보』, 제18집, 제1호, p.153.

적으로는 지리적으로 가까움에도 불구하고 정치적 이유로 교역이 활발하지 않은 나라도 많다. 과거 냉전시대의 남북교역, 인도-파키스탄 등이 대표적인 사례이다.

하지만 최근의 지역무역협정은 지리적 · 지역적 제한을 초월하여 형성되는 경향이 있다. [표 11-2]에서 보는 바와 같이 2011년 기준으로 지역무역협정 체결 건수는 아시아가 78건으로 유럽의 87건과 비슷한 수준이다. 또한 지난 2005년 기준으로 서로 다른 대륙 국가들 간의 지역무역협정 체결이 약 53건에 이른다. 따라서 최근에 체결되는 지역무역협정은 대상국가의 지리적 범위가 상당히 넓어진 것이 특징이다. 예를 들어 한-칠레, 미-이스라엘, 미-요르단, 미-칠레, 미-싱가포르 등은 전략적으로 수출기지로서의 가치가 있다고 판단되면 거리와 상관없이 체결된 경우들이다. 이제 더 이상 지역무역협정이라는 말이 무색할 정도로 지역무역협정의 지리적 범위가 파괴되어 서로 멀리 떨어져 있는 국가 간의 체결도 많아졌다.

표 11-2 대륙별 지역무역협정 건수

북미	중미	남미	유럽	CIS	아프리카	중동	서아시아	동아시아	오세아니아	전체
35	36	42	87	33	27	25	21	57	18	381

주: 1. 지역기준으로 계산되므로 중복될 수 있다.
2. WTO RTA DB 검색

2) 대부분 FTA 형태로 체결

초기 지역무역협정의 주요 형태는 소국 간의 관세동맹이거나 개도국 간 특혜무역협정이 많았다. 그러나 오늘날 지역무역협정의 대부분은 FTA 형태로 체결되고 있다. [표 11-3]에서 보는 바와 같이 FTA와 PSA(Partial Scope Agreement, 개도국 간 특혜무역협정)가 전체의 90%를 차지하고 나머지 10%가 관세동맹 형태이다. 관세동맹보다 FTA가 더 유행하는 것은 아무래도 FTA가 관세동맹보다 조건이 덜 까다로워 합의에 이르기 쉽기 때문이다. 즉, 관세동맹의 경우 회원국 간에 공통의 관세체제를 형성해야 되기 때문에 합의가 부담스러운 관세동맹보다는 조건이 덜 까다로우면서도 무역자유화를 실현할 수 있는 FTA가 더 선호되었다.

❙ 표 11-3 ❙ 현재 발효 중인 지역무역협정의 종류별 비중

지역무역협정의 종류	건수	비중(%)
GATT 제24조 (CU)	18	6.0
GATT 제24조 (FTA)	109	36.6
GATS 제5조(Economic Integration Agreement: EIA, 서비스협정)	1	0.3
FTA & EIA	136	45.6
CU & EIA	11	3.7
Partial Scope Agreement(개도국 간 특혜무역협정)	23	7.7
총계	298	100.0

주: 2017년 현재

3) 선진국 간 수평적 지역무역협정

과거 지역무역협정이 EC, CACM 같이 지역을 기반으로 한 지리적 협정이거나 식민지국가에게 베푸는 특혜무역협정의 형태가 많았다면 오늘날의 FTA는 다양한 목적을 위한 다양한 형태의 지역무역협정이 체결되고 있다는 점이 특징이다. 즉, 과거에는 GATT의 허용조항(enabling clause)에 입각한 개도국과 개도국 간의 수평적 협정이나 NAFTA 같이 선진국과 개도국 간, 미-이스라엘 같이 대국과 소국 간의 수직적 통합형태의 지역무역협정이 많았다. 그러나 최근의 지역무역협정은 그 경제적 효과를 보장받기 위해 EFTA, 한-미 FTA 같이 선진국과 선진국 간의 수평적 FTA가 많이 체결되고 있다.

따라서 오늘날의 FTA는 주로 큰 국가들 간에 체결되는 경우가 많은 것으로 밝혀졌다. 김석우(2008)는 지난 2007년까지 WTO에 통보된 61개의 양자간 체결을 대상으로 협상패턴을 분석한 결과 GDP 규모가 큰 국가들 간의 FTA가 많았고, 그 다음으로는 큰 국가와 중간 국가 간의 체결이 많았다는 것을 발견하였다. 이러한 경향은 한-미 FTA, 한-EU FTA, 한-중 FTA, 한-중-일 FTA, EU-일본 FTA, EU-캐나다 FTA 등으로 이어졌다.

반면, GDP 규모가 큰 국가와 작은 국가 간의 체결이나 규모가 작은 국 가간의 체결은 많지 않은데, 이는 상대방 시장에 큰 매력을 느끼지 못하거나 또는 지나치

게 큰 국가에 대한 시장지배와 종속의 심화를 염려하기 때문으로 보인다.[10]

표 11-4 GDP 기준 FTA 체결국가 패턴 분석

국가분류	FTA 체결건수	비중
작은 국가 – 작은 국가	7	11.9
중간 국가 – 중간 국가	3	5.1
큰 국가 – 큰 국가	18	30.5
작은 국가 – 중간 국가	14	23.7
작은 국가 – 큰 국가	1	1.7
중간 국가 – 큰 국가	16	27.1
합계	59	100.0

자료: 김석우(2008), p.151.

이밖에도 EU, CISFTA(독립국가연합자유무역지대), ASEAN 등 특정지역결합형 지역무역협정도 있다. 그리고 EU–MERCOSUR, AFTA–CER(호주–뉴질랜드 FTA), NAFTA–범대서양 FTA(TAFTA) 같이 기존 지역무역협정 간의 결합으로 이루어진 경우도 있다. 이는 자연스럽게 협정의 목적과 적용대상이 넓어진 것인데, 오늘날 FTA는 범위가 넓어 포괄적이며 통합 정도가 깊으며 경제적 수준을 넘어 안보, 외교, 정치, 자원확보 등의 성격이 고려되고 있다.

표 11-5 국가별 체결건수 및 대상국가

국가	건수	체결대상 국가
미국	11	호주, 한국, 바레인, 이스라엘, 요르단, 모로코, 싱가포르, 페루, 오만, 파나마 등
중국	9	홍콩, 마카오, ASEAN, 칠레, 파키스탄, 뉴질랜드. 싱가포르, 페루, 코스타리카 등
일본	13	ASEAN, 브루나이, 칠레, 인도, 인도네시아, 말레이시아, 멕시코, 페루, 싱가포르, 필리핀, 태국, 베트남, 스위스 등

10 김석우(2008), “FTA의 정치경제학: FTA 체결요인에 관한 경험적 분석을 중심으로”, 『21세기 정치학회보』, 제18(1)호, p.150.

인도	11	ASEAN, 칠레, 아프카니스탄, 부탄, 일본, 말레이시아, 네팔, 싱가포르, 스리랑카, 한국, MERCOSUR 등
한국	8	칠레, EFTA, 싱가포르, ASEAN, EU, 미국, 인도, 페루 등
EU	32	알바니아, 카메룬, 칠레, 크로아티아, 이집트, 이스라엘, 요르단, 한국, 레바논, 멕시코, 모르코, 노르웨이. 시리아, 남아프리카공화국, 스위스 등
칠레	18	호주, 캐나다, 중국, 콜롬비아, 코스타리카, 일본, 인도, 멕시코, EFTA, EU, 한국, 파나마, 터키, 미국 등
EFTA	22	알바니아, 캐나다, 칠레, 크로아티아, 이집트, 요르단, 한국, 레바논, 멕시코, 모로코, 페루, SACU, 세르비아, 싱가포르, 터키, 우쿠라인 등

주: WTO RTA DB 검색, 2011년 기준 발효 중인 국가를 대상으로 함.

4) 회원국수가 많은 광역(Mega) 형태로 발전

과거 지역무역협정이 WTO 침체에 대한 대응으로 양자주의 중심의 지역무역협정이었으나 최근에는 여러 국가가 협상에 참여하는 다자주의 협상으로 변화하고 있다. 대표적인 사례가 TPP(환태평양경제통반자협정, Trans-Pacific Partnership Agreement)와 RCEP(역내포괄경제동반자협정, Regional Comprehensive Economic Partnership)이 있다. TPP와 RCEP에 관해서는 본 제11장 제5절 '6)'을 참고하면 된다.

이러한 추세의 이유는 과거의 양자간 협정이 여러 곳에서 동시다발적으로 이루어지다보니 협정별로 원산지기준이나 통관기준이 달라서 오히려 교역비용이 발생하고 스파게티볼효과가 발생하기 때문이다. 따라서 이러한 문제를 극복하기 위해서는 여러 나라가 동시에 지역무역협정을 체결하여 규범을 통일시킬 필요가 있다.

5) 협상의 신속한 진행

FTA 체결에 소요된 시간을 비교해보면 한국은 FTA 체결 건당 평균 18개월이 소요되었으나 일본은 평균 23개월이 소요되어 한국이 조금 빠르게 협상을 타결지었다. 따라서 FTA는 이해관계가 유사한 두 개의 국가 또는 한정된 수의 복수국가들이 모여 협상을 하기 때문에 다자간 협상에 비해서 협상타결의 가능성이 높고 협상속도가 신속한 측면이 있다.

┃표 11-6┃ 한국과 일본의 FTA 체결 소요시간 비교

국가	대상국가	소요시간
한국	칠 레	37개월 (1999. 9~2002. 10)
	싱가포르	13개월 (2003. 10~2004. 11)
	EFTA	7개월 (2004. 12~2005. 7)
	ASEAN	17개월 (2004. 11~2006. 4, 상품협정)
	미국	16개월 (2006. 2~2007. 6)
	평균 18개월	
일본	싱가포르	12개월 (2001. 1~2002. 1)
	멕시코	22개월 (2002. 11~2004. 9)
	말레이시아	23개월 (2004. 1~2005. 12)
	필리핀	31개월 (2004. 2~2006. 9)
	칠레	13개월 (2006. 2~2007. 3)
	태국	38개월 (2004. 2~2007. 4)
	브루나이	12개월 (2006. 6~2007. 6)
	인도네시아	25개월 (2005. 7~2007. 8)
	ASEAN	36개월 (2005. 4~2008. 4)
	평균 23개월	

4 지역무역협정의 종류

그동안 지역무역협정은 다양한 목적과 근거에 따라 다양한 형태로 체결되었는데, 발라사(B. Balassa)는 이를 FTA, 관세동맹, 공동시장, 경제공동체, 경제통합 등 5가지 형태로 구분하였다.

┃표 11-7┃ 단계별 경제통합 형태 및 포괄범위

초국가기구, 정치적 동맹					○
경제정책의 조화				○	○
생산요소 자유이동			○	○	○
역외공동 관세부과		○	○	○	○
교역장벽 철폐	○	○	○	○	○
경제통합의 형태	자유무역협정	관세동맹(CU)	공동시장	경제공동체	완전한 경제통합

첫째, FTA는 가장 낮은 수준의 경제통합이다. FTA는 무역자유화를 위해 회원국끼리는 관세 및 비관세장벽을 철폐하는 등 단일관세체제를 유지하나, 비회원국에게는 여전히 과거와 같은 관세장벽을 유지하는 형태이다. 이러한 점이 FTA와 관세동맹 간의 큰 차이점이다. 그러나 FTA가 경제통합의 단계상으로는 가장 낮은 통합단계이나 오늘날 FTA는 당사국 상호 간에 구속력을 갖는 방대한 규정으로 이루어져있다. 대표적으로 NAFTA가 있다.

둘째, 관세동맹(CU: Customs Union)은 회원국 간에 관세철폐는 물론 역외국에 대해 공동의 관세율을 적용하는 경제통합이다. 따라서 상당히 차별적인 효과가 발생한다. 회원국 간에는 무관세를 적용하지만 비회원국에게는 공동역외관세(CET: Common External Tariff)를 부과하는 점이 FTA와의 가장 큰 차이점이다. 1944년의 베네룩스 3국 간의 관세동맹이 대표적인 관세동맹인데, 관세동맹은 과거에는 많이 체결되었으나 공동관세 체제 유지의 부담 때문에 요즘에는 별로 체결되지 않고 있다.

그림 11-4 ▌ FTA와 관세동맹의 공동역외관세(CET) 비교

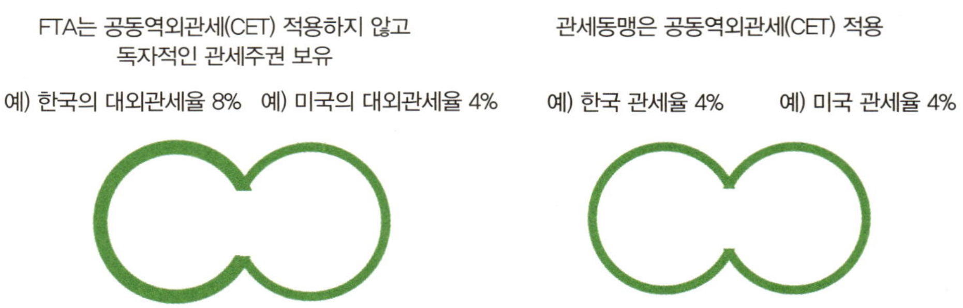

셋째, 공동시장(Common Market)은 회원국 사이에 무역자유화를 기반으로 하면서 노동, 자본 등 생산요소의 자유로운 역내 이동을 허용하는 협정이다. 안데스공동체(ANCOM), EEC, 중앙아메리카공동시장(CACM), 남미공동시장(MERCOSUR)이 대표적인 사례이다.

넷째, 경제공동체는 회원국들이 공동의 회원국 간에 금융 · 재정정책 등에서 공동의 정책을 수행하는 수준의 경제통합이다. EU의 전 단계인 EC(European

Community)가 대표적인 예이다.

다섯째, 완전한 경제통합은 경제통합의 마지막 단계로서 무역통상, 경제제도는 물론 정치, 사법제도 등 사회 전반의 통합을 실현하는 것으로 완전한 경제통합을 의미한다. 집행위원회가 설치되어 공동의 재정 및 금융정책을 수행하는 등 경제면에서는 완전한 하나의 국가로 정책이 수행된다. 마스트리히트조약 이후의 EU가 대표적인 사례이다.

WTO는 2007년 7월부터 지역무역협정을 조금 다르게 분류하기 시작했다. 과거 허용조항(enabling clause)에 의거하여 개도국 간에 특정제품이나 특정분야에서 무역장벽을 완화하려고 맺어지는 특혜무역협정(preferential arrangement)을 '개도국간 특혜무역협정'(PSA: Partial Scope Agreement)으로 개칭하였다. 그리고 기존에 GATS 제5조에 근거하여 체결하는 서비스협정(service agreement)을 경제통합협정(EIA: Economic Integration Agreement)으로 개칭하였다.

그림 11-5 ▮ 현재 발효 중인 지역무역협정의 내용별 분류

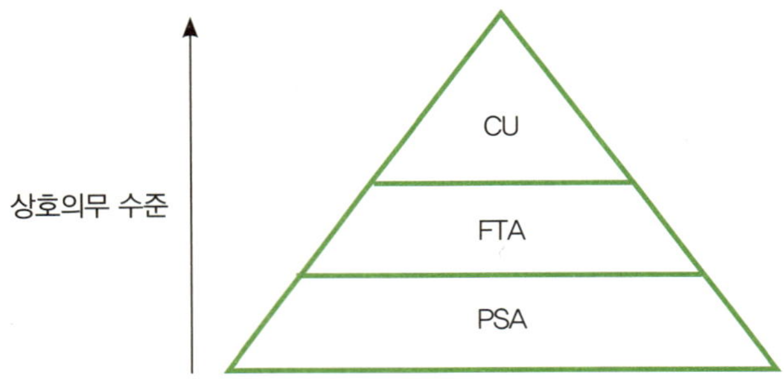

자료: Mads Espersen(2011), *Regional Trade Agreements in the Developing World*, Aarhus School of Business, Aarhus University, September, p.7.

경제통합에는 여러 가지 유사표현이 존재한다. 즉, 지역무역협정(RTA: Regional Trade Agreement), 지역주의(Regionalism), 경제블록(Economic Bloc) 등이 그것이다. 이들 용어는 특별한 구별 없이 거의 유사한 의미로 사용되고 있다.[11]

11 박진성 · 박종찬 · 박상길(2015), 『현대무역론』, 박영사.

WTO에서 말하는 RTA는 나라마다 협정의 성격과 개방의 정도, 주권, 또는 경제협력을 강조하는 바가 조금씩 달라서 다른 용어를 사용하고 있다. 그러나 상품과 서비스무역, 경제협력 등의 내용이 모두 공동적으로 들어가므로 실질적인 내용에서는 큰 차이가 없기 때문에 WTO에서는 용어가 조금 달라도 모두 RTA로 인정하고 있다.

❙ 표 11-8 ❙ FTA에 혼용해서 사용하고 있는 다양한 지역무역협정들

명칭	내용 및 차이점
RTA(Regional Trade Agreement, 지역무역협정)	WTO는 FTA를 지역 간 경제를 통합하는 협정이라는 의미를 강조하기 위해 지역(regional)과 협정(agreement)이라는 용어를 넣어서 경제통합을 '지역무역협정(RTA)'이라는 용어를 사용하였다.
FTA(Free Trade Agreement, 자유무역협정)	자유무역을 강조하여 Free Trade라는 용어를 사용하고, 자유무역을 위한 조약이 대개 협정형태로 맺어지므로 Agreement(협정)이라는 용어를 사용한다.
EPA(Economic Partnership Agreement, 경제동반자협정)	일본은 2004년부터 FTA 대신 EPA라는 용어를 사용한다. FTA가 무역자유화를 위한 무역장벽의 제거에 초점을 맞추고 있는 반면에, EPA는 상품, 서비스, 지재권 및 상호인증, 투자, 인적자원의 이동, 정부조달, 비즈니스환경 정비, 국가 간 협력강화 등 협상범위가 넓어 포괄적으로 경제협력을 강조한다는 뜻이다. 즉, 일본은 FTA를 무역자유화보다는 경제협력에 중점을 두겠다는 의지이다. 그러나 일본도 일부 협정에서는 FTA라는 용어를 사용하고 있다. 예) 2002년 일-싱가포르 FTA 등
CEPA(Comprehensive economic Partnership Agreement, 포괄적 경제동반자협정)	상품, 서비스 등 시장개방보다는 투자, 경제협력 등 경제 전반적인 협력을 강조한 용어이다. FTA와 내용은 거의 비슷하나 국민적 감정을 고려하여 선호하는 용어이다. 예) 한-인도 CEPA
ECFA(Economic Cooperation Framework Agreement, 경제협력기본협정)	상품무역의 관세 및 비관세장벽을 철폐하고, 서비스무역개방, 투자보장, 분쟁해결, 지식재산권보호 등까지 포괄하는 광범위한 무역협정을 말한다. 대만의 주권 불인정문제로 중-대만 간 ECFA라는 용어를 사용하였다.

5 주요 지역무역협정에 대한 이해[12]

1) NAFTA

1989년 1월 미국과 캐나다는 자유무역협정을 발효하고 있었으나 1990년 7월 워싱턴에서 개최된 미국과 멕시코 정상회담에서 부시 미국 대통령과 살리나스 멕시코 대통령은 FTA 추진에 합의하였다. 이때, 1990년 9월 캐나다가 협상에 참여하겠다는 의사를 밝히면서 NAFTA 협상이 본격적으로 시작되었다. 캐나다가 협상에 참여하겠다는 의사를 보이자 협상은 급속하게 진행되었고 1992년 8월에는 공식 타결되어 1992년 12월에는 정식으로 서명하였다. 그 후 양국 의회의 비준동의를 거쳐 NAFTA는 1994년 1월 1일부터 정식으로 발효되었다.

2011년 현재 NAFTA의 출범으로 총인구 4억 6,215만 명이며, 총 GDP 17조 9,685억 달러, 교역량 5조 4,293억 달러의 경제규모를 가진 거대한 지역경제공동체가 형성되었다. NAFTA는 북미지역의 교역자유화를 통해 역내 교역확대 및 공동의 경제적 이익을 도모하기 위해 설립되었으며, NAFTA의 적용대상은 총 6개 분야로 대별된다.

① 관세 및 비관세장벽, 원산지규정, 정부조달, 농업, 자동차, 섬유, 에너지 등의 시장접근분야, ② 세이프가드 및 보조금, 보건 및 안전기준, 공업표준 등과 같은 교역규범분야, ③ 금융, 보험, 육상운송, 통신 등 서비스분야, ④ 투자분야, ⑤ 지식재산권분야, ⑥ 분쟁해결분야 등이다.[13] 주로 자동차, 농산물 등 상품 및 농산물에 대해서는 관세 및 비관세철폐, 섬유에 대해서는 쿼터철폐, 투자제한철폐 및 규제완화를 내용으로 하고 있다.

NAFTA 형성배경에는 공동이익과 개별이익으로 구분해볼 수 있다. 먼저 공동이익으로는 EU의 경제통합, 일본 및 아시아 경제권에 대응하기 위해 이 지역의 경제통합이 필요하다는 인식을 같이 하고 북미경제권 형성에 합의하게 된다.

개별적으로는, 먼저 미국은 NAFTA를 통해 미국-캐나다 간의 경제관계를 더욱

12 이재기(2007), 『21세기 글로벌통상의 이해』, 청목출판사.
13 이신규(2011), 『국제통상론』, 두남, p.98.

강화하고 멕시코 시장의 개방을 유도하여 지식재산권(intellectual property right)을 보호하며, 멕시코 경제개발을 통해 북미 전체의 경제안정과 번영을 기대하였다. 또한 멕시코의 저임금, 캐나다의 천연자원, 자국의 첨단기술 및 자본을 결합하여 자국의 산업경쟁력(industrial competitiveness)을 강화하려는 목적이 있었다.

캐나다는 기존의 미국-캐나다 자유무역협정으로 인한 미국 시장에서의 기득권이 미국과 멕시코 간에 양자무역협정의 체결을 통해 훼손될 가능성을 염려하였는데, 이를 방지하고 캐나다에 대해서는 상품 · 서비스를, 멕시코에 대해서는 자본의 투자확대를 기대하였다.

한편, 멕시코는 총수출의 76% 이상을 차지하고 있는 미국, 캐나다 시장을 안정적으로 확보하고 이들 시장에 관세 및 비관세장벽을 철폐함으로써 저렴하고 시장에 진출할 수 있는 여건을 마련하고자 하였다. 이는 투자여건을 개선시켜 NAFTA에 진출하고자 하는 외국인투자를 적극적으로 유치하고, 동시에 미국과 캐나다의 첨단기술과 선진마케팅을 도입하여 기업의 경쟁력을 강화하고 경제성장을 이룩하고자 하였다.

전체적으로 NAFTA 체결 이후 외국인투자와 투자율이 증가하면서 경제성장률이 높아지고 고용증가, 기업경쟁력이 강화되는 등 거시경제지표상의 긍정적 효과를 경험하였으며, 또한 회원국 간 수출입이 크게 증가하는 등 회원국 간 역내교역이 증가하였다. 미국과 캐나다의 對멕시코 무역이 증가하였고, 자본과 노동부존의 상대적 비율이 비슷한 미국과 캐나다 간 산업 내 무역이 증가하였다.[14]

2) 유럽연합(EU)

현존하는 지역경제통합체 중에서 가장 발달하고 진보된 형태의 EU는 40년이라는 기간 동안 여러 번의 발전과정을 거쳐 완성되었다. EU는 1946년 9월 당시 영국 수상이었던 윈스턴 처칠의 스위스 취리히 연설이 계기가 되었고, 이후 1952년에 출범한 유럽석탄철강공동체(ECSC: European Coal and Steel Community)를

14 이신규(2011), 『국제통상론』, 두남, p.100.

모태로 하고 있다. 유럽석탄철강공동체는 석탄이 풍부한 독일과 철강이 풍부한 프랑스가 석탄과 철강의 가격을 공동으로 결정하고 자유롭게 거래하기 위해서이다. 그러나 실질적으로는 제2차 세계대전에서 승리한 연합국이 독일 루르(Ruhr)지방에서의 석탄 및 철강을 통제하여 전쟁도 억제하고 독일의 재건도 가능하도록 하기 위해 프랑스인 장 모네가 제안한 것을 당시 프랑스 외무부 장관이었던 로베르 쉬망(Robert Schuman)과 독일의 콘라드 아데나워(Konrad Adenauer)가 수용하면서 구체화되었다.

유럽석탄철강공동체의 주요 내용으로는 석탄과 철강거래에 관한 관세 및 수량제한의 철폐, 공동체 내에서의 석탄 · 철강의 생산 · 거래 · 가격 등 모든 행위에 관한 차별금지, 석탄철강부문에 대한 정부보조 및 지원금지, 모든 경쟁제한행위를 금지하도록 하였다. 그런데 1957년 3월 25일 ROMA에서 유럽경제공동체(EEC: European Economic Community)와 유럽원자력공동체(EAEC: European Atomic Energy Community)를 창설하는 로마조약을 체결하였고 1958년 1월부터는 유럽경제공동체(EEC)가 발효되었다.

EEC는 1968년에는 역내국가 간 모든 관세와 수량제한을 철폐하고 대외적으로는 공동대외관세를 운영하는 관세동맹 형태로 발전하였으며, 그 후 1967년에 발효한 통합조약(Merger Treaty)에 의하여 EEC, ECSC, EAEC 등 세 공동체를 하나로 묶어 EC가 설립되었다.

1986년에는 EC회원국들이 체결한 단일유럽법(Single European Act, 유럽단일의정서)으로 인해 역내시장계획의 추진근거가 되었다. 동 법에 의해 유럽공동체가 유럽의 통합을 향한 구체적 진전을 기하도록 규정하였는데, 지역 내의 완전한 공동시장인 내부시장(internal market)을 1992년까지 완료하고 유럽의회를 활성화하고 외교정책 및 안보분야의 공동노선을 추구하기로 하였다. 이어서 1992년 2월 7일 마스트리히트(Maastricht)에서 체결된 유럽연합조약(Treaty on European Union)이 1993년 1월 발효함으로써 유럽 통합작업이 일단락되었다.

| 표 11-9 | EU의 발전과정

① 유럽석탄철강공동체(ECSC: European Coal&Steel Community, 1952, 파리조약)→② 유럽경제공동체(EEC: European Economic Community, 1958, 로마조약, 이때를 실질적인 EU의 모습으로 봄), 유럽원자력에너지공동체(EAEC: European Atomic Energy Community)(1958, 로마조약)→③ 유럽공동체(EC: European Community)(통합협약, Merger Treaty, 1967)(이때 EEC+ECSC+EAEC가 통합되어 EC가 설립됨, 1968년에는 관세동맹으로 발전함)→④ 유럽단일시장(Single European Market)(단일유럽의정서, SEA: Single European Act, 1986.2)→⑤ 유럽연합조약(TEU: The Treaty on European Union, EU의 탄생, 일명 마스트리히트조약, 1993)→⑥ 암스테르담조약(Amsterdam Treaty, 1997)→⑦ 니스조약(Treaty of Nice, 2001)→⑧ EU헌법조약(2002)→⑨ EU가 27개국으로 확대(2007)→⑩ 리스본조약(2007)→⑪ 영국 EU 탈퇴 투표로 결정(2016)

자료: 성재호(2002), 『국제기구와 국제법』, 한울아카데미를 이용하여 저자 편집

EU는 처음 6개국으로 출발한 후 지속적으로 회원국을 확대하였는데, 1973년 1월에 영국, 아일랜드, 덴마크 등이 가입하였고, 1981년에는 그리스가, 1986년에는 스페인과 포르투갈이 가입하였다. 이때, 스페인과 포르투갈의 가입으로 유럽의 대부분 국가가 유럽공동체에 참가하게 되었다. 그 후 1995년 1월에 오스트리아, 스웨덴, 핀란드가 유럽연합에 가입하게 되어 회원국수는 노르웨이, 스위스를 제외한 15개국이 되었으며 그 후 1995년에는 동구권 10개국이 가입해 25개국, 2007년 불가리아, 루마니아 가입, 2013년 크로아티아의 가입으로 현재 28개국으로 구성되었다.

그림 11-6 | EU의 회원국 확대과정

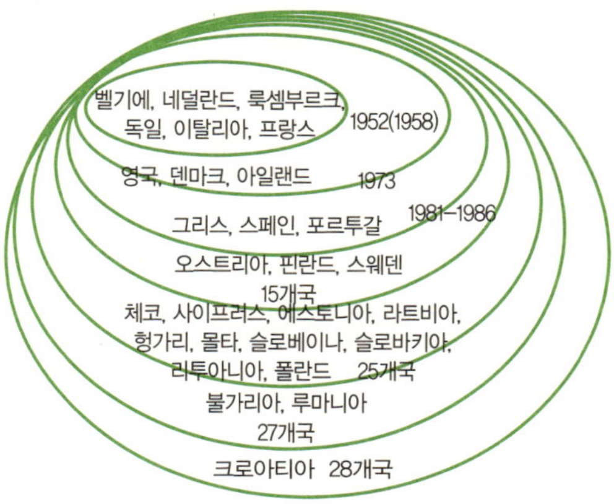

자료: 저자작성

유럽연합(EU)은 세계 교역량의 40%를 차지하는 세계 최대의 단일시장이다. 또한 이미 관세동맹의 단계를 넘어선 경제연합체로서 금세기 말까지 사실상의 연방국가로까지 발전하려 하고 있으며, EU 28개국의 모습은 인구 4억 9,000만 명으로 세계 최대의 정치 · 경제적 블록을 형성하고 있다.

인구를 기준으로 할 때 중국의 13억 명과 인도의 11억 명에 이은 세계 제3위의 거대한 단일시장이다. GDP를 기준으로 할 때 2007년 27개국 13조 5,000억 달러를 기록하면서 미국의 13조 2,620억 달러를 상회하였다. 2011년 현재 인구 5억 240만 명, GDP 17조 6,108억 달러, 무역량 8조 8,002억 달러, 2006년에는 수출 증가와 기업투자 확대로 2.9% 성장하며 지난 2001년 이래 최고의 성장세를 기록하였으며 2007년에 2.5%의 안정적인 성장을 이어갈 것으로 전망되고 있다.[15]

3) APEC[16]

유럽과 북미지역 국가들이 EU와 NAFTA를 통해 시장확대 및 경제통합의 이익을 추구해오는 데 비해, 아 · 태지역 국가들은 별다른 제도적 구심체가 없이 상호간의 의존도를 증가시키면서 실질적인 경제통합적 이익을 누리고 있었다. 그러나 아태지역의 역동적 경제발전에 부응하고 세계적인 지역블록주의에 대응하기 위해 1989년 11월 한국과 호주 주도 아래 호주의 캔버라에서 APEC이 공식적으로 출범하게 되었다. 아시아 · 태평양지역의 경제협력 및 경제통합에 관한 논의는 1950년대 말부터 진행되어 왔지만 1989년이 되어서야 최초의 정부 간 공식협의체인 아태경제협력체(APEC: Asia Pacific Economic Cooperation)가 탄생된 것이다.

본래 APEC은 EU나 NAFTA 등이 역외국가들에 대해 차별적인 대우를 취하고 있는 것과 달리 기본적으로 역내무역 및 투자자유화, 그리고 기술 · 경제협력의 성과와 혜택이 역외국가에 차별적으로 부여되어서는 안 된다는 개방적 지역주의를 표방해 왔었다. 그러나 APEC이 역내 무역 · 투자자유화의 혜택을 역외국가에도 동등하게 부여할 것인가의 문제는 회원국 간에 논란이 되고 있으며, 이러한 회원

15 이종원(2007), 『한-EU FTA』, pp.3~4.
16 이재기(2007), 『21세기 글로벌 통상의 이해』, 청목출판사.

국 간의 정체성 논란의 근거는 APEC 회원국들의 다양한 경제적 배경에서 찾을 수 있다.

APEC 21개 회원국들 간에 존재하는 상이한 경제발전단계 및 시장개방 그리고 이러한 상황을 참작한 각국이 국가별 무역자유화 이행일정에 차등을 두자는 데 있다. 1989년 당시 APEC 회원국수는 12개국이었으나 1차로 중국, 홍콩, 대만이 가입하고, 2차로 멕시코 파퓨아뉴기니, 칠레가 가입하였고, 3차로 러시아, 베트남, 페루가 가입하여 현재는 21개국이며 사무국은 싱가포르에 있다.

APEC의 목적은 1980년대 세계경제의 블록화 추세에 맞서 이 지역 국가들도 어떤 형태로든 서로 협력할 수 있는 논의체를 만들자는 취지 아래 설립되었다. APEC은 초기에는 회원국 간 대화와 협력을 주된 목적으로 하는 구속력이 약한 비공식적 형태로 처음에는 경제 · 기술협력을 중시해왔으며, 회원국 간 경제불균형을 해소하고 역내 경제 · 사회적인 복지를 개선함과 동시에 회원국들의 지속적인 성장과 균형된 발전을 도모하는 데 목적을 두었다.

그러나 12차례의 각료회의와 8차례의 정상회의를 거치면서 구체적인 실행계획을 선포하기도 하였는데, 1994년 11월 인도네시아 보그르에서 '보그르선언'을 통해 선진국은 2010년까지 개도국은 2020년까지 2단계로 나누어 각각 무역자유화를 달성한다는 실질적인 무역자유화를 합의하기도 하였다.

또한, APEC에서의 협력은 선 · 후진국의 공여자 · 수혜자 간 협력이 아니라 동반자적인 대등한 관계에서 추진되고 있는 것이 특징이며, 이러한 협력관계는 1995년 오사카행동지침(OAA)상의 협력원칙에 잘 나타나 있다. 그리고 1996년 11월 필리핀 마닐라에서 개최된 4차 정상회담에서는 3차 오사카정상회담에서 채택된 행동지침에 따라 구체적인 행동계획인 마닐라실행계획(MAPA)을 승인하기도 하였다.

그러나 APEC은 회원국 간의 경제격차로 인한 입장차이가 상존한다. 선진국의 경우 무역 · 투자자유화 촉진을 통한 시장개방을 원하고 있으며, 개도국은 경제기술협력확대로 실질적 혜택을 도모하고자 하는 등 입장차이로 인해 실효성 논쟁이 있다.

4) 동남아시아국가연합(ASEAN)[17]

동남아국가연합(ASEAN)은 역내회원국 간의 경제협력 및 지역 내의 안정 등 여러 부문에 걸친 협력을 모색하기 위해 1967년 8월 인도네시아, 싱가포르, 태국, 필리핀, 말레이시아 등 5개국이 태국 방콕에 모여 결성한 동남아지역의 국제협력기구이다. ASEAN은 창립 당시 채택된 '방콕선언'에서 회원국 간의 경제발전, 사회개발, 정치안정이라는 주요 목표를 표명하였다. 이들 5개국은 경제적으로는 미국, 일본 등의 경제대국 사이에서 이들 지역의 경제협력을 토대로 독자적인 세력을 구축하기 위한 목적이 있었으며 정치적으로는 동서 냉전의 구도 속에서 베트남, 캄보디아 등이 경험한 공산화 도미노를 방지하기 위한 것이었다.

ASEAN은 당초 경제분야에만 국한되지 않은 다방면의 협력을 목적으로 설립된 국제기구였으나 1960년대 미 · 소 냉전의 구도하에 창설초기에는 인도차이나반도의 공산화에 대응하기 위한 반공안보기구의 성격이 강하였다. 그러나 1970년대 후반 이후 ASEAN은 역내 회원국 간의 교역에 적응되는 특혜무역협정과 공동공업 프로젝트 채택 등을 통한 회원국 경제의 안정적 성장을 도모하기 위한 경제협력체로 발전하였다.

회원국수도 지속적으로 확대되었는데, 1984년에 브루나이가 가입하였고, 1995년에 베트남이 가입하였으며, 1988년에는 라오스와 미얀마가, 그리고 1999년에는 캄보디아가 가입함으로써 ASEAN은 창설 32년 만에 마침내 역내 10개국을 회원국으로 하는 동남아지역의 진정한 지역협력체가 되었다. 회원국으로는 미얀마, 라오스, 태국, 베트남, 캄보디아, 말레이시아, 브루나이, 싱가포르, 인도네시아, 필리핀 등 10개국 있으며, 2011년 현재 인구 6억 700만 명, GDP 2조 1,764억 달러, 무역량 2조 4,154억 달러에 달한다.

5) 남미공동시장(MERCOSUR, 메르코수르)[18]

MERCOSUR은 'Mercado'(시장)와 'Comun'(공동), 그리고 'del Sur'(남쪽)의 약

17 이재기(2007), 『21세기 글로벌 통상의 이해』, 청목출판사.
18 이재기(2007), 『21세기 글로벌 통상의 이해』, 청목출판사.

자로서 남부공동시장의 조합어이다. 중남미지역의 국가들은 1960년대부터 지역 경제통합을 추진하여 경제발전을 이루고자 하는 노력을 기울여왔다. 이에 따라 1961년에 중미공동시장(CACM), 1965년 카리브자유무역연합(CARIFTA), 그리고 1969년에 안데스공동시장(ANCOM) 등이 창설되었다.

중남미 국가들은 경제개방화 정책을 추진하는 데 있어서 일시적이고도 전면적인 개방정책을 추진하기보다는 경제수준이 비슷한 역사·문화적 동질성이 큰 인근지역 국가와의 점진적이고 선별적인 개방정책을 채택하였는데 이에 따라 다수의 경제공동체가 창설되었으나 1980년대까지는 별다른 진전을 보지 못했다. 그러나 1990년대 들어 세계경제의 블록화 등 세계경제 환경이 급변하자 새로이 경제를 통합하려는 움직임이 있었는데, 그것이 바로 1991년의 남미공동시장(MERCOSUR)의 출범이다.

당시 경제대국인 브라질과 아르헨티나에 의한 경제통합프로그램이 진행되면서 MERCOSUR로 발전하게 되며, 브라질과 아르헨티나는 1986년 7월 양국간 경제통합프로그램(Argentina Brazil Economic Integration Program)을 채택하였다. 1988년 11월에 통합협력발전조약(Treaty for Integration Cooperation and Development)을 체결하여 향후 10년 이내에 양국 공동시장을 창설할 것에 합의한 바 있다.

1990년 7월에는 공동시장 형성시기를 6년으로 단축시켜 1995년 1월 1일까지 공동시장 창설에 합의하는 부에노스아이레스협정(Act of Buenois Aires)에 조인하여 MERCOSUR 창설의 시금석이 되었다.[19] 그리고 1991년 3월 26일에는 브라질, 아르헨티나 외에 지역통합체 참여를 희망하는 파라과이, 우루과이 4개국 정상들이 파라과이에 모여서 아순시온(Asuncion Treaty)조약을 체결함으로써 MERCOSUR가 설립되었다. 아순시온조약에서는 1991년 6월부터 6개월마다 회원국 간 무역관련 관세를 점진적이면서 지속적으로 철폐하여 1994년 12월까지 역내관세장벽의 완전히 철폐하고 역외국에 대한 공동관세부과 등을 주요 내용으로 하고 있다. 그 후 남미공동시장의 확대를 1996년 10월에 칠레를, 1997년 3월에 볼

19 이재기(2007), 『21세기 글로벌 통상의 이해』, 청목출판사.

리비아를 가입시켰으며 ANCOM, EU 등 타 경제공동체와의 경제협력도 본격적으로 추진하고 있다.

현재 회원국수는 브라질, 아르헨티나, 파라과이, 우루과이, 베네수엘라 등 5개국 회원국, 볼리비아, 칠레, 페루, 콜롬비아, 에콰도르 등 5개국이 준회원국으로서 남미지역에 인접한 국가들 간에 체결되어 인구 2억 1,500만 명으로 전체 남미인구의 63%를 포함하고 있으며 GDP 규모는 1조 4,400억 달러 규모의 세계 3대 지역무역협정 중의 하나다. 2011년 현재, 인구 2억 7,549명, GDP 3조 3,247억 달러, 무역량 8,320억 달러이다.

MERCOSUR는 타 공동체에 비해 비록 출범의 역사는 일천하고 브라질, 아르헨티나, 파라과이, 우루과이 등 4개국으로 구성되어 있으나 경제규모와 지역경제에 대한 영향력 면에서는 남미의 대표적인 국가들인 브라질과 아르헨티나가 포함되어 있어서 중남미지역의 경제공동체를 대표한다고 평가할 수 있다. 또한 이 지역의 어느 통합체보다도 급속한 성장을 이루었는데, 역내 회원국 간의 교역시 관세장벽을 제거하였으며 이에 따라 시장확대로 역내의 상품교역량이 급속히 증대되었고 대외관세를 공동설정하여 관세동맹으로 발전하였다. 또한 서비스와 자본 등 생산요소의 자유로운 교역을 통해 부분적으로 중장기적인 목표인 공동시장의 창설에도 진전을 이루었다. 그러나 MERCOSUR은 출범의 배경, 통합 전개과정 및 최근 성과 등을 볼 때 발전에는 어느 정도를 한계를 가지고 있으며, 이는 여러 평가변수들을 통해 EU와 비교해보지 않더라도 EU만큼 수준 높게 발전하지는 못했기 때문이다.[20]

MERCOSUR가 완전한 공동시장 형태로 발전하지 못한 것은 다음 몇 가지 이유로 설명할 수 있다.[21] 첫째, 출범 당시 국제정치 및 경제적 환경으로 MERCOSUR의 기반이 불안정했다. 회원국들은 높은 외국인투자에 의존했기 때문에 외자기업의 요구정책에 따를 수밖에 없었고 1994년에 멕시코는 금융위기를 겪게 되는데, 이들 요인들이 회원국들 간의 경제통합을 저해하였다.

둘째, 튼튼한 지역통합을 지원할 수 있는 시민사회 및 국가제도가 취약했다.

20 김진오 외(2011), 『남미공동시장(MERCOSUR) 20년 평가와 시사점』, 대외경제정책연구원, p.3.
21 김진오 외(2011), 위의책, p.235.

MERCOSUR는 시민사회와 국제제도가 상대적으로 견고하지 못하고 취약하여 통합추진에 기여하지 못했고 통합과정에서 위협을 받을 때 통합추진을 위해 정치적으로 투쟁해 줄 지지기반도 없었다.

셋째, 브라질이라는 강력한 주도국이 통합과정에서 자국의 이해관계를 상당히 반영함으로써 MERCOSUR 통합의 심화 및 공고화에 부정적인 영향을 미쳤다. 이는 브라질이 통합에 관심을 두지 않았다면 MERCOSUR가 탄생되지 못했을 것이며, 또한 지난 20년간 통합과정에서 공동시장 목표달성보다는 남미의 맹주 및 미국의 견제자가 되려는 브라질의 목표가 앞섰다면 MERCOSUR의 존속 여부는 단언하기 어려울 것이라는 점을 인식하면 쉽게 이해할 수 있다. 즉, 브라질의 이해관계에 따라 통합과정이 후퇴하기도 하고 진전되기도 하였다.[22]

종합적으로 볼 때 MERCOSUR는 통합목표에 미치는 자유무역을 실현하지는 못했고, 통합을 이끌어갈 초국가적인 기구에 양도하지도 못한 채, 종종 대외경제의 충격을 받았고, 지도자의 통합약속은 잘 지켜지지 않은 채 존속해왔다.

향후 MERCOSUR는 신자유주의와 수정주의 양 통합모델이 시기적으로 상호 우위를 점하면서 급진적인 후퇴나 발전 없이 장기적인 관점에서 꾸준하게 전진할 것으로 예상되며, 이 과정에서 MERCOSUR 본래의 특성이 변할 수도 있지만 회원국간의 결속력을 토대로 지속적인 발전가능성에는 변함이 없다.[23]

6) 메가 지역무역협정(다자간 지역무역협정): 지역무역협정의 진화

(1) TPP(환태평양경제동반자협정, Trans-Pacific Partnership Agreement)

TPP는 본래 2005년 뉴질랜드, 싱가포르, 칠레, 브루나이 등 4개국이 환태평양전략적경제동반자협정(TPSEPA: Trans Pacific Strategic Economic Partnership Agreement)으로 출범을 하였다. 초기에는 별로 주목을 받지 못하였으나 2008년에 미국이 적극적으로 협상에 참여함으로써 세계적인 관심을 끌기 시작하였다. 2013년부터는 일본이 참여함으로써 실질적으로는 NAFTA 3국을 포함하여 미국과

22 김진오 외(2011), 위의책, pp.234~238.

23 김진오 외(2011), 위의책, p. 237.

일본이 협상을 주도하면서 포괄적이고 수준 높은 무역, 투자자유화를 추구해왔다. 때문에 실질적으로는 미-일 FTA라고 단순하게 일컫는 사람들도 있다. 현재 회원국은 미국, 일본, 캐나다, 호주, 뉴질랜드, 멕시코, 싱가포르, 칠레, 브루나이, 페루, 베트남, 말레이시아 등이다. 한국, 대만, 필리핀 등이 참여하여 지난 2015년 타결되었다.

그동안 미국은 중국의 급부상을 견제하고 세계경제의 성장동력인 아시아태평양지역에서 미국의 영향력과 이익을 확장하고자 TPP를 추진하였다. 지난 2016년 2월에 12개국이 뉴질랜드 오클랜드에서 공식적으로 서명을 하였다. 12개 국가의 GDP 총규모는 전 세계 GDP의 38%로서 EU의 23%보다 높다. 지난 2015년 10월에 타결되어 2016년에 오바마행정부가 서명하였으나 2017년 1일 출범한 트럼프 행정부는 일방적으로 TPP를 폐기하여 실질적으로 폐기된 상태이다.[24]

그동안 한국은 한-미, 한-EU, 한-중 등 양자간 FTA에 주력해왔는데, TPP가 체결되면 아시아 및 태평양지역에서 가장 강력한 경제통합이 발생함으로써 우리에게는 위협적인 존재가 될 수 있으므로 우리도 이곳에 참여하는 것이 국가적으로 이익이 될 것이라고 판단하고 2013년에 관심을 표명하였다. 한국이 TPP에 가입하게 되면 한-일 FTA와 같은 효과를 얻기 때문이다. 그동안 한국이 한-미 FTA를 통해 일본에 비해 선점효과를 누리고 있었으며, 만약 일본만이 TPP에 참여하게 되고 한국이 제외된다면 한국의 선점효과는 금방 일본에게 빼앗기게 가능성이 높다.

(2) RCEP(역내포괄경제동반자협정, Regional Comprehensive Economic Partnership)

동아시아를 아우르는 광역 FTA로 2001년 10월 동아시아비전그룹(East asia Vision Group)에 의해 아세안+3(한-중-일) 정상회의에 건의되었고 2002년 동아시아 연구그룹도 동아시아 FTA를 중장기 목표로 설정한 바 있다. 2011년 11월

24 미국의 TPP 폐기로 인해 TPP는 폐기될 가능성이 높다. TPP가 발효되기 위해서는 회원국 50%의 동의와 회원국 GDP 85% 이상을 차지하는 회원국 의회에서 승인되어야 하는데 미국의 반대만으로도 협정의 발효가 어렵기 때문이다.

제19차 아세안정상회의에서 아세안+3국과 아세안+6개국의 타협안으로 RCEP가 통합적으로 채택되었다. 2012년 11월에 캄보디아 프놈펜에서 개최된 동아시아 역내국 간 정상회의 및 장관회의에서 한-중-일 FTA와 함께 RCEP의 협상개시가 공식적으로 선언되었다. 참가국은 아세안 10개국과 한국, 중국, 일본, 호주, 뉴질랜드, 인도 등 6개국으로서 총 16개국이다.

아시아지역의 자유무역지대가 창설된다는 점에서 TPP와 유사하다. TPP가 NAFTA와 일본의 주도로 이루어졌다면, RCEP는 미국이 배제된 상태에서 중국과 인도의 주도라고 볼 수 있다. 따라서 자유화 수준이 TPP와 비교되지 않을 정도로 낮다. 지난 2016년 2월까지 11차례 회의가 열렸으며, 2016년 말 타결을 목표로 협상해왔다. RCEP은 높은 수준의 FTA를 강조하고 있으나 협상에 참여하는 16개국의 경제발전 수준과 산업구조를 고려할 때 높은 자유화 수준을 가진 FTA로 출범하기는 어려울 것으로 예측되고 있다.

7) 기타 지역무역협정

그림 11-7 ▮ 세계지도를 이용한 지역주의의 현황

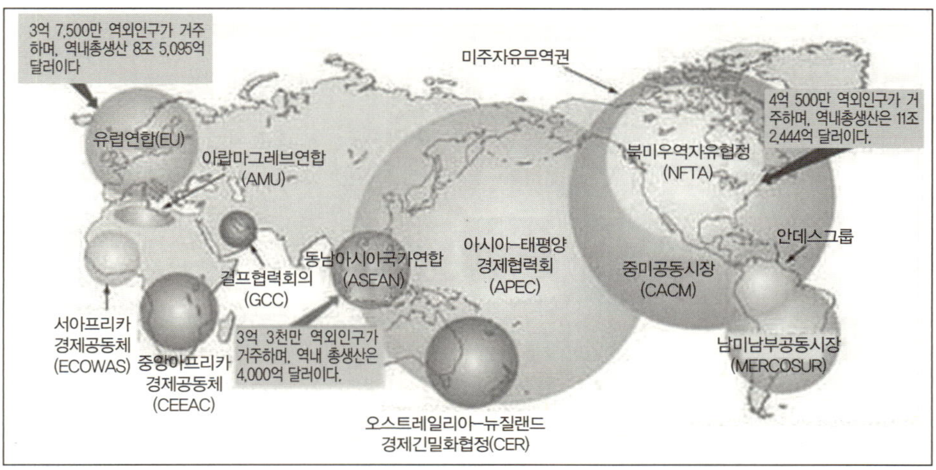

(세계은행 · 외교통상부 자료, 2000년)

| 표 11-9 | 대륙별 지역무역협정 사례

대륙	지역무역협정	시기	형태	내용 및 회원국
유럽	EFTA (유럽자유무역지대)	1960	FTA	노르웨이, 스위스, 아이슬란드, 리히텐슈타인
아시아	CER (호주-뉴질랜드 경제긴밀화협정)	1983	FTA	• 호주-뉴질랜드 간 장관들이 경제긴밀화관계 개념을 도입 • 정치긴밀화, 파트너십 형성으로 이용 • 양국간 유익한 경제관계 도출이 목적
	APTA (아태무역협정)	1976	PSA	특정품목만 자유화한 방콕협정, 2002년에는 중국도 가입
	ASEAN	1967	-	• 아시아 10개국, 모든 상품관세 5년 내 20% 인하 등을 통해 역내관세 0~5% 유지 목적 • 향후 RTA에서 협상력이 강화됨.
	CAFTA (중국-아세안자유무역협정)	2005	PSA, EIA	말레이시아, 인도네시아, 필리핀, 타이, 싱가포르, 브루나이. 캄보디아, 라오스, 미얀마, 베트남,
	SAARC (남아시아 지역협력연합)	1985	-	인도를 중심으로 방글라데시, 부탄, 인도, 몰디브, 네팔, 파키스탄, 스리랑카
	GCC (걸프협력회의)	1981	CU	• 사우디아라비아, 쿠웨이트, UAE, 카타르, 오만, 바레인 등 6개국 • 2011년 현재, 인구 4,210만 명, GDP 1조 3,720억 달러, 무역량 1조 2,751억 달러
북미	미-이스라엘	1985	FTA	단계적 관세인하, 비농산물에 대한 완전한 관세인하
	미-요르단	2000	FTA	10년 내 공산품 · 농산물에 대한 관세철폐, 노동 및 환경 핵심조항일치
	CCM (카리브공동시장)	73	CU	도미니카, 그레나다, 가이아나, 자메이카, 바하마 등
중남미	ANCOM (안데스국가연합)	1989	CU	• 1969년 발족, 1989년 회원국 간 경제긴밀화협정으로 재개정 • 공동시장으로 발전시키기 위해 거시경제 및 농업정책 조화 협상을 벌이고 있음 • 콜롬비아, 페루, 에콰도르, 볼리비아, 베네수엘라, 칠레(탈락)
	CACM (중미공동시장)	1961	CU	• 과테말라, 엘사바도르, 온두라스, 니카라과, 코스타리카 • 1993년에 상품, 노동, 자본이동자유화, 공동경제정책, 공동대외관세 등을 내용으로 하는 개정협정에 합의함
	CARICOM (카리브공동시장)	1973	CU & EIA	• 도미니카, 가이아나, 세인트루시아 등 카리브제국 15개국 • 1997년에는 GATS 제5조에 근거하여 EIA로 발전했는데 공동노동정책, 공동대내외정책 수행 등 수준 높은 경제통합임

아프리카	SADC (남아프리카개발공동체)		부분 FTA	아프리카 15개국, 일부 자유무역지대 형성
	CEEAC (중앙아프리카경제공동체)	1985	CU	르완다, 차드, 콩고, 앙골라, 가봉, 중앙아프리카공화국, 카메룬, 브룬디, 적도기니, 상토메프린시페
	ECOWAS (서아프리카경제공동체)	1975	CU	• 서아프리카지역 15개국, 베냉, 부르키나파소, 카보베르데, 감비아, 가나, 기니, 기니비사우, 라이베리아, 말리, 니제르, 나이지리아, 세네갈, 시에라리온, 토고 등 15개국 • 관세동맹형태, 국내정책의 조화, 공동대외관세를 통해 서아프리카 국가들 간의 경제협력강화 목적 • 2011년 현재 인구 3억 명, GDP 7,032억 달러
	COMESA (동남아프리카경제공동체)	1984	FTA	권능조항에 의거하여 체결된 공동시장으로 아프리카 19개국이 참가하여 단계적 경제통합이 진행 중임.
	남아프리카관세동맹 (SACU)	2007	CU	남아프리카공화국, 보츠와나, 레소토, 나미비아 등 5개국
	AMU (아랍마그레브연합)	1989	CU	• 북부아프리카지역의 리비아, 모로코, 알제리, 튀니지, 모리타니아 5개국이 1989년 2월에 체결한 협정 • EC와 이집트국가를 중심으로 한 ACC가 탄생되자 이에 대한 대응으로 탄생됨 • 대 EC협상에서 발언권을 강화하고 주변 아랍국가들의 결제블록에 대해서도 능동적으로 대체하기 위해 결성됨

■ Chapter **12** ■

FTA에 대한 이해

1 FTA(자유무역협정)는 무엇인가?

FTA(Free Trade Agreement, 자유무역협정)는 2개 이상의 나라가 자유무역을 실현하기 위해 관세 및 비관세장벽 등 각종 무역장벽을 완화하거나 철폐하여 상품 및 서비스 등의 자유로운 이동을 보장하는 특혜무역협정을 말한다. 일종의 통상조약으로서 서로 간의 경제를 통합하는 행위이다.

1) 지리적으로 인접한 국가들이 주로 체결

FTA는 지역무역협정의 한 형태인데, 과거에는 공통의 역사적 · 문화적 배경을 가지고, 경제적으로 상호의존도가 긴밀하고, 지리적으로 인접한 나라들끼리 자주 무역협정을 체결한다고 해서 지역무역협정(RTA: Regional trade Agreement)이라고 불렀다. 지리적으로 인접한 나라들끼리 교역을 확대한다는 것은 너무도 자연스러운 현상이다. 나라가 인접하면 거래비용이 낮고, 기업들이 활동하기 쉽고, 또 경제 · 사회 · 문화적으로 유사하다면 상품 및 서비스에 대한 수요파악, 제품판매, 마케팅전략 등 여러 측면에서 유리하기 때문이다. 2017년 현재 WTO 가입국가는 164개국으로 전 세계 국가의 약 85%를, 교역량의 약 95%를 차지하고 있다.

2) 경제통합행위

FTA는 국가 간의 무역장벽을 없애고 자유무역을 실현하기 위해 체결하는 무역협정으로서 경제적 긴밀도와 통합도를 높이는 일종의 경제통합행위이다. 단순히 무역협정을 넘어 경제 대부분의 분야를 포함하는 포괄적 경제협력 및 통합행위라고 할 수 있다. 따라서 FTA를 경제적 1촌관계에 비유하기도 한다. WTO 회원국들과의 관계가 일반 친구관계면 FTA는 서로 관세장벽을 철폐하고 혜택을 주고받는 이웃 국가와의 소통관계이며 특별한 친구관계라고 할 수 있다.

그러나 FTA의 자유화 수준은 자신과 상대국의 산업수준과 필요에 따라 조금씩 다르다. 그동안 한국이 체결한 FTA 중에서 자유화의 수준이 높은 FTA는 한-미 FTA와 한-EU FTA가 있고, 자유화의 수준이 낮은 FTA는 한-중 FTA와 한-ASEAN FTA 등이 있다.

지역무역협정(RTA)과 경제통합(Economic Integration)

RTA는 경제통합(Economic Integration)의 한 형태이다. WTO는 FTA를 관세동맹(Customs Union)에 포함시켜 경제통합의 협정(Agreement) 측면을 강조하기 위해 '지역무역협정(RTA)'이라는 용어를 사용하고 있다.

경제통합(Economic Integration)에 대하여 발랏사(B. Balassa, 1961)는 "각 국민경제에 속한 경제주체 간의 차별을 제거하기 위한 모든 조치"라고 정의했고, 틴버겐(J. Tinbergen)은 "경제가 최적상태로 운영되는 것을 저해하는 인위적 장벽을 제거하여 바람직한 경제구조를 형성하는 것"이라고 정의했다.

3) 국가 간의 조약

FTA는 국가의 재정을 변화시키는 국가 간의 조약으로서 국회의 승인을 필요로 한다. 한-미 FTA는 이미 조선이 1882년에 구미 국가와 맺은 최초의 통상조약인 조미수호통상조약이 그 시초라고 할 수 있다.

2 FTA의 특성

1) 배타적 특혜무역협정

회원국 상호 간에는 각종 무역장벽을 제거하여 혜택을 주고받지만, 비회원국에게는 여전히 과거의 무역정책을 유지하기 때문에 차별적인 조치이다. 회원국끼리만 혜택을 누리고 비회원국에게는 혜택을 배제하는 배타적 특혜무역협정(benefits of exclusivity)이므로 FTA는 GATT 제1조 최혜국대우(MFN)원칙에 위배된다. 왜냐하면 GATT 제1조는 최혜국대우에 관한 조항으로 모든 회원국의 무역은 편의, 호의, 면제 측면에서 무차별적이기 때문이다.

그럼에도 불구하고 FTA 효과의 원천은 차별성에 기인한다. 종래의 관세균형관계가 파괴되어 차별관세가 부과됨에 따라 관세인하폭만큼 가격우위가 발생하여 교역이 발생하기 때문이다. 따라서 특혜관세혜택은 선점효과를 통해서 실현된다. 그러나 WTO에서는 FTA가 확대될 경우 궁극적으로 전 세계의 무역장벽이 제거되고 자유무역이 확대될 것이라는 이유로 GATT 제24조에서 FTA를 예외적으로 허용하고 있다. 또한 WTO는 FTA를 통한 회원국 간의 긴밀한 경제통합이 궁극적으로 무역장벽의 철폐와 세계무역을 확대시킨다는 관점에서 FTA를 허용하고 있다.[01]

그림 12-1 FTA의 원리

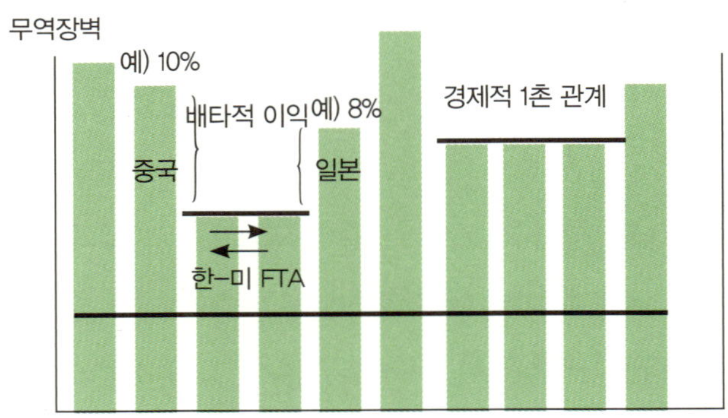

01 WTO에서 FTA와 관련된 조항은 'GATT 1994 제24조', 'GATT 1994 제24조 해석에 관한 양해', 'GATS 제5조' 등이 있다.

한-칠레 FTA 발효 이전에 칠레의 수입자동차 시장은 일본 23.5%, 한국 18.8%로 우리나라의 점유율은 일본보다 낮았다. 그러나 FTA 발효 4년째인 2007년에는 우리나라 자동차의 점유율이 일본차의 점유율을 추월하면서 시장 1위로 부상했고, 2008년부터 현재까지도 한국 29.2%, 일본 25.1%로 한국이 1위 자리를 지키고 있다. 이것이 의미하는 바는 FTA는 조기에 먼저 체결하여 관세인하효과를 누리는 국가가 혜택을 보게 되는 '선점효과'를 얻는 것이 중요하다는 점을 가르쳐준다. 그리고 이러한 차별성에서 FTA의 혜택이 발생하는 것이다. 종래의 관세 균형관계가 파괴되어 차별관세가 부과됨에 따라 관세인하폭만큼 가격우위가 발생하여 교역이 늘어나는 효과가에서 발생하는 것이다.

그러나 일시적으로 선점한 이익은 금방 침해당하기 쉽다. 따라서 FTA는 상대적 게임이며 먼저 체결하는 것이 중요한 상호경쟁적 체결을 유도하는 '속도의 경제학'이라고 말할 수 있다.[02] 쉬운 말로 표현하면 100m 달리기를 할 때 한국이 남들보다 10m 더 앞에서 뛰는 셈이다. 그런데, 다른 나라들마저 FTA를 체결하면 그 10m의 혜택이 없어지는 셈이다. 예를 들어 2007년 한-미 FTA 체결이 가시화되자 EU가 한국에게 FTA 협상 출범을 타진하였고, 2011년 한-미 FTA 발효가 임박하자 중국이 한-중 FTA 체결을 타진한 사례가 있다.

2) FTA는 체결국가들이 독자적 관세결정권을 유지

FTA는 관세동맹(Customs Union)이나 공동시장(Common Market) 같이 역외공동관세(CET)를 적용한다거나 생산요소의 자유로운 이동을 보장하는 수준이 아니다. 역내국가 간에는 관세가 철폐되지만 역외국에게는 기존의 관세가 그대로 남아있는 형태의 경제통합이다. 즉, 독자적인 관세결정권 및 무역정책결정 권한은 그대로 유지한다. 이러한 점은 역외공동관세(CET)를 적용하는 관세동맹과 구별되는 큰 차이점이다.

따라서 FTA는 원산지가 매우 중요한 요소이다. FTA는 원산지에 따른 혜택을 부여하거나, 또는 무역굴절현상을 방지하기 위해서 제품의 생산지를 따지는 원산지

02 허윤, "막 오른 한-EU FTA… 우리가 얻는 경제적 효과는", 조선일보, 2011. 5. 6.

규정(RO: Rules of Origin)이 중요하다. 즉, 협정에 따라 무역상의 혜택을 주기 위해서는 상품의 출처가 FTA 체결국가인지 미체결국가인지를 구별할 필요성이 있기 때문이다.

3) 유연성 있는 맞춤형 협정체결

WTO는 일괄타결방식(single undertaking)이지만 FTA는 개별국가의 사정에 따라 협상의 대상과 범위, 그리고 자유화의 수준 등을 결정한다. 따라서 산업에 따라, 그리고 민감도에 따라 자유화의 대상에서 제외할 수 있고 사정에 따라 유연성 있게 합의할 수 있다.

3 FTA의 목적: 왜 FTA가 확산되는가?

FTA의 목적은 다목적이라고 할 수 있다. FTA는 본질적으로 경제적 협력을 바탕으로 하고 있기 때문에 경제적 목적이 가장 중요시되지만 경제적 목적 이외에도 다양한 목적과 배경으로 추진되는데, 대체로 다음 네 가지 목적으로 분류할 수 있다.

1) 경제적 목적, 경기침체 등

세계 국가들이 FTA를 추진하는 가장 중요한 목적은 역시 경제적 이유 때문이다. FTA를 통해 해외시장에 대한 접근을 개선시켜 무역을 확대하거나 고용을 창출하여 경제성장을 도모하려는 노력이다. 관세가 철폐되면 가격경쟁력이 향상되고 규제가 완화되면 체결국은 물론 비체결국에로의 접근이 쉬워져 무역이 확대된다.

앞에서 설명했듯이 FTA는 경제불황이나 경기침체를 극복하기 위한 경제적 수단으로 많이 추진되었다. 예를 들어 과거 1940년대 유럽소국들이 생존을 위해서 RTA를 체결하였고, NAFTA는 북미지역의 교역자유화를 통해 역내 교역확대 및 공동의 경제적 이익을 도모하기 위해 설립되었고, 우리나라의 경우 동아시아 금융위기로 인해 수출이 둔화되고 경기가 침체되었을 때 이를 극복하는 과정에서 전략적으로 FTA가 추진되기도 하였다.

또한, 주요 교역대상국가들과의 통상마찰을 회피하는 동시에 지역주의 확산에 따른 FTA 소외국으로서의 상대적 피해를 억제할 필요성이 있었다. 즉, 우리의 주요 교역국들이 주변국들과 FTA를 체결하는 상황에서 우리만 FTA를 체결하지 않는다면 우리 상품만 차별대우를 받게 되어 경쟁관계에서 불리해지기 때문이다.

이밖에도 과거의 FTA는 단순히 교역증대를 목적으로 하는 경우가 많았으나 요즘에는 미국, EU 등 선진국들과의 FTA를 통해 선진국의 경제시스템을 도입함으로서 경제통상제도의 선진화를 추구하거나 국내 경제개혁을 촉진하기 위해 추진되는 경우도 많다. 예를 들어 한-미 FTA는 우리나라 서비스분야의 체질개선과 경쟁력 강화를 목적으로 추진되었고, 멕시코의 NAFTA 추진, 칠레의 전방위적 FTA 추진 등이 모두 경제개혁을 추진하는 과정에서 활용되었다.

2) 정치, 외교, 전략적 목적

초기 FTA는 복합적인 성격으로 국제정치적, 외교안보적 목적으로 체결되는 경우도 많았다. 국가 간에 FTA를 맺는다는 것은 경제적 통합뿐만 아니라 제도적·법률적 통합이며, 외교적·안보적 목적도 중요하기 때문이다.

그동안 체결된 FTA에서도 정치적·외교적 목적으로 추진된 사례는 많다. 예를 들어 중미공동시장(CACM), TDCA(남아프리카공화국의 지역무역협정 체결현황), ASEAN 등은 외교안보를 강화하여 정치적 갈등을 치유하고 나아가서 평화체제를 더욱 공고히 하려는 목적으로 체결된 경우이다.[03] 미-이스라엘 FTA와 미-요르단 FTA는 미국이 중동국가들과의 정치적 연대 및 평화안보를 강화하기 위해 체결된 사례이다. 또한, 1994년 NAFTA는 미국-멕시코 간의 불법이민자 문제를 해결하려는 의도가 있었고, 1991년에 체결된 MERCOSUR는 브라질, 아르헨티나 등 중남미지역 국가들이 단일경제권을 형성하여 EU, 북미지역과의 협상력을 강화할 목적으로 체결한 측면도 있다. 그리고 EU의 시초인 유럽석탄철강공동체(ECSC:

03 현재 ASEAN의 경우에도 역외국과의 협상과정에서 단일경제권으로서의 협상력을 발휘하고 있다.

European Coal and Steel Community) 역시 안보와 정치적 의도 때문에 형성된 것이다. 한국의 개성공단도 남북 간의 경제협력뿐만 아니라 안보위협을 완화시키려는 목적도 있다.

FTA에서 이러한 정치적 목적의 중요성을 강조한 사람이 바로 前UCLA 교수이자 세계적인 경영컨설턴트인 오마에 겐이치(大前研一)이다. 오마에 겐이치는 "FTA는 경제적이라기보다 다분히 정치적인 과제이다"라고 언급하며 FTA가 경제적 목적보다는 정치적 목적으로 체결되는 경우가 더 많다는 것을 강조하였다.[04] 또한, 그동안 미국 의회도 FTA를 경제적으로 다루기보다는 정치 · 외교적 측면을 더 중요시해 왔다.

3) 국내 경제구조 개혁

FTA는 시장개방을 통해 국내 경제구조 개혁이라는 국내문제를 정책적으로 해결하기 위해 추진된 사례도 많다. 국내 이해집단의 반발로 인해 정부 스스로 국내제도 및 규제를 개혁하지 못하는 경우 외부압력을 이용하게 되면 국내저항을 덜 받게 되어 정책목표를 실현하기 쉽다. 즉, 관세인하 내지 철폐를 기반으로 지역 내 시장에서의 무한경쟁을 조장하게 되면 물가안정과 경영혁신이 요구되거나 재정긴축과 민영화가 촉진되어 경제제도의 개편을 불가피하게 만들기 쉽다. 이렇게 되면 정부입장에서는 개혁과 개방에 대한 이익집단의 저항을 배제하면서 원하는 정책을 더 쉽게 추진할 수 있다.

FTA를 국내 경제구조 개선의 목적으로 활용한 나라들은 대체로 개도국이나 체제전환국들로서 선진국과의 경제통합을 통해 국내 시장개방과 규제개혁, 체질개선 등을 시도했다. 멕시코와 칠레가 1990년대 FTA를 추진한 것은 외국과의 협정이라는 구속력을 이용해 국내 이해집단의 영향력에서 벗어나 제도개혁을 시도하려는 의도가 있었다.[05] 우리나라의 경우에도 한-미 FTA는 서비스분야의 서비스산업의 선진화를 통해 서비스 경쟁력을 강화하려는 목적도 있었다. 남미국가들의 경

04 "기업 · 국가 흥망 인재에 달렸다", 한국경제매거진, 2006. 11. 13.
05 정인교(2010), 『FTA 통상론』, p.156.

우에도 이러한 목적에서 생성된 보수적 개혁의 수단으로 사용된 경우가 많았다.[06]

❙ 표 12-1 ❙ 지역무역협정의 다양한 목적

구분	체결목적	대표적 사례
경제적 목적	수출확대	한-칠레
	지역경제통합	NAFTA
	경쟁상의 불이익 극복	한-아세안
정치 · 외교적 목적	중동평화, 정치적 연대	미-이스라엘, 미-요르단, MERCOSUR
국내적 목적	경제제도 개혁	멕시코-칠레의 초기 FTA

주: 정인교 외(2010), 앞의책, p.155를 수정 · 보완

❙ 표 12-2 ❙ 한국의 각 국가별 FTA 체결 목적

	나라	목적	기타
1	한국-칠레	안정적 수출시장, 구리 등 원재료 확보	중남미시장 개척 교두보
2	한국-싱가포르	외자유치, 무역항, 외환시장, 석유화학센터 활용	
3	한국-EFTA		선진유럽 진출의 교두보
4	한국-ASEAN	빠른 경제성장, 동남아국가들의 구매력 선점, 선진국시장 수출위축 대체	
5	한국-인도	높은 경제성장률, 성장잠재력, 유럽금융위기에 따른 수출감소 만회	
6	한국-페루	풍부한 자원, 높은 성장률(기회의 땅), 자동차수출, 에너지, 광물(은, 아연, 주석) 풍부	중남미시장 진출 교두보
7	한국-미국	수출확대, 외국인투자 유인	선진경제시스템 도입
8	한국-터키	높은 소비성향, 정치적 안정	아시아, 유럽의 지정학적 위치
9	한국-콜롬비아	풍부한 천연자원, 외국인투자, 수출확대	

자료: 기획재정부, 『함께하는 FTA』, p.16.

06 김병국(1995), 『국가, 지역, 국제체제: 변화의 연속성』, p.277.

1990년대 이후 맺어진 지역무역협정의 약 1/3은 루마니아, 헝가리, 폴란드 등 체제전환국가 간 또는 체제전환국과 유럽국가 간의 협정이다. 소련의 붕괴로 동유럽국가 간의 경제협력이 어려워지자 이를 보완하거나 경쟁지향적인 민주주의시스템으로의 전환 및 경제체질 개선을 위해 FTA가 활용된 사례이다.

이밖에도 중국-홍콩 FTA, 중국-대만 FTA, 중국-ASEAN FTA는 중국과의 역사적 · 정치적 · 문화적 특성관계를 감안하여 체결되었고, 중국-칠레 FTA, 중국-페루 FTA는 자원확보를 위해 추진되었고, 기타 개도국과의 전략적인 동맹관계나 영향력 확보를 위해 추진되었다.

4) WTO 중심의 다자주의의 한계점 극복

그동안 WTO를 중심으로 8차례의 다자간협상을 통해 세계자유무역은 크게 진전된 것이 사실이다 그러나 2000년대 들어 WTO를 중심으로 한 다자무역체제는 더 이상 진전되지 못하고 몇 가지 심각한 문제를 노출시켰다.[07]

첫째, 협상의 비효율성과 진전의 어려움이다. 회원국수가 160여 국에 이를 정도로 참여국수가 많아지고, 중국, 인도 등 개도국들의 영향력이 커지면서 선진국과 개도국 간의 대립도 심해지기 시작하였다. 예를 들어 개방화 정도에 대해 미국과 유럽 간 대립, 선진국과 개도국의 대립 등 각국의 입장이 서로 상반되었다. 또한 GATT 때부터 유지해온 만장일치(consensus)라는 까다로운 의사결정방식을 고집함으로써 합의에 도달하는 데 많은 시간이 소요되었다.

둘째, WTO의 획일성을 탈피하여 좀 더 자신들의 수준을 반영한 맞춤형 경제통합을 추구하였다. 회원국수가 많고 회원국마다 처한 상황이 다르므로 WTO에서의 논의내용이 자국 정책 및 규제와 일치하지 않는 경우가 많았다. 따라서 회원국들은 WTO에서 개별국가의 다양한 요구와 복잡한 문제들을 모두 반영하기 어렵기 때문에 FTA를 통해서 국가들 간에 경제규모, 무역관계, 기술수준, 문화 및 정치적 환경 등을 반영하여 좀 더 적극적인 경제통합을 이루려는 노력이 이어졌다.

07 WTO/DDA 협상인 1999년 시애틀 각료회의, 2003년 멕시코 칸쿤 각료회의 등에서 별 진전을 이루지 못하였다.

셋째, 농업, 지재권 등 어려운 의제가 많이 남게 되었다. WTO의 8차례의 다자협상을 통해 규범, 상품분야 등 전통적인 의제는 진전이 있어 관세장벽이 상당히 낮아졌으나 서비스, 투자, 지재권, 경쟁정책, 무역구제, 정부조달, 기술표준 등 회원국들 간에 의견이 대립되는 까다로운 분야만 남게 되었다.

넷째, 개별국가 입장에서는 WTO에서의 논의내용이 자국 정책 및 규제와 일치하지 않는 경우가 많았다. 따라서 WTO가 시장개방을 통해 경제성장과 수출확대를 이루려는 개별국가들의 수요를 충족하지 못하자 이를 대신하여 지역무역협정이 활용되기 시작하였다.

5) 경쟁적인 지역무역협정 체결 확대

FTA는 선택이 아니라 어쩔 수 없이 체결해야 하는 최소한의 노력이기도 하다. FTA를 체결하는 이유는 혜택도 혜택이지만 체결하지 않음으로써 발생하는 차별을 방지하기 위한 목적도 크다. 앞에서도 설명한 바와 같이 FTA의 특혜관세는 종래의 관세균형관계가 파괴되어 차별관세가 부과됨에 따라 관세인하폭만큼 가격우위가 발생하여 교역이 늘어나는 효과가 발생되므로 특혜무역혜택을 이용한 선점효과가 발생하는 것이다. 이에 반해 FTA는 협정을 체결한 회원국 간에만 특혜적으로 관세인하혜택이 발생하고 비회원국가에게는 본래의 관세를 그대로 부과하기 때문에 비회원국에게는 무역의 혜택에 있어서 불리해지는 상황이 발생하기 쉽다.

따라서 각국이 FTA를 경쟁적으로 체결하려는 이유는 이러한 FTA에서 발생할 수 있는 경제적 이익을 선점하거나 미체결국으로서의 차별을 극복하기 위한 것이다. 결국 지역무역주의가 경쟁적으로 발생하는 이유에는 일부 특정국가들의 경제통합이 주변국들에게 긍정적 · 부정적 영향을 미치기 때문에 다른 나라들도 대응차원에서 유사한 경제통합을 연쇄적으로 일으키는 것이다. 예를 들어 독일, 프랑스, 이탈리아를 중심으로 EEC를 형성하자 그에 대한 반동으로서 영국은 EEC에 불참하고 있는 6개국을 중심으로 유럽자유무역지대(EFTA: European Free Trade Association)를 설립한 경우도 이에 해당한다.

1990년대 들어 지역무역협정이 확산되는 계기 중의 하나는 1992년에 EU, 1993

년에 NAFTA, 1991년에 MERCOSUR 등의 거대 지역무역협정이 잇달아 체결되자 이러한 경향에 편승하지 못한 국가들의 위기의식으로 1990년대 후반부터 FTA가 도미노식으로 확산된 영향도 있다.[08]

그런데 FTA의 선점효과는 역외국가들이 모두 FTA를 체결해버리면 그 효과가 상쇄되는 특성이 있다. 비슷한 사례로 한–칠레 FTA는 2004년에 발효되었고, 발효 후 칠레시장에서 한국상품의 시장점유율은 크게 상승하였는데, 칠레가 2006년에는 중국과, 2007년에는 일본과 FTA를 발효시킴에 따라 한국 상품의 칠레시장 점유율이 2008년부터 감소하다가 2010년 이후 다시 증가세로 돌아선 경험이 있다. 이들 사례는 FTA 체결 후발국들이 선발국보다 더 높은 수준으로 관세인하 및 양허수준에 합의할 경우 기체결국가가 누리던 FTA 선점효과는 상쇄될 수 있다는 것을 보여주는 것이다.

표 12-3 칠레 시장의 주요국별 점유율 추이

국가	2003(A)	2004	2005	2006	2007	2008	2009	2010(B)	한국발효 이후증감 (B–A)	각국발효 이후증감 (B–C)
한국 (2004년 4월)	2.98(C)	3.12	3.61	4.72	7.23	5.60	5.62	6.41	3.43	3.43
미국 (2004년 1월)	14.52(C)	15.12	15.80	16.03	17.02	19.37	18.71	17.61	3.09	3.09
중국 (2006년 10월)	7.34	8.27	8.53(C)	10.04	11.42	12.03	13.27	15.74	8.40	7.21
일본 (2007년 9월)	3.61	3.57	3.41	3.30(C)	3.71	4.71	3.51	5.53	1.92	2.23
아르헨티나	21.34	18.55	16.13	12.96	10.14	8.87	11.93	8.86	−12.48	
브라질	11.84	12.44	12.66	12.19	10.53	9.34	7.39	8.80	−3.04	

주: ( ) 안은 발효년도(2012)

자료: 민혁기 · 정재화(2012), "한 · 칠레 FTA의 무역효과 분석", 『무역학회지』, 제37권 제4호, p.104.

08 Bernard M. Hoekman and Michel M. Kostecki(2001), *The Political Economy of the World Trading System*; *UNCTAD(2005), Multilateralism and Regionalism*.

이것이 의미하는 바는 FTA는 선점효과의 발생으로 인해 조기에 먼저 체결하는 국가가 관세인하효과를 누리게 된다는 것이다. 따라서 FTA는 속도의 경제학이라고 말할 수 있으며, FTA 미체결국가로서의 피해방지를 위해 너도 나도 경쟁적으로 FTA를 추진하는 것이다.[09]

4 FTA의 적용범위

FTA의 체결이 본격화되기 이전 과거의 FTA는 주로 선진국과 개도국 간에 상품분야를 중심으로 관세인하 또는 무역자유화를 주요 내용으로 하였고 몇몇의 경우에만 원산지규정, 통관절차 등 무역규범 관련 내용을 포함하였다. 예를 들어 중국-ASEAN FTA 같이 개도국 간에 체결되는 FTA의 경우에는 상품분야에서의 무역자유화에 중점을 두었다.

그러나 오늘날 체결되는 FTA의 경우는 대개 상품, 서비스, 투자, 지재권 등의 자유화나 규제완화는 기본으로 하고 여기에 정부조달, 환경정책, 노동기준, 분쟁해결 등이 추가되는 형태가 대부분이다.[10]

단순히 무역자유화에 국한되지 않고 서비스 규제완화, 자유로운 투자활동, 무역규범, 지식재산권보호, 정부조달, 기업운영의 투명성, 불합리한 제도와 규제시스템 같은 경제제도를 개선하는 내용을 포함하고 있다. 심지어는 동등한 경쟁조건을 유지하기 위해 체결 상대국이 국제수준의 경쟁, 노동 및 환경기준을 준수하도록 요구하기도 한다.

따라서 오늘날 FTA는 대체로 적용범위가 상당히 넓고도 깊어서 '포괄적 FTA'라고 말할 수 있다. 예를 들어 한-미 FTA의 경우에는 상품, 농업, 섬유, 원산지, 통관, 무역구제, 위생검역, 기술표준, 투자, 서비스, 지재권, 금융서비스, 전자상거래, 경쟁, 정부조달, 노동, 환경분과와 자동차, 의약품 등 2개의 작업반으로 세분화되어 협상이 이루어졌다.

09 허윤, 조선일보, 2011. 5. 6.

10 정인교(2010), 『FTA 통상론』, p.153(www.fta.go.kr 참조)

이러한 FTA의 협상범위에 대해 과거 김현종 통상교섭본부장은 3세대 FTA라고 칭한 바 있다. 1세대 FTA가 공산품의 관세철폐에 집중한 것이라면, 2세대 FTA는 공산품에 농산물과 서비스를 포함시킨 것이고, 3세대 FTA는 한 단계 더 나아가 비관세장벽, 지재권, 위생검역, TBT 등이 포함된 포괄적 FTA라는 것이다.[11]

이렇게 FTA의 적용대상이 확대되는 이유는 WTO 등 다자무역제계에서 협상의 대상이 서비스, 지재권, 원산지 등으로 넓어진 것에 영향을 받은 측면도 있고, 다른 한편으로는 그동안에 협상이 상당히 진전됨에 따라 상품분야에서는 이미 관세장벽이 낮아질 만큼 낮아져서 협상의 관심분야가 비관세장벽으로 이동한 측면도

표 12-4 FTA의 적용범위

구분	NAFTA	일-싱가포르	EU-멕시코	한국-칠레	한국-미국
관세철폐	◎	◎	◎	◎	◎
수량제한금지	◎	◎	◎	◎	◎
세이프가드	◎	◎	◎	◎	◎
반덤핑 · 상계관세	◎	◎	◎	◎	◎
관세 · 통관절차	◎	◎	◎	◎	◎
위생검역	◎	◎	◎	◎	◎
분쟁해결	◎	◎	◎	◎	◎
원산지규정	◎	◎	◎	◎	◎
서비스	◎	◎	◎	◎	◎
상호투자(BIT)	◎	◎	◎	◎	◎
상호인증(MRA)	◎	◎	◎	◎	◎
정부조달	◎	◎	◎	◎	◎
경쟁정책	◎	◎	◎	◎	◎
경제기술협력	×	◎	◎	◎	◎
IT분야협력	×	◎	◎	×	◎
인력이동	◎	◎	×	×	◎
환경	◎	×	×	◎	◎
노동	◎	×	×	◎	◎
합동위원회	◎	×	◎	◎	◎

자료: 日本通商産業省, 『通商白書 2001』을 토대로 저자 수정

11 김현종(2011), 『한미 FTA를 말하다』, p.315.

있다. 1995년 WTO 출범 이후부터 FTA의 내용과 적용범위가 상품분야에서의 관세철폐는 물론 서비스, 투자, 지재권, 경쟁정책, 무역구제, 정부조달, 기술표준 등 일반부문의 영역까지 규제를 철폐하는 방향으로 진전되었기 때문이다.

한편, 4차 산업혁명은 데이터 혁명이다. 4차 산업은 제품이 데이터를 통하여 서비스와 융합한다고 정의해도 무방할 정도다. 그렇다면 현실의 제품 및 서비스가 각각 대응되는 가상의 데이터 선순환 인프라 구축이 4차 산업혁명의 근간이 될 것이다. 바로 빅데이터를 획득하는 IoT, 저장하는 클라우드, 분석 활용하는 인공지능 등의 통합이 그것이다.[12] 4차 산업혁명으로 인해 FTA에서도 데이터의 개방과 이동에 관한 의제를 다룰 가능성이 높다.

또한 4차 산업혁명은 Cross-Border e-Commerce의 확대와 옴니채널의 제공으로 기업들에게는 전자상거래의 중요성이 증가된다. 4차 산업혁명이 기업에게는 B2B, B2C 성격의 새로운 수출활로를 개척하는 기회를 제공할 것이다. 그러나 기술발달로 인해 초국경 전자상거래가 활성화되고 그로 인해 거래되는 품목 및 금액이 커지면 FTA에서 전자상거래에 대한 과세문제가 더 부각될 가능성이 있다. 현재에도 전자상거래의 세금이 정상적인 수입거래보다 낮기는 하지만 신보호무역주의의 확대로 전자상거래에서도 규제를 위한 과세가 인상된다면 FTA 협상에서 중요한 의제로 대두될 가능성이 있다.

5 FTA의 이행기간

FTA 협상이 타결되고 의회에서 비준이 이루어지면 본격적으로 발효가 되는데, 이때 FTA의 이행기간은 품목별 민감도에 따라 즉시철폐, 5년, 10년, 15년 철폐 등으로 다양하다. GATT 협정문 제24조 (c)항에서는 "합리적인 기간(reasonable length of time) 내에 자유무역지대 형성을 위한 계획표가 세워져야 한다"라고 규정하고 있다. 이를 이어받은 1995년도 'GATT 제24조 해석에 관한 양해'에서는 합리적인 기간을 "예외적인 경우에만 10년을 초과한다"고 언급하고 있어 사실상 지

12 이민화(2016), 『4차 산업혁명으로 가는 길』 동영상 참조.

역무역협정의 이행기간을 10년을 기본으로 하고 있다.

본래 FTA는 무역의 상당부문(substantially all the trade)을 자유화하는 것이 원칙이지만 당사자 간의 협상을 통해 극히 일부의 품목에 대해 예외를 인정하거나, 시간을 두고 단계적으로 관세를 인하하거나 철폐하기도 한다. 이때 민감한 품목에 대해서는 5~15년에 걸쳐 자유화를 실시하고, 아주 민감한 품목의 경우에는 한국의 쌀과 같이 개방 예외품목을 설정하여 아예 개방대상에서 제외하기도 한다. 예를 들어 NAFTA의 경우 발효즉시 관세가 철폐되는 품목의 비율은 50%에 불과했었다. 반면 2012년부터 발효된 한-미 FTA 즉시철폐 품목비율이 85.6%였다.

6 FTA의 경제적 효과

FTA의 효과는 일반적인 무역자유화 효과의 연장선에서 설명될 수 있다. 따라서 아래 설명은 사실상 무역자유화의 효과라고 볼 수 있다. 무역자유화의 효과는 단기효과와 장기효과 구분된다. 단기효과는 FTA를 통해 관세 및 비관세장벽이 제거되면 무역이 창출되어 고용과 소득이 증가하는 효과이고, 장기효과는 시장개방으로 인해 경쟁이 촉진되고, 규모의 경제가 달성되고, 자본이 축적되면 연쇄적으로 효율성이 향상되는 효과이다.

FTA의 단기 정태효과와 장기 동태효과

단기정태효과란 무역장벽의 철폐와 동시에 그 효과가 순간적으로 발생하는 것으로 가정하기 때문에 단기효과라고 한다. 이에 비해 장기동태효과란 관세인하의 효과가 단기간에 가시화되지는 않더라도 어느 정도 시간이 지남에 따라 서서히 나타날 수 있는 장기효과를 의미한다. 현재 체결되는 FTA는 많은 경우 이행기간을 10년에 걸쳐 단계적으로 자유화를 실행한다. 또한, 투자, 자본자유화, 규제완화 등과 같이 경제구조와 관련된 내용이 포함되기 때문에 장기적으로 생산성 향상, 자본축적효과 등이 나타날 수 있다.

1) FTA의 단기적 효과

(1) 무역창출효과

FTA의 효과에 관해 처음으로 이론을 제시한 사람은 바이너(Jacob Viner, 1950)로서, 그는 FTA에 따른 효과를 교역이 증가한다는 무역창출효과(trade creation effect)와 효율적인 자율배분을 저해한다는 무역전환효과(trade diversion effect)로 구분하여 설명하였다.[13] 먼저 무역창출효과란 FTA 체결 이전에 높은 가격으로 소비되던 국산상품이 FTA 체결 이후에 저가의 수입상품으로 대체되면서 회원국간의 교역이 확대되는 현상을 의미한다. 즉, FTA 협정을 체결한 나라들끼리 관세를 부과하지 않게 되어 수입상품의 가격이 상대적으로 저렴해지면 그동안 가격이 비쌌던 국내상품이 가격이 저렴해진 수입상품으로 대체되면서 체결국 간에 교역이 늘어나는 현상을 일컫는다.

이러한 현상이 일어나는 이유는 과거에는 높은 관세로 인해 수입되지 못하던 품목들이 FTA 체결로 인해 관세가 인하됨에 따라 새로이 비교우위를 갖게 되어 이들 상품을 중심으로 교역과 생산이 증가하기 때문이다. 예를 들면 과거에 우리는 비싼 국내산 포도를 소비하고 있었는데, 한-칠레 FTA가 발효되어 관세가 인하됨에 따라 칠레산 포도가 값싸게 수입되어 국내산 포도 소비가 칠레산 포도 소비로 대체되면서 포도 수입이 증가되는 현상을 들 수 있다. 대신 이러한 무역창출효과로 인해 기존에 국내수요를 담당해 왔던 국내산업은 경쟁력을 상실하여 산업피해를 보게 되는 이유가 되기도 한다.

그런데, 무역창출효과는 수입뿐만 아니라 수출에서도 발생할 수 있다. 왜냐하면 관세인하로 인해 가격경쟁력이 생긴 완제품이 체결국으로 수입이 되어 수입량이 늘어나기도 하지만, 수입품이 중간재의 경우에는 완재품의 수출가격 경쟁력이 개선되어 수출이 늘어날 수 있기 때문이다. 결국 무역창출이란 관세철폐나 규제완화로 인해 해외시장으로의 접근이 확대됨에 따라 발생하는 전반적인 무역확대효과라고 할 수 있다.

---

13 Jacob Viner(1950), *The Customs Union Issue*.

예를 들어, 한-EU와 한-미 FTA 체결 이후 우리나라 시장에서 와인의 가격이 하락하여 와인수입이 크게 증가한 것도 무역창출효과라고 볼 수 있다. 지난 2012년 9월 10일 한국수입주류협회에 따르면 1~7월 미국 와인수입액은 863만 달러로서 전년 동기 대비 19.4% 증가하였고, 스페인 와인 및 독일 와인의 경우에도 각각 19.7%, 19.9%씩 증가하였다고 발표하였다. 또한, 우리는 한-EU FTA로 인해 주변에서 유럽지역에서 생산된 맥주를 흔하게 구할 수 있다. 이들 사례는 모두 FTA 체결 이후 무역이 창출된 사례이다.

[그림 12-2]는 수입와인에 대한 관세인하효과를 예를 들어서 설명한 것이다. FTA 체결 이전 자국(A국) 와인의 가격은 리터당 9달러이고, 상대국(B국)의 와인 수입가격은 리터당 6.4달러라고 가정할 때 만약 수입와인에 대해 50%의 관세가 부과되면 수입와인 가격이 9.6달러가 되어 국산와인보다 수입와인이 비싸게 되어 소비 및 수입이 이루어지지 않을 것이다. 그런데 FTA가 체결되어 수입와인에 부과하는 관세를 50%에서 15%로 인하하면 수입와인의 가격이 7.4달러로 하락하여 그때부터는 상대국(B국) 와인에 대한 소비가 증가되고 수입이 증가되기 시작하는데, 이런 경우를 무역이 창출되었다고 한다.

그림 12-2 ▮ 무역창출효과

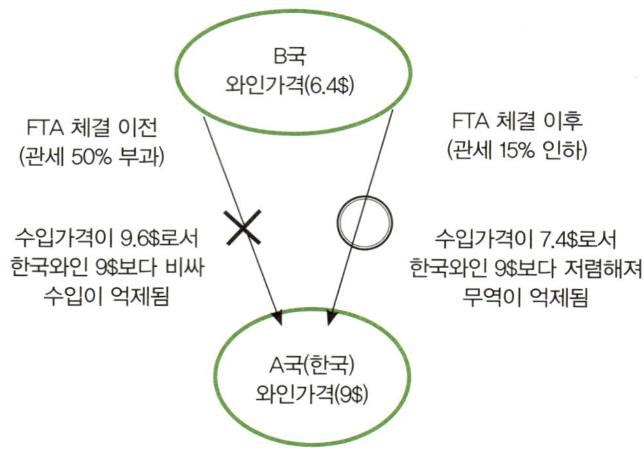

A국과 B국이 관세철폐를 내용으로 하는 FTA를 체결하는 경우 무역이 창출되는

효과를 다른 사례를 통해서 설명해보자.

| 표 12-5 | 무역창출효과

구분	관세, 가격	한국	A국	B국	내용
	관세부과 전 가격	100$	80$	60$	생산비
FTA 체결 전	관세부과	0	80$	60$	FTA 체결 전 A국, B국에 모두 100% 관세를 부과함.
	관세부과 후 가격	100$	160$	120$	FTA 체결 전에 한국은 수입품보다 국산품의 가격이 싸기 때문에 A국, B국으로부터 무역이 발생하지 않음.
B국과 FTA 체결 후	관세부과	0	80$	0$	한국이 B국과 FTA를 체결하여 관세를 0%로 낮춤. 반면 A국의 관세는 100%로 그대로임.
	관세부과 후 가격	100$	160$	60$	FTA 체결로 인해 한국은 B국으로부터 수입이 발생하게 됨. 그러나 실제로 A국보다 B국이 더 효율적인 생산을 하고 있음.

FTA가 체결되어 무역이 창출된 사례는 주변에서 쉽게 찾아볼 수 있다. 예를 들어 아래 [표 12-6]에서와 같이 한-칠레 FTA의 경우 발효 3년차에 수출이 49.9%, 수입이 60.2% 증가하여 FTA 체결 후 무역이 창출되었음을 알 수 있다. 만약 비교기간을 더 늘려서 발효 직전인 2003년과 8년 후인 2011년을 비교해보면 수출은 360.5%, 수입은 359.2%까지 증가하여 무역창출이 크게 발생했음을 알 수 있다.

| 표 12-6 | 한-칠레 FTA 이후 무역증가율

발효 후 기간	발효후 1년차	2년차	3년차
수출증가율	58.2	46.6	49.9
수입증가율	44.9	32.6	60.2

아래 NAFTA의 경우 멕시코를 기준으로 NAFTA 체결 전 10년과 체결 후 10년의 수출증가율을 비교해보면 체결 후 연평균증가율이 12.2%로서 체결 전 증가율보다 높음을 알 수 있다. 즉, 멕시코의 수출증가율은 NAFTA 발효 이후 꾸준하게

증가하였고 대미 무역수지흑자도 한동안 지속되었다.

| 표 12-7 | NAFTA 체결 이전과 이후 멕시코의 대미국 교역증가율 변화 (단위: %)

구분	발효 이전 10년 (1984~1993년)	발효 이후 10년 (1994~2003년)	2004~2010년
대미수출 연평균 증가율	11.2	12.2	5.9

이밖에도 시장개방으로 인한 개별국가의 비용절감(효율성 향상)이 발생하고, 비교우위를 지닌 부문의 효율적인 생산이 확대되면 노동 및 자본 등 생산요소에 대한 수요가 증가하고 그에 따라 가계의 소득도 증가할 수 있다. 이러한 생산증가, 교역증가, 그리고 소득증가를 모두 합해서 시장개방에 따른 '단기정태(static)효과'라고 한다.

(2) 무역전환효과

무역전환효과(trade diversion effect)란 과거에 저비용(효율적 생산)으로 상품을 생산하는 역외국으로부터의 수입이 FTA 체결로 인해 오히려 고비용(비효율생산)으로 상품을 생산하는 역내국으로 수입이 전환되는 현상을 말한다. 무역전환효과는 비록 FTA를 통한 관세인하로 회원국으로부터 상품을 싸게 수입할 수는 있어도 여전히 기존의 비회원국이 저비용으로 상품을 생산하는 경우에 해당된다. 따라서 무역전환효과란 FTA 체결 이전에는 가격이 싼 역외국의 상품이 비교우위에 있었으나, FTA 체결로 인해 역내국가 간 관세가 제거됨에 따라 과거에 가격이 비쌌던 역내국의 상품이 오히려 비교우위를 갖게 되어 교역의 상대국이 저비용으로 생산하던 역외국에서 고비용으로 생산하는 역내국으로 바뀌는 현상을 말한다.

예를 들어 설명하면 그동안 F국의 와인이 값싸게 생산되어 수입되고 있었는데, 한-칠레 FTA로 인해 관세가 인하됨에 따라 F국의 와인보다 칠레와인이 더 싸게 되어 F국와인에서 칠레와인으로 수입선이 바뀌는 현상을 들 수 있다. 따라서 한국의 와인수입이 저비용의 역외상품에서 고비용의 역내상품으로 대체된 경우이다.

그림 12-3 ▮ 무역전환효과

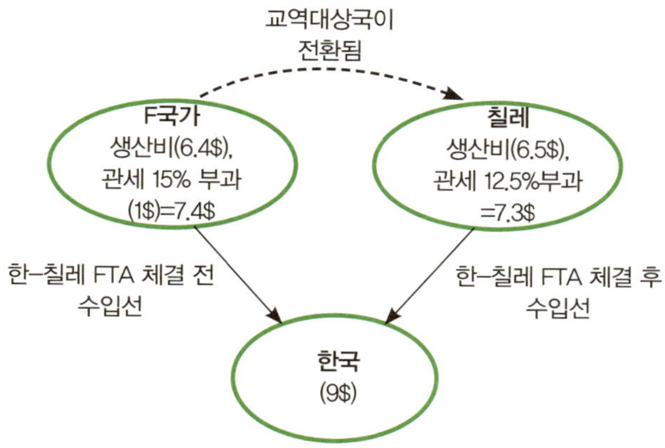

또 다른 예를 들면 한국과 EU가 FTA를 체결하여 자동차 수입관세가 8%에서 0%로 인하하게 됨에 따라 관세인하만큼 유럽산 자동차의 가격이 싸졌지만 그동안 우리나라가 주로 수입하던 일본산 자동차가격은 그대로여서 상대적으로 유럽산 자동차의 가격이 싸져서 일본산 자동차를 구입하던 사람들이 상대적으로 가격이 저렴한 유럽산 자동차를 구입하는 현상을 들 수 있다. 수입선이 일본자동차에서 유럽자동차로 바뀐 것이다.

그런데 무역전환효과는 FTA의 부정적 효과로 인식되고 있다. 왜냐하면 본래 한국에 수출을 하던 국가(F국가)가 FTA가 형성됨에 따라 수출대상을 잃게 되는 것 같이 협정을 체결하지 않은 나라가 상대적으로 피해를 보기 때문이다. 또한 무역전환효과는 비효율적인 역내 국가의 생산이 필요 이상으로 증가하게 되고 이는 궁극적으로 자원의 효율적인 배분도 침해하게 되므로 부정적 효과로 인식되고 있다.

결국 FTA의 효과는 회원국의 후생에 긍정적인 영향을 미치는 무역창출효과와 회원국의 후생에 부정적인 영향을 미치는 무역전환효과 간의 크기로 비교할 수 있다. 그러나 이들 효과 간의 상대적 크기는 산업구조, 경쟁성, 포괄범위 등 다양한 요소에 의해 결정되므로 쉽게 판단하기는 어렵다.

표 12-8 무역전환효과

구분	관세, 가격	한국	A국	B국	내용
	관세부과 전 가격	200$	80$	60$	생산비
FTA 체결 전	관세부과	0	80$	60$	FTA 체결 전(관세 100% 부과)
	관세부과 후 가격	200$	160$	120$	FTA 체결 전에 한국은 A, B국 모두에게 관세 100%를 부과하고 있는데, 그래도 B국의 가격이 싸서 B국으로부터 수입이 이루어지고 있었음.
A국과 FTA 체결 후	관세부과	0	0	60$	한국이 A국과 FTA 체결 후 관세부과금액(A국에 관세 0% 부과, B국에 관세 100% 부과)
	관세부과 후 가격	200$	80$	120$	한국이 A국과의 FTA 체결로 인해 한국의 수입선이 B국에서 A국으로 전환됨. 사실은 A국의 생산비 80$, B국의 생산비 60$이므로 B국이 더 효율적으로 싸게 만드는 나라였음. 그러나 FTA 체결로 인해 덜 효율적으로 생산하는 A국의 생산품이 수입되는 것이다. 이를 무역전환효과라고 함.

2) FTA의 장기효과

FTA는 양국간 광범위한 경제통합이므로 단순한 무역증가와 같은 정태적 효과보다는 산업연관효과를 고려한 동태적 효과가 더 중요할 수 있다. 즉, FTA가 단기적으로는 가시적인 성과를 이루지 못한다하더라도 오랜 시간을 두고 서서히 발생하는 장기적 효과는 예상보다 크고 중요할 수 있다. 왜냐하면 FTA는 경쟁과 투자의 활성화에 따른 생산성향상, 대량생산에 따른 규모의 경제가 실현되도록 하고, 체결국으로부터 우수한 기술이 유입되어 기술수준이 향상되고 생산성이 향상되어 이것이 경제성장에 기여하는 등 경제적 파급효과가 매우 클 수 있기 때문이다. 이렇게 FTA의 효과가 장기적으로 여러 부문 간의 연쇄작용으로 생산성이 향상되고 경제가 성장하는 것을 '장기동태적(long term and dynamic effects) 효과'라고 한다. 이러한 효과는 아래 몇 가지의 개별효과에서 발생한다.

첫째, FTA 체결을 통해 관세 및 비관세장벽 등 각종 규제가 철폐되고 개방이 확대되면 기업들 간의 경쟁이 촉진되고 체질이 강화되어 혁신이 이루어지기 쉽다. 즉, 시장개방으로 인해 기업 간의 경쟁이 유발되면 가격이 하락하기 쉽고 재화의 공급측면과 서비스수준이 질적으로 향상되는 경향을 보인다. 또한 경쟁의 격화로 기업들이 새로운 상품을 개발한다거나 더욱 효율적인 생산기법을 개발하는 등 기술개발 및 혁신이 이루어지기 쉽다. 이는 곧 제품의 가격을 하락시키고 품질을 향상시켜 궁극적으로는 회원국 국민들의 후생수준 증대로 이어질 수 있다. 우리나라의 경우 전기요금이 최대 11배나 차이가 나는 누진제제도를 통해 독과점의 폐해를 경험한 바 있다.[14]

경쟁의 장점

경쟁은 기피의 대상이 아니라 성장의 핵심동력이 된다. 경쟁을 자신의 사업을 방해하는 위협이라는 생각부터 바꾸어야 한다. 경쟁이 일어나면 기업들은 성과를 더 높이기 위해 노력하고, 만약 경쟁에서 밀린 기업이 있다고 해도 만회할 방법을 찾고 더 노력하게 된다. 우리 사회는 경쟁을 통해서 한번 더 나아가는 것이다. 성장을 바라는 사람이라면 경쟁을 피하지 말고 정면으로 도전해야 한다.

자료: 미국 스탠퍼드대학 경영대학원 윌리엄 바넷 교수 인터뷰, 조선일보, 2015. 10. 24.

둘째, 비용절감효과이다. FTA 체결로 인해 역내국의 규제장벽기준이 표준화·간소화·투명화되어 수출비용이 감소한다. 생산자 측면에서 생산요소를 수입하는 생산자는 관세철폐로 더 저렴하게 생산요소를 수입하게 됨으로써 비용이 하락하고 가격경쟁력이 향상되게 된다.

셋째, 규모의 경제 효과이다. FTA 체결로 인해 시장이 확대되고 수출이 늘어나면 기업은 생산을 늘리게 되는데 기업이 대량생산을 하면 할수록 제품단위당 생산비, 즉 평균생산비용이 하락하게 되어 과거보다 더 싸게 생산할 수 있어 이익을 실현하게 된다. 이를 경제학적 측면에서는 '규모의 경제'라고 일컫는다. 규모의 경제가 실현되어 단위당 생산비용이 하락하고 규제의 표준화, 시장접근의 안정이 실현되면 경제성장 및 소비자후생 증대에게 기여하게 된다. 규모가 작은 경제권 국가

14 "방심했다 '요금 폭탄'…가정용 전기만 '누진제' 논란", JTBC 뉴스, 2016. 7. 27.

들이 경제블록을 통해 전체 시장의 규모를 키울 수 있고, 또 국제사회에서 영향력을 행사해왔다.

넷째, 산업의 구조조정효과이다. 지역무역협정은 많은 경우 관세인하 또는 규제철폐 등 비시장적인 조치들을 제거하고 시장개방적인 조치들을 허용하는 것을 주요 내용으로 하는데, 과거에 존재하던 보호장벽이 제거되고 완전한 경쟁에 노출되면 경쟁력이 있는 부문과 경쟁력 없는 부문 간의 구분이 명확해지고 시장개방에 따른 혜택도 비교우위가 있거나 경쟁력이 있는 분야에 집중되게 된다. 따라서 경쟁력이 없거나 비교열위에 있는 산업이나 분야는 이익이 감소하거나 도태되어 어쩔 수 없이 인력을 이동하거나 자원을 재배치하여 더 효율적인 분야로 이동하게 되는데, 이를 시장개방에 따른 산업의 구조조정효과라고 한다.

그러나 이는 구조조정비용(adjustment cost)이라는 손실이 발생하기도 한다. 즉, 자유무역을 통해 경쟁에 노출되면 경쟁력이 없는 산업은 생산이 감소하고 고용이 감소하여 그 산업에 종사하던 노동자들은 다른 경쟁력 있는 산업으로 이동해야 되는데, 이때 교육비, 훈련비 등 조정비용이 요구된다. 이런 경우 정부는 노동자의 전업을 지원하거나 기업의 업종전환을 유도하는 '무역조정지원정책'을 펼치게 된다. 그런데 산업의 구조조정비용은 일시적인 것이며 장기적으로 경쟁력 있는 산업으로 이동하게 되면 국가 전체의 이익은 조정비용을 능가하게 된다.

다섯째, 외국인투자에 따른 기술진보효과를 들 수 있다. 투자는 특성상 인력이나 자본을 오랜 기간 동안 투자유치국에 머물게 하므로 단순히 자본이동효과뿐만 아니라 다른 많은 긍정적 효과를 발생시키는데, 만약 외국인투자 실행국이 풍부한 자본과 기술을 소유하고 있다면 투자유치국 입장에서는 자본뿐만 아니라 기술도 이전할 수 있는 기회를 얻게 된다. 예를 들어 많은 ASEAN 회원국들이 한국과 FTA를 체결하려는 이유 중 하나는 IT, 전자, 기계분야에서 한국의 우수한 기술을 이전이나 협력을 얻으려는 목적도 있다.

여섯째, 자본축적효과이다. FTA 체결을 통해 관세 및 비관세장벽이 철폐되고 규제가 완화되면 비교우위 부문의 생산 확대로 인해 자원배분의 효율성이 향상되고 이는 소득증가와 경제성장으로 이어지게 된다. 그런데 이러한 소득증가는 연쇄적으로 가계의 저축을 증가시키고 자본을 축적하게 만든다. 계속해서 이렇게 축적된 자본이 소비와 투자를 하게 되면 다시 생산량이 증가되는 선순환이 계속된다. 효율성 향상으로 인해 증가된 소득이 다시 투자되고 이것이 다시 소득의 증가로 나타나는 '자본축적효과'가 발생하게 된다.

결론적으로 FTA는 장기적으로 시장확대에 따른 규모의 경제가 실현되고, 투자증대 및 고용이 확대되면 자본축적 및 소득증가로 이어지며, 경쟁심화에 따른 기술개발확대와 투자확대에 따른 기술이전으로 생산성이 향상되고, 국내 산업구조 변화에 따른 효율적인 자원배분 등 경제전반에 걸쳐 향상을 가져올 수 있다.

그렇다면 위에서 설명한 FTA의 다양한 효과가 현실에서 정확하게 나타나고 있는 것일까? 반드시 그 효과가 보장된다고 말할 수는 없다. 무역창출효과와 전환효과가 혼재되어 있고, 또 여러 실증분석 결과 기대보다 효과가 적게 발생하거나 제한적이라는 연구결과도 많다.[15]

한국의 경우에도 한-칠레 FTA, 한-EU FTA 체결에도 불구하고 와인과 같은 제품의 경우에는 독과점 유통구조로 인해 가격이 충분히 하락하지 않아 FTA 효과가 소비자에게 충분히 전달되지 않은 사례도 얼마든지 있다. 대체로 FTA 효과가 예상보다 덜 발생하는 이유는 현실에서 기업들이 원산지규정 등 FTA 효과를 얻기 위한 여러 행정절차나 규범을 이행하기 쉽지 않아 실제로 혜택을 보는 비율이 낮기 때문이다. 또한, 수입상품의 가격이 관세인하율보다 환율변동 등에 더 영향을 받기 쉽고, 우리나라의 유통구조상 소비재의 수입비중이 10% 이하로 낮아 소비재 물가인하를 실감하기 어려운 측면이 있다.

자유무역의 경제성장 메커니즘

- 1단계: 관세 및 비관세 철폐 형태의 무역자유화는 비교우위 부문의 생산 확대로 인해 자원배분의 효율성을 향상시키고 이는 생산증가 효과로 이어지며 생산이 증가하면 소득도 증가한다(단기적 정태효과). 이러한 규제철폐를 통한 시장개방 → 자원배분의 효율성 향상 → 생산량 증가 → 소득이 증가하는 메커니즘을 이용한 분석이 바로 CGE(연산가능일반균형분석)이다.
- 2단계: 그런데 위와 같이 소득이 증가하면 가계의 저축이 증가하고 자본이 축적되게 된다. 이

15 William J. Davey(2005), *Regional Trade Agreements and the WTO: General Observations and NAFTA Lessons for Asia*, Research Paper No.05-18, November 30, p.15.

렇게 축적된 자본이 소비와 투자를 하게 되면 다시 생산량이 증가하는데 기여한다. 이를 자본 축적을 고려한 장기적 · 동태적 효과라고 한다. 즉, 소득증가 → 소비 및 투자증가 → 생산증가
- 3단계: 규모의 경제가 실현되고, 경쟁과 투자의 활성화에 따른 생산성 향상, 우수한 기술유입으로 인해 기술수준이 향상되고 생산성이 향상되어 이것은 총요소생산성의 향상에 기여한다. 기술향상을 고려한 장기적 동태효과

자료: 조경엽 · 송원근(2009), 한국경제연구원

3) 무역창출적인 경제통합의 조건

결국 FTA 등 경제통합에 대한 평가는 후생측면에서 긍정적인 무역창출효과와 부정적 효과인 무역전환효과 간의 비교로 평가되는데, 지역무역협정을 통해 회원국내, 또는 세계적으로 무역이익이 증대되기 위해서는 무역창출효과가 무역전환효과보다 더 커야 한다. 대체로 무역창출이 증대되는 경제통합의 조건은 통합의 경제적 영역이 넓을수록, 그리고 구성회원국의 수가 많을수록, 관세설정 수준이 낮을수록, 회원국 간 경제구조가 경쟁적이고 탄력적일수록, 상이한 지역에서 보호를 받고 있는 동종산업의 단위비용 차이가 클수록 무역창출효과가 더욱 크게 발생하는 것으로 인정되고 있다.

4) 소비자에게 미치는 영향

FTA가 소비자에게 미치는 영향은 일반적인 무역자유화가 소비자에게 미치는 효과와 비슷하다. 즉, FTA를 통해 관세 및 비관세장벽이 제거되고 무역자유화가 추진되면 관세인하에 따라 수입제품의 가격이 하락하고 비관세장벽의 철폐로 인해 시장접근이 용이해지면 수입상품에 대한 수요가 늘어나서 소비자들이 상품을 값싸게 소비함으로써 소비자 후생이 증가하게 된다.

또한 자국 내 부존자원의 영향으로 충분히 생산되지 못하거나 전혀 생산되지 않는 제품까지도 소비할 수 있어 소비자는 다양한 상품을 구입할 수 있고, 상품의 선택범위도 넓어지게 된다. 특히 미국, EU 등 거대경제권과 FTA를 체결하면 소비자들이 직접 소비하고 경험할 수 있는 상품 및 서비스의 종류가 많아질 것이다. 즉, 과거 단순히 상품소비만을 했다면 이제는 통신, 방송, 금융, 의료, 법률 등 다양한

분야까지 소비혜택을 누리게 되었다. 상품의 가격하락으로 소비자는 보다 저렴한 가격으로 소비를 할 수 있어 소비자의 후생이 증대된다. 지난 2011년 8월 한-미 FTA 경제적 효과 재분석에 따르면 한-미 FTA로 인한 소비자 후생증가는 단기적으로는 5억 3,000만 달러, 장기적으로 생산성 증대효과까지 고려할 경우 322억 달러 증가할 것으로 분석하였다. 이는 GDP 대비 약 0.07~4.5% 수준이다. 소비자 혜택은 주로 농산물, 수산물, 공산품 등 값싼 수입제품의 수입증가에 따른 가격인하효과와 자원배분의 효율성 개선, 그리고 장기적으로 생산성 향상에 따른 자본축적효과이다.[16]

그러나 FTA에 따른 가격인하 혜택이 반드시 소비자에게 돌아간다고 보장할 수는 없다. 미국산 오렌지나 EU산 돼지고기의 경우 관세인하효과분의 상당수가 수입유통업자의 유통마진으로 흡수되었다고 보고되고 있다.

5) 투자유치효과

FTA는 상품, 서비스, 투자자유화를 내용으로 하는 경우가 많다. 시장이 확대되고 규제가 완화되면 기업인들은 새로운 시장에서의 영업기회를 얻기 위해 해외투자나 외국인투자를 증가시키는 경향이 있다. 이러한 외국인투자에는 역내 회원국의 투자와 역외 비회원국의 투자로 구분해 볼 수 있다.

먼저 역내 관세 및 비관세장벽이 철폐되어 경제활동비용이 낮아짐에 따라 역내 회원국이 다른 회원국에 진출하여 이윤을 창출할 기회를 모색하며 투자를 확대할 수 있다. 즉 회원국 간 투자는 FTA 체결로 인해 시장규모가 증가하고, 이윤창출 기회가 확대되고 법적 · 제도적 장치의 투명성이 향상되며, 노동력 확보원활 등으로 투자가 이루어지는 경우이다. 예를 들어 NAFTA로 인해 캐나다 자동차 기업의 미국시장 진출이 가능해졌다.

또 다른 투자형태는 역외 기업이 원산지 규정을 이용하여 원자재 및 중간재를 무관세로 도입하고 역내 생산거점을 마련하여 생산한 후 무관세 혜택을 이용해 판매 또는 수출을 목적으로 투자하는 경우이다. 즉 역외국 기업의 역내 투자는 원산

16 대외경제정책연구원 외(2011), "한미 FTA 경제적 효과 재분석", 외교통상부, p.5.

지 규정을 활용하여 무관세 혜택을 누리기 위한 투자이다.

세계 주요 FTA와 FDI의 관계를 실증분석한 결과에 의하면 FTA 체결시 역내국가로부터 14~35%, 역외국가로부터 28~35%의 FDI가 증가하여 총 42~70% 정도 FDI가 증가하는 것으로 분석되기도 하였다.[17] 현재 우리나라의 FDI 수준은 연평균 약 116억 달러 정도인데, 이 중 미국으로부터의 FDI는 5개년 연평균 18억 달러로 다소 낮은 수준이다. 미국으로부터의 투자는 2007년까지 순조롭게 증가하다가, 2008~2009년 2개년간 글로벌 금융위기의 영향으로 대폭 축소되었으나, 2010년에 과거 수준을 회복하였다. 한-미 FTA에 대한 투자효과는 0.7% 정도 증가할 것으로 추정되었고, 금액기준으로는 향후 15년 동안 연평균 23~32억 달러가 늘어날 것으로 추정되었다.[18]

7 FTA는 만능인가, FTA의 부정적 효과와 문제점

FTA는 항상 긍정적인 효과만 있는 것도 아니고 만능도 아니다. FTA도 무역정책의 일환으로 많은 부정적 효과를 발생시킬 수 있다. 첫째, FTA로 인해 피해를 보는 계층이 생길 수 있다. 시장개방에 따른 수입증가와 경쟁원리에 입각한 경쟁격화로 경쟁력이 취약한 기업, 산업국가에게는 피해가 발생할 수 있다. 주로 비교우위가 낮은 농업, 수산업, 사양산업 등에서 피해가 발생할 수 있고, 숙련노동자보다는 농민, 노동자, 어민 등 비숙련노동자들이 피해를 볼 수 있다. 이러한 부작용 때문에 FTA 체결에 대해 신중함을 피력한 전문가도 있다. 세계적인 경영컨선턴트이자 前UCLA 교수인 오마에 겐이치(大前硏一)는 "FTA는 조심해서 추진해야 한다. FTA는 해당 산업분야에서 경쟁력 있는 몇몇 기업만 살아남을 수 있는 체제이기 때문이다. 동아시아 국가들은 FTA 체결 없이도 얼마든지 잘 협력하고 있다"라고 지적하기도 하였다.[19]

둘째, FTA를 통한 시장개방은 국제적으로 빈곤과 소득불평등을 심화시킬 수

17 홍유수 외(2008), 『거대경제원 FTA와 중소기업 경쟁력 강화방안』, 중소기업연구원, p.10.
18 대외경제정책연구원 외(2011), pp.5~7.
19 "기업 · 국가 흥망 인재에 달렸다", 한국경제매거진, 2006. 11. 13.

있다. FTA는 시장개방을 내용으로 하기 때문에 시장개방을 통한 경쟁격화는 생존하는 기업과 희생되는 기업이 발생할 수 있으므로 소득과 임금의 차이로 인한 양극화 및 소득격차 확대를 유발시킬 수 있다. 한국의 경우에도 최근 수년 동안 소득불균형은 점점 확대되어 왔다. 예를 들어 빈부격차를 보여주는 소득 5분위배율,[20] 즉 소득수준 상위 20%의 소득을 하위 20%의 소득으로 나눈 배율은 2003년 4.43배 이후 매년 증가하여 2008년 4.98배까지 증가하였다가 2010년 현재는 4.81로 약간 감소하였다.

또 다른 빈부격차 지표인 지니계수(Gini's coefficient)의 경우에도 한국은 2003년 0.277 이후 꾸준히 증가하여 왔는데, 지난 2008년 0.296으로 최대를 기록한 이후 2010년 현재에는 0.288로 조금 감소한 상태이다. 지니계수는 0과 1 사이의 값으로 0에 가까울수록 소득수준이 평등한 것을 의미한다. 어쨌든 소득 5분위배율이나 지니계수를 통해서 볼 때 그동안 우리나라의 소득불평등은 지속적으로 악화되어 왔음을 알 수 있다.

일부에서는 멕시코가 NAFTA 발효 이후 빈부격차가 심화되어 1996년의 경우 전체인구의 55%에 해당되는 5,100만 명이 빈곤층이라는 주장도 있었다.[21] 또한 멕시코의 노동 및 환경이 악화되었다는 주장도 있다. 그러나 이러한 결과적 통계수치만을 가지고는 소득불평등의 원인이 모두 FTA 때문이라고 판단하기는 쉽지 않다. 즉, 이러한 불평등 심화의 원인이 정말로 무역자유화 때문인지, 아니면 국내 경제정책의 잘못으로 인한 거시경제지표의 악화 때문인지는 속단하기 어렵다.

멕시코의 경우 빈곤과 소득불평등은 NAFTA 이전부터 줄곧 존재했던 문제이며, 1995년 페소화 금융위기를 경험하면서 소득과 임금의 격차가 급격하게 확대되기도 하였다. 따라서 멕시코의 빈곤과 불평등이 모두 NAFTA 때문이라고 속단하기는 어렵고, 다만 멕시코가 NAFTA를 통해 원하는 효과를 충분히 얻지 못했다는 점은 어느 정도 인정되고 있다. 멕시코가 NAFTA를 통해 긍정적 효과를 충분하게 얻

20 즉, 도시근로자가구를 소득별로 20%씩 5개 분위로 나누었을 경우 가장 높은 5분위 소득을 가장 낮은 1분위 소득으로 나눈 배율이다. 이 비율은 고소득자와 저소득자 간의 소득격차를 알아보기 쉬운 지표로서 배율이 높을수록 소득이 불평등하다는 것을 의미한다.

21 칼로스 우스캉가(Carlos Uscanga) 멕시코자율대학 교수의 말을 프로메테우스 신문에서 재인용, 2006. 7. 11.

지 못한 이유는 국내정책의 실패, 빈약한 인프라, 그리고 인적자본과 기술에 대한 투자부진 때문으로 분석되고 있다. 멕시코의 학교진학률은 50%로서 OECD 국가 중에서 터키 다음으로 낮으며, 같은 남미국가들 중에서 브라질, 칠레보다도 낮은 수준이다.[22]

셋째, FTA는 국가 간 경제의존도를 심화시킬 수 있다. 대개의 경우 FTA는 선진국과 개도국, 대국과 소국 간에 체결되는 경우가 많은데, 이때 FTA 체결을 통해 대국과 소국 간의 관계가 '중심국과 주변국'(Hub and Spoke) 간의 관계가 형성되기 쉽다. 즉, 소국이 대국의 전략에 적절하게 대응하지 못할 경우 대국의 주변국에 머물면서 종속적인 위치로 남겨지고 비효율적인 배분을 계속하게 되어 경제적 불균형이 심화될 수 있다는 의미이다. 독립성은 국가가 추구해야 될 가장 중요한 목표 중의 하나인데 FTA를 통한 무역자유화로 인해 산업의 해외의존도가 심화되고 독자적인 자립능력이 약화된다면 이는 결코 바람직하지 않을 것이다.

경제학자 장하준은 한-EU FTA에 대해 지적하기를 "기본적으로 경제적 수준이 비슷한 나라끼리 자유무역을 하면 이득이 더 많겠지만 경제적 수준이 다른 나라 간에 자유무역을 하게 되면 장기적으로는 후진국이 손해를 보기 쉽다"라고 지적하였다. FTA 체결의 신중함을 강조한 내용이다.[23]

넷째, FTA는 거래비용을 증가시킬 수 있다. FTA가 확산됨에 따라 국가별로 상이한 원산지규정을 적용해야 하는데, 이는 행정비용이나 거래비용의 증가를 초래할 수 있다. 이러한 경향을 미국 컬럼비아대학교의 경제학자인 자그디시 바그와티(J. Bhagwati) 교수와 아시아개발은행(ADB) 구로다 하루히코(黑田東彦) 총재는 '스파게티볼효과(Spaghetti Bowl Effect)'라고 비유하였다.[24] FTA와 같은 지역무역협정이 확산됨에 따라 거래비용이 증가하는 등의 FTA 확산에 따른 무역거래의 부정적인 측면을 지적한 용어이다. 즉, 스파게티볼효과는 FTA와 같은 지역무역협정

22 배찬권 · 금혜윤 · 김진오(2012), 『NAFTA 체결이후 멕시코 경제의 변화와 정책 시사점』, 대외경제정책연구원, 연구자료 12-01, p.77.

23 장하준, 『그들이 말하지 않은 23가지』, 부키, 2010.

24 Jagdish Bhagwati(1995), U.S. Trade Policy: The Infatuation with Free Trade Agreements in Jagdish Bhagwati and Anne O. Krueger, *The Dangerous Drift to Preferential Trade Agreements*, AEI Press.

이 협정을 맺은 회원국 간에만 무역 및 투자분야를 중심으로 포괄적이고 수준 높은 특혜무역조치를 약속하게 된다. 이때 이러한 특혜를 회원국에게만 선택적으로 베풀기 위해서는 원산지규정이 매우 중요한 판단기준이 된다.

그런데 지역무역협정의 확산과 함께 각각의 협정마다 상이한 원산지규정을 적용하게 되고, 또 회원국 간의 국제거래에서 각종 규정 및 절차, 기준들이 서로 상이하여 마치 스파게티 그릇에서 누들이 지저분하게 얽히는 것 같이 복잡하게 된다. 그 결과 회원국은 물론 비회원국에게도 무역이 복잡해지고 행정비용이 소요되는 등 추가적인 거래비용이 발생하게 된다는 것이다. 연구결과에 따르면 복잡한 원산지규정 때문에 추가되는 비용은 수출가격의 15%라고 추정한 바 있다.

많은 나라들이 원산지규정을 달리하는 이유는 크게 두 가지 때문이다. 하나는 가능하면 다른 나라에 무관세 혜택을 주지 않으려는 각국의 노력 때문이고, 다른 하나는 정부가 업계의 압력을 받아서 원산지 규정을 까다롭게 만들기 때문이다.[25]

그림 12-4 ▌ 스파게티볼효과

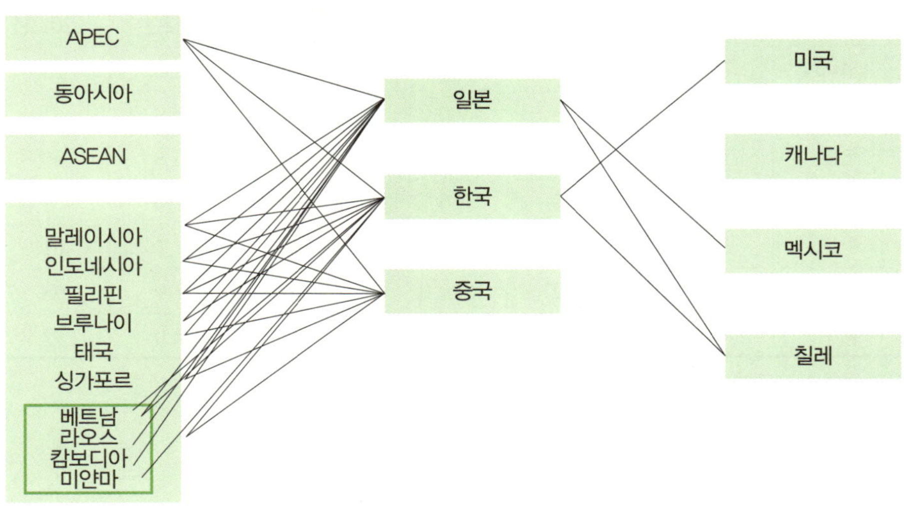

25 김의기(2012), 『WTO에서 답하다』, p.168.

8 FTA 발효 이후 주요 이슈들

1) FTA 활용률 제고

"구슬이 서 말이라도 꿰어야 보배"라는 말이 있다. 아무리 좋은 조건으로 FTA를 체결한다고 해도 기업들이 활용을 하지 않으면 그 효과는 낮아질 것이다. 일반적으로 한-인도, 한-ASEAN 등 개도국과 체결한 FTA일수록 활용률이 낮다. 이는 비효율적인 관세행정, 낮은 자유화율, 그리고 원산지규정 활용을 위한 제반 여건 부족 때문이다. 이를 극복하기 위해서는 원산지증명절차 간소화, 사전심사품목제도 확대 등 기업의 편의성 제고를 위한 노력이 진행되어야 할 것이다.

예를 들어 부산지역 중소기업 319곳을 대상으로 조사한 부산 중소기업의 FTA 활용도는 2014년 10월 현재 31.4%로서 지난 2010년 19.7%과 2011년 31.3%보다는 높지만 여전히 부산 중소기업의 FTA 활용도는 낮은 편이다.[26]

표 12-9 한국이 체결한 FTA의 활용률

	수출			수입		
	2011년	2012년	2013년	2011년	2012년	2013년
ASEAN	33.1	37.7	38.7	73.8	73.8	75.6
EFTA	–	79.8	80.0	55.7	61.9	41.4
EU	65.7	81.4	80.8	47.1	66.8	67.8
미국	–	68.9	76.1	–	61.0	67.3
인도	35.8	36.2	42.9	53.6	52.7	61.0
칠레	–	75.2	78.8	95.8	97.9	98.5
페루	61.3	78.0	91.8	52.6	92.0	97.9

자료: 산업통상자원부

2) 중소기업 수출확대

FTA는 소비재상품의 관세철폐, 기술장벽 완화 등을 주요 내용으로 하고 있어

26 부산경제진흥원(2011), "FTA활용현황 실태조사", p.39.

중소기업의 상품 경쟁력에도 영향을 미칠 수 있다. 그러나 그동안 체결된 FTA는 발효 후에도 중소기업의 수출확대에는 크게 기여하지 못했다. 인력의 전문성 부족과 정보력 미흡, 해외수출 경험부족 등을 꼽을 수 있다. 정부는 원산지증명절차를 간소화할 필요가 있다. 또 중소기업의 수출화사업을 지원하여 중소기업들이 FTA를 잘 활용하여 수출확대에 기여하도록 해야 할 것이다.

3) FTA는 앞으로도 계속될 것인가?

긍정적 입장은 세계경제의 공동화, 글로벌화의 진행, 역외국으로 남아있을 경우의 차별성으로 인해 FTA가 지속적으로 추진될 가능성이 높다고 보는 시각이다. 반면 부정적 입장은 협상비용과 국민 간 이념대립, 그리고 정치적 논쟁으로의 확대 등 FTA 추진비용과 정치적 부담으로 지속되기는 어려울 것이라는 시각이다. 세계 200여 개 나라와 언제 1:1로 협상하고 타결을 하겠는가? 아마 FTA 정책은 지속되기 어렵고 다시 WTO 등 다자간 협상으로 바통을 넘길 가능성이 높다. 이밖에도 FTA는 협상타결 이후 그 이행을 함에 있어서도 부담이 크다는 어려움도 있다.

4) 남북 간에 FTA 체결이 가능한가?

남북한 간에도 FTA 체결이 가능한가? FTA는 관세영역이 다른 두 나라 간의 특혜협정이기 때문에 가능할 것이다. 북한도 국제적으로는 명백한 국가이다. 1991년에 남한과 북한은 각각 별개의 2개 국가로 UN에 가입을 하였다. 그리고 과거에도 중국-홍콩 FTA, 중국-대만 FTA가 체결된 바 있다.

현재 남한은 북한에 대해서 무관세 혜택을 부여하고 있다. 그 근거는 헌법 제3조 북한을 대한민국의 영토에 포함하고 있기 때문이다. 그러나 선진국들은 동일상품에 대해 자신들에게는 관세를 부과하면서 북한에게는 무관세 혜택을 부여하는 것에 대해 MFN 위배라고 지적하고 있다.[27] 그런데, 현재의 북한에 대한 무관세가 북한에 유리한 것은 별로 없다. 현재 남한으로 수입되는 대부분의 물품은 북한산

27 김현종(2010), 『한미 FTA를 말하다』, pp.378~382.

이라기보다는 중국산이 북한을 통해서 수입되는 것일 뿐이다. 현재 북한에는 원산지 규정도 없다.

만약 남북한 간에 FTA가 체결되면 북한을 전 세계와 무역을 할 수 있는 체제로 변화시키는 것이 가능할 것이다. 북한에 전 세계의 표준인 HS CODE 같은 체제가 만들어지기 때문이다. FTA는 원산지, 지식재산권 형태에도 영향을 미친다. 이밖에도 남북한 FTA와 경제협력은 남북 간의 물적 · 인적교류를 통해 한반도 긴장관계를 완화시키는 데도 기여할 것이다.

5) 착한 FTA, 까다로운 FTA, 시끄러운 FTA

한-EU FTA는 경제통합 및 자유화의 정도가 높은 FTA이지만 협상 및 비준이 다른 FTA에 비해 비교적 순조로웠다. 사람들은 한-EU FTA를 '착한 FTA'라고 말하기도 했다. 한-일 FTA는 일본의 지나친 농산물 보호의지와 까다로운 비관세장벽에 대한 협상의 어려움으로 협상하기 '까다로운 FTA'라고 불렸다. 한-미 FTA는 쇠고기 광우병 파동과 연계되어 협상과정도 어려웠고, 국회에서 비준받는데도 시간이 많이 걸렸다. 한-미 FTA는 '시끄러운 FTA'라고 말할 수 있다.

■ Chapter **13** ■

WTO와 지역무역협정 간의 관계
- GATT 제24조에 대한 이해 -

현재 세계무역체제는 크게 두 가지로 구분되어진다. 하나는 WTO 같이 모든 회원국에게 최혜국대우와 내국민대우 원칙에 기초하여 공동의 통일된 규범을 적용하는 다자무역체제이고, 다른 하나는 양자주의(bilateral) 또는 지역주의에 기초하여 특정 회원국에게만 특혜무역 혜택을 제공하는 지역무역협정(RTA: Regional Trade Agreement)이 있다. 그런데 WTO는 GATT 제1조, GATS 제2조, TRIPs 제4조 등 최혜국대우(FMN)를 중심으로 한 무차별주의 원칙을 가지고 있다. 그러므로 일부 국가들끼리만 혜택을 주고받는 FTA는 원칙적으로는 WTO의 MFN 원칙에 위배된다. 그런데 WTO 등 다자무역체제에서는 전 회원국들을 대상으로 협상을 진행하기 때문에 선진국, 후진국 등 수많은 회원국들의 상반된 이해관계가 첨예하게 대립되므로 무역자유화의 진전이 느리고 그 강도가 약해질 가능성이 높다. 지역무역협정의 경우에는 동일한 이해관계를 가지고 무역자유화를 원하는 소수의 국가들이 보다 심도 있고, 포괄적으로 무역자유화를 추진하므로 다자무역체제보다 무역자유화를 더욱 촉진시킬 수 있다고 보고 있다.

따라서 지역무역협정은 WTO의 MFN 원칙에 위배됨에도 불구하고 그로 인해 회원국 간에 전반적인 무역장벽을 완화하거나 철폐되어 긴밀한 경제통합이 회원국 간의 무역자유화가 진전되어 궁극적으로 WTO 전체 회원국의 무역자유화에도 유리한 여건이 조성된다고 보고 지역무역협정을 허용하고 있다. 즉, WTO는 GATT 제24조 등 일부 예외규정을 이용하여 양자간, 지역간 무역협정 및 관세동맹 등을 허용해오고 있다.

표 13-1 현재 발효 중인 지역무역협정의 내용별 분류

지역무역협정의 종류	건수	비중
GATT 제24조(CU)	18	6.0
GATT 제24조(FTA)	109	36.6
GATS 제5조(EIA: Economic Integration Agreement, 서비스협정)	1	0.3
FTA & EIA	136	45.6
CU & EIA	11	3.7
Partial Scope Agreement(개도국 간 특혜무역협정)	23	7.7
총계	298	100.0

자료: WTO, 2017년 현재

지역무역협정이 GATT 제24조에서 MFN 예외로 인정받게 된 연원은 다음과 같다. 1947년 GATT 체결당시 영국 등 유럽국가들이 기존의 특혜적 지역무역협정을 GATT에서도 인정해 달라고 요구한데서 비롯되었다. 유럽이 지역무역협정의 예외를 주장했던 이유는 이미 1944년에 베네룩스 3국 등 관세동맹이 존재하고 있었고 유럽이 과거 식민지국가들에게 제공했던 특혜와 영향력을 유지하려 했기 때문이다. 반면 미국은 차별적인 지역무역협정의 예외인정에 소극적이었다. 미국은 1932년 오타와 회의에서 호주, 캐나다, 인도 등 과거 식민지국가들과 특혜를 주는 차별적 협정을 체결하고 있었다.

지역무역협정과 관련하여 WTO에서 규정하고 있는 조항은 크게 3가지로 구분된다. 즉, 1947년 GATT 제24조, 'GATT 제24조의 해석에 관한 UR의 양해', 서비스협정(GATS) 제5조 등이다. 지역무역협정은 GATT의 기본원칙인 최혜국대우(MFN)의 예외인데, 위의 3개 규정은 MFN으로부터의 예외를 공식적으로 허용하고 있는 조항들이다.

1 GATT 제24조

GATT에서는 FTA가 확대될 경우 궁극적으로 전 세계의 무역장벽이 제거될 것이라는 이유로 지역무역협정과 관세동맹을 예외적으로 허용하고 있다. 따라서

GATT 제24조는 몇 가지 전제를 조건으로 GATT 제1조에서 제시하고 있는 최혜국대우(MFN)의 예외로서 회원국들 간에 자유무역지대(RTA)나 관세동맹(CU: Customs Union)을 허용하고 있다.[01] 또한 GATT는 지역무역협정 등 긴밀한 경제통합이 세계무역의 확대에 기여할 것으로 보고 있다.[02] 아래 조항들을 살펴보자.

[GATT 제24조 제4항] The contracting parties recognize the desirability of increasing freedom of trade by the development, through voluntary agreements, of closer integration between the economies of the countries parties to such agreements. They also recognize that the purpose of a customs union or of a free-trade area should be to facilitate trade between the constituent territories and not to raise barriers to the trade of other contracting parties with such territories.

체약국들은 자발적 협정에 의하여 그러한 협정의 당사국들이 보다 긴밀한 경제통합에 의하여 자유무역을 확대하는 것이 바람직하다는 점을 인정한다. 그들은 또한 관세동맹 또는 자유무역지대의 목적은 참여영역 간의 무역을 촉진하는 것이며, 다른 체약국과 그러한 영역의 무역에 대한 장벽을 높이는 것이 아님을 인정한다.

[GATT 24조 5항] Accordingly, the provisions of this Agreement shall not prevent, as between the territories of contracting parties, the formation of a customs union or of a free-trade area or the adoption of an interim agreement necessary for the formation of a customs union or of a free-trade area; Provided that:

따라서 본 협정의 규정은 체약국 영역 간에 관세동맹 또는 자유무역지대의 형성 또는 관세동맹 또는 자유무역지대의 형성을 위하여 필요한 잠정협정의 채택을 금지하지 아니한다. 다만,

단, 조건이 있다. 즉, 관세동맹(CU)의 경우 조건①은 동맹이 결성되기 전에 회원국들이 부과하던 관세 및 규제의 일반적인 수준보다 '더 높거나 제한적이지 않도록' 공동의 수입관세 및 기타 수입규제를 정하여야 한다. 그리고 관세나 수입규제가 인상될 경우에는 보상이 이루어져야 한다.

01 주로 GATT 제24조 5-8항이다.

02 'GATT 제24조에 대한 UR의 양해' 서문.

[GATT 24조 5항(a)] the duties and other regulations of commerce imposed at the institution of any such union or interim agreement ....shall not on the whole be higher or more restrictive than the general incidence of the duties and regulations of commerce applicable in the constituent territories prior to the formation of such union or the adoption of such interim agreement, as the case may be;

동맹 또는 협정의 성립에 의하여 부과되는 관세 및 기타 무역규제는 그러한 동맹의 형성 또는 그러한 잠정협정의 채택 중 해당되는 것 이전에 참여영역들이 적용하였던 관세 및 무역규제의 일반적 부담보다 전반적으로 더 높거나 보다 제한적이 아니어야 한다.

조건②는 자유무역지대(FTA)는 무관세 여부를 결정하기 위해 원산지규정을 사용해야 하는데, 이러한 규정들이 무역장벽화되지 않아야 한다.[03] 그리고 CU와 FTA의 공동조건③은 CU와 FTA는 모두 회원국들 상호 간에 이루어지는 '실질적으로 모든 교역대상 상품'(substantially all the trade)의 무역에 관한 관세 및 기타 제한이 철폐되어야 한다.[04]

[8항(a)(1)] duties and other restrictive regulations of commerce are eliminated with respect to substantially all the trade between the constituent territories of the union or at least with respect to substantially all the trade in products originating in such territories, and,

동맹에 참여하는 영역간의 사실상 모든 무역에 대하여 또는 적어도 그러한 영역을 원산지로 하는 물품의 사실상 모든 무역에 대하여 관세 및 기타 무역규제가 폐지되고, 또한,

따라서 지역무역협정 체결대상국가는 일부 상품에 대해서만 관세를 철폐할 수 없으며 거의 모든 품목에 대해 자유화를 해야 한다. 한-미 FTA의 경우 상품은 10년내 관세가 99.5% 철폐되며, 전체적으로 볼 때에도 3년 내 전체 관세의 94%를 철폐하기로 합의하였다. 또한 조건④로서 회원국들은 자유무역으로 이행하는 구체적인 계획과 일정을 제출하고, 이의 심사를 통하여 제24조의 요건이 충족되었

03 GATT 제24조 5(b)항.

04 GATT 제24조 8(a)(i)와 8(b).

는지를 확인받아야 한다.[05]

2 1994 GATT 제24에 대한 UR의 양해

UR 양해는 GATT 제24조의 지역무역협정에 관한 몇 가지 사항을 명료화하거나 더욱 구체화하고 있다. 서문에서는 관세 및 기타 제한의 철폐가 모든 무역으로 확대되면 세계무역의 확대에도 기여할 것으로 평가하였다. 따라서 UR 양해에서도 '사실상의 모든 무역'(substantially all the trade) 원칙을 재확인한다.

UR 양해는 GATT 제24조 제5항, 즉 지역무역협정 설립 후의 관세가 설립 전보다 더 높거나 규제적이지 않아야 한다는 내용을 재확인하고 이를 구체적으로 평가하는 방법을 언급한다. 즉, 관세는 가중평균값 및 관세징수액을 기준으로 평가하고, 상업적 규제는 개별조치, 규정, 대상품목 및 영향을 받는 무역량을 기준으로 검토한다고 언급하였다. 이때 계산은 WTO 사무국이 한다.[06]

양허된 수준을 인상할 경우에는 보상이 이루어짐을 언급하고 있는데, UR 양해는 한 회원국의 양허관세가 인상될 경우에는 동일한 품목에 영향을 미치는 다른 회원국의 관세가 인하되었는지를 고려해야 한다.

UR 양해는 GATT 제24조 제5항(c)의 지역무역협정의 이행기간에 관해서는 예외적인 경우에만 10년을 초과할 수 있다고 언급하여 사실상 이행기간은 10년임을 규정하고 있다.[07]

또한, UR 양해는 지역무역협정의 심사에 관해서도 규정하고 있다. 즉, WTO는 잠정협정에 포함된 계획 및 일정이 요구조건을 충족하지 못하는 경우에는 그 미비점을 보충하도록 적절한 권고를 할 수 있다고 규정하고 있다.[08] 이러한 검토는 현재 WTO 지역무역협정위원회(Committee on Regional Trade Agreement)에서 수행하고 있다.

05 GATT 제24조 제7항.
06 UR 양해 제2조.
07 UR 양해 제3조.
08 UR 양해 제8조.

3 GATS 제5조 및 제5조 제2항[09]

GATS 제5조의 경제통합에 관한 규범은 GATT 제24조를 모델로 하고 있다. 상기 조항은 서비스시장의 개방이 보다 광범위한 경제통합의 일부가 될 수 있다고 인식하고 있음을 보여주는 것이다. GATS 협정문은 "회원국이 서비스무역을 자유화하는 양자간 혹은 여러 당사자 간에 협정을 체결하는 것을 방해하지 않는다"고 명시하고 있다.[10]

다만, 이때 요구되는 조건은 양 당사자 간의 무역을 촉진하기 위한 것이어야 하며, 협정체결 이전보다 전반적인 장벽수준을 높여서는 안 된다.[11] 구체적으로 요구되는 조건은 무역자유화가 상당한 분야에 적용되어야 하고(substantial sectoral coverage), 기존의 차별적인 조치를 폐지하는 방향이어야 하고, 새로운 차별 또는 더 차별적인 조치를 만드는 것은 금지한다.[12]

그런데 '무역자유화는 상당한 분야에 적용되어야 한다'(substantial sectoral coverage)라는 뜻은 서비스 무역자유화의 범위가 4가지의 서비스교역 형태(Mode 1, 2, 3, 4) 중에서 어느 한 가지도 대상에서 제외될 수 없다는 것을 의미한다.

※ [GATS 5조 1항] This Agreement shall not prevent any of its Members from being a party to or entering into an agreement liberalizing trade in services between or among the parties to such an agreement, provided that such an agreement: (a) has substantial sectoral coverage, (b) provides for the absence or elimination of substantially all discrimination, in the sense of Article XVII, between or among the parties, in the sectors covered under subparagraph through: (i) elimination of existing discriminatory measures, and/or, (ii) prohibition of new or more discriminatory measures,

(a) 실질적인 분야별 적용범위를 가져야 하고, 또한 (b) 다음과 같은 조치를 통하여 세항 (a)에 의하여 적용대상이 되는 분야에 있어서 당사국 간에 제XVII조가 의미하는 사실상 모든 차별을 배제 또는 철폐하여야 한다. (i) 기존 차별조치의 철폐 및 (ii) 신규 또는 강화된 차별조치의 금지로서…

09 김의수(2000), 『UR 협정의 이해』, p.221.
10 GATS 제5조(1).
11 GATS 제5조(4).
12 GATS 제5조(1).

표 13-2 ▎지역무역협정 관련 WTO 조항들

내용	GATT 1994	제24조 해석에 관한 UR양해	GATS 제5조
지역무역협정 설립 허용	제24조 제5항		제5조 제1항
더 높거나 제한적이지 않아야	제24조 제5항 a, b	Para 2: 가중평균관세율, 관세징수액으로 평가	제5조 제1항 나호 (1), (2) 제5조 제4항
사실상 모든 무역	제24조 제8항 a(1), b		제5조 제1항 가호
합리적 기간	제24조 제5항 c	Para 3, 예외적인 경우에만 10년을 초과할 수 있다	제5조 제1항 나호
통보	제24조 제7항 a		제5조 제7항
심사	제24조 제7항 b	Para 7~11	
보상	제24조 제6항	Para 4~6	

4 권능조항

만약 WTO 회원국들 간의 지역무역협정을 위한 협상이 개도국들 간에 이루어질 경우에는 GATT 제24조 대신에 권능조항(Enable Clause)을 이용할 수 있다. 이 경우에는 GATT 제24조에서 요구하는 조건을 덜 충족해도 되고 낮은 수준의 양허도 허용된다. 예를 들어, 중국-ASEAN FTA는 비록 10년 안에 관세를 철폐하기로 되어있지만 권능조항을 기본으로 협상을 전개한 경우이다.

권능조항(enabling clause)

권능조항은 'Differential and More Favorable Treatment, Reciprocity and Fuller Participation of Developing Countries'로서 개도국 간의 상품분야에 대한 지역무역협정 허용조항이다. 지역무역협정과 관련된 권능조항은 제7조이다. GATT의 1979년 11월 28일 결정(L4903)된 동경라운드 협상결과의 하나로서 개도국에게 차별적으로 보다 특혜적인 대우를 할 수 있도록 허용한 조항이다 이는 WTO 회원국이 다른 회원국에게는 동일한 대우를 부여하지 않으면서도 개도국만을 우대하는 조치를 취할 수 있도록 허용한 조항이다.

주요 대상조치로는 GATT상의 GSP, 비관세조치(non-tariff measures)와 개도국 간의 지역 및 국제교역협정, 최빈개도국에 대한 특별지원 등이 있다. 본래 권능조항은 개발도상국들의 보다 확대된 국제무역체제 참여를 촉진하기 위한 것이었는데, 그 목적이 달성되었는지에 대해서는 회의적인 시각이 많다.

■ Chapter **14** ■

통상정책

1 통상정책이란?

1) 통상정책의 개념

통상정책이란 국가가 통상과 관련된 특정목적을 달성하기 위하여 국내의 경제적 이해조정과 외국과의 이해조정 및 규제를 통하여 정책을 수행하는 정부의 활동을 의미한다. 일반적으로 무역정책은 무역과 관련된 국내제도를 변경하거나 수출입을 장려 또는 억제하는 정책이 중심을 이루는데, 통상정책은 무역정책을 포함하여 통상에 대한 국가전략이나 대외관계를 포함하는 보다 넓은 의미로 사용되고 있다.

통상정책의 범위는 시대에 따라 그리고 나라가 처한 상황에 따라 다르다. 과거에는 통상관계가 물품의 수출입 위주였기 때문에 통상정책도 이에 대한 정책으로 국한되었다. 하지만 오늘날의 통상관계는 복잡하고 다양해지면서 통상정책의 대상이 물품은 물론, 서비스, 지식재산권, 생산요소 등 관련제도에 이르기까지 그 범위가 확대되었다. 또한 무역에 직접적으로 관계가 있는 문제들뿐만 아니라 환경, 노동, 부패 등 사회적 성격의 문제까지도 범위가 확대되었다.

2) 통상정책의 성격

통상정책은 대외정책의 일부로서 외국과의 상호관계 속에서 이루어진다. 통상정책은 개별국가에 의해 수립되지만 그 정책의 대상은 외국이므로 외국의 통상에 영향을 미치기 쉽다. 또한, 통상정책은 국내정책의 일부로서 통상을 기반으로 하고 있는 산업에 영향을 미치기도 한다. 이밖에도 고용, 물가, 경제성장, 후생, 국제수지 등 국내경제 전반에 영향을 미치기 쉽다.

통상정책은 많은 이해조정을 수반한다. 대내적으로는 정책에 따라 이득 또는 손실을 보는 집단이 발생하고 대외적으로는 외국과의 이해조정을 필요로 한다. 또한 통상정책은 경제적인 측면을 가진 동시에 외교정책의 중요한 한 부분이다. 즉, 통상관계는 경제정책인 동시에 외교정책의 중요한 한 부분으로서 통상정책은 외교정책의 성격을 가지고 있다. 이밖에도 통상정책은 규범적 측면을 가지고 있는데, 예를 들어 어떤 통상 상태가 바람직하며 어떤 상태가 바람직하지 않은가, 어떤 수단을 사용해야 하는가에 대한 가치판단이 개입되기 쉽다.

3) 통상정책의 목표

첫째, 국민경제의 균형과 발전이다. 여기서 '균형'이란 국민경제의 대내외적인 국제수지균형 및 인플레이션이나 디플레이션이 없는 물가안정, 그리고 완전한 고용상태를 의미하고, '발전'이란 생산력의 질적인 향상을 의미한다.

결국 국가는 무역활동을 장려 · 규제 · 조정함으로써 국내산업의 보호, 국제수지의 개선, 고용증대, 물가안정, 교역조건 개선, 경제성장, 자원의 효율적인 배분 등 여러 가지 경제적 목적을 달성하는 것이다.

둘째, 통상정책은 자국의 경제적인 목적뿐만 아니라 대외적인 경제관계를 고려해야 한다. 예를 들어 무역규제, 조정, 촉진 등을 들 수 있다. 또한 통상정책이 자국의 경제목표만을 추구하면 외국과의 마찰을 불러일으키기 쉽다. 따라서 다양한 국가들과의 관계에서 적정하고 균형적인 통상관계를 설정함으로써 국가의 대외관계를 안정적으로 유지하고 발전시킬 수 있다.

2 국가의 통상정책 수립과 관리

국가는 정책을 수립하고 정책이 목표에 맞게 이루어지도록 행정상의 관리를 하게 된다. 예를 들어 무역의 대상인 상품에 대해서는 수출진흥을 위한 지원, 수입관세의 결정, 수출입 허가절차 규정, 수출입통관절차 마련, 무역업자에 대한 관리, 무역방식에 대한 관리 등 통상정책과 관련된 제반사항을 관리하게 된다.

통상정책의 관리대상은 무역의 대상인 상품관리, 무역과 관계하는 사람관리, 무역방식 및 무역행위의 관리로 구분할 수 있다. 또한 국가는 대외적으로도 정부가 수립한 정책이 실현되도록 관리한다. 예를 들어 통상협정 체결, 통상관련 국제기구에 대한 협력, 통상마찰이 발생한 경우 협의에 참여하고 통상질서 수립 및 규범 제정을 위한 다자간 협상에도 참여한다.

3 통상정책의 양대기조

통상에 대하여 국가가 어떠한 역할을 해야 하는가에 대하여 두 가지의 상반된 이념이 있다. 하나는 자유무역주의이고 다른 하나는 보호무역주의이다. 이는 정부의 개입 여부와 정도에 따라 구분하기도 한다. 위의 두 가지 정책은 옛날부터 오늘날에 이르기까지 국제통상에 대한 입장과 통상정책을 이끌어온 이념적인 두 개의 큰 줄기이다.

자유무역주의는 국가의 간섭을 받지 않고 개개인이 자유롭게 무역을 행하는 것을 원칙으로 하는 이념이다. 다른 말로 표현하면 국가는 자유로운 무역활동에 간섭하지 말아야 한다는 것이다. 반면 보호무역주의는 국가가 국내산업보호 등을 목적으로 무역활동에 적극 관여함으로써 개개인의 교역자유가 어느 정도 제한되는 가운데 무역을 수행하는 것을 원칙으로 하는 이념이다. 주로 자국산업보호를 위한 수입억제정책과 자국산업성장을 지원하기 위한 수출장려정책의 모습을 가진다.

현실적으로 무역은 특성상 국가 간의 국경을 넘나드는 것이기 때문에 어느 정도 국가가 개입하는 것은 어쩔 수 없으나 개입의 정도에 따라 다르게 평가할 수 있다.

역사적으로 각국의 사정과 시대에 따라 위의 두가지 정책은 반복적으로 채택되어 왔다. 대체로 16~18세기의 중상주의 시대에서는 식민지와의 무역으로 부(wealth)를 축적하기 위해 보호무역을 실시하였으나 19세기 후반 이후부터는 산업혁명을 이룩한 영국 등을 중심으로 자유무역이 실시되었다. 그러나 당시에도 산업화가 늦은 독일, 미국 등은 보호무역을 실시하기도 하였다. 예를 들어 리스트의 유치산업보호론 등이 있었다. 그런데 20세기 전후반을 계기로 큰 전환이 이루어졌다. 즉, 1930년 스무트 홀리관세법, 세계대공황, 제2차 세계대전 시기에 진행된 보호무역정책과 20세기 후반 GATT 체제를 중심으로 한 자유무역정책이 그것이다. 대체로 산업화를 이룬 선진국은 자유무역을 채택하고 산업화를 이루지 못한 후진국은 보호무역을 채택하는 경향이 있다.

오늘날의 세계 국가의 무역정책 기조는 대체로 자유무역을 견지하고 있으나 일부 보호무역도 실시하고 있다. 특히, 제2차 세계대전 이후 GATT/WTO 같은 다자무역체제의 출범은 무역의 자유화에 크게 기여하였다. 그러나 2008년 글로벌 금융위기로 인해 다시 보호무역주의가 재현될 조짐을 보이고 있다.

1) 자유무역주의

(1) 뜻

자유무역이란 관세나 다양한 형태의 정부규제 등의 제한을 받지 않으며 무역이 자유롭게 이루어지는 경우이다.

(2) 기원

17~18세기 들어오면서 근대 자유주의 사상의 발전과 함께 경제활동에 있어서도 자유주의적인 분위기가 싹트기 시작하였다. 이러한 분위기는 18세기 후반 프랑스를 중심으로 한 중농주의에서 먼저 나타났다. 중농주의는 자연법적 관점에서 경제행위에 대한 국가의 인위적인 개입을 반대하고 개인의 자유로운 경제활동 보장을 주장하였는데, 주로 프랑스 경제학자 프랑수아 케네(F. Quesnay, 1694~1774)에 의해 주장되었다.

당시에는 인간의 이성을 강조한 계몽주의가 유행하였다. 케네는 경제분야에서 사실에 입각한 경제활동을 표현하려고 노력하였는데, 한 나라의 경제활동을 여러 집단 간 생산, 유통, 재생산의 관계로 보고 이를 그림으로 정리한 경제표를 만들었다. 케네는 경제표에서 순수한 상품은 농부에게서 나온다고 보아 농부를 '생산계급', 수공업자를 순수한 생산품을 먹고사는 '비생산계급', 그리고, 이들로부터 세금을 받는 '지주계급'으로 구분하여 이들 간의 생산, 유통, 소비를 표로서 정리하였다.

중농주의는 중상주의와 다르게 국부의 증가를 금 · 은 등 화폐자산의 축적에서 찾지 않고, 국가 내의 재화의 총량에서 찾았다는 점에서 의미가 있다. 그리고 이러한 재화량을 증가시키는 유일한 요소는 토지이며, 또 생산물을 산출하는 유일한 원천은 농업이라고 주장하였다.

또한 중농주의는 농산물에 대한 수출과 수입으로 가격의 등락을 줄일 수 있으므로 농산물의 안정적인 생산을 위해서는 자유무역이 필요하다고 주장하였다. 그리고 개인의 이익이 보장되면 그 사회의 유대관계도 강화된다고 주장하였다. 즉, 개인의 이익과 사회의 진보를 위해 자유경쟁이 성립되어야 한다고 보았다. 케네의 이러한 중농주의 사상은 국가의 인위적인 개입을 반대하며 개인의 경제활동을 주장하였고, 결국 이러한 사상은 오늘날의 자유무역주의의 기초가 되었다.

(3) 고전학파와 영국의 자유무역주의

영국은 비교적 일찍부터 자유무역을 옹호하였다. 일찍이 영국은 산업혁명을 거치면서 공업분야에서 경쟁력을 가지게 됨에 따라 자국산업을 외국상품으로부터 보호할 부담이 없었다. 또한, 산업의 지속적인 발전을 위해서 원료품 및 식료품의 조달이 필요했으며, 그리고 상품판매를 위해서는 해외시장이 필요하였다. 따라서 영국은 상공업자들을 중심으로 자유무역에 대한 요구가 강했었다.

이러한 상황에서 애덤 스미스(Adam Smith)는 1776년에 『국부론』을 통해 국제분업의 이익을 주장하며, 무역에서도 자유무역의 우위성을 강조하였다. 그리고 애덤 스미스는 자유주의 경제사상을 크게 발전시켜 자유무역에 대한 기초를 확립한다. 또한 무역은 자연적 현상이므로 외국과의 무역에 대한 국가의 제한이나 간섭은 폐지되어야 한다고 주장하였다.

따라서 영국의 자유무역정책은 관세철폐를 통해 이루어졌다. 1823년 및 1841년의 관세법 개정을 통해 원료수입에 대한 관세부과가 거의 폐지되었고 공산품에 대한 관세도 크게 인하되었다.

이러한 과정을 거쳐 최초로 자유무역체제를 확립한 영국은 외국에 대해서도 무역자유화 조치를 요구하게 된다. 1860년 프랑스와는 최초의 MFN 조약인 굽덴슈발리에(Cobden-Chevalier)조약을 체결하였고, 이어서 독일, 이탈리아, 오스트리아, 벨기에 등과 연속적으로 관세인하를 내용으로 하는 통상조약을 체결하였다. 이에 따라 유럽지역에서도 자유무역주의가 확대되었다.

(4) 자유무역의 이론적 근거 및 효과

개도국의 경우 자유무역을 통해 높은 생산수준과 고용을 달성하고, 생산성과 효율성을 높였다. 소비자의 선택기회 확대, 생활수준의 향상, 정경유착 형태의 부패가 방지되었다.[01] 자유무역의 혜택은 다음과 같다.

첫째, 분업에 의한 이익이다. 자국의 생산조건에 가장 적합한 제품의 생산에 특화하여 교환하면 생산자는 생산능률이 향상되고, 소비자는 값싼 물품을 소비할 수 있다는 이론이다. 또한 분업은 숙련과 학습을 통해 전문화를 가능하게 하고, 전문화가 이루어지면 작업능률이 향상된다. 또 전문화에 필요한 시간도 절약할 수 있다.

둘째, 사회후생의 증가이다. 국가 간에 재화를 교환하여 소비하는 것만으로도 후생이 증가한다. 심지어는 극단적으로 수출은 하지 못하고 수입만 할 수 있는 경우에도 무역을 하는 것이 후생측면에서 유리하다. 특정품목에 특화 생산하여 교환하고 소비하게 되면 후생은 더욱 증가하게 된다.

그런데 자유무역은 특히 소비자에게 유리하다. 보호무역제도는 소비자가 소비할 수 있는 상품의 가격을 인상하고 소비를 억제할 수 있기 때문에 소비자의 이익

01 장하준(2008), 『다시 발전을 요구한다』, 부키.

을 침해하기 쉽다. 그러나 자유로운 교역은 값 싸고 질 좋은 상품에 대한 소비자의 선택기회를 확대시킨다.

셋째, 규모의 경제(economy of scale) 실현이다. 자유무역이 실현되면 제품의 시장이 국내에만 한정되지 않고 국제시장으로 확대되기 때문에 생산의 규모를 확대할 수 있고 대량생산이 가능하게 된다. 이에 따라 규모의 경제효과를 가져올 수 있다. 규모의 경제란 생산이 증가함에 따라 소요되는 생산요소의 평균비용이 감소하여 수익이 향상된다는 이론이다.

넷째, 경쟁의 강화이다. 자유무역은 기업들 간의 경쟁의 범위를 국내시장에서 국제시장으로 확대시킨다. 폐쇄경제하에서 국내기업들 간에만 경쟁을 하게 되면 경쟁이 심하지 않고, 일부 산업의 경우에는 독과점이 발생할 수 있어 경쟁으로부터 회피할 수 있다. 그러나 자유무역을 하게 되면 수많은 해외기업과 경쟁을 하지 않을 수 없기 때문에 기업은 경쟁력을 높이기 위해 생산비 절감, 기술혁신 및 효율적인 경영을 추구하게 된다. 이러한 자극은 결국 국내산업의 발전과 사회발전의 원동력이 된다.

다섯째, 자원배분의 효율성 향상이다. 자유무역이 이루어지면 개별국가들은 자국에 풍부한 자원을 더 많이 사용하고 반대로 희소한 자원을 더 적게 사용하게 됨으로서 전 세계적 차원에서 자원의 효율적인 배분을 향상시킨다.

여섯째, 무역을 통한 자본축적이다. 수출확대는 생산을 증가시키고 생산증가는 고용과 투자를 확대시킨다. 고용 및 투자확대는 산업연관효과로 인해 주변산업의 생산능력을 증대시키며 자본축적을 촉진시킨다.

일곱째, 기술전파와 자본이동효과이다. 자유무역은 상품에 대한 지식과 기술, 노하우(know-how), 그리고 경영기법 등을 국제적으로 이전시킬 뿐만 아니라 국가 간의 자본이동을 촉진시킨다. 또한 국제적인 상품의 교류는 생활관습, 사고방식, 생산방식 등 사회 전반에 걸쳐 변화를 준다. 한편, 수출의 긍정적인 측면도 있다. 외환확보, 그리고 확보된 외화를 통해 선진국으로부터 기술을 도입할 수 있으며 국제수지 균형, 국내기업이 수준 높은 국제품질 기준에 접촉할 기회를 얻는다.[02]

02 장하준(2008), 『다시 발전을 요구한다』, 부키.

규모의 경제와 범위의 경제

1. 규모의 경제

생산설비를 확대하여 생산량을 증가시키면 어느 한도까지는 하나의 재화를 생산하는데 평균적으로 들어가는 비용이 감소하게 되는 것을 말한다. 즉, 각종 생산요소의 투입량을 증가시킴으로써 이익을 많이 올리는 것을 말한다.

본래 생산비용은 고정비용과 변동비용으로 나누어지는데, 생산량이 늘어날수록 단위생산당 고정비용이 줄어들기 때문이다. 즉, 고정비용은 생산량에 관계없이 지불해야 될 비용이다. 규모의 경제가 나타나는 이유는 대규모 설비의 경제성, 대량구입에 따른 운임이나 원료비의 감축, 분업에 의한 생산요소의 전문화 등을 들 수 있다. 대규모 기업이 소규모 기업보다 유리한 것은 규모의 확대에 의해 경제성이 높아지기 때문이다. 또한 규모의 경제에는 한계가 있어서 과도한 규모는 관리비용의 증대, 조직의 경직화에 의해 규모의 경제가 상쇄된다.

〈규모의 경제의 예〉

자동차산업은 규모의 경제가 적용되는 대표적인 산업이다. 대체로 자동차 연간 생산이 200만 대 이상을 넘어가야 규모의 경제가 가져다주는 이익을 얻을 수 있다고 한다. 우리나라의 경우 과거 5개 업체가 존재할 경우에는 연간 200만 대 이상 생산하는 업체는 없었으나, 삼성 및 기아자동차의 구조조정으로 인해 현재는 현대 · 기아가 200만 대 이상 생산하고 있다.

2. 범위의 경제

범위의 경제는 공정상 필요한 투입요소를 여러 분야에서 공동으로 활용함으로써 얻게 되는 경제적 효과를 말한다(Jones & Hill, 1988). 범위의 경제는 한 제품의 생산공정 중 다른 제품의 생산시 추가적 비용 없이 전용가능한 공통생산요소가 존재하기 때문에 발생한다. 공통생산요소를 나무의 뿌리로 비유한다면 다양한 가지를 만들어 제품조합을 경제적으로 구성하고자 시도한다는 점에서 나무에 비유할 수 있다. 이는 인적자원, 물적자원, 재무자원, 정보자원을 공통적으로 사용할 수 있도록 최적 조합하는 경제성이라는 측면에서 조합의 경제성(economy of combination)이라는 용어를 사용하기도 한다.

(5) 자유무역의 비용

첫째, 국가 간 분업의 어려움이다. 국제적 분업관계의 조화로운 배치가 어렵다. 산업에 따라서는 부가가치가 큰 산업도 있고 작은 산업도 있으며, 국가경제 발전에 중요한 산업도 있고 작은 산업도 있다. 따라서 특화에 따른 국가 간의 이해관계가 상충될 가능성이 항상 존재한다.

둘째, 국제수지의 불균형이다. 자유무역은 비교우위론에 입각하여 자유로운 무역을 보장하는 것인데, 비교우위가 있는 국가는 국제수지가 흑자로 유지되는 반면 비교우위가 없는 나라는 적자로 유지되어 이러한 경향이 쉽게 변화되지 않는 한 만성적인 불균형 상태에 놓이기 쉽다.

셋째, 무역에 따른 조정비용의 발생이다. 자유무역은 비교우위가 있는 산업으로의 신속한 전환과 특화를 전제로 하고 있는데, 실제 생산요소의 산업 간 이동은 생각만큼 쉽지 않다. 자유무역은 자원의 재분배 현상을 필연적으로 발생시킨다.

예를 들어 농업이 비교열위에 있다고 하여 평생 동안 논밭에서 살아온 농부가 비교우위가 있는 전자산업에 투입되어 일한다는 것은 쉽지 않다. 일자리를 잃은 철강노동자는 대개 경비원 정도의 일자리 밖에 얻지 못할 것이다.[03] 그렇게 되기 위해서는 많은 교육, 훈련 등 많은 구조조정비용이 필요하다. 마찬가지로 제철소가 자동차공장으로 또는 섬유공장이 반도체공장으로 용도를 변경하기란 쉽지 않을 것이다.

이는 구조조정비용이라는 손실을 의미한다. 즉, 자유무역을 통해 경쟁에 노출되면 경쟁력이 없는 산업은 생산이 감소하고 고용이 감소하여 동 산업에 종사하던 노동자들은 다른 경쟁력 있는 산업으로 이동해야 되는데, 이때 자원을 재분배하기 위해서는 교육비, 훈련비 또는 산업재배치 등 막대한 조정비용과 시간이 든다. 대개 이 경우 정부는 노동자 전업을 지원하거나 기업의 업종전환을 위해 '무역조정지원정책'을 펼치게 된다. 따라서 이러한 무역의 부정적 비용을 생각해본다면 성장, 고용, 생활수준 향상 등 무역의 이익은 상당히 감소할 것이다. 그러나 대개 산업의 구조조정비용은 일시적인 것이며 장기적으로는 경쟁력 있는 산업으로 이동하면 국가 전체의 이익이 조정비용을 능가하게 된다.

넷째, 피해계층에 대한 보상이다. 국가는 무역자유화로 인해 직업을 잃은 노동자, 폐업을 하게 되는 공장 등과 같은 피해를 보는 계층에 대해 보상을 하거나, 최소한의 사회안전망을 구축해야 하는 부담을 안게 된다.

다섯째, 국가 간 경쟁력의 차이이다. 일반적으로 국가 간의 경쟁력(비교우위)의 차이가 고르게 분산되어 있지 않은 것이 현실이다. 대체로 선진국은 산업 전반에 대해 비교우위를 가지고 있고, 후진국은 비교열위를 가지고 있다. 이러한 상황에

03 장하준(2008), 『다시 발전을 요구한다』, 부키.

서 개도국은 자유무역을 통해 안정적인 산업형성을 달성하기 어려운 것이 사실이다.

여섯째, 개발도상국의 공업화 문제이다. 개발도상국은 경우에 따라 무역보다도 공업화가 더 중요할 때가 많다. 따라서 개도국은 경제적 손실을 감수하고서라도 공업화를 이루려 하기 때문에 자유무역에 대한 이익보다도 보호무역을 통한 공업육성을 더 선호할 수 있다. 그런데 자유무역을 통해 국제적 분업관계의 고착화가 이루어져 경제발전이 어렵게 되고 공업화가 어렵게 될 수도 있다.

일곱째, 해외의존에 대한 우려이다. 독립성은 국가가 추구해야 될 가장 중요한 목표 중의 하나이다. 이때 국가의 독립성은 경제적 측면에서도 기본적으로 자립능력이 있어야 한다. 그런데 자유무역으로 인해 일부산업의 해외의존도가 심화되고 독자적인 자립능력이 약화된다면 이는 결코 바람직하지 않을 것이다. 예를 들어 농업시장의 개방에 따른 식량안보 위협 등을 들 수 있다.

2) 보호무역주의

중상주의(Mercantilism)는 19세기 이전, 특히 15~18세기 약 300년 동안 주로 중세에서 근대사회로 이행하는 과정에서 국민적 통일을 실현하고 국력을 배양하는 시기의 유럽지역 내 국제무역의 지배적인 경향으로서 대표되는 것이 보호무역주의였다. 즉, 금과 은 등 화폐의 가치를 축적하는 것이 국부(Wealth)를 증진시키는 것으로 인식하였다.

따라서 산업을 육성하여 수출은 장려하고 수입은 최대한 억제하여 국부를 증가시키는 것을 가치 있는 것으로 여겼다. 국가는 무역정책에 적극 개입하여 외국산 수입으로부터 국내산업을 보호하고 반대로 수출은 장려해야 된다고 믿었다. 국내산업 보호방법은 세금을 부과하거나 구입의 양을 제한하거나, 수출보조금을 지급하는 방법 등이 있다.

이 당시에는 국가 간의 상호이익이나 이해의 조정이라는 협력의 개념은 희박하였으며 한 국가의 이익은 다른 국가의 손해로 이어지는 것으로 이해되었다. 이러한 배경하에서 영국이나 프랑스에 비해 비교적 산업이 뒤떨어진 미국이나 독일을 중심으로 자유무역을 반대하며 국내산업보호를 위한 보호무역을 주장하였다.

(1) 미국 해밀턴의 공업보호론

미국은 1776년 독립 후에도 농업중심국가로서 주로 면화, 담배, 곡물 등을 수출하고, 공업제품은 영국을 비롯하여 유럽국가들로부터 수입을 해야 하는 실정이었다. 이러한 가운데 공업을 육성하여 경제적으로도 유럽으로부터 독립하려는 요구가 강했다.

이러한 때 1791년 미국의 재무장관이었던 알렉산더 해밀턴(Alexander Hamilton)은 '제조업에 관한 보고서'(Report on Manufactures)를 의회에 제출하면서 미국과 같은 후진국은 외국의 경쟁으로부터 자국 내 유치산업을 보호하고 그 산업들이 스스로 독립할 수 있도록 육성해야 한다고 주장하였다.

당시 농업국이었던 미국의 입장에서는 공업을 발전시켜야만 제조업과 농업에서의 산업분화를 통해 경제자립을 달성할 수 있다고 생각하였다. 그런데 미국의 제조업은 유럽에 비해 낙후된 상태에 있어 현 상태로는 유럽의 수입상품에 밀려 성장할 수 없기 때문에 국가의 보호조치로 육성하지 않으면 안 된다고 보았다.

해밀턴은 구체적으로 보호대상 품목도 선정하였는데, 원료의 자급능력, 기계대체가능성, 보호정책의 편의, 제품용도의 범위, 국방에 대한 기여 등을 기준으로 철강, 동, 석탄, 목재, 곡물을 보호대상으로 삼았다.

해밀턴이 제시한 구체적인 제조업의 보호수단으로는 보호관세, 수입금지, 보조금지급, 핵심원자재의 수출금지령, 산업원자재에 대한 수입자유화와 관세 리베이트, 발명품에 대한 포상과 특허부여 상품의 표준에 대한 법령제정, 금융과 운송의 하부구조 개발 등을 주장하였다.[04] 이들 조치를 통해 국내 제조업이 경쟁에서 벗어나 성장하게 되고 더 나아가 외국제품과 경쟁할 수 있다는 것이다. 이는 미국이 선진공업국으로 발전하는 데 기초를 마련한 것으로 타당성이 있다고 입증되었다.

실제 당시 미국은 1792년에 총 182종의 수입품 중에서 157종에 수입관세를 부과하였고 25개 품목에 대해서만 무관세를 허용하였다. 이러한 미국의 보호주의 추

04 장하준(2007), 『나쁜 사마리아인들』, 부키, p.83.

세는 제1차 세계대전 이후까지 계속되다가 제2차 세계대전 후 완화되었으나 일부는 아직도 남아있다.

(2) 독일 리스트의 유치산업보호론

19세기 독일은 영국이나 프랑스보다 공업화가 늦었고 경쟁력도 약했다. 따라서 자유무역제도가 영국이나 프랑스 등 공업화가 이미 달성된 선진국에게는 유리하나 독일과 같이 공업화가 미진한 국가들에게는 불리한 것으로 인식하였다.

이러한 분위기에서 독일과 같이 공업화가 이루어지지 않은 후진국 입장에서는 보호무역의 필요성이 있다고 주장한 사람이 바로 프리드리히 리스트(Friedrich List, 1789~1846)이다. 리스트는 1841년 『정치경제학의 국민적 체계』에서 경제발전 5단계설을 내세우며 독일의 공업발전을 위한 유치산업보호론을 주장하였다. 리스트는 다양한 경제발전단계(5단계)에서 농업사회에서 공업사회로의 이행은 보호무역을 통해서만 달성될 수 있다고 주장한다. 즉, 국민의 지식이 공업기술을 상당히 응용할 수 있을 정도로 발달하여 생산력이 배양되어야 한다는 것이다. 따라서 공업화가 달성된 영국은 자유무역을 채택하는 것이 유리하지만 농업에서 공업으로의 이행단계에 있는 독일의 경우에는 보호무역을 채택하는 것이 유리하며 나중에서야 다시 자유무역으로 전환될 수 있다고 주장하였다.

따라서 유치산업보호론이란 현재에는 수준이 낮고 경쟁력이 없어 국가가 보호하지 아니하면 국제경쟁에 견딜 수 없으나 장래에는 성장이 기대되고 경쟁력 있는 산업으로 성장할 가능성이 있어 정부가 일정기간 동안 외국제품의 국내진입을 억제하고 각종 보조금을 지원하는 보호정책을 실시하면 나중에는 생산성이 향상되고 경쟁력을 갖추게 되어 보호기간 동안의 손실을 커버하고도 남는 더 많은 이익과 혜택을 국내 소비자들에게 제공한다는 논리이다.

후진국은 자본이 부족하고 기술수준이 낮기 때문에 선진국의 상품 유입으로 새로운 산업의 생성과 발전이 어렵다는 것이다. 따라서 리스트는 외국상품의 수입을 억제하고 국내의 유치산업을 보호해야 한다고 주장한다.

계속해서 리스트는 보호관세를 부과하게 되면 초기에는 공업제품의 가격이 상승하게 되지만, 일정기간 이후 국내산업이 완전한 생산력을 발휘하게 되어 외국에서의 수입보다 더 저렴하게 국내에서 생산할 수 있다고 보았다. 따라서 장래의 이익을 위해서 현재의 이익을 희생할 필요가 있다는 것이다. 현대 유치산업에는 IT, 전자, 전기, 소재기술, 정보통신, 항공우주, 에너지, 문화, 영화 등이 있다.

(3) 신보호무역주의

제2차 세계대전 후 GATT 체제의 출범과 함께 자유무역주의를 강력하게 지지하던 미국 등 주요 선진국들의 정책기조는 1970년대 들어서 상호주의에 입각한 공정무역으로 전환되면서 당시 대두되기 시작했던 신보호무역주의가 나타났다.

즉, 20세기 후반들어 신흥개도국들로부터 값싸고 품질 좋은 물건들이 미국 시장으로 진입함에 따라 미국이 무역적자에 시달리게 된 것이다. 이를 억제하기 위한 노력으로 수입품에 대한 관세를 높이거나 수입을 제한하는 움직임이 발생하였다. 섬유, 철강 등 사양산업의 보호라는 명분으로 선진국을 중심으로 시행되었으나 최근에는 전자 첨단산업, 보험, 지재권, 특허권 등 서비스산업에 이르기까지 광범위하게 확산되고 있다.

그 배경에는 다음과 같은 이유가 있다. GATT/WTO, IMF 등 국제경제기구의 기능약화, 비관세장벽의 존재, 선진국의 산업구조조정 지연 및 신흥공업국과의 경쟁악화, 국제무역수지의 장기화 등이다. 이러한 신보호무역주의는 선진국의 보호무역이라는 점이 특징이다. 과거에는 경제적으로 경쟁력이 없는 국가에서 자국산업 보호를 위해 시행되던 보호무역이 이제는 미국 등 선진국들에 의해 시행된다는 점에서 전통적인 보호무역주의와 구별된다.

보호대상도 사양산업은 물론 중화학, 첨단산업까지 다양하며 주로 비관세장벽을 이용하여 특정 품목을 중심으로 선별적 · 차별적으로 적용되며, 다자주의가 아닌 양자주의에 입각하여 진행된다는 특징을 가지고 있다.

■ Chapter **15** ■

분쟁해결제도

1 분쟁해결절차의 정의 및 의의

어떤 체제 내에서 분쟁을 해결한다는 것은 무슨 의미가 있을까? 그리고 분쟁을 해결할 수 있는 상설기구가 있다는 것은 분쟁해결에 얼마나 도움이 될까? 분쟁해결절차란 동일한 국제규범을 적용받는 국가 간의 무역이나 투자행위로부터 발생하는 분쟁을 공정하고 신속하며 효과적으로 해결함으로써 당해 국제규범하에서의 관련 국가 간의 권리와 의무의 적절한 균형을 유지해주는 절차적 제도를 말한다. 그 대표적인 사례가 바로 WTO 분쟁해결절차이다.

WTO 분쟁해결제도는 회원국 간에 발생하는 무역분쟁에 대해 다자간 규정의 적용을 보장함으로써 WTO 체제에서의 각종 협정이 명료화되고 강화되어 규범의 권위를 강화하고, 안정성을 보장하며, 효율성을 확보하는 데 기여하였다. 즉, 회원국 간의 분쟁을 공정하고 신속하게 해결함으로써 WTO 협정의 기능을 효율적으로 수행하도록 하고 회원국들의 권리와 의무 간의 적절한 균형을 유지하도록 하는 기능을 해왔다.

2 WTO 분쟁해결절차의 역사

이미 GATT 체제하에서도 분쟁해결기능은 있었다. GATT 체제 분쟁해결의 핵심적인 규범은 GATT 제22조와 제23조이다. GATT 제22조는 개별회원국 간에 '협의'(consultation)할 권리를 규정하고 있다. 즉, 체약국은 다른 체약국이 제시하는 각종 제안에 대해 협의할 수 있는 적당한 기회를 제공해야 한다고 규정하고 있다.

GATT 제23조는 "어떤 체약국이 GATT에 의하여 향유할 자격이 있는 이익을 다른 회원국의 행위로 인하여 수혜받지 못한다고 생각될 경우에는 다른 체약국을 대상으로 만족스런 조정을 위한 협의를 제안할 수 있다"라고 명시하고 있다. 계속해서 제23조에 따르면 협의에 성공하지 않으면 GATT 회원국은 집단적으로 이를 검토하여 적절한 판정(rules) 또는 권고(recommendation)를 할 수 있으며, 필요에 따라서는 의무의 정지 또는 보복조치(retaliation)를 허가할 수 있다. 과거 GATT 체제하에서 약 40여 년 동안 약 120개 이상의 패널이 설치되었다.

그러나 문제점도 많았다. 전원합의로 패널이 설치되므로 피소국 정부의 방해가 일어날 수 있고, 패널위원 선정 및 권한부여(terms of reference)가 지연되기 쉬우며, 시정요구 절차가 지연되는 등 대체로 GATT 체제하에서의 분쟁해결기능은 실효성이 약했다. 따라서 UR 협상을 통해 과거 분쟁해결제도를 보완하기 위해 통합된 분쟁해결기구 및 절차가 마련되었다.

3 WTO 분쟁해결절차의 주요 내용

1) 기본원칙

WTO 분쟁해결절차는 지난 40여 년 동안 GATT에서 발전되어온 분쟁해결제도를 정밀하게 보완하고 발전시켜 계승한 것이다. 다만 GATT의 분쟁해결제도보다 훨씬 구체적이며, 시한과 승인절차를 규정함으로써 분쟁해결과정이 신속하도록 한 것이 특징이다. 또한 상소절차가 도입되었고, 한 분야의 피해를 다른 분야의 조치로 보상하는 것도 허용하였다. 즉, 분쟁해결양해(DSU) 제3조 제2항에서 "WTO의 분쟁해결제도는 다자무역체제의 안정성과 예측가능성을 확보하는 핵심요소"라고 언급하고 있으며 회원국의 권리와 의무를 보존하고 명료화하는 역할을 한다.

바람직한 분쟁해결은 WTO 협정과 위배되는 조치의 철회(withdrawal)가 보통이고, 만약 철회가 불가능한 경우에는 보상(compensation) 또는 보복(retaliation)조치가 이루어질 수 있다. 이때 보복이란 상대 회원국에 대한 무역상 양허(concession) 및 의무의 정지를 의미한다.

DSU 제23조의 '다자체제의 강화'는 또 다른 기본원칙으로서 한 회원국의 이익이 무효화 또는 침해가 되었다고 생각하는 경우에도 이에 대해 임의로 일방적인 조치를 할 수 없다고 강조하고 있다. 이 경우 회원국은 반드시 WTO 분쟁해결절차를 거치도록 요구하고 있으며, 오로지 WTO 판정에서만 이해 및 보복이 허용됨을 지적하고 있다.

분쟁해결절차는 분쟁해결기구(Dispute Settlement Body)라고 하는 독립된 기구의 감독을 받는다. 이는 의장만 달리하는 일반이사회의 조직과 똑같은데, 주로 패널의 설치, 상소보고서 채택, 판정의 이행감시, 양허 및 의무의 정지를 승인하는 등의 업무를 수행한다.

2) 분쟁해결절차

분쟁해결은 크게 4단계로 구성되어 있다. 1단계는 분쟁이 발생하여 제소국과 피소국이 서로 만나서 협의하여 해결하려는 노력 단계이다. 2단계는 원만하게 협의되지 않은 경우 패널을 설치하여 양쪽의 주장과 요구사항에 대해 법률검토를 하여 판정하는 단계이다. 3단계는 상소단계로서 패널판정에 대해 만족하지 않는 측에서 상소기구에 제소하면 상소기구는 법률적 검토를 거쳐 최종판정을 내린다. 마지막으로 4단계는 WTO 판정에 대한 이행단계로서 WTO는 피소국에 대해 상소기구의 판정에 부응하는 요구를 할 수 있으며, 만약 피소국이 판정내용을 제대로 이행하지 않으면 제소국에게 보복조치의 권한을 부여할 수 있다.

(1) 협의

분쟁은 우선 분쟁당사국들이 제3자의 개입 없이 협의(consultation)를 통해서 해결하는 것이 가장 바람직하다. 즉, 패널설치 이전에 당사국 간 협의, 알선, 조정, 중재 등의 절차를 통해 분쟁을 해결하도록 노력해야 한다. 이 중에서 협의가 가장 기본적인 해결방법이다. 협의를 요청받은 회원국은 10일 이내에 응해야 하고, 30일 이전에 협의를 개시해야 한다. 만약 30일 안에 협의개시가 개시되지 않거나 60일 이내에 협의가 완료되지 않으면 협의를 요청한 국가는 즉시 패널설치를 요구할 수 있다. 협의는 비공개로 이루어진다. 단, 농수산물과 같이 부패하기 쉬운 상품을 대상으로 할 경우에는 10일 이내에 협의가 개시되어야 하고, 20일 이내에 협의가 완료되어야 한다.

이밖에 알선(good offices), 조정(conciliation), 중재(mediation) 등은 WTO 사무총장의 직권으로 이루어질 수 있으며, 시간에 구애받지 않고 개시되고 종결될 수 있다.

(2) 패널절차 및 시간

패널(panel)은 심사원단, 조사원단의 뜻으로 복수의 인원을 대상으로 하여 정기적 · 계속적으로 조사업무를 하는 일단의 사람을 말한다. 법률용어로는 배심원의 뜻도 있다. 분쟁에 대해 원만하게 협의해서 해결되지 않으면 회원국의 요청으로 WTO 분쟁해결기구에 패널(panel)이 설치된다. 이때 패널설치에 관해 분쟁해결기구 회의에서 만장일치(consensus)로 부결되지 않는 한, 다음 차례의 분쟁해결회의 이전에 패널이 반드시 설치되어야 한다. 이때 동일사안이라면 여러 나라가 동시에 제소할 수 있다.

패널설치 후 분쟁당사국은 20일 이내에 3인 또는 5인의 패널리스트를 선정해야 한다. 이때 패널은 WTO 사무국에서 보유하고 있는 패널리스트 명부에 등재된 인사 중에서 선정된다. 주로 WTO나 GATT 회원국의 대표로서 경험을 했거나, WTO 사무국에서 종사한 경험이 있는 등 국제무역법이나 무역정책에 상당한 지식 또는 실무경험이 있는 자로 구성된다. 이때 패널리스트는 수행해야 할 위임사항(terms of reference)에 대해 상의 및 합의하고 계획표를 작성해야 하는데, 적어도 패널설치 후 20일 이내에 결정되어야 한다.

역만장일치(Reverse Consensus)

우루과이라운드 협정 때 채택된 제도로서 패널의 설치 및 패널보고서, 상소보고서의 체택, 더 나아가 보복조치의 허가 등에 적용되는 원칙이다. 과거의 GATT 체제에서는 판정 채택을 위하여 만장일치제도를 따랐는데, WTO 분쟁해결제도하에서 판정을 기각하기 위해서는 역만장일치 제도를 따르도록 하고 있다.

이 제도에 따라 패널이나 항소기구의 판정은 GATT 회원국이 만장일치로 이를 거부하지 않는 한, 즉 회의 참석회원국 중 어느 한 회원국이라도 그 결정에 대하여 찬성하면 의안이 통과된 것으로 간주하는 원리이다.

따라서 판정은 자동적으로 채택되며 이에 따라 패소당사국이나 그 이외 어느 나라들도 패널 또는 항소기구의 판정에 불복할 수 없다. 만일 패소 당사국이 패널판정에 준수하는 것을 거부한다면, 분쟁해결기구가 승소당사국에 자동적으로 보복조치 권한을 부여한다. 이로써 역만장일치제도는 국가들의 분쟁절차 지연과 판정 불복을 대응하는 효과적인 분쟁해결 기제라 할 수 있다.

패널의 조사기간은 패널구성 후 조사보고서 제출일까지 6개월을 초과할 수 없다. 늦어도 6개월 만에 분쟁판정 결과를 제시하여야 한다. 부패물품에 대해서는 3개월을 초과할 수는 없다. 만약 6개월 내 보고서 제출이 어려운 경우에는 연장사유를 제시하여 연장할 수 있다. 그러나 어떠한 경우에도 9개월을 초과할 수 없다. 다만 제소국의 요청이 있을 경우 패널은 12개월이 초과하지 않는 범위 내에서 작업을 정지할 수 있다. 12개월이 초과되면 패널설치가 자동적으로 무산된다.

(3) 패널보고서 채택

패널은 최종보고서를 제출하기 이전에 중간보고서를 제출하여 회원국들에게 회람을 시킨다. 이때 분쟁당사국이 이의를 제기할 경우 특정사안에 대해 검토를 해야 하지만, 분쟁당사국들 다수의 견해표명 없이는 중간보고서가 바로 최종보고서로 간주된다. 패널보고서가 효력을 발휘하기 위해서는 분쟁해결기구(DSB)에 의해 채택되어야 하는데, 분쟁해결기구에서 만장일치로 채택하지 않기로 하지 않는 한 60일 이내에 채택되어야 한다. 즉, 역만장일치제도가 적용된다. 한 회원국이라도 보고서 채택을 찬성한다면 패널보고서는 채택되어 효력이 발생된다.

(4) 상소절차

상소(appellate)는 패널의 결정에 이의가 있는 분쟁당사국은 그 결정에 대해 상소기구에 이의를 제기할 수 있다. GATT와 다르게 WTO에서만 상소기능이 있다. 상소기구는 7인의 법관으로 구성되어 있으며, 한 사건에 대해 3인씩 교대로 상소업무를 담당한다. 임기는 4년으로 1회에 한하여 재임용이 가능하다. 이들은 주로 법률과 국제무역 및 관련분야의 전문가로서 어떠한 개별국가의 정부와도 관계를 가져서는 안 되며, 직 · 간접적으로 이해관계가 있는 분쟁사안에 대해서는 심사할 수 없다.

상소기구의 검토는 패널보고서의 법규 및 패널에서 제기된 법률해석에만 국한되며, 패널의 결정사항 및 결론을 지지하거나 수정하거나 번복할 수 있다. 상소보고서는 분쟁당사국이 공식적으로 상소의사를 통보한 이후 60일 이내에 제출되어야 한다. 어떠한 경우에도 90일을 초과할 수 없다. 그리고 상소보고서가 회원국들에 배부되면 분쟁해결기구는 그로부터 30일 이내에 동 보고서의 채택 여부를 결정해야 한다.

(5) 권고 및 결정의 이행 및 보복조치

판정에서 패소한 분쟁당사국은 패널 또는 상소보고서가 채택된 이후 30일 이내에 개최되는 분쟁해결기구회의에서 패널이 내린 권고 또는 결정의 이행에 관한 의도를 통보하여야 한다. 만약 권고 및 결정을 즉시 이행하기 어려운 경우에는 분쟁해결기구의 승인을 받아 이행할 수 있으나, 승인을 받지 못한 경우에는 45일 이내에 승소국과 상의하여 합의된 기간 내에 이행하여야 한다.

만약 분쟁승소국과도 이행에 대해 합의가 이루어지지 않을 경우에는 90일 이내에 구속력 있는 중개를 통해 해결하고 정해진 기간 내에 이행하여야 한다. 특별히 합의된 경우가 아니면 15개월 이내에 이행되어야 하며 어떠한 경우에도 18개월을 초과할 수 없다.

한편, 패널판정이나 상소보고서 판정과 같이 분쟁해결기구(구체적으로는 패널 또는 상소보고서)의 권고 및 결정사항이 합리적인 기간 내에 이행되지 않을 경우에는 승소국은 패소국으로부터 보상을 받거나 혹은 보복조치를 취할 수 있다. 보복조치로는 패소국에 대해 양허나 기타 WTO 협정상에서 지켜야 할 의무를 정지할 수 있다. 승소국은 보상이 이루어지지 않을 경우 분쟁해결기구를 통해 양허나 기타 의무적용의 정지 등을 요청할 수 있으며 분쟁해결기구는 특별히 이의가 없는 한 승인해야 한다.

그러나 보복은 일정한 원칙과 절차에 따라 이루어져야 하는데 승소국이 피해를 받은 분야와 동일한 분야에서 우선적으로 보복조치가 가능하며, 그와 같은 조치가 효과적이지 않을 경우에는 다른 분야에 대한 보복조치가 가능하다. 이때 보복조치의 수준은 승소국의 피해와 동등한 수준이어야 한다. 아무리 승소국이라 하더라도 WTO 분쟁해결절차의 원칙과 절차, 그리고 패널보고서의 판정을 따라야 하며 어떠한 일방적인 조치도 남용되어서는 안 된다.

그림 15-1 ▮ WTO 분쟁해결절차

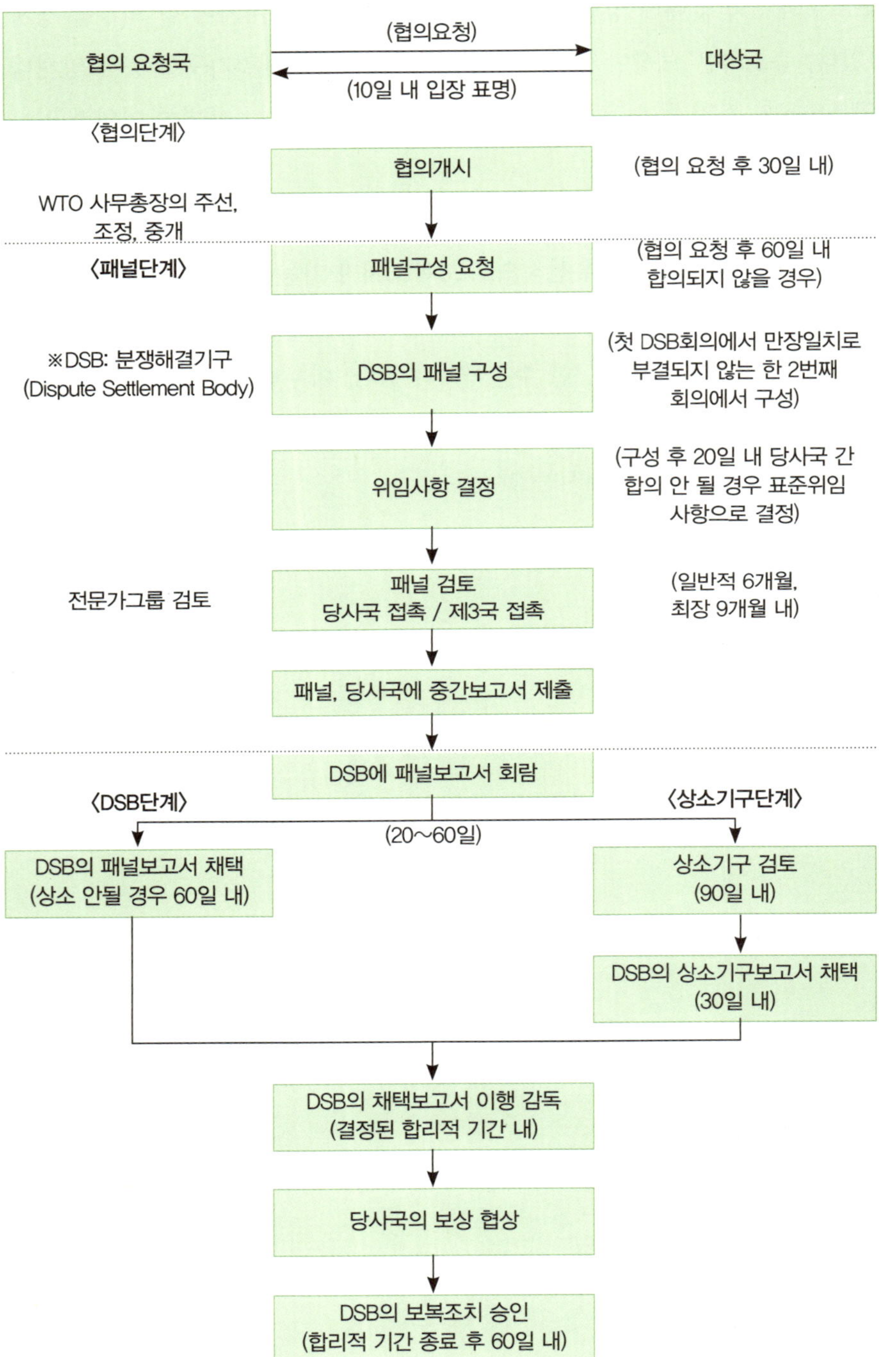

교차보복(cross-retaliation)

WTO 협정하에서 피소당사국이 패널판정을 합리적 기간 내에 이행하지 않을 경우에 제소국은 분쟁해결기구의 승인을 얻어 패소국에 대한 양허나 그밖의 의무를 정지(suspension of concession)하는 것을 말한다. 교차보복은 GATT에서는 허용되지 않았는데 WTO 체제에서는 허용되었다.

예를 들어 A국과 B국 간 서비스분야에서의 분쟁에서 A가 승소국이고 B가 패소국이라면 B국은 판정결과를 이행해야 하나 만약 이행하지 않는다면 A국은 B국을 상대로 보복을 하게 되는데 B국의 서비스분야에 대한 보복이 마땅치 않으면 농수산물이라든가 섬유 등 B국에 영향을 미칠 수 있는 다른 분야에서의 보복을 허용한 것이다. WTO에서는 GATT 때와 다르게 교차보복이 허용된다.

표 15-1 분쟁해결과정에서의 GATT와 WTO의 차이점

구분	GATT	WTO
전담기구	없음. 만족스런 조정을 위한 '협의'가 주요 절차임.	분쟁해결기구(DSB). 실제는 의장만 다른 일반이사회 조직임.
근거법률	GATT의 일부조문 (GATT 제22조, 제23조)	별도의 협정문, 즉, '분쟁해결에 적용되는 규범과 절차에 관한 양해' (Understanding on Rules and Procedures Governing the Settlement of Disputes)
절차에 시한설정	도쿄라운드결과 일부 있음	단계별 시한이 설정됨
보복조치	가능, 동일피해분야를 대상	동일분야 보복이 우선이나 피해분야와 다른 분야를 대상으로 교차보복(cross-retaliation) 가능
보복형태	조치의 철회(withdrawal), 보상(compensation), 보복(retaliation).	GATT와 동일
의사결정	만장일치(consensus)	역만장일치(reverse consensus). 분쟁해결절차가 자동적 · 신속적으로 진행되도록 함.
상소기능	없음	있음

■ 참고문헌 ■

〈국문서적〉

감사원(2009), "낙후지역개발사업 추진실태 감사결과".

강인수 외(2006), 『국제통상론』, 박영사, pp.189~190.

이경남 역(2008), 『애덤 스미스 경제학의 탄생』, 청림출판, p.147.

교육부(2014, 2016), "2013년도 학교급식 실시현황," p.1.

국가기술표준원(2015), "2014년 무역기술장벽(TBT) 보고서," p.76.

기획재정부 WTO 통보자료(1999. 6).

김기현(2016), "중국의 비관세장벽 대응전략," 중국경영인증컨설팅.

김대식(2008), "한미 FTA 정부조달부문 협상결과에 대한 통상정책적 평가," 『경희법학』, 43권 2호.

김도훈 외(2005), 『시장개방과 산업구조조정』, 산업연구원.

김병국(1995), 『국가, 지역, 국제체제: 변화의 연속성』, p.269.

김상겸 · 박인원(2011), 『APEC 경제통합과 원산지규정: 경제적 효과와 APEC의 협력과제』, 연구보고서 11-16, 대외경제정책연구원.

김석우(2008), "FTA의 정치경제학: FTA 체결요인에 관한 경험적 분석을 중심으로," 『21세기 정치학회보』, 제18(1)호, p.150.

김선광(1999), 『국제통상학 개론』, p.23.

김수행 역(1992), 『국부론』, 동아출판사.

김예지 · 이영성(2010), "제조업과 서비스업 사이의 상호작용," 『지역연구』, 제26권 제4호, p.30.

김 우(2009), "덤핑판정 과정중 제로잉의 위법성에 관한 연구: 반덤핑협정 제2.4.2조를 중심으로".

김의기(2012), 『WTO에서 답하다』, 다른세상, p.168.

김의수(2000), 『UR 협정의 이해』, p.221.

김진오 외(2011), 『남미공동시장(MERCOSUR) 20년 평가와 시사점』, 대외경제정책연구원, p.3.

김현종(2010), 『한미 FTA를 말하다』, pp.378~382.

김홍률(2016), "중국의 TBT 규모추정과 한 · 중 FTA의 시사점," 『무역통상학회지』, 16권 2호, pp.4~7.

대외경제정책연구원 외(2011), "한미 FTA 경제적 효과 재분석," 외교통상부, p.5.

류경임(2015), 『기술규제와 무역』, 한국표준협회미디어, p.143.

명진호(2011), "세계 FTA 확산 동향과 시사점," Trade Focus, 국제무역연구원 Vol.10, No.19.

무역위원회(2016). 『무역구제통계』.

무역협회(2017), 『외국의 對韓 수입규제 총람』.

민혁기 · 정재화(2012), "한-칠레 FTA의 무역효과 분석," 『무역학회지』, 제37권 제4호.

박노형 외 16명 공저(2006), 『국제경제법』, p.170.

박노형 외(2012), 『신국제경제법』, 박영사, 2012.

박세일 · 민경국 역(2009), 『도덕감정론』, 비봉출판사, p.346.

박양균(2009), "동일 제품이 다른 가격에 팔리는 것은 부당한가?," KERI 칼럼.

박재홍(2012), "우리나라의 FTA 추진 동향과 농업부문 대책," 농협경제연구소.

박진성 · 박종찬 · 박상길(2015), 『현대무역론』, 박영사.

배찬권 · 금혜윤 · 김진오(2012), 『NAFTA 체결이후 멕시코 경제의 변화와 정책 시사점』, 대외경제정책연구원, 연구자료 12-01, p.77.

법무부(2003), 『WTO 비차별원칙의 이해와 적용 연구』, pp.14~15.

부산경제진흥원(2011), "FTA활용현황 실태조사," p.39.

성재호(2002), 『국제기구와 국제법』, 한올아카데미.

안요한 · 김홍률(2017), "WTO 정부조달협정(GPA) 측면에서 본 우리나라 학교급식 프로그램의 문제점과 개선방안," 『구매조달학회지』, 24호, 한국구매조달학회.

양준석(2014), "WTO 정부조달협정과 민영화," 『국제통상연구』, 제19호 제1권, 한국국제통상학회, p.95.

양준석(2016) "정부조달 시장규모 추정," 한국무역학회 발표자료, 2016. 12.

외교통상부(2010), "한미 FTA 상세설명자료," p.110.

윤기관(2008), "우리나라는 왜 개방경제와 자유무역정책을 지속적으로 추진해야 하는가?," 『사회과학연구』, 제34권 제1호.

이경남 역(2007), 『애덤 스미스 경제학의 탄생』, 청림출판, p.150.

이경희(2014), 『함께하는 FTA』, 산업자원부.

이관민(2010), 중앙일보 인터뷰, 미국 남가주대학교.

이민화(2016), 4차 산업혁명으로 가는 길, 동영상.

이신규(2011), 『국제통상론』, 두남, 2011, p.100.

이재기(2007), 『21세기 글로벌 통상의 이해』, 청목출판사.

이재현, 『스미스 선생님 만나서 반갑습니다』.

이종규 외(2009), "한-EU FTA의 주요 타결내용과 시사점," 삼성경제연구소.

이종원 외(207), 『한-EU FTA』, 높이깊이, 2007.

이항구 · 박광순 · 이경숙 · 김경유 · 이임자(2007), 『한미 FTA시대에 대응한 주력산업의 구조 고도화 방안』, 산업연구원.

이홍식 · 정지원(2007), "미국 정부조달시장 현황 및 진출 전략과 지원방안," 세미나 자료.

日本通商産業省, 『通商白書 2001』.

장용준 · 서정민 · 김민성 · 양주영(2011), 『무역상 기술장벽(TBT)이 무역에 미치는 영향과 정책적 대응방안』, 대외경제정책연구원, p.80.

장하준(2004), 『사다리 걷어차기』, 부키.

장하준(2007), 『나쁜 사마리아인들』, 부키.

장하준(2008), 『다시 발전을 요구한다』, 부키.

장하준(2010), 『그들이 말하지 않은 23가지』, 부키.

재정경제부 외(2007), "한미자유무역협정 체결에 따른 국내보완대책".

정갑영, 『만화로 읽는 경제학』, 21세기북스.

정영태(2007), "글로벌 경쟁시대, 무역기술장벽 넘어서자," 『국정브리핑』.

정인교 외(2009), 『동아시아 경제통합- 주요국 입장과 통합관련 이슈』, 서울경제경영출판사, pp.201~205.

정인교(2010), 『FTA 통상론』, 율곡출판사, p.156 .

조경엽 · 송원근(2009), 『FTA 경제적 효과 분석을 위한 KERI-CGE 모형개발 연구 - 한 · EU FTA 분석을 중심으로-』, 연구 09-01, 한국경제연구원.

조영정(2003), 『국제통상론』, p.90.

최호진 역(1992), 『국부론』, 범우사출판, p.25.

조영정(2003), 『국제통상론』, p.90.

조익노(2003), "WTO 통일원산지협상 동향 및 전망," 산업자원부.

중 남(2016), 『SPS 협정하 중국의 식품안전법에 대한 연구』, 부산대학교 석사학위 논문, p.1.

지식경제부 무역조정지원센터(http://www.taa.go.kr)

최명주, "WTO 보조금 협정의 경제정책적 함의," 한국정책학회보 제7권 제1호, 1998년, pp.207~235.

최원목(2003), 『WTO 비차별원칙의 이해와 적용 연구』, 법무부.

하태정 · 문선웅(2014), "가격차 모형에 기초한 한국과 중국 간 기술무역장벽(TBT) 추정에 관한 연구," 『통상정보연구』, 제16권 제4호, 한국통상정보학회, p.308.

현대경제연구원(2016), "중국의 대한국 보호무역 현황과 시사점".

홍원탁(1987), 『수출주도형 성장과 개방," 한국경제의 이론과 현실』, 서울대학교출판부.

홍유수 외(2008), 『거대경제원 FTA와 중소기업 경쟁력 강화방안』, 중소기업연구원, p.10.

황광우(2006), 『철학콘서트』, 웅진지식하우스 p.203.

KOTRA(2006), "무역에 있어 세계 기술장벽 (TBT) 동향과 피해사례," 기획조사 06-051.

〈영문자료〉

Altemoller, Frank(2016), "Counter-terrorism and Data Transfers in International Trade," *World Customs Journal*, Vol.10, No.1, pp.27~34.

Bown, Chad P. & Thomas J. Prusa(2010), "U.S. Antidumping: Much Ado about Zeroing," *Policy Research Working Paper*, No.5352.

Bao, Xiaohua(2014), "How Do Technical Barriers to Trade Affect China's Imports?" *Review of Development Economics*, Vol.18, No.2, pp.286~299.

Bao, Xiaohua & Larry D. Qiu(2010), "Do Technical Barriers to Trade Promote or Restrict Trade? Evidence from China," *Asia-Pacific Journal of Accounting & Economics*, Vol.17, No.3, pp.253~278.

____________________(2012), "How Do Technical Barriers to Trade Influence Trade?" *Review of International Economics*, Vol.20, No.4, pp.691~706.

Bernard M. Hoekman and Michel M. Kostecki(2001), *The Political Economy of the World Trading System*.

Devadason, Evelyn Shyamala & Santha Chenayah(2014), "Proliferation of Non-Tariff Measures in China: Their Relevance for ASEAN," *The Singapore*

Economic Review, Vol.59, No.2, pp.1~35.

Jacob Viner(1950), *The Customs Union Issue*.

Jagdish Bhagwati(1995), "U.S. Trade Policy: The Infatuation with Free Trade Agreements" in Jagdish Bhagwati and Anne O. Krueger, *The Dangerous Drift to Preferential Trade Agreements*, AEI Press.

Jawaharlal Nehru Customs House Nhava Sheva(2014), *Time Release Study*.

Kim, Bokyung(2017), "Analysis on the Factors that Affect AEO MRA," Dissertation, GSIS, Seoul National University.

Mads Espersen(2011), *Regional Trade Agreements in the Developing World*, Aarhus School of Business, Aarhus University, September 2011, p.7.

Prusa, Thomas J. and Edwin Vermulst(2009), "A One-Two Punch on Zeroing: US-Zeroing(EC) and US-Zeroing(Japan)," *World Trade Review*, Vol.8, No.1.

Rosanelli, Rosa(2016), "Authorized Economic Operators: Costs and Benefits of Certificated Supply Chain Safety and Security," *Strategic Trade Review*, Vol.2, No.3, pp.121~131.

William J. Davey(2005), *Regional Trade Agreements and the WTO: General Observations and NAFTA Lessons for Asia*, Research Paper No.05-18 November 30.

William W. Nye(2009), "The implications of zeroing for enforcement of US antidumping laws," *Journal of Economic Policy Reform*, Volume 12(4),

WTO TBT(2015), "Annual Review of the Implementation and Operation of the TBT Agreement"(G/TBT/36, 2015), (G/TBT/34, 2014).

〈웹사이트〉

두산백과사전(www.doopedia.co.kr)

중국질량감독총국(http://www.aqsiq.gov.cn) (2017. 8. 10)

FPDS-Next Generation(http://www.fpds.gov)

FTA 종합지원포털(http://www.ftahub.go.kr)

http://antidumping.kita.net

http://blog.naver.com/tcasuk?redirect=log&logno=40002682356, http://blog.naver.com/himammo?redirect=log&logno

http://interlatin.co.kr/zeroboard/zboard.php?id=board11&page=4&sn1=&divpage=1&sn=off&ss=on&sc=on&select_arrange=headnum&desc=asc&no=84)

KNOW TBT(www.knowtbt.kr) (2017. 8. 8)

KOTRA(www.kotra.or.kr)

K-STAT(http://stat.kita.net)

Trade-NAVI(http://www.tradenavi.or.kr) (2017. 8.10)

UNCTAD(2005), *Multilateralism and Regionalism*

USITC(www.usitc.gov)(2016. 9)

WTO(www.wt.org)(2017. 9. 14)

www://cafe.naver.com/opulence.cafe?iframe_url=/ArticleRead.nhn%3Farticleid=12

WTO IMS(Information Management System) (www.wto.org) (2017. 6. 5)

■ 찾아보기 ■

[ㄱ]

가격수락 108
가격차별화 98
강제인가조치 268
강제인증제도 175
개도국간 특혜무역협정 310
거래가격 87
경제공동체 309
경제동반자협정 311
경제협력기본협정 311
고용창출 231
공동시장 309
공정기준 209
관세동맹 309
관세화 145
교차보복 387
국경간 공급 238
국부론 17
권능조항 365
규모의 경제 373
금지보조금 124
기술규정 188

[ㄴ]

NAFTA 312
남미공동시장 318
내국민대우 59
농업의 다원적 기능 141
농업협정문 142

[ㄷ]

대응구매 279
덤핑 87
덤핑마진 90
동남아시아국가연합 318
동등성 159
동종상품 89

[ㄹ]

라벨링 192
레온티에프의 역설 43

[ㅁ]

무역관련지식재산권협정 257
무역기술장벽 171
무역전환효과 344
무역창출효과 341
미공개정보보호 251
미국산 우선구매법 284
미소마진 105

[ㅂ]

반덤핑 97
범위의 경제 373
보이지 않는 손 20
보조금 110
보조금 및 상계조치에 관한 협정 122
보호무역주의 375
부가가치기준 209
분업 22
분쟁해결절차 379

비교역적 관심사항 143

[ㅅ]

산업디자인권 247
산업재산권 245
상계관세 127
상계조치가능보조금 124
상소 384
상업적 주재 239
상표권 247
상호인정약정 191
서비스 226
서비스무역 233
세번변경기준 209
세이프가드 131
수출가격 88
스톨퍼-샤뮤엘슨정리 45
스파게티볼효과 222
CE마크 182
신지식재산권 250
실용신안권 247
심각한 손상 126, 136
쌀관세화 유예 150

[ㅇ]

애덤 스미스 14
양허표 236
APEC 316
FTA 326
역내포괄경제동반자협정 322
역만장일치 383
연방조달청 282
완전생산기준 207
우회수출 203
원산지 200
원산지규정 201
원산지표시 201
위생검역협정문 155
위험평가제도 160
유럽연합 313
UL마크 182
유치산업보호론 112

[ㅈ]

자연인의 이동 240
자유무역주의 369
자유무역협정 326
장기동태적 효과 346
재정적 기여 123
저작권 248
저작인격권 249
저작인접권 249
저작재산권 249
적합성판정 191
정부조달 270
정부조달협정 277
정상가격 91
제로잉 93
중상주의 12
지리적 표시 259
지식재산권 244
GMO 163
지역무역협정 326
지역주의 294
질적 변형기준 207

[ㅊ]

최소허용기준 219
최혜국대우 52
취업유발효과 231

[ㅋ]

케언즈그룹 143

[ㅌ]

통합품목분류표 209
투명성 67
특별대우품목 146

특별세이프가드 146
특정성 123
특허권 245

[ㅍ]

패널 382
포괄적 경제동반자협정 311
표준화 189

[ㅎ]

학교급식프로그램 289
할랄인증 185
해외소비 238
허용보조금 124
헥셔-올린이론 41
환태평양경제동반자협정 321
회색지대조치 139

| 저자소개 |

김홍률

[약력]

- 고려대 국제통상학 박사
- 동서대학교 국제통상학과 교수

[저서]

- 『미국의 통상정책』(2007)
- 『미국의 통상정책 결정 메커니즘과 한국에의 시사점』(2002)
- 『1990년대 이후 한 · 미간 무역구조 변화와 정책적 시사점』(2002) 공저
- 『다자무역내 정부조달 논의현황과 정책적 시사점(2001) 공저
- 『OECD 규제개혁연구: 규제순응과 효율성』(2001) 공저
- 『주요 이슈별 한미통상 현안과 대응과제』(2000) 공저

국제통상의 이해

2018년 3월 10일 1판 1쇄 인쇄
2018년 3월 15일 1판 1쇄 발행

저　자 | 김홍률
발행인 | 이수영
발행처 | 도서출판 청람
서울시 마포구 독막로 288(대흥동, 세양상가 109호)
전　화 | 02)3272-2601(대)
팩　스 | 02)3272~2603
이메일 | crbooks@daum.net
홈페이지 | http://www.crbooks.co.kr
등　록 | 2000년 8월 26일 제6-0509호

ISBN 978-89-5972-614-1 93320　[정가 25,000원]